suhrkamp taschenbuch
wissenschaft 650

Die Hauptkapitel des Buches beschäftigen sich mit dem Eindringen europäischer Einflüsse in den Geltungsbereich des Osmanischen Reiches und mit den in diesem Rahmen entstandenen nationalstaatlichen Bestrebungen, die später zur Auflösung des islamischen Gottesreiches führen sollten.

Tibi faßt den islamischen Orient als einen Teil der Dritten Welt auf, weshalb er auch die sozialwissenschaftliche Diskussion über die Bedeutung des Nationalismus als einer Dekolonisierungsideologie in seine Betrachtungen einbezieht. Über die sozial- und ideengeschichtlichen Kapitel, über die Ausgangslage des islamischen Orients im 19. Jahrhundert hinaus beschäftigt er sich dann zentral mit dem substantiellen Einfluß der deutschen Romantik auf die Entstehung der säkularen, in der Tradition des deutschen Gemeinschaftsdenkens stehenden panarabischen Variante des säkularen Nationalismus. Der neue, in diesem Kontext entfaltete Begriff der »Arabischen Nation« löst den klassischen, bis zum Niedergang des Osmanischen Reiches vorherrschenden Ordnungsgedanken der »islamischen Umma« (Gemeinschaft) ab: der Nationalstaat tritt an die Stelle des islamischen Gottesreichs.

Als dieses Buch im Jahre 1971 erstmals erschien, befand sich der panarabische Nationalismus in einer heftigen Krise, nachdem er in der postkolonialen Phase für die meisten arabischen Regimes als Legitimitätsideologie gedient hatte. Sowohl der revolutionäre arabische Marxismus als auch der fundamentalistische Islamismus konkurrierten damals um seine Ablösung. In der umfangreichen, zu der neuen Ausgabe geschriebenen Einleitung stellt Tibi dar, wie der militante politische Islam aus dieser Situation siegreich hervorgegangen ist: im islamischen Orient ist der Ruf nach dem islamischen Gottesstaat wieder zu einer mobilisatorischen Ideologie geworden.

Bassam Tibi, 1944 in Damaskus geboren, promovierte in Frankfurt und habilitierte sich in Hamburg. Seit 1973 lehrt er internationale Politik an der Universität Göttingen. Im Jahre 1982 war er Visiting Scholar an der Harvard University; im akademischen Jahr 1986/87 Research Fellow an der Princeton University. Zahlreiche Forschungsaufenthalte in islamischen Ländern in Asien und Afrika sowie in den USA.

Buchveröffentlichungen in deutscher Sprache: *Nationalismus in der Dritten Welt am arabischen Beispiel*, Frankfurt 1971; *Militär und Sozialismus in der Dritten Welt*, Frankfurt 1973 (es 631); *Internationale Politik und Entwicklungsländer-Forschung*, Frankfurt 1979 (es 983); *Die Krise des modernen Islams*, München 1981 (BSR 228), *Der Islam und das Problem der kulturellen Bewältigung sozialen Wandels*, Frankfurt 1985 (stw 531). Zahlreiche Zeitschriftenaufsätze und Beiträge in Sammelbänden in deutscher, englischer und arabischer Sprache.

Bassam Tibi
Vom Gottesreich zum Nationalstaat

Islam und panarabischer
Nationalismus

Suhrkamp

CIP-Kurztitelaufnahme der Deutschen Bibliothek
Tibi, Bassam:
Vom Gottesreich zum Nationalstaat :
Islam u. panarab. Nationalismus /
Bassam Tibi. –
1. Aufl. – Frankfurt am Main : Suhrkamp, 1987.
(Suhrkamp-Taschenbuch Wissenschaft ; 650)
ISBN 3-518-28250-6
NE: GT

suhrkamp taschenbuch wissenschaft 650
Erste Auflage 1987
© Suhrkamp Verlag Frankfurt am Main 1987
Suhrkamp Taschenbuch Verlag
Alle Rechte vorbehalten, insbesondere das
des öffentlichen Vortrags, der Übertragung
durch Rundfunk und Fernsehen
sowie der Übersetzung, auch einzelner Teile.
Druck: Wagner GmbH, Nördlingen
Printed in Germany
Umschlag nach Entwürfen von
Willy Fleckhaus und Rolf Staudt
1 2 3 4 5 6 – 92 91 90 89 88 87

Inhalt

KAPITEL II
Entstehung und Entwicklung des Nationalismus im arabischen
Orient bis zum Zweiten Weltkrieg

Vorwort

Das vorliegende Buch ist – unter verändertem Titel – eine Neuauflage meines Buches *Nationalismus in der Dritten Welt am arabischen Beispiel* (Frankfurt/M. 1971). Es wurde erweitert um eine neue Einleitung, in der gleichermaßen die neuere Entwicklung und die seit dem Erscheinen der ersten Auflage vorgelegten Forschungsarbeiten berücksichtigt werden.

Diese Einleitung stellt das Material und die Ideen des ursprünglichen Textes in ein neues historisches Licht. Ich diskutiere darin das *Kalifat* als die islamische Ordnungsvorstellung und gehe seinem historischen Ursprung sowie seiner inhaltlichen politischen Bestimmung im islamischen politischen Denken nach. Und ich greife eine Problematik auf, die seit dem Ausbruch der »iranischen Revolution« und durch den in diesem Zusammenhang erhobenen Anspruch auf die Universalität des Islams aktuell geworden ist: die Dichotomie zwischen Universalismus und Nationalstaatlichkeit. Diese Dichotomie nimmt die Form einer Spannung zwischen *Umma* (universeller islamischer Gemeinschaft) und *Nation* (als Organisationsprinzip unseres modernen Zeitalters) an.

Freilich sind die Analysen dieser Arbeit durch die Entwicklungen der letzten fünfzehn Jahre in ihrer Aussagekraft nicht eingeschränkt worden und können immer noch Geltung beanspruchen. Denn der Hauptgegenstand dieses Buches ist ein abgeschlossener historischer Abschnitt, nämlich die Auflösung des Osmanischen Reiches und die Entstehung moderner Nationalstaaten, das heißt die Entwicklung »vom Gottesreich zum Nationalstaat«.

In dieser Arbeit habe ich schon damals meinen Ansatz entfaltet und am Material ausgeführt, dem zufolge Entwicklungsländerstudien gleichsam auf zwei Ebenen den Standards entsprechen müssen: denen der sozialwissenschaftlichen Theoriebildung und der sehr ernst zu nehmenden empirischen Regionalforschung. Besonders in unserer deutschen Wissenschaftstradition ist das, was ich gerne »die Liebe zum Begriff« nenne, so

dominierend, daß die Beschäftigung mit der Empirie in den sozialwissenschaftlichen Disziplinen meistens die Form der Illustrierung eines Begriffs
mit ein paar oberflächlich ausgesuchten Daten und Fakten annimmt.
Geographen, traditionelle Historiker und andere Vertreter der Regionalforschung behandeln deshalb die Sozialwissenschaft etwas herablassend
und gehen manchmal so weit, daß sie ihr – natürlich hinter vorgehaltener
Hand – den wissenschaftlichen Charakter absprechen. Beide fragwürdi-
gen Extreme, d. h. die oft rein begriffliche und empiriearme Entwicklungsländer-Sozialwissenschaft sowie die gedankenarme, oft theoriefeind-
liche bzw. konzeptualisierungslose empirische Regionalforschung, wollte
ich meiden. Im Einklang mit dieser Forschungsstrategie beginnt meine
Studie daher mit der Klärung des begrifflichen Bodens, wobei ich die
Begriffe stets in ihren historischen Kontext einordne und auch historisch
entfalte. Das zweite Kapitel rekonstruiert die historische Entwicklung des
arabischen Nationalismus, die auf den Trümmern des schon im 19. Jahrhundert zerfallenden Osmanischen Reiches stattfand, im Rahmen einer
Strukturgeschichte, die einen ideengeschichtlichen Teil einschließt. Kapitel III und IV sind dem Werke des *spiritus rector* des säkularen panarabischen Nationalismus Sati Husri gewidmet. Das Werk Husris dokumentiert die Ablösung der liberalen, mehr vom französischen und angelsächsischen Verständnis der Nation beeinflußten Variante des arabischen
Nationalismus (arabische Frankophilie und Anglophilie) durch eine arabische Germanophilie. Seit dem Ende des Ersten Weltkrieges und des damit
verbundenen Schocks der arabischen Nationalisten (das heißt, seit der
anglo-französischen Kolonisation des Orients) wenden sie sich von dem
Liberalismus ab und der organischen deutschen Idee der Nation zu, so
wie sie im Werk von Herder und Fichte zum Ausdruck kommt. Seitdem
und bis zur Revitalisierung des Islams genoß die deutsche Idee der Nation
als ideengeschichtliche Quelle des säkularen Panarabismus hohen Rang.
Am Werk von Husri läßt sich auch die Spannung zwischen Islam und
Panarabismus parallel zu jener zwischen Gottesreich und modernem
Nationalstaat verfolgen.

Um es zu wiederholen: dieses Werk ist keine bloß empirische Untersuchung über Islam und Panarabismus. Am Beispiel der Auflösung des
Gottesreiches in dem islamischen Orient und der Entfaltung säkularer
Vorstellungen am Beispiel des Panarabismus versucht die Studie, Ansätze
zu einem allerdings empirisch fundierten begrifflichen Verständnis unserer Weltordnung zu entfalten. Diese Analyse ermöglicht eine ebenfalls
fundierte Einschätzung der gegenwärtig aufblühenden Sehnsucht nach
Vergangenem in vielen außerokzidentalen Teilen unserer Welt, von denen
der islamische Orient nur eine Region darstellt. Ich habe die schmerzliche

Erfahrung gemacht, daß die empirischen Kapitel meiner Bücher in der Regel von Sozialwissenschaftlern nicht gelesen werden. Regionalforscher überspringen dagegen gerade das Theorie-Kapitel. Die Überwindung der Theorie-Empirie-Kluft in der Entwicklungsländer-Forschung gehört zu den Zielen, die diese Veröffentlichung zu realisieren versucht.

Diese veränderte Neuausgabe ist – nach meinem Buch *Der Islam und das Problem der kulturellen Bewältigung sozialen Wandels* (1985) und meiner Einleitung zur Neuauflage von Maxime Rodinsons *Islam und Kapitalismus* (1986) – nunmehr das dritte Werk, das ich in Zusammenarbeit mit Friedhelm Herborth vom wissenschaftlichen Lektorat des Suhrkamp Verlages veröffentliche. An vorderster Stelle gehört mein Dank daher Herrn Herborth, ohne dessen Engagement diese Arbeit nicht neu erschienen wäre. Ermutigt zu dieser Neuausgabe haben mich auch die amerikanischen und britischen Kollegen, vor allem Professor Michael Hudson von der Georgetown University zu Washington. Zu diesen Kollegen gehören auch Dr. Marion und Dr. Peter Sluglett von der Durham University, die die englische Übersetzung des Buches (New York und London 1981) angeregt und durchgeführt haben. Sie bestätigten mir, daß meine Analyse an Geltung nichts eingebüßt habe, und haben somit indirekt dazu beigetragen, daß die vergriffene und leider fast vergessene Arbeit nun wieder auf Deutsch vorgelegt wird.

Der große Arbeitsaufwand, der mit der Niederschrift der neuen Einleitung verbunden war, wurde mir durch meine menschlich erfreuliche und somit arbeitsfördernde Umwelt leicht gemacht: meine Frau Ulla hat die einzelnen Teile der Einleitung mit Geduld und großem Engagement beratend gelesen; meine Mitarbeiterin Martha Gernhardt hat den durch die vielen Überarbeitungen kaum noch lesbaren Text in eine vorzügliche Reinschrift verwandelt. Mein wissenschaftlicher Mitarbeiter, Dipl. Sozialwirt Dietmar Lück, unterstützte mich beim Bibliographieren und bei der Beschaffung der neueren Literatur; er half mir bei der Erstellung des Registers und der Ergänzungsbibliographie.

Es ist mir ein Bedürfnis, an dieser Stelle meinen Dank gegenüber meiner Frankfurter Lebensgefährtin und Ehefrau Renate Brückner zum Ausdruck zu bringen: sie hat mich während der Anfertigung der ursprünglichen Fassung dieser Arbeit in Frankfurt gleichermaßen emotional und auch durch inhaltliche Diskussion unterstützt. Danach trennten sich unsere Wege. Unser Sohn Fabian war damals noch ein kleines Kind; dennoch trug er indirekt zum Gelingen dieser Arbeit bei; während der Spaziergänge mit Fabian im Frankfurter Grüneburgpark sammelte ich neue Energien zur Fortsetzung meiner Forschung; meine Verantwortung ihm gegenüber stärkte meinen Willen, diese Arbeit zu einem Abschluß zu bringen. Heute werde ich auf Fabian als einen meiner Leser rechnen können.

Meinen beiden akademischen Lehrern, den Professoren Iring Fetscher und Rudolf Sellheim – der eine Sozialwissenschaftler, der andere Islamwissenschaftler – bin ich für ihre Förderung ebenfalls sehr zu Dank verpflichtet. Ich habe in dieser Arbeit versucht, die Inhalte ihrer voneinander weit entfernten Disziplinen, die ich bei ihnen gelernt habe, in dieser Untersuchung zu verbinden. Es war meine Absicht, den Gegenstand dieser Studie – die Entwicklung *vom Gottesreich zum Nationalstaat* – mit der Konzeptualisierungsfähigkeit des Sozialwissenschaftlers und der intimen Vertrautheit des Islamwissenschaftlers mit dem Orient zu durchdringen. Das Urteil darüber, ob mir das gelungen ist, bleibt dem aufmerksamen Leser, *der das gesamte Buch liest,* vorbehalten.

Princeton University   Bassam Tibi
Near Eastern Studies Department
Princeton, New Jersey
Ende September 1986

Postscriptum

Vom 23. bis 26. November 1986 hat die Columbia University in New York die »Columbia Conference on Early Arab Nationalism« veranstaltet. Den thematischen Schwerpunkt dieser Fachkonferenz bildete die im Titel des vorliegenden Bandes bezeichnete Thematik: wie entwickelten sich im Schoße des islamisch als Gottesreich legitimierten Osmanischen Reiches die neuen Nationalbewegungen, die das Ende dieses Reiches beschleunigten. Diese Konferenz hat meine hier vorgelegten Forschungsergebnisse bestätigt und mich nur in den historischen Details zu kleinen Veränderungen veranlaßt. Ich möchte hier noch auf drei wichtige neue Bücher hinweisen, die auch auf dieser Konferenz eine Rolle spielten.

1. Martin Kramer, *Islam Assembled. The Advent of Muslim Congresses,* New York; Columbia University Press, 1986 (eine historische Untersuchung des Panislamismus);
2. Reeva Simon, *Iraq between the Two World Wars,* New York: Columbia University Press: 1986 (Untersuchung der arabischen Germanophilie im Irak u. a. unter Bezug auf mein hier neu aufgelegtes Buch);
3. James Piscatori (ed.) *Islam in the World of Nations,* Cambridge: Cambridge University Press, 1986.

New York, November 1986   B. T.

Einleitung zur Taschenbuchausgabe 1987

Der islamische Universalismus, das Kalifat
als die göttliche Ordnung des Islams
und die nationalstaatliche Organisation
der modernen Welt

Der Gegenstand dieser Studie ist die Frage nach den Rahmenbedingungen, die den Zugang der ursprünglich europäischen Idee der Nation in den islamischen Orient ermöglichten. Hierzu gehört die Beschäftigung mit den Formen, die der in diesem Rahmen entstandene Säkularismus angenommen hat. Denn der Islam kennt weder die Idee der Nation noch den ihr zugrundeliegenden Nationalstaat. Beide sind Ergebnisse der zunächst in Europa stattgefundenen neuzeitlichen Entwicklung seit der großen Französischen Revolution. Die Staatsform, die der Islam in seiner Geschichte kennt und anerkennt, ist das *Kalifat* der islamischen *Umma* (Gemeinschaft), die ja universell ist und die gesamte Menschheit in der angestrebten Vereinigung umfassen soll. Wir nennen diese Herrschaftsform das islamische Gottesreich. In meiner Studie zeige ich, wie das letzte islamische Gottesreich, das Osmanische Reich, aufgelöst wurde und wie auf seinen Trümmern Nationalbewegungen entstanden, aus denen die verschiedenen arabischen Nationalstaaten hervorgingen. Eine Alternative zum Kalifat und zum kleinen Nationalstaat war und ist noch der säkulare Panarabismus, der anstelle des islamischen Gottesreiches keine Vielfalt arabischer Nationalstaaten, sondern einen einzigen, zwar säkularen, aber alle Araber als *Umma* umfassenden Nationalstaat begründen wollte (cf. unten S. 158 f.). Die Einleitung zu dieser Neuauflage mußte deshalb geschrieben werden, weil der säkulare Panarabismus die historische Schlacht scheinbar verloren und seinen Platz einem militanten islamischen Neo-Fundamentalismus geräumt hat, der die alte Sehnsucht nach dem islamischen Gottesreich neu belebt. Wenngleich also die Analysen dieses

Buches im Lichte der Entwicklung der siebziger und achtziger Jahre immer noch korrekt sind, stellt sich doch die Frage, welcher Stellenwert der zeitgenössischen Sehnsucht nach einem islamischen Gottesreich zukommt und ob diese eine mögliche Alternative (zum Panarabismus bzw. zum Nationalstaat) darstellt.

I

Die islamischen Religionsvorschriften, die auf dem Koran und auf der Überlieferung des Propheten Mohammed basieren, lassen sich unterschiedlich, also gegebenenfalls auch laizistisch interpretieren. Eine solche quasi-säkulare Deutung des Islams lieferte ein Professor der autoritativen und ältesten islamischen Universität, der Azhar-Universität zu Kairo, Ali 'Abdarraziq, in einer 1925 erschienenen Schrift, die seinerzeit eine große Diskussion auslöste[1]. Doch in seiner realen politischen Geschichte kennt der Islam keine Trennung von temporärer und geistlicher Autorität. Das Kalifat ist die Ordnungsvorstellung des Islams[2]. Die islamische Geschichte weist, abgesehen von ihrer Formierungsphase, d. h. den Jahren der islamischen Religionsstiftung[3] kraft der an den Propheten Mohammed ergangenen göttlichen Offenbarung (610-632 n. Chr.), vier Geschichtsepochen des Kalifats[4] auf:

1. Die Periode der ersten vier rechtgeleiteten Kalifen *(al-khulafa' al-raschidun, 632-661)*, d. h. die Raschidun-Periode, in der der Kalif (Nachfolger) Mohammeds frei gewählt wurde; es waren insgesamt vier »rechtgeleitete« Kalifen, die alle aus *Quraisch* stammten.

2. Die Omaiyyaden-Periode (661-750), in der das Kalifat in eine »islamische Auffassung königlicher Herrschaft« (Bendix)[5] verwandelt wurde. Die Omaiyyaden sind ein Zweig des *Quraisch*-Stammes, aus dem der Prophet kam.

3. Die Abbasiden-Epoche (750-1258), die als Blüteperiode des Islams und somit als *Hoch-Islam* gilt, in der das Kalifat auch dynastisch im Hause *Banu al-Abbas* blieb. Auch die Abbasiden waren quraischitische Araber[6].

4. Das Osmanische Reich (etwa 1300 bis 1922), das von Osman I. gegründet wurde, der kein Araber, sondern ein Türke war. Seine Nachfolger nannten sich zunächst Sultane. Nach der osmanischen Geschichtsschreibung soll der letzte überlebende abbasidische Kalif, der in Kairo lebte, dem zehnten osmanischen Sultan Selim im Jahre 1517 bei der Eroberung Kairos den Kalifentitel übertragen haben[7]. Der Kalif war nun kein quraischitischer Araber mehr.

Die politisch interpretierte, religiöse Doktrin des Islams läßt sich darin zusammenfassen, daß der Islam Anspruch auf eine Weltherrschaft hat, die die Muslime durch die Vereinigung der Menschheit unter dem Banner ihrer Religion im Rahmen einer islamisch, d. h. von Gott dominierten Weltordnung als göttlichen Auftrag zu realisieren hätten. Dieser Auftrag galt als eine religiös-geschichtliche Verpflichtung auch für alle vier angeführten Perioden des Kalifats; er charakterisiert das Verhältnis dieser als Gottesreiche legitimierten islamischen Staatsgebilde, die sich als *Dar al-Islam* (Haus des Islams/Haus des Friedens) begriffen und so von der außerislamischen Territorialität abgrenzten, die als *Dar al-harb* (Haus des Krieges) definiert wurde.

Seit der großen Französischen Revolution[8] universalisiert sich das Phänomen der Nation als eine nationalstaatliche Organisationsform. Zunächst lösten sich in den Folgeprozessen die Imperien Europas zugunsten des Nationalstaates auf, und im zwanzigsten Jahrhundert wurde auch die außereuropäische Welt von diesem historischen Prozeß erfaßt. Europa löste zwar seine inneren Reiche auf, jedoch um neue, äußere Kolonialreiche im Rahmen seiner Eroberung der Welt zu etablieren. Nach Norbert Elias dienten die Produkte des europäischen Prozesses der Zivilisation den »kolonisierenden Europäern« als »wichtige Instrumente ihrer Überlegenheit über andere; sie gehören zu den Prestige gebenden Kennzeichen ihrer Stellung als Oberschicht«[9] der neuen, europäisch beherrschten Weltordnung. Doch breiteten die Europäer – nach der Argumentation von Elias – »auf der anderen Seite mit ihren Gesellschaftsformen auch ihre Verhaltensformen und Institutionen dorthin aus. Sie arbeiten ... ohne es zu wollen, in einer Richtung, die früher oder später dazu führt, daß sich die Unterschiede der gesellschaftlichen Stärke sowohl wie die des Verhaltens zwischen Kolonisatoren und Kolonisierten verringern«[10]. Die Universalisierung der Idee der Nation als staatliches Organisationsprinzip können wir als Folgeprozeß dieser Ausbreitung deuten. Die Europäer eroberten die außereuropäische Welt und kolonisierten sie; deren Angehörige konnten sich aber nun gerade auf die Ideen ihrer Eroberer, nämlich auf das Prinzip der Volkssouveränität berufen, um die europäische Kolonialherrschaft mit ihren eigenen Waffen zu bekämpfen. Ohne es zu wollen, haben die Europäer durch ihre Welteroberung dazu beigetragen, daß die Säkularisierungsprozesse, die im Gefolge der großen Französischen Revolution in Europa stattfanden, im Rahmen des Prozesses der Dekolonisation einen universellen Stellenwert bekamen. Das bedeutet natürlich nicht, daß die europäische Säkularisierung[11] als Geschichtsprozeß in Asien und Afrika wiederholt bzw. nachgeholt würde, denn dort fehlten und fehlen immer noch die strukturellen Voraussetzungen dafür[12].

Auf jeden Fall diente aber der Rekurs auf die europäische säkulare Idee der Nation als Legitimation im Dekolonisationsprozeß. Teils wurde diese Idee in ihrer säkularen Form vetreten, teils wurde sie mit religiösen (z. B. der Panislamismus) oder sonstigen archaischen Gehalten (z. B. der Ideologie der Négritude) vermengt.[13] Seit dem Ende des Zweiten Weltkrieges und besonders seit der großen Dekolonisationswelle der sechziger Jahre existieren die Kolonialreiche nicht mehr. Die außereuropäischen Völker griffen auf die europäische Idee der Nation zurück und beanspruchen ihre Gültigkeit für sich als Basis für die Legitimität ihrer neugegründeten Staatsgebilde.

Unmittelbar betroffen vom Aufstieg Europas zur Weltmacht und der nationalstaatlichen Organisationsform, die sich von dort aus verbreitete, war das letzte islamische Gottesreich. Das Osmanische Reich, legitimiert durch seine Imperialdoktrin »des kosmischen Auftrags der Universalherrschaft«[14], befand sich bereits in der zweiten Hälfte des 17. Jahrhunderts in einer Stagnationsphase. In diesem Zustand mußte es die Konfrontation mit dem aufsteigenden Europa aufnehmen. Die Konsequenz war, daß das Ziel der göttlich legitimierten Weltherrschaft »zum Konzept von der Erhaltung des existierenden Reiches«[15] abgeschwächt wurde. Unter europäischem Einfluß bildeten sich überall im Reich politische Bewegungen, die auf die Idee der Nation zurückgriffen und entsprechende politische Forderungen gegenüber dem Gottesreich formulierten. In diesem Rahmen entstand der panarabische Nationalismus als eine Ideologie einer säkularen, gegen die islamische Legitimation des Reiches gerichteten politischen Bewegung. Dies ist das Thema des zweiten Kapitels (pp. 59-111) des vorliegenden Buches.

II

Auch unter den Türken selbst breitet sich die Idee der Nation aus. Die Entstehung und Wirkung der Bewegung der Jungtürken[16] dokumentiert diesen historischen Trend. Ein Höhepunkt dieses Prozesses ist die kemalistische Revolution, die ebenfalls einen Ausdruck dieser Säkularisierung der Politik darstellt. Unter dem europäischen Einfluß der Idee der Trennung von weltlicher und geistlicher Autorität wurde die Auffassung vom Kalifen als einem islamischen Quasi-Papst eingeführt.

Nach dem Sieg der von ihm angeführten türkischen Revolution und nach der Flucht des letzten osmanischen Kalifen Mehmed VI Wahidüddin schaffte Kemal Atatürk im Jahre 1922 *das Sultanat* als religiös-politisches Herrscheramt ab, ließ das Kalifat als eine auf das Geistliche beschränkte

Institution zunächst jedoch bestehen. Die türkische Nationalversammlung wählte 1922 Abdülmeğid zum Kalifen als geistlichen Führer; jede politische Autorität wurde ihm jedoch abgesprochen. Diese Komödie dauerte nur zwei Jahre. Als der problematische Charakter des auf die Domäne des Geistlichen beschränkten Kalifenamtes allen Beteiligten klar wurde, wurde im Jahr 1924 auch das Kalifat abgeschafft und die türkische Republik ausgerufen[17]. Die »Absurdität« des rein spirituellen Kalifats hängt damit zusammen, daß »es im Islam keine ekklesiastische Organisation gab, deren höchste Autorität ein Kalif werden konnte«[18]. Friedemann Büttner, der hieran erinnert, weist auch darauf hin, daß seit 1924 »die Kalifatsdiskussion anachronistisch und die Institution des Kalifats obsolet«[19] geworden seien, und erklärt damit, weshalb diese »Diskussion nie wieder aufgenommen wurde«[20]. Denn in einer nationalstaatlich organisierten Weltordnung gibt es für solche Gottesreiche keinen Platz mehr.

Seit der Abschaffung des Kalifats verlor der islamische Universalismus seine letzte staatliche Entsprechung. Seitdem kennt die Gemeinschaft der Muslime (die *Umma*) keine staatliche Organisation mehr, die für sich beansprucht, ein Gottesreich zu sein. Kein islamischer Staatschef, sei er ein König oder ein Präsident, nennt sich seitdem mehr *Kalif*. Zunächst wurde das bisherige Territorium des aufgelösten Osmanischen Reiches unter den Kolonialmächten aufgeteilt. Bereits im 19. Jahrhundert verlor das islamische Gottesreich viele seiner bisherigen Gebiete, vor allem in Nordafrika, die seinerzeit von Frankreich und England kolonisiert wurden. Aus jenen Kolonien gingen die heutigen arabischen Nationalstaaten hervor. Der nicht-arabische Iran, der zum ersten islamischen Gottesreich (dem Imperium der Omaiyyaden von Damaskus) und auch zum Abbasiden-Kalifat von Baghdad gehörte, verselbständigte sich bereits unter den Safawiden (1501-1722) und gehörte nicht mehr zum Territorium des Osmanischen Reiches. Insgesamt umfaßte dieses dritte und letzte islamische Reich nicht mehr jene territoriale Größe, die die beiden bisherigen Omaiyyaden- und Abbasidenreiche einst hatten.

Am 1. April 1979 löste der schon im Februar jenes Jahres nach Iran zurückgekehrte Geistliche Ayatollah Khomeini das kleine »Reich« der Pahlawi-Dynastie auf, indem er dort die islamische Republik ausrief.[21] Beide, Atatürk und Khomeini, lösten zwar Reiche auf, wobei das eine ein Weltreich, das andere aber praktisch nur ein Nationalstaat war. Auch proklamierten beide die Republik. Atatürk gab jedoch den Islam als eine politische Legitimationsinstanz auf und wollte der Türkei den Anschluß an Europa ermöglichen, wohingegen Khomeini ein – allerdings gescheitertes – Experiment[22] des Nachholens der europäischen Entwicklung beenden und zum Islam zurückkehren wollte. Hatte Atatürk den islamischen

Universalismus durch die Auflösung des Kalifats aufgegeben, rekurrierte Khomeini gerade auf den universalistischen islamischen Anspruch und erhob ihn – zumindest ideologisch – zur Richtschnur der Außenpolitik der »islamischen Republik Iran«. Khomeini ist bestrebt, seine »Revolution« zu exportieren[23]. Ohne Umschweife verkündete er einer Gruppe iranischer, ins Ausland entsandter Aktivisten: »Wir müssen heute den Islam dadurch stärken, indem wir ihn überall hin exportieren. Sie müssen den Islam in alle Länder exportieren, und zwar dieselbe Version des Islams, die gegenwärtig in Ihrem Land dominiert.«[24]

Die benachbarten arabischen Länder sind die Hauptadressaten dieser wieder am islamischen Universalismus orientierten Außenpolitik[25]. Nun orientiert sich die islamische Ideologie des Ayatollah Khomeini am schi'itischen, für sunnitische Muslime als sektiererisch geltenden Islam, wenngleich sie sich an die gesamte islamische *Umma* richtet. Die Schi'iten erkennen das sunnitische Herrschaftsprinzip des Kalifats nicht an, da dieses für sie eine Usurpation darstellt. Mit seiner Lehre des *Wilayat-e-faqih* modifiziert Khomeini die zwölfer-schi'itische Lehre, der zufolge jede Herrschaft während der Abwesenheit des zwölften Imams illegitim ist. Khomeini lehrt, daß der Imam während seiner Abwesenheit durch die Rechtsgelehrten, die *Faqihs*, vertreten werden kann[26]. Dennoch bleibt diese Lehre eine schi'itische, für Sunniten unakzeptable Lehre. Nach der sunnitischen politischen Doktrin des Kalifats muß das Staatsoberhaupt der islamischen *Umma* (Gemeinschaft) ein Araber, der aus *Quraisch*, d. h. der Ethnie des Propheten, abstammt, sein. Diese Voraussetzung erfüllten gleichermaßen die Omaiyyaden von Damaskus und ihre Widerstreiter, die Abbasiden von Baghdad. Auch die türkischen Osmanen haben sie indirekt anerkannt, als sie ihre Hofhistoriker schreiben ließen, der osmanische Sultan Selim habe das Kalifat von dem letzten überlebenden Abbasidenkalifen übertragen bekommen. Seinerzeit herrschte in Ägypten die Militärkaste der Mamluken hinter der Fassade eines abbasidischen Kalifen; es handelte sich um den Onkel des letzten Abbasiden-Kalifen von Baghdad, der dem Blutbad der Mongolen, die 1258 Baghdad eroberten, entkam und nach Ägypten floh. Der Ägypteneroberer Sultan Selim kehrte als Sultan-Kalif an seinen Hof zurück. Mit anderen Worten: *Die Staatstradition im Islam ist ein Bestandteil der Geschichte des sunnitischen Islams.* Seit dem islamischen Schisma in Sunna und Schi'a im siebten Jahrhundert wirkte der schi'itische Islam im Untergrund. Sowohl aus historischen (Dominanz der Araber) als auch aus religiösen Gründen (die Lehre von der Verborgenheit des zwölften Imams) hat der schi'itische Islam bis auf die Ausnahme der Safawidenzeit und bis auf die seit 1979 unter Khomeini herrschende Mullakratie keine offenen politischen Herrschaftsformen entfaltet. Alle vier islamischen Gottesreiche vom siebten bis zum zwanzigsten Jahrhundert waren sunnitische Reiche, auf deren Tradition die Ideologie des Khomeinismus nicht rekurrieren kann.

Religion und Politik waren und sind im Islam jedoch seit seiner Geburt miteinander verquickt. In der Formierungsphase des Islams ging es dem Propheten Mohammed, der zugleich ein Staatsmann war[27], um die Integration der sich mit Gewalt bekämpfenden arabischen Stämme der arabischen Halbinsel (Arabien) unter einer Zentralinstanz. Die islamische Religionsstiftung war deshalb zugleich eine Staatsgründung. Mit Recht bemerkt der große Islamwissenschaftler W. Montgomery Watt, daß der unter der Führung Mohammeds neugegründete islamische Staat eine »Föderation der arabischen Stämme« war. Es handelte sich um eine *Pax Islamica*[28], die keine Grenze kannte. Sie wurde in einem Zeitalter der großen Reiche inmitten zweier davon gestiftet, dem Reich der persischen Sassaniden und dem von Byzanz. Vor ihrer Islamisierung und ihrer Integration in einem Staatsgebilde lebten die arabischen Beduinen von der Beraubung der Handelskarawanen. Die neue Zentralinstanz verbot ihnen solche Gewaltakte, da das Gewaltmonopol beim neuen Staat lag, mußte ihnen jedoch ein Äquivalent bieten: die islamischen Eroberungszüge. Ohne diese militärische Expansion wäre es gewiß nicht möglich gewesen, die angeführte »Föderation der Arabischen Stämme« zusammenzuhalten: »Der innere Friede und die externe Expansion sind komplementär. Der innere Friede vermittelte den Arabern eine vereinte Armee, und das vereinigte Kommando benötigte eine effektive Expansion, während die Expansion wiederum notwendig war, um den inneren Frieden aufrechtzuerhalten.«[29] Aus dieser historischen Epoche der islamischen Religionsstiftung und der Kanalisierung der Raubaktivitäten der arabischen Beduinen nach außen stammen die bereits zitierten Begriffe des *Dar al-Islam*/ Haus des Islams und des *Dar al-harb*/Haus des Krieges. Aus dem Nukleus der Pax Islámica, d. h. aus dem Stadtstaat von Medina, ging im Kampf gegen die beiden erwähnten Weltreiche ein neues, nun islamisch legitimiertes Reich siegreich hervor, das sich von den Küsten des Atlantik bis nach Zentralasien ausdehnen konnte[30]. Die angeführten vier sunnitischen *Kalifate* sind der innere Bestand dieser religio-politischen Geschichte.

III

Die angezeigte Entsprechung des Sakralen und des Politischen in der islamischen Geschichte enthält keine Auskunft darüber, ob es eine islamische Theorie der Herrschaft in einem Gottesstaat gibt. Dieser Frage wollen wir in diesem Abschnitt nachgehen. Wie stets im Islam müssen wir auch hier mit dem Koran, der primären Quelle aller islamischen Religionsvorschriften, gleichermaßen im Bereiche des *dini* (des Religiösen) und des *dinyawi* (des Weltlichen) beginnen. Im Koran werden wir keinen Staatsbegriff vorfinden *(daula)*[31]; dort ist stets nur die Rede von der *Umma* (Gemeinschaft). Es gibt dort keine Beschreibung der Herrschaft, und wir erhalten auch keine Auskunft darüber, wie eine Regierung gestaltet sein müßte. Islamische, säkular orientierte Gelehrte wie der eingangs zitierte Ali 'Abdarraziq, der in Oxford studierte, leiten daraus ab, daß es kein islamisches Regierungssystem gebe (cf. Anm. 1). Nicht einmal das Wort »System« *(nizam)* ist im Koran zu finden[32]. Islamische *Neofundamentalisten* unterstellen jedoch, falsch und oft mangels genauerer Kenntnisse, daß der Koran eine Regierungsordnung enthalte. Gelehrte *Fundamentalisten* wie etwa Maudoodi, der zu den wichtigsten Vertretern der islamischen Ideologie[33] unseres Jahrhunderts gehört, erkennen richtig, daß der Koran kein spezifisches politisches System beschreibt: »Der Koran vermittelt keine dicht und genau beschriebenen Regeln darüber, wie zu regieren ist. Er enthält nur breit angelegte Prinzipien und läßt das Problem ihrer praktischen Anwendung offen.«[34] Eindeutig ist der Koran jedoch über den Theozentrismus: Gott beherrscht die Welt und richtet sie nach seinem Willen. Gott ist der Schöpfer *(khaliq)* und der Mensch nur ein Geschöpf Gottes *(makhluq),* der sich dem göttlichen, im Koran offenbarten Willen unterzuordnen hat. Maudoodi formuliert diesen zentralen Inhalt des Korans so: »Gott ist der Schöpfer des gesamten Universums ... Gott ist deshalb der einzige Herr, der einzige Herrscher, Richtungsgestalter und auch der einzige Administrator seiner Schöpfung ... alle Attribute und die Macht der Souveränität sind einzig göttliches Hoheitsrecht ... Gott ist die oberste Autorität; alles ist ihm freiwillig oder unfreiwillig untergeordnet, und *Ihm* allein gehören alle Machtbefugnisse.«[35] Im Gegensatz zum Christentum läßt der Islam – zumindest in der religiösen Doktrin – keine Übertragung sakraler Eigenschaften auf die Menschen zu, nicht einmal auf den Propheten Mohammed. Die besondere Bedeutung des islamischen Propheten rührt lediglich daher, daß er ein Gesandter Gottes ist, weshalb Gott ihn mit seiner Weisheit (hikma) ausgestattet hat, die ihm eine bessere Einsicht und ein besseres Verständnis der göttlichen Offenbarung ermöglicht. Wie aber ist es nun im Islam – ähnlich wie im Christentum – zur Etablierung einer menschlichen Herrschaft von Gottes Gnaden gekommen?

Im Koran steht der zentrale Vers: »Oh Gläubige! Gehorcht Gott und seinem Gesandten und denjenigen unter Euch, denen die Herrschaft obliegt« (Sure 4, Vers 59, eigene Übers.). Der Prophet Mohammed verkörperte die Herrschaft der ersten Zentralinstanz in Arabien (nur arabische Halbinsel). Seine Nachfolger, die *Raschidun*-Kalifen, nannten sich *Khalifat rasul Allah* (Nachfolger des Gesandten Gottes), beanspruchten für sich somit keine sakralen Eigenschaften. Während der ersten dynastischen Geschichtsepoche des Islams, d. h. während der Omaiyyaden-Herrschaft, nannten sich die Kalifen, jeweils *Khalifat Allah,* sie galten also praktisch als Sachwalter Gottes auf Erden. Da der islamische Theozentrismus weder einen autonom-menschlichen Handlungsspielraum noch eine Souveränitätslehre zuläßt (nur Gott ist der Souverän), liefen die Annahme des Titels *Khalifat Allah* und die damit verbundene Interpretation auf eine Sakralisierung der Herrschaft hinaus.

Das islamische *Umma*-Verständnis ist organisch und läßt keine Vielfalt zu. Die prominenteste islamische Widerstandstradition stammt von der als *Khawariğ* (diejenigen, die die *Umma* verlassen haben, die *Ausgetretenen*) inkriminierten islamischen Sekte[36].

Es muß jedoch konzediert werden, daß die ersten rechtgeleiteten Kalifen keine absolute Herrschaft für sich beanspruchten. Gleichermaßen lehnten sie den Titel *Khalifat Allah* (Abu Bakr soll auf dem Titel *Khalifat rasul Allah* bestanden haben) und den Anspruch auf ihre Unfehlbarkeit ab. Der zweite rechtgeleitete Kalif Omar soll die Gläubigen dazu aufgefordert haben, seine Fehler mit dem Schwert zu korrigieren, welches der Aufforderung gleichkommt, ihn als Herrscher zu töten, wenn er vom rechtgeleiteten Weg abwiche. Unter allen dynastischen islamischen Kalifaten (Omaiyyaden, Abbasiden und Osmanen) hat es jedoch kein Widerstandsrecht gegeben. Der Herrscher war unter Berufung auf den zitierten Koranvers ein solcher von Gottes Gnaden.

Eine detaillierte Diskussion der politischen Ideen im Islam, in deren Mittelpunkt die Interpretation der religiösen Quellen, des Korans und der Überlieferung des Propheten *(Hadith)* steht, ist im Rahmen dieser Einleitung nicht möglich und bereits an anderer Stelle erfolgt[37]. Es muß hier der Hinweis genügen, daß das politische Denken im Islam zwischen einer Tradition der islamischen, weitgehend hellenisierten Philosophie *(Falsafa)* und einer anderen der Religio-Jurisprudenz *(Fiqh)* gespalten war. Für die Philosophen wie etwa den großen islamischen politischen Philosophen al-Farabi (870-950)[38] galt das Räsonnieren als Quelle des politischen Denkens. Für die *Fiqh*-Gelehrten durfte nur die Interpretation der religiösen Quellen Gegenstand des politischen Denkens sein. Dennoch kamen die Vertreter dieser Richtung, etwa al-Mawardi (974-1058)[39] oder Ibn Taimiyya (1263-1328)[40], nicht zu denselben Ergebnissen; jeder von ihnen stellte seine individuellen Interpretationen als die zu befolgende maßgebende Deutung des Willens Gottes dar. Wir können uns hier weitere

Ausführungen über diesen Gegenstand ersparen und beschränken uns auf eine Skizze des islamischen Begriffes des Politischen. Vor allem wird es darum gehen, das Verhältnis von *Umma* (Gemeinschaft) und *Daula* (Staat) im islamischen politischen Denken zu beleuchten.

Parallel zu der Frage einer universellen Gemeinschaft *(Umma)*, die alle arabischen und nicht-arabischen Muslime, jedoch unter arabischer Führung, umfassen soll, stellt sich eine andere, nämlich die nach dem Staat. Im islamischen politischen Denken geht die *Umma,* d. h. die grenzenlose Gemeinschaft aller Muslime in allen Erdteilen, dem Staat voraus. Zuerst konstituiert sich die *Umma* als solidarische Gemeinschaft der Gläubigen im heiligen Krieg (Ğihad) gegen die ungläubige Umwelt mit dem Ziel, die gesamte Welt zu islamisieren. Während dieses Kriegszustandes teilt sich die Welt vorläufig in *Dar al-Islam* (Haus des Friedens) und in *Dar al-harb* (Haus des Krieges), d. h. in eine islamische und außer-islamische Territorialität. Vorläufig deshalb, weil das Endziel der diesseitsbezogenen islamischen Utopie in der Vereinigung der gesamten Menschheit unter dem Banner des Islams besteht[41]. Die *Umma* geht dem Staat voraus und bleibt stets primär, weil sie den islamischen Begriff des Politischen prägt. Der Staat ist nur ein Instrument der Verwirklichung der im Koran schriftlich fixierten islamischen Offenbarung, während die *Umma* ihr inhaltlicher Ausdruck ist. Der Staat hat dafür zu sorgen, daß diese *Umma* im Einklang mit der *Schari'a,* der *lex divina* des Islams, lebt. Zu seinen Aufgaben gehört die Erfüllung des göttlichen Auftrags mittels des *Ğihad.* Das sind die Grundzüge des islamischen Modells eines Gottesstaates. Nach Mawardi darf die islamische *Umma* nur ein einziges religiös-politisches Oberhaupt, nur einen Imam haben, weil sie unitär zu sein hat und nicht in sich gespalten sein darf. Ibn Taimiyya läßt dagegen mehrere Imame zu[42].

Bis auf die Zeit des islamischen Propheten Mohammed und seines ersten rechtgeleiteten Kalifen Abu-Bakr hat es diese unitäre *Umma* in Wirklichkeit nicht gegeben. Alle drei der darauffolgenden rechtgeleiteten Kalifen *(al-Raschidun;* Omar, Othman und Ali) sind im Verlauf von politischen Auseinandersetzungen ermordet worden. Die Bluttat an dem vierten rechtgeleiteten Kalifen Ali leitet die endgültige Spaltung der islamischen *Umma* im Rahmen des islamischen Schisma in *Sunna* und *Schi'a* ein. Parallel hierzu wird das Prinzip der freien Auswahl *(Ikhtiyar)* eines Nachfolgers für den Propheten Mohammed *(Khalifat rasul Allah/*Nachfolger des Propheten Gottes) aufgegeben, wonach die ersten vier Raschidun-Kalifen ausgesucht wurden. Die Dynastie der Omaiyyaden wird gegründet, deren Hauptstadt Damaskus wird. Der Nachfolger Mohammeds mußte während der Raschidun-Epoche (632–661) drei Voraussetzungen erfüllen: Er mußte aus dem Stamm des Propheten stammen, d. h. ein *Quraischit* und darüber hinaus zugleich der *frommste* und *führungsfähigste Zeitgenosse des Propheten* (der *Sahaba*-Kreis) sein. Unter den Omaiyyaden mußte der Kalif lediglich ein sunnitischer Muslim aus *Quraisch* sein. Die omaiyyadischen Kalifen von Damaskus begnügten sich jedoch nicht mit dem Titel »*Khalifat Rasul Allah*/Nachfolger des Propheten Gottes«. Von 661 an, d. h. seit der Usurpation des Kalifats und dessen Verlegung nach Damaskus, beanspruchten sie, »*Khalifat Allah*« zu sein. Damit maßten sie sich zwar keine göttlichen Züge an, da ein Kalif im Islam nur die Einhaltung der göttlichen *Schari'a*, der *lex divina*, zu gewährleisten hat und nur in diesem Sinne Statthalter Gottes auf Erden ist. Faktisch galten sie als Herrscher von Gottes Gnaden. Jeder Widerstand gegen den Kalifen wurde als Ungehorsam gegen Gott betrachtet, da er sich gegen die *Schari'a*, also gegen Gott, richtete. Unter den Omaiyyaden erfolgte die Islamisierung breiter Teile Asiens und Afrikas durch den *Gihad*. Auf der Basis dieser Islamisierung wurde das Kalifat zu einem Weltreich, das seine Legitimität als Gottesreich hatte. Nach sunnitischem islamischem Verständnis muß der Kalif ein arabischer Quraischit sein. Die islamische *Umma* beschränkt sich jedoch nicht auf die Araber, sondern beansprucht universelle Geltung. Nach den islamischen Religionsvorschriften dürfen nicht-arabische Muslime nicht diskriminiert werden, so sehr der Koran in mehreren Versen den Vorrang der Araber hervorhebt, in deren Sprache Gott seinen Willen offenbarte. Die ethische Maxime des Islams lautet: »*La farqa bain 'arabiyun wa 'agami illa bi al-taqwa* / Außer im Bereich der Pietät darf es keinen Unterschied zwischen Arabern und Nicht-Arabern geben.« In der Realität sah es aber anders aus, da Nicht-Araber, vor allem die Perser, diskriminiert wurden; sie galten als *Mawali*, was der Bezeichnung von Muslimen zweiter Klasse gleichkam.

Der Unmut der nicht-arabischen Muslime während der Omaiyyaden-Epoche bildete den Hintergrund der abbasidischen Revolution, aus der das Kalifat von Baghdad (750-1258) hervorging. Zwar waren die Begründer der neuen Dynastie, die *Banu al-Abbas,* ebenfalls quraischitische Araber; unter ihrem Gefolge waren jedoch sehr viele *Mawali*[43]. Diese Unterscheidung zwischen *Mawali* und Arabern gibt die ersten Hinweise auf die Brüchigkeit der unitären islamischen *Umma* und stellt die heutige Ideologie des Khomeinismus in Frage, die für den schi'itischen nicht-arabischen Iran eine Führungsrolle der islamischen *Umma* beansprucht. Ich werde darauf noch zurückkommen.

Islamische Fundamentalisten argumentieren, daß die europäischen Kolonialherren die einst unitäre islamische *Umma* gespalten und in Nationalstaaten dividiert hätten. Mit diesem propagandistischen Vorwurf gehen diese Fundamentalisten gegen säkular orientierte Nationalisten bzw. Pan-arabisten vor und werfen ihnen vor, in die Hände des Kolonialismus zu arbeiten. Der Säkularismus wird als eine »Machenschaft« der europä-ischen Kolonialherren denunziert. Verläßt man die Domäne der Propa-ganda und wendet sich der realen Geschichte zu, dann wird man sehen, daß zu den ethnischen Spannungen zwischen Arabern und Nicht-Arabern *(Mawali)*, die den Zustand der islamischen *Umma* in frühen und mittelal-terlichen islamischen Epochen charakterisierten, weitere spaltende Ele-mente hinzukamen. Die Spaltung der islamischen *Umma* im staatlichen Bereich erfolgte schon lange vor der europäischen Eroberung der Welt. Der letzte überlebende Omaiyyade Abdarrahman floh in das arabische Spanien und gründete in Cordoba im Jahre 755 sein Emirat. Als die Dynastie der Fatimiden (Tunis, später auch Ägypten), selbständig seit 909, das Kalifat (das Fatimiden-Gegenkalifat) gegen den Abbasidenkalifen von Baghdad beanspruchte, nahm auch der Omaiyyaden-Herrscher von Cordoba im Jahre 929 den Kalifentitel für sich in Anspruch. *So hatte die islamische Umma bereits während der ersten Hälfte des zehnten Jahrhun-derts drei Kalifen.* Im Jahre 1258 brach das Kalifenreich der Abbasiden zusammen, nachdem die Mongolen Baghdad auf barbarische Weise er-obert hatten. Danach gab es nicht einmal formal eine in einem Gottesreich staatlich organisierte unitäre islamische *Umma*. Aus dem Zerfall des Reiches ging eine Vielstaaterei mit vielen Lokaldynastien hervor. Das im vierzehnten Jahrhundert gegründete vierte und letzte islamische Gottes-reich, das Osmanische Reich, vereinigte nicht mehr die Gesamtheit der islamischen *Umma*. Der Streit im politischen Denken des Islams drehte sich seinerzeit darum, ob die islamische *Umma* einen einzigen Imam-Kalifen haben müsse oder ob das Band der *Umma* lediglich auf einem religiös-spirituellen Zusammenhalt beruhe. Der bereits zitierte autori-tative islamische *Fiqh*-Denker Ibn Taimiyya (1263-1328) lebte in jener Zeit und konnte an den Realitäten seines Zeitalters nicht vorbeigehen. Ibn Taimiyya ließ die religiös-politische Doktrin zu, daß die *Umma* nicht unbedingt in einem einzigen Staat organisiert sein müsse, so daß die Muslime mehrere Herrscher haben könnten[44]. Diese wurden nicht mehr Kalifen, sondern Imame, d. h. geistliche Führer, genannt. Diese Imame waren jedoch, gemäß der Entsprechung des Sakralen und des Politischen im Islam, zugleich politische Herrscher.

Die Spannungen in der islamischen Geschichte zwischen Arabern, Per-sern und Türken beruhten nicht auf nationalen, sondern auf ethnischen Rivalitäten. Auch der Vielstaaterei, die schon im Schoß des Abbasiden-Reiches und besonders nach dem Fall von Baghdad 1258 die islamische Welt des Mittelalters prägte, lag nicht eine nationalstaatliche Organisationsstruktur zugrunde. Denn die islamische Geschichte kennt das Phänomen der Nation nicht. Dieses ist erst ein Produkt der großen Französischen Revolution. Die Übersetzung des französischen Begriffes *»nation«* mit *»umma«* ist eine islamische Adaptation, die auf einer Neuinterpretation basiert: Wenn seit dem 19. Jahrhundert von muslimischen Denkern »Nation« mit »Umma« gleichgesetzt wurde, so ist der islamische Umma-Begriff damit praktisch säkularisiert worden. Im Arabischen, der Sprache des Islams, gibt es kein Äquivalent für den Begriff »Nation«. Die Übersetzung dieses Begriffes mit *Umma* bleibt problematisch, weil zweideutig. Denn die *Umma islamiyya,* die Gemeinschaft der Muslime, kennt keine nationalstaatlichen Grenzen; sie umfaßt alle Muslime, gleich auf welchem Erdteil sie leben. Friedemann Büttner hat mit Recht auf den Sachverhalt aufmerksam gemacht, daß bisher jede Neuinterpretation im Islam »oft nichts anderes war als eine nominelle Identifizierung moderner europäischer mit alten islamischen Begriffen und Institutionen«[45].

Trotz dieser Einsicht müssen wir zur Kenntnis nehmen, daß diese säkulare Bestimmung der *Umma,* die nicht mehr die anderen, nicht-arabischen Muslime umfaßt, heute durch fundamentalistische und neo-fundamentalistische Ideologien in Frage gestellt wird. Diese säkulare Neuinterpretation ist ja der Gegenstand dieses Buches. Obwohl in seinem ersten Kapitel die nationalstaatliche moderne Organisationsform unserer Weltordnung, in die alle außereuropäischen Regionen integriert worden sind, als irreversible Struktur erkannt wird, wird die modernisierungstheoretisch bestimmte euphorische Einschätzung der säkularen Nationalstaatlichkeit nicht geteilt, ja sogar einer Kritik unterzogen. Als die deutsche Erstauflage diese Buches im Jahre 1971 erschien, ahnte jedoch niemand etwas davon, daß es eine Revitalisierung des Sakralen in Entwicklungsgesellschaften geben würde.

Aus einer modernisierungstheoretischen Perspektive schien es so, als ob die in dieser Einleitung skizzierte Gründung und Entwicklung der vier islamischen Gottesreiche seit der Auflösung des vierten islamischen Kalifats im Jahre 1924 lediglich Stoff für islamische Reminiszenzen bieten würde. Die Sozialwissenschaft, die sich seit der Dekolonisationsepoche sehr optimistisch den als »Entwicklungsländer« charakterisierten Erdteilen zugewandt hatte, trug ebenfalls ihren Anteil zu einer solchen Fehldeutung bei. Nach allen gängigen Modernisierungstheorien[46] äußert sich »Modernisierung« unter anderem in Säkularisierung. Nach diesen Theorien sollten sich alle Länder, einschließlich deren des Islams, in einem Modernisierungsprozeß befinden, der Säkularisierung unausweichlich macht. In diese Richtung ging die Arbeit von Daniel Lerner[47], der die beiden einflußreichen Darstellungen von Halpern[48] und Binder[49] folgten und die dann von zahlreichen Autoren kopiert wurden. In der jungen Entwicklungsländer-Sozialwissenschaft herrschte lange die naive Vorstellung, daß Säkularisierung als quasi-automatische Folge der Modernisierung eintreten würde. Die äußerlich den Eindruck von naturwissenschaftlicher Exaktheit vermittelnden quantitativen Methoden der amerikanischen Entwicklungsländer-Sozialwissenschaft, die diese Blüten hervorbrachte, können gerade an diesem Beispiel nicht darüber hinwegtäuschen, daß in ihnen mehr Wunschdenken und Glaube an die eigenen Prämissen als exakte Analysen enthalten sind. Die Neubelebung des Sakralen und auch die Formen seiner Politisierung waren für viele dieser Experten eine große Überraschung. Ein differenziertes Verständnis der Bedeutung der Religion in den Prozessen des sozialen Wandels verdanken wir den Arbeiten Samuel Eisenstadts[50], der ja zu den »revisionistischen« Modernisierungstheoretikern gehört.

In den meisten Entwicklungsgesellschaften findet ein rapider sozialer Wandel statt, der – bedingt durch die Verflechtung dieser Gesellschaften in das moderne Weltgefüge – exogen indiziert ist. Traditionelle Norm- und Wertsysteme verändern sich nicht in jener Geschwindigkeit, die die Wandlungen der bisherigen Sozialstrukturen aufweisen. In dieser Situation werden sogar autochthone kulturelle Symbolsysteme reaktiviert, um – zumindest sozialpsychologisch – die Folgen dieses rapiden sozialen Wandels abzuwehren[51]. Die Sehnsucht nach dem goldenen Zeitalter des islamischen Gottesreiches ist somit ein sozialpsychologisch-soziokulturelles Phänomen. Der Angriff auf den Nationalstaat und seine Erhebung zum Objekt vorhandener Frustrationen und Aggressionen hängt mit seinem Scheitern zusammen, die anstehenden Entwicklungsprobleme zu bewältigen, geschweige denn zu lösen[52]. Als Alternative zu ihm wird auf das islamische Gottesreich rekurriert, das einst die Größe der Muslime und ihre Dignität bewahren konnte. Im Vergleich zu der symbolisierten Erinnerung an dieses islamische Gottesreich erscheint der vorhandene säkulare Nationalstaat impotent und nur verachtungswürdig. Durch eine voluntaristische »Setzung« soll dieser Nationalstaat – so fordern islamische neofundamentalistische Bewegungen – entfernt werden, damit die islamische *Umma* an seinen Platz treten kann.

Die Revitalisierung des Sakralen ist somit eindeutig ein Ausdruck einer Krisensituation, die zugleich eine Krise des Nationalstaates in Entwicklungsländern zum Ausdruck bringt. Der islamische Orient steht nur beispielhaft für diese Krise da. Es gibt keinen »homo islamicus« und entsprechend auch keine quasi-anthropologisch prädestinierten Entwicklungsmuster[53]. Diese Auffassung läßt sich bestätigen, wenn man über die islamische Region unserer Welt hinausblickt. Vergegenwärtigt man sich, daß viele Regionen der unter dem Oberbegriff »Dritte Welt« trotz ihrer Diversität zusammengefaßten Erdteile mit dem Islam nichts zu tun haben, dann kann man erkennen, daß die gegenwärtige Krise des Nationalstaates in diesen außereuropäischen Regionen global, d. h. auch für nicht-islamische Regionen der »Dritten Welt«, gilt. Denn dort kann man auch die Revitalisierung des Sakralen und dessen Politisierungsformen beobachten. Das reicht von der Politisierung des Christentums in Lateinamerika, die sogar einen Sowjetmarxisten wie Castro[54] erfaßt, bis hin zu den hinduistischen, buddhistischen und Sikh-Varianten dieses Phänomens.

IV

Die Formen der Revitalisierung des Sakralen und dessen Politisierung im zeitgenössischen Islam sind zahlreich. Dennoch läßt sich der zentrale islamische Begriff *Umma* bei allen Exponenten dieser zu einer neuen sozialen Bewegung erhobenen politischen Strömung[55] finden. Wir haben im vorangegangenen Abschnitt diskutiert, wie der islamische Begriff von der *Umma* äußerlich dadurch säkularisiert wurde, daß man ihm den Inhalt des französischen Terminus *nation* verlieh. Die zeitgenössische Re-Politisierung des Islams zielt darauf ab, diese Säkularisierung rückgängig zu machen, indem sie die klassische Bedeutung des *Umma*-Begriffes wieder lebendig werden läßt. Um den Stellenwert dieser Bestrebung zu erkennen, müssen wir fragen, inwiefern die Muslime qua *Umma* eine politische Gemeinschaft im präzisen Sinne bilden und welche Merkmale es sind, die – sollten sie überhaupt existieren – eine solche Zugehörigkeit prägen. Bisher haben wir deutlich genug gesehen, daß *Umma* sowohl ein religiöser als auch ein religio-politischer Begriff ist. Schon vor der Aufnahme moderner Inhalte haben zwei große Denker der klassischen islamischen Philosophie den *Umma*-Begriff politisch säkular verwendet. al-Farabi (870-950) hat in seiner Schrift *al-Madina al-fadila* (Musterstaat) die Umma im klassisch-griechischen Sinne von Polis definiert[56]. Auch Ibn Khaldun (1332-1406) verwendete in seinem großen Werk *al-Muqaddima* (Prolegomena) *Umma* im Sinne einer auf Solidarität und *esprit de corps* basierenden politischen Gemeinschaft. Der Ibn Khadunsche Begriff der *'Asabiyya* deckt all diese Inhalte (cf. unten, S. 127 ff.). Der religio-politische Begriff der *Umma*, so wie er im Koran vorkommt, basiert ausschließlich auf der Zugehörigkeit zur Religion des Islams[57]. Im täglichen Gebet vereinigen sich die Muslime symbolisch; einmal im Jahr – während der Pilgerfahrt – vereinigen sich die Muslime mehr als symbolisch um den schwarzen Stein (die *Ka'ba*) der großen Mekka-Moschee.

Reicht das aus, um daraus eine staatsbildende, politische Gemeinschaft zu konstituieren?

Im Rahmen dieser Einleitung beschränke ich mich auf eine kurze Untersuchung darüber, ob eine *Religion als ein gemeinsames Identitätsmerkmal* wirken kann, das die *Loyalität zu einem Gemeinwesen* bestimmt und ein hiermit korrespondierendes Verhalten fördert. Diese Frage erwächst aus der Diskussion über die mögliche Kohäsivität einer politischen Gemeinschaft. Ein anderer, indirekt damit zusammenhängender Gegenstand ist das Verhältnis zwischen Religion und Kultur. Dies betrifft die Frage, ob eine Religion, die von verschiedenen Kulturen geteilt wird, diese *kohäsivitätsstiftenden Elemente* hervorruft. Da ich zu diesem Gegenstand auf eine frühere Veröffentlichung verweisen kann[58], begnüge ich mich hier mit einem knappen Rückgriff auf die dort vorliegenden Ergebnisse, um mich dann auf die Problematik von Religion und Loyalität zu einem Gemeinwesen in einer politischen Gemeinschaft zu konzentrieren.

Clifford Geertz' interpretative Bestimmung der Kultur als Produkt einer »social production of meaning«, d. h. als Prozeß der Füllung auch schriftlich fixierter Symbole mit neuen gesellschaftlich produzierten Inhalten, stellt eine große Wende in der Kulturanthropologie dar[59]. Diese Forschung ist für unseren gegenwärtigen Kontext deshalb von Belang, weil hier – ebenfalls unter Rekurs auf Geertz – Religion als ein kulturelles System definiert wird[60]. In diesem Sinne habe ich jede politische Gemeinschaft als einen lokalen Rahmen der entsprechenden sozialen Sinnproduktion begriffen. Auf den Islam übertragen heißt das, daß die islamische *Umma* aus zahlreichen kulturellen Gemeinschaften besteht, die alle formal dieselben Symbole teilen, sie dennoch mit oft sehr voneinander abweichenden Inhalten füllen, weil diese in sozial voneinander unterschiedenen Kontexten produziert werden. Daraus können wir folgern, daß es keine einheitliche Sinnproduktion gibt, die einer einheitlichen islamischen *Umma* zugrunde liegen könnte.

Die Identifikation mit einem politischen Gemeinwesen ist die zentrale Voraussetzung für die Loyalität der Menschen, die in diesem Rahmen leben und wirken. Die jeweils vorhandene bzw. fehlende Identifikation bestimmt das Verhalten dieser Menschen und gilt als Indikator für ihre mögliche Loyalität. Aus der gegenwärtigen Forschung wissen wir, daß dieser Ansatz auch für den islamischen Orient gilt[61]. Denn auch für Muslime gilt die Aussage: »Viele Religionen streben nach Universalität. Das Verhalten der Mitglieder solcher auf der Basis der Religion vereinigter religiöser Gemeinschaften zeugt von Spannungen zwischen den jeweiligen nationalen und religiösen Gemeinschaftsidentitäten.«[62] Die islamische Geschichte liefert zahllose Beispiele für solche Konflikte, an deren oberster Stelle der schon angeführte Konflikt zwischen den arabischen und den nicht-arabischen Muslimen *(Mawali)* steht. Der heute vom Iran ausgehende Ruf nach einem neuen islamischen Universalgebilde läßt diesen alten Konflikt wieder aufleben, da der nicht-arabische Khomeini für den nicht-arabischen Iran die Führung der islamischen *Umma* beansprucht. Ehe diese Frage aufgenommen wird, soll zunächst weiterhin die Diskussion über die Identitätsproblematik als Basis einer politischen Gemeinschaft fortgeführt werden.

Ohne Zweifel bietet der Islam den Rahmen für eine große Solidarität seiner Gläubigen gegenüber anderen. Es besteht also durchaus eine doppelte Identität: einerseits mit der islamischen *Umma* selbst und andererseits mit der lokalen Gemeinschaft, sei sie inter- oder intra-ethnisch (Araber und Nicht-Araber bzw. Araber unter sich) oder auch konfessionell ausgerichtet (Sekten- und Rechtsschul-, d.h. *Madhhab*-Zugehörigkeit der jeweiligen sunnitischen Muslime). Die psychosoziale Bindung der Muslime an den Islam ist unermeßlich stark. Diese Bindung ist jedoch religiös und hat nur eine geringe politische Wirkung. Mit Leonard Binder kann deshalb hier hervorgehoben werden, »daß das *Umma*-Konzept zwar eine Grundlage für die muslimischen Individuen durch die islamische Geschichte hindurch für eine Identifikation bot. Aber... es handelte sich stets um eine religiöse Identität. Politisch wurde eine solche Identität erst in der modernen Zeit. Heute, nach der Politisierung der Identitätsfrage und angesichts der gestellten Probleme der individuellen und politischen Gemeinschaft, müssen Islam und Politik in einem neuen Rahmen miteinander versöhnt werden.«[63] Binder hoffte in dieser bereits kritisch erwähnten Studie auf die Ausbreitung von Säkularität, die jedoch nicht eintrat. Dennoch trifft seine Differenzierung zwischen religiöser und politischer Identität für die Bestimmung der Identifikationsmerkmale in einer politischen Gemeinschaft völlig zu.

In meiner Studie über die kulturelle Bewältigung des Wandels im Islam habe ich mehrfach auf die Kluft zwischen der verbalen Beteuerung des geglaubten Dogmas und dem tatsächlichen Verhalten von Muslimen hingewiesen. Dem entspricht John Waterburys empirisch im Feld gewonnene Erkenntnis, man müsse sich in seiner Forschung darauf konzentrieren, was die Menschen wirklich tun, und nicht, was sie zu tun glauben[64]. Für die hier anstehende Problematik kommt Richard Cottam zu Ergebnissen, die auch diese Beobachtung bestätigen: So »verleugnen die Iraner unter Khomeini explizit ihren Nationalismus. Aber ihr Verhalten kann trotz dieser Beteuerung als nationalistisch identifiziert werden. Der ›Response‹ der Iraner auf den irakischen Angriff steht in vollem Umfang im Einklang mit diesem Verhalten.«[65]

Es wurde bereits angemerkt, daß der zeitgenössische islamische Revivalismus älter als der Khomeinismus und die iranische Revolution ist. Dennoch steht die Ideologie Khomeinis an vorderster Stelle der Front, und die *Spill-over*-Effekte der iranischen Revolution dürfen nicht übersehen werden. Aus diesem Grunde ist es angebracht, die Diskussion über den realpolitischen Stellenwert des gegenwärtigen Rückgriffs auf das islamische *Umma*-Konzept zu erweitern, um auch den Stellenwert des Khomeinismus selbst zu problematisieren[66]. Die Fragen, die sich in diesem Kontext stellen, lauten: Kann nun der islamische Universalismus, dessen staatliche Geschichte zwischen 661 und 1922 (die drei Gottesreiche der Omaiyyaden, Abbasiden und schließlich der Osmanen) bisher eine exklusiv-sunnitische Form hatte und seit Atatürk als morbid diagnostiziert wurde, nun durch eine schi'itische politische Strömung neu belebt werden? Darf ein Schi'it wie Khomeini ein Kalif der Muslime werden? Kann ein nicht-arabisches Land die Führung des Islams übernehmen?

Die dies betreffende islamische Norm wurde bereits zitiert: »la farq bain 'arabiyun wa 'agami illa bi al-taqwa« (Zwischen Arabern und Ausländern darf nur im Hinblick auf die Pietät unterschieden werden). Dennoch gehörte die Vorschrift der Abstammung von der arabischen Ethnie des Propheten, nämlich aus *Quraisch,* zu den zentralen Voraussetzungen, die ein Kalif erfüllen mußte. Der Konflikt zwischen den Arabern und den *Mawali* (nicht-arabischen Muslimen) prägte die islamische Geschichte vom siebten Jahrhundert an und umfaßte auch die entscheidenden Phasen des Abbasiden-Reiches. Die damaligen Araber verwendeten den Begriff der *Schu'ubiyya* (Ausländerei), um die Attitüden der *Mawali* zu charakterisieren. Lange vor dem Ausbruch des iranisch-irakischen Golf-Krieges und der damit verbundenen Wiederbelebung der klassischen arabisch-persischen Rivalität hat ein zeitgenössischer arabischer Historiker und Jurist, Abdalhadi al-Fakiki, die *Schu'ubiyya* mit Iran identifiziert und so definiert: »Die Schlangen des *Schu'ubiyya*-Hasses breiten sich aus und verspritzen ihr Gift. Die Träger dieser Ausländerei (die Schu'ubiten), die haßerfüllt auf die Araber sind, ... behalten insgeheim die Religion ihrer Urväter... Die zoroastrischen Einflüsse in Iran sind ein Beleg dafür... Das Ketzertum *(Zandaqa)* ist in der Tat das angestrebte Ziel der Schu'ubiten..., um das arabische Dasein zu zerstören.«[67] Eine der klassischen Erinnerungen dieser Rivalität ist der Aufstieg des iranisch-schi'itischen Buyiden-Hauses während der Schwächeperiode des Abbasiden-Kalifen zum Zentrum der Herrschaft in Baghdad (945-1055). Der buyidische Ober-Emir war damals der tatsächliche Herrscher; der nominale arabisch-abbasidische Kalif durfte nur die Entscheidung des Ober-Emirs mit der religiösen Autorität des Kalifats absegnen. Kalifen, die dies verweigerten, wurden die Augen ausgestochen. An diese Geschichtsperiode erinnert die 1980 in Tunis erschienene Studie *al-Schi'a fi Iran*[68] von Prof. al-Shabi, der an der Universität eines hundertprozentig sunnitischen Landes – Tunesien – lehrt, in dem islamische Neo-Fundamentalisten unter Berufung auf Khomeini das bestehende Bourgiba-Regime bedrohen.

Zwar spricht Khomeini stets von der Universalität des von ihm politisierten Islams, doch ohne je den Begriff des Kalifats zu verwenden. Seine zentralen Begriffe sind: *»Islamische Republik«* und *»die islamische Regierung«*; sie könnten als moderne, in den Islam eingeführte Begriffe gedeutet werden; sie verraten keinen konfessionellen Charakter. Der dritte, für sunnitische Muslime unakzeptable Begriff *»wilayat-e-faqih«* legt die schi'itische Herkunft offen dar. Khomeini hat guten Grund, den Begriff des Kalifats zu meiden, obwohl die politische Geschichte des Islams eine solche des Kalifats ist. Denn diese ist eine sunnitische Geschichte.

Das islamische Schisma in Sunna und Schi'a fand bereits im selben Jahrhundert statt wie die islamische Religionsstiftung selbst, nämlich im siebten. Seitdem sind die Schi'iten in den Untergrund gegangen. *Islamische Herrschaft war stets eine sunnitische Herrschaft*, auch als die Buyiden (945-1055) hinter der Fassade des Kalifen herrschten. Eine einzige Ausnahme ist der iranische Safawidenstaat der Jahre 1501 bis 1722, dessen Legitimation schi'itisch war. Selbst während der Schwächeperiode des Abbasiden-Reiches, als das Haus der Buyiden die tatsächliche Herrschaft inne hatte, haben Schi'iten die bisher gepflegte Verborgenheit ihres Glaubens nicht aufgegeben. Die Herrschaft galt auch unter den Buyiden als sunnitisches Kalifat. Die Praxis der *Taqiyah* (Verbergung der eigenen Identität) gehört zu der religiösen Praxis des Schi'a-Islams. Die religiös-politische Verfolgung der Schi'iten durch ihre sunnitischen Gegner ist der historische Hintergrund der *Taqiyah*[69].

Nach diesen Erläuterungen können wir nun zu der Frage übergehen, wie arabische Muslime auf den Anspruch einer islamischen Führung durch den iranischen Khomeinismus reagieren. Auf einem großen, vom Beiruter *Center for Arab Unity Studies* durchgeführten wissenschaftlichen Kongreß über *al-Qaumiyya al-'Arabiyya wa al-Islam* (Arabischer Nationalismus und Islam), dessen Verhandlungen in einem 778 Seiten umfassenden Buch veröffentlicht wurden, hat der als Herausgeber der Schriften führender moderner islamischer Denker bekannte Mohammed 'Ammara in seinem Referat den islamischen Führungsanspruch der Araber hervorgehoben: »Die arabische Nation, die sich von ihrer sonstigen islamischen Umwelt *(Muhit)* national abhebt, ist dazu aufgerufen und auch dazu prädestiniert, diese islamische Umwelt anzuführen... Der Grund dafür ist die Stellung der Araber in dieser Religion. Der Islam ist die ewige historische Mission einer unitären arabischen Nation, und gerade dies verleiht ihr diese Führungsposition.«[70]

'Ammara, der dem islamischen Neo-Fundamentalismus nahesteht, unterstellt, daß die *Spannung zwischen dem universellen Islam und dem nationalen Arabismus,* auf die sich ja eine der Hauptthesen dieses Buches bezieht, keine Realität besitze, sondern auf einer kolonialen Verschwörung *(mufta'la)* basiere, einer Täuschung also, der die Araber aufgesessen seien. Ohne solch neofundamentalistischem Denken zu verfallen, schreibt der eher säkular und aufklärerisch orientierte syrisch-libanesische Schriftsteller Safadi in der von ihm herausgegebenen Zeitschrift *al-Fikr al-Arabi al-Mu'asir* (Das zeitgenössische arabische Denken), daß der Arabismus die Tatsache des zeitgenössischen revolutionären Islams zur Kenntnis nehmen und in sein Denkgebäude integrieren solle. »Der neue revolutionäre Islam ist ein gesundes Merkmal, das der Arabismus gewinnen wird... Der Arabismus würde somit die Modernisierung des Islams ermöglichen und zu einer Aufklärung der Massen beitragen, die an den Islam glauben. Nur so kann der Arabismus dem Ziel der Revolution näherkommen.«[71]

Ohne die *Spill-over*-Effekte der iranischen Revolution[72] auf ihre Umgebung zu übersehen, können wir nach diesen Ausführungen zu der Konklusion gelangen, daß der Universalitätsanspruch des Khomeinismus seine lokalen Grenzen hat, weil ihm die realhistorische Fundierung fehlt, die er für sich beansprucht.

v

Außer Khomeinis Iran gibt es noch zwei weitere islamische Länder, deren Staatsoberhäupter islamische Amtsfunktionen für sich beanspruchen. Es sind die beiden islamisch legitimierten Monarchien Marokko und Saudi-Arabien[73]. Die marokkanischen Könige der *Alawi*-Dynastie (seit 1666 an der Herrschaft) nennen sich jeweils *Amir al-Mu'minin*/Oberhaupt der Gläubigen. Zwar ist dies einer der wichtigsten Titel, den die traditionellen Kalifen für sich in Anspruch nahmen. Doch läßt sich der marokkanische König nicht als Kalif bezeichnen, und die marokkanische Außenpolitik trägt kaum irgendwelche universalistischen islamischen Züge[74]. Anders verhält es sich mit der Monarchie Saudi-Arabiens, die im Rahmen internationaler Organisationen eine Außenpolitik betreibt, die Reinhard Schulze in seinem hierüber durchgeführten Forschungsprojekt als »islamischen Internationalismus« bezeichnet[75].

Die nähere Beschäftigung mit der saudischen Außenpolitik führt schnell zu der Erkenntnis, daß es sich hierbei um eine im höchsten Maße defensive Sicherheitspolitik handelt. Ralf Hoppe charakterisiert sie als »kriseneindämmende Regionalpolitik«[76]. James Piscatori argumentiert ähnlich und hebt hervor: »Der Islam wird in der saudischen Außenpolitik erst relevant und als Faktor unterstrichen, wenn die Saudis zu der Auffassung gelangen, daß dies zur Verbesserung ihrer Position in der gesamtarabischen Politik beiträgt... Wenn jedoch mit ›islamischer Außenpolitik‹ ein normativer Bezugsrahmen gemeint wird, der die Politik bestimmt, dann müssen wir anmerken, daß es so etwas nicht gibt.«[77] Denn Außenpolitik beruht auf *Hic-et-nunc*-Entscheidungen, die zwar von einem ideologischen Konzept beeinflußt werden können, die jedoch primär innerhalb eines strukturellen Rahmens erfolgen und unter der Berücksichtigung seiner Bedingungen getroffen werden.

Gehen wir auf das in dem angedeuteten Sinne begrenzt relevante ideologische Konzept des von Saudi-Arabien getragenen Internationalismus ein, dann werden wir keine offensiven Züge vorfinden wie jene, die wir gerade im Falle des Khomeinismus kennengelernt haben: Saudi-Arabien exportiert über sein Erdöl keine Entwicklungsmodelle. Hinzu kommt, daß der saudisch-islamische Internationalismus nicht alt ist und – wie angemerkt – in einem defensiv-sicherheitspolitischen Rahmen entstanden ist. Die saudische Monarchie hatte eine lange Entstehungsgeschichte, die mit der *Salafi*-Bewegung des Wahhabismus zusammenhängt; sie wurde offiziell im Jahre 1932 gegründet, also zehn Jahre nachdem der letzte islamische Kalif Mehmed VI. aus Istanbul geflohen war[78]. Die Saudis hatten zunächst weder Ambitionen auf das Kalifat noch auf einen islamischen Internationalismus gehegt. Erst die Bedrohung Saudi-Arabiens durch das panarabische Revolutionsmodell Nassers hat sie veranlaßt, den Islam außenpolitisch einzusetzen. Nassers Politik war zwar säkular, was ihn jedoch nicht daran hinderte, den Islam ideologisch zu diesen säkularen Zwecken einzusetzen[79]. Aus der Abwehr dagegen ging der saudisch angeführte islamische Internationalismus hervor, der hier im Rahmen unserer Fragestellung »Vom Gottesreich zum Nationalstaat« unsere Aufmerksamkeit verdient.

Nach der Auflösung des Osmanischen Reiches entstand zunächst eine Bewegung, die – zumindest ideologisch – die Neugründung des Kalifats forderte. Bald verschwand sie im Soge der erstarkenden Nationalbewegungen. Alle anderen islamischen internationalen Organisationen waren bis zum Beginn der sechziger Jahre bedeutungslos. »Die internationalen islamischen Organisationen der Jahre 1930-1960 können... nur als Versuch zum Aufbau eines Vertretungsbüros aller Muslime nach außen, das heißt gegenüber der westlichen Welt, gewertet werden.«[80] Um einen Gegenblock zum Nasserismus aufzubauen, wurde in der saudischen Stadt

Mekka im Mai 1962 ein großer Kongreß veranstaltet, an dem 111 fundamentalistische muslimische Gelehrte teilnahmen, zu denen der bereits zitierte, inzwischen verstorbene Pakistani Maudoodi gehörte. Auf diesem Kongreß wurde die *Rabitat al-'Alam al-Islami*/Die Liga der islamischen Welt (Islamische Liga) gegründet. Zwar wurde der einige Jahre nach der Gründung gekrönte saudische König Faisal (Regentschaft 1964-1975) – sicherlich nur aus propagandistischen Gründen – »als einer der ersten Anwärter auf ein... gefordertes erneuertes Kalifat«[81] gefeiert. Solche Aufrufe ertönen jedoch seit dem Niedergang des nasseristischen Revolutionsmodells nicht mehr, obwohl Saudi-Arabien seit der ersten Energiekrise – bedingt durch die Vermehrfachung seiner Erdöleinnahmen – Ägypten als politisches Zentrum abgelöst hat[82]. Die von Saudi-Arabien angeführte islamische Liga hat – wie jede internationale Organisation – einen betont »überstaatlichen Charakter«[83] und kann eindeutig nicht als ein Träger eines neuen islamischen Universalismus qualifiziert werden.

Abschließend ist dringend hervorzuheben, daß die *Universalismus-Nationalismus-Dichotomie,* die hier unter der Fragestellung »vom Gottesreich zum Nationalstaat« im Mittelpunkt steht, nicht der einzige Inhalt des zeitgenössischen islamischen Fundamentalismus bzw. Neo-Fundamentalismus[84] ist. Sehr oft bringt der Integrismus/Neo-Fundamentalismus soziale Belange zum Ausdruck, die mit dieser Dichotomie wenig zu tun haben. Es muß zur Ausräumung möglicher Mißverständnisse ausreichen, auf die Forschung von Peter von Sivers über Algerien und den arabischen Westen (Maghreb) insgesamt hinzuweisen[85]. In Algerien beruft sich der Nationalstaat auf den Islam und erhebt ihn zur Staatsreligion. Der modernisierende Staat versucht seine von den urbanen Zentren ausgehende zentralstaatliche Politik auf das Hinterland auszudehnen, um die ruralen Gebiete in sein Modernisierungsprojekt zu integrieren. Dort fungiert *die Revitalisierung des Sakralen als archaischer Widerstand der scholarisierten Kinder der Bauern gegen diese Politik der Zentralinstanz.* An diesem Beispiel wird deutlich, daß die Politisierung des Sakralen eine Variante der Sakralisierung des Politischen auf seiten der Opposition, d. h. der Darstellung sozialer Konflikte in einem religiösen Mantel, sein kann. Diese Ebene steht nicht unbedingt abseits der Universalität des Islams. Aber die Universalismus-Nationalismus-Dichotomie ist z. B. für die algerischen Bauern weniger von Interesse als ihre konkreten alltäglichen sozialen Belange.

In den bisherigen fünf Abschnitten wurde die im Titel der Neuausgabe dieses Buches angegebene Fragestellung diskutiert und dabei das Material der zuerst 1971 erschienenen Erstauflage in ein neues Licht gerückt. Der historische Gegenstand dieses Buches, die Auflösung des Osmanischen Reiches und der Aufstieg des Panarabismus bis zum Ende der sechziger Jahre, bezieht sich auf eine abgeschlossene Geschichtsperiode, so daß diese Veröffentlichung nicht Opfer von aktuellen Entwicklungen sein kann. Die Aussagen dieses Buches stehen für sich, und der Autor steht voll zu ihnen. Die fachliche Reaktion auf die ein Jahrzehnt nach dem deutschen Original unter dem Titel *Arab Nationalism. A Critical Enquiry* erschienenen britischen und amerikanischen Ausgaben bestätigt voll diese Einschätzung[86]. Allein das Nachwort, in dem die Entwicklung nach der arabischen Niederlage im Sechs-Tage-Krieg von 1967 und deren mögliche Folgen diskutiert werden, ist heute überholt. Dennoch habe ich den Text (pp. 189-198 unten) in dieser Auflage belassen, weil er ein Stück Geschichte dokumentiert. Dies bedarf der Erklärung.

Der Autor lebt seit 1962 in der Bundesrepublik; er ist jedoch erst im Jahre 1976 Deutscher geworden. In den sechziger Jahren lebte er zwar in der Bundesrepublik, wirkte jedoch damals literarisch primär durch arabische Veröffentlichungen. In dem Jahre nach der Niederlage von 1967 wurden im arabischen Orient damals große Hoffnungen auf die möglichen Konsequenzen der eingetretenen Ernüchterung und Entzauberung der Panarabismus-Rhetorik gehegt. Diese Hoffnungen sind in einer umfangreichen arabischsprachigen, wegen der Zensurfreiheit vorwiegend in den großen Beiruter Verlagen und Zeitschriften erschienenen Literatur dokumentiert. Der Autor gehört zu den Teilnehmern an dieser unter anderem in den Zeitschriften *Mawaqif, Dirasat 'Arabiyya, al-'Ulum, al-Adab, al-Hurriyya* geführten Diskussion[87].

Im Gefolge der durch die militärische Niederlage im Juni-Krieg 1967 ausgelösten Legitimitätskrise[88] der säkularen politischen Systeme im arabisch-islamischen Orient lagen zwei Strömungen im Wettstreit um die Ablösung des sozialistischen Populismus (Nasserismus, Ba'thismus u. a.) und aller anderen säkularen Varianten. Aus der *Selbstkritik nach der Niederlage*[89] – so lautete schon im Titel das Plädoyer einer einflußreichen kritisch-marxistisch inspirierten politischen Schrift des Philosophie-Professors Sadiq Galal al-'Azm – sollten die Araber lernen, daß sie anstelle der populistischen Rhetorik eine umfassende sozialstrukturelle Transformation benötigten, die allein den Namen Sozialismus verdiene. Im Nachwort zur vorliegenden Untersuchung – wie gesagt: dem *einzigen* Teil, der als überholt gelten kann – glaubte ich damals, daß diese von meinem Freund al-'Azm skizzierte und auch in meinen eigenen arabischen Aufsätzen entworfene Alternative eine wirkliche Option sei. Einige Jahre nach der Erstveröffentlichung meiner Schrift im Jahre 1971 erschien die Buchserie des Muslim-Bruders Yusuf Qurdawi, die die Gegenoption benennt: *al-Hal al-Islami*[90] (Die islamische Lösung). Dieser Fundamentalismus und nicht der kritische Marxismus hat die politische Bühne erobert. Seitdem hallt die Forderung nach einem islamischen Gottesreich wider. Wie einst der säkulare Panarabismus, so gehört heute der auch in den Jahren 1967-1970 nur in Ansätzen vorhanden gewesene kritische arabische Marxismus zum historischen Inventar. Als al-'Azm im Jahre 1969 seine Religionskritik[91] veröffentlichte, wurde ihm der Prozeß gemacht, und er schweigt seitdem.

Das im Oktober 1970 geschriebene Nachwort ist eine Zusammenfassung der damaligen Vision.

Alle anderen Kapitel dieses Buches beanspruchen unverändert ihre Gültigkeit. Diese Versicherung dient nicht irgendwelchen hybriden oder selbstgefälligen Zwecken, weshalb ich im folgenden auf die seit 1971 erschienene, für meine Fragestellung relevante Literatur eingehen möchte. Diese Literatur bekräftigt meine Analysen, zwingt mich jedoch – wenn auch nur an wenigen Stellen –, meine Forschungsergebnisse zu nuancieren. Entsprechend dem Aufbau des vorliegenden Buches gehe ich abschließend auf die folgenden vier Problembereiche ein: 1. Nationalismus im allgemeinen, 2. Nationalismus und Dekolonisation, 3. Islam und panarabischer Nationalismus und schließlich 4. arabische Lokal-Nationalismen.

Nach wie vor ist der Anteil der theorie-orientierten und somit konzeptualisierenden Untersuchungen an der umfangreichen Nationalismusforschung sehr gering. Es ist daher erfreulich, daß in den siebziger Jahren die wichtigen, diese Lücke partiell ausfüllenden Arbeiten von Anthony D. Smith erschienen sind, von denen fünf in der Ergänzungsbibliographie nachgewiesen werden. Smith hebt den Tatbestand hervor, daß der Nationalismus eine westlich-europäische politische Doktrin sei, die während der kolonialen Ära von Nicht-Europäern übernommen wurde, um mit ihr als Legitimation gegen Europa als Kolonialmacht vorzugehen[92]. In unserer heute nationalstaatlich organisierten Welt müßten die Nationalismen die Erfüllung ihrer Ziele gefunden haben. Dennoch findet man sich Smith zufolge mit der Spannung zwischen bestehender Nationalstaatlichkeit und angestrebter Supranationalität konfrontiert[93]. Obwohl Smith auf überregionales Datenmaterial zurückgreift, auf dem seine Konzeptualisierungsversuche basieren, nimmt er die zeitgenössische Revitalisierung des

Islams nicht zur Kenntnis. Für ihn bleibt die Bewegung der Muslimbruderschaft (gegründet 1928, Aktivität in Ägypten in den vierziger und fünfziger Jahren) als der einzige Fall maßgeblich, der nach seiner Ansicht als Neo-Traditionalismus charakterisiert werden kann[94].

Bei der Diskussion, die über das erste Buch von Smith stattfand, hob der Autor eines Besprechungsaufsatzes, Gale Stokes, auch die von mir eingangs angemerkte Beobachtung hervor: »Wenn man sich den enormen Umfang der Veröffentlichungen über den Nationalismus anschaut, wird man darüber erstaunt sein, wie dünn der Anteil der theoretischen Literatur darunter ist... Einer der Gründe dafür ist, daß die meisten an diesem Thema arbeitenden Forscher Historiker sind, die sich mehr für die Beschreibung als für die Erklärung von Phänomenen interessieren.«[95] Diese 1978 gemachte Beobachtung gilt bis auf wenige Ausnahmen weiterhin. Zu diesen gehören auch die Werke von Karl W. Deutsch, dessen bahnbrechendes Werk *Nationalism and Social Communication* bereits zu den Quellen dieser Arbeit gehört. Die neuen Bücher Deutschs enthalten Nuancen jenes Werkes[96]. Interessant ist auch die Arbeit von Kenneth Minogue, die einen guten Überblick vermittelt, jedoch keine neuen Gesichtspunkte in die Diskussion wirft[97].

Der zweite Problembereich, Nationalismus und Dekolonisation, hat in den späten siebziger und in den achtziger Jahren an Interesse eingebüßt, insofern viele Forscher sich den Problemen »nach der Dekolonisation« zuwandten. Dieser Sachverhalt dokumentiert sich in einer bemerkenswerten, von Bissel und Radu herausgegebenen Publikation, in der die Vorträge eines Expertensymposiums über die »Post Decolonization Era« zusammengestellt wurden. Während meiner Gastprofessur an der Université de Yaoundé in Kamerun im Sommer 1986 teilten meine afrikanischen Studenten, mit denen ich dieses Buch in einer Lehrveranstaltung las, auch die im Vorwort von Bissel artikulierte Meinung: »Nachdem die Musik der Unabhängigkeitsfeier zu Ende gegangen war, wurde es Zeit, sich den Problemen der politischen und wirtschaftlichen Realitäten zuzuwenden.«[98]

Auch im Hinblick auf den dritten Problembereich, Islam und panarabischer Nationalismus, lassen sich nur ganz wenige Monographien finden, in denen ein theorie-orientierter Konzeptualisierungsversuch unternommen wird. Seitdem die Revitalisierung des Islams im Gefolge der »iranischen Revolution« das Interesse der Öffentlichkeit an dieser Thematik weckte, überschwemmten amerikanische Forscher den Buchmarkt mit Islam-Veröffentlichungen, die nicht immer von Qualität zeugen. Als ein Beispiel hierfür sei das in den USA weitverbreitete Buch von Daniel Pipes *In the Path of God*[99] angeführt, dessen Titel Ibrahim Abu-Lughod auf dem internationalen Kongreß für »Middle East Studies« an der kanadischen University of Calgary (August 1986) in einer öffentlichen Diskussion in »In the Path of Satan« umzubenennen vorschlug. Auch Fouad Ajami hat in Washington scherzend beobachtet, daß die amerikanischen Islam-Veröffentlichungen die der islamischen Fundamentalisten und Neo-Fundamentalisten an Zahl zu übertreffen scheinen. Bei der Aufstellung der Ergänzungsbibliographie mußte daher selektiv verfahren werden.

Zwei Arbeiten verdienen jedoch eine Würdigung, da sie nicht unter jene modische Kategorie fallen. An erster Stelle ist die Monographie von William Cleveland zu nennen[100], die gleichzeitig mit der ersten Auflage dieses Buches erschien. Hierüber veröffentlichte ich bereits im Jahr 1972 einen Besprechungsaufsatz, der in überarbeiteter Fassung auch in meiner später veröffentlichten Aufsatzsammlung enthalten ist[101]. Cleveland zeigt mit Akribie, wie der *spiritus rector* des panarabischen Nationalismus, Sati' al-Husri, sich vom Osmanismus zum Arabismus hinwandte. Nennenswert ist auch die Veröffentlichung von Ernest Dawn, *From Ottomanism to Arabism*[102], in der die historische Bewegung dieses Prozesses im Mittelpunkt steht. Dawns Arbeit basiert auf seinen Aufsätzen, die bereits im Haupttext dieses Buches verarbeitet worden sind.

Als lokale Nationalismen werden in § 9 und § 10 meiner Arbeit der ägyptische und auch der pansyrische Nationalismus untersucht. Über den ägyptischen Nationalismus und sein Verhältnis zum Panarabismus liegen zwei neue interessante Veröffentlichungen von Gershoni[103] und von Ralph Coury[104] vor. Der ägyptische Nationalismus wurde in den siebziger Jahren, nach dem Tode Nassers, unter Sadat neu belebt, zumal damals ein Versuch unternommen wurde, die ägyptische Geschichte neu, d. h. ägyptisch-nationalistisch und nicht mehr pan-arabisch, zu schreiben[105]. Der pansyrische Nationalismus kann dagegen als eine historische Reminiszenz eingestuft werden.

Zwei Varianten des Lokal-Nationalismus im arabischen Orient haben schon in der Erstauflage keine Berücksichtigung gefunden: es handelt sich um den palästinensischen und den maghrebinischen. Ich bin auf den palästinensischen Nationalismus deshalb nicht eingegangen, weil ich bewußt eine Abkopplung der Geschichte des arabischen Nationalismus von der des arabisch-israelischen Konflikts vornehmen möchte. Denn der arabische Nationalismus ist viel älter als dieser Konflikt und hat sich unabhängig von ihm entfaltet. Auch nach der Gründung des Staates Israel ist dieser Konflikt nur einer der vielen Topoi des arabischen Nationalismus geworden. In der westlichen Literatur hat oft eine fälschliche Identifikation beider stattgefunden, die mit den historischen Daten nicht zu untermauern ist. Dennoch ist es heute wichtig, den palästinensischen

Nationalismus zu untersuchen. Die Arbeit von Quandt/Jabbar/Lesch füllt insofern eine wichtige Lücke[106].

Im arabischen Westen, im Maghreb, hat die Geschichte der Nationalbewegung einen anderen Lauf genommen, weil die dortigen Gebiete (zuerst Algerien und dann Tunesien und Marokko) schon im vergangenen Jahrhundert von der französischen Kolonialmacht erobert und vom Osmanischen Reich unter kolonialen Bedingungen abgetrennt wurden. Auf dem Historiker-Kongreß »La Colonisation dans le Monde Arabe – XIX et XX sìecles« (Oktober 1983) wurde dieses Problem erörtert. In meinem dort vorgelegten und jetzt in den USA veröffentlichten Papier habe ich gezeigt, daß die nationale Bewegung im arabischen Osten gegen das islamisch legitimierte Osmanische Reich vorgehen mußte, zu dessen Territorialität die Regionen des arabischen Ostens gehörten. Im arabischen Westen dagegen war Europa qua Kolonialmacht und nicht das islamisch legitimierte Reich der Feind der nationalen Bestrebungen. Auf diesen historischen Unterschied lassen sich die Differenzen in den modernen Ideologien zurückführen, die sich jeweils im Maghreb (Westen) bzw. im Maschrek (Osten) entfalteten[107]. Im Maghreb konnte sich die Nationalbewegung auf den Salafiyya-Islam berufen, um einen Anti-Kolonialismus zu artikulieren; im Maschrek mußten die arabischen Nationalisten auf säkulare Ideologien zurückgreifen, um ihren Anti-Osmanismus zum Ausdruck zu bringen. Da sich der historische Gegenstand dieser Untersuchung auf das Osmanische Reich als Gottesreich bzw. auf seinen Auflösungsprozeß bezieht, aus dem die modernen nahöstlichen Nationalstaaten hervorgingen (nachdem sie zuvor den von den Betroffenen nicht vorgesehenen Prozeß einer europäischen Kolonisation durchliefen), gehört der Maghreb nicht zum Untersuchungsgegenstand dieser Arbeit.

Diese Einleitung darf nicht zu einem Abschluß gebracht werden, ohne eine Diskussion aufzunehmen, die sich indirekt auch auf den Gegenstand dieser Veröffentlichung bezieht. Im Jahre 1978 veröffentlichte der als Palästinenser geborene und heute an der Columbia University in New York lehrende Edward Said sein Buch *Orientalism*, das eine große internationale Diskussion auslöste[108]. Es ging Said primär darum, daß eine Region dieser Welt, der Orient, von Forschern zum Untersuchungsgegenstand erhoben wird, die – als Europäer und Amerikaner – nicht zu dieser Region gehören. »Die Orientalisierung des Orients« ist das Produkt jener Erkundungen, die in der Entmündigung der Betroffenen gipfeln. Den Herrschaftscharakter jener Expertisen nennt Said »Orientalismus«. Auch ein aus jener Region stammender Autor kann dieser Gefahr verfallen. Um hier keinen Orientalismus zu betreiben, um also den Übergang vom Gottesreich zum Nationalstaat in jener Region bzw. die

Sehnsüchte dort lebender Menschen nach Vergangenem nicht allein im Rahmen einer europäisch-amerikanischen Diskussion abzuhandeln, wende ich mich einer zentralen arabischen Veröffentlichung zu, in der die Betroffenen selbst zu Wort kommen. Es handelt sich um die bereits zitierten, als Buch veröffentlichten Verhandlungen des großen arabischen wissenschaftlichen Kongresses über »Islam und arabischer Nationalismus«, an dem 37 arabische, gleichermaßen aus dem Maghreb und dem Maschrek kommende Wissenschaftler teilnahmen[109]. Die Vorträge und Diskussionsbeiträge repräsentieren die gesamte Bandbreite der in der arabischen Region vorhandenen politischen Strömungen. Das ist bei den großen themenzentrierten Kongressen, die das *Center for Arab Unity Studies* bisher durchgeführt hat, Tradition geworden[110]. Somit vermitteln die Veröffentlichungen dieser Tagungen ein umfassendes Bild von den arabischen Einschätzungen des jeweils zur Debatte stehenden Gegenstandes.

Wie bei der Diskussion des Zusammenhanges zwischen Islam und Nationalismus üblich, greift man zu Beginn auf die im Koran vorhandenen Interpretationen zurück. Aus diesem Grunde war das einleitende Referat des Ägypters Khalafallah[111] ein Versuch der Begriffsbestimmung, der jedoch nicht weit kam, da eine rein philologische Suche nach der koranischen Bedeutung von *Umma* (altarabisch: Gemeinschaft, neuarabisch: Nation), *Qaum* (altarabisch: Stamm/Ethnie, neuarabisch: Volk) etc. deren historischen Kontext übersieht. In dem Korreferat des angesehenen irakischen Historikers Duri[112], dessen Werk auch ins Deutsche übersetzt worden ist[113], wurde diese Schwäche hervorgehoben, die an der unterschiedlichen Verwendung derselben Begriffe damals und heute illustriert wurde. Nach Duri umfaßt der klassische *Umma*-Begriff alle Muslime. Schon vor der Entstehung eines explizit nationalen Denkens wird bereits in den politischen Schriften des islamischen Modernismus, so bei Afghani und Kawakibi (cf. hierzu unten, pp. 74 ff. und pp. 159 ff.), der *Umma*-Begriff unter eindeutig europäischen Einflüssen mit einer neuen Bedeutung gefüllt. Auf das Fehlen der historischen Dimension bei einer philologischen Texterschließung weist der Jordanier al-Daġani in seiner Präsentation hin, in der er auf die Historisierung der Begriffe pochte[114].

Wir merkten bereits an, daß im klassischen Arabisch *Qaum* Ethnie bedeutet. Der islamische Prophet wollte die untereinander rivalisierenden arabischen Ethnien in einer einheitlichen *Umma* vereinigen. Eine der zentralen Vorschriften des Korans lautet daher: »Haltet Euch allesamt an dem Bande zu Gott *(habl Allah)* und teilt Euch nicht in verschiedene Gruppen« (Sure 3, Vers 103). Denn nur dadurch bildeten die Araber eine »Umma, aus Menschen bestehend, die zum Guten aufrufen, gebieten, was recht ist, und das Übel verwerfen« (Sure 3, Vers 104). Da der neuarabische Begriff des *Nationalismus* nun *Qaumiyya* (also aus *Qaum*) lautet, argumentieren islamische Fundamentalisten, daß das nationalstaatliche Denken einen Rückfall in die Ignoranz (*Ǧahiliyya*, d. h. vorislamische Zeit) impliziere. Wir sehen hier, daß eine philologische Diskussion nicht weiterführt und in einem Streit um Worte mündet. Der libanesische Denker Nasif Nassur führte die Diskussion aus diesem Rahmen heraus, indem er deutlich aufzeigte: »Der *Qaumiyya*-Begriff gehört nicht zum arabisch-islamischen Kulturerbe. Aus diesem Grunde kann die Debatte nicht mit einer Diskussion der klassischen Begriffe geführt werden.«[115]

Auf die begriffsklärende Einleitung der Debatte, die sechzig Seiten der Verhandlungen füllt, folgten die Positionsreferate, in denen diese Konsens- bzw. Dissens-Punkte im Mittelpunkt standen:

1. Nationalismus und Islam seien soziokulturell so verflochten, wenn auch der Begriff des Nationalen unbestreitbar auf europäische Einflüsse zurückzuführen sei.

2. Aus den Lehren des Scheiterns des säkularen arabischen Liberalismus müsse die Konsequenz gezogen werden, daß ein nationales Projekt für die Araber nur auf arabo-islamischem Boden erfolgreich sein könne.

3. »Die zivilisatorische Wiedergeburt der arabischen Nation« (*al-Ba'th al-hadari*, so dort Prof. S. E. Ibrahim[116]) könne nur durch gemeinsame Anstrengungen von arabischen Muslimen und Christen realisiert werden, die deshalb gleiche Bürgerrechte haben müßten. Hier entfachten sich die Differenzen. Es wurden folgende Positionen vertreten:

– Der Islam sei tolerant und garantiere diese Gleichheit.

– Die islamische Schari'a lasse in ihrer gegenwärtigen Form diese Gleichberechtigung von Christen und Muslimen nicht zu, da nach ihr Christen zwar zur *Umma*, jedoch nur als »geschützte Minderheit« (d. h. als Bürger zweiter Klasse) gehören.

– Eine neue Interpretation der Schari'a sei erforderlich, um die arabischen Christen von ihrer Bestimmung als Minderheit *(dhimmi)* zu befreien.

– Nur der Säkularismus[117] könne eine alle Christen und Muslime umfassende fortschrittliche arabische Nation garantieren.

Auf dem angeführten Kongreß wirkten prominente arabische Denker, die aus drei unterschiedlichen Generationen kamen. Die ältere Generation war etwa durch den angesehenen Professor Constantin Zurayeq (American University of Beirut) vertreten, dessen 1948 erschienenes Buch *Ma'na al-nakba* (englische Übersetzung: The Meaning of Disaster)[118] die Debatten der fünfziger Jahre entscheidend beeinflußte. Die mittlere Generation repräsentierte unter anderem der führende, bereits zitierte Historiker al-Duri. Der inzwischen international bekannte Saad Eddin Ibrahim[119] trat auf jenem Kongreß für die junge, zu Beginn der vierziger Jahre geborene Generation hervor. Gerade diese Generation brachte neuen Wind in die Debatten, denn S. E. Ibrahim verband die Fragestellung Islam/Nationalismus mit der der Überwindung der strukturellen Abhängigkeit der arabischen Region und der Überwindung der Unterentwicklung ihrer Gesellschaften[120].

Die Auflösung des islamischen Gottesreiches war ein irreversibler historischer Prozeß, und die Nationalstaaten sind heute die Realität unseres Zeitalters[121]. Die durch die Revitalisierung des islamischen Universalismus zum Ausdruck gebrachte Sehnsucht nach Vergangenem ist ein Zeichen einer nativistisch-romantischen Reaktion[122] auf eine Krisensituation. Nur durch die Bindung des Nationalstaates an eine effektive Entwicklungsstrategie, nicht aber durch romantische Verklärung eines vergangenen Gottesreiches läßt sich die Krise bewältigen.

Anmerkungen

[1] Mehr hierüber auf pp. 159 ff. Dort auch Quellennachweise.

[2] Cf. hierüber die klassische Monographie von Sir Thomas W. Arnold, The Caliphate, Oxford 1924, sowie das entsprechende Kapitel II in der wichtigen Studie von Erwin Rosenthal, Political Thought in Medieval Islam, Cambridge 1958, pp. 21 ff.

[3] Die beste Darstellung der islamischen Religionsstiftung bleibt die Arbeit von Maxime Rodinson, Mohammed, Luzern – Frankfurt/M. 1975. Cf. dazu den Besprechungsaufsatz von B. Tibi, »Religionssoziologische Anmerkungen zur Entstehung des Islams als einer mobilisatorischen Ideologie«, in: Archiv für Rechts- und Sozialphilosophie, Bd. 64 (1978), pp. 547-556.

[4] Cf. hierzu das grundlegende und bisher umfassendste Werk über die islamische Geschichte von Marshall G. S. Hodgson, The Venture of Islam, 3 Bde., Chicago 1974. Als vorläufige Einführung eignet sich die Darstellung von Gerhard Endreß, Einführung in die islamische Geschichte, München 1982.

[5] Reinhard Bendix, Könige oder Volk. Machtausübung und Herrschaftsmandat, 2 Bde., hierzu Bd. 1, Frankfurt/M. 1980, p. 73.

[6] Mehr hierüber bei J. J. Saunders, A History of Medieval Islam, London 1980⁴, pp. 95 ff.

[7] Cf. dazu Arnold (Anm. 2 oben), pp. 139 ff.

[8] Cf. Albert Soboul, Die Große Französische Revolution, Darmstadt 1983⁴, hier Abschnitt »Die Monarchie von Gottes Gnaden«, pp. 53 ff. und den Abschnitt über »nationale Souveränität«, pp. 540 ff.

[9] Norbert Elias, Über den Prozeß der Zivilisation, 2 Bde., hier Bd. 2, Frankfurt/M. 1979⁶, p. 346.

[10] Ibid., p. 347.

[11] Cf. hierzu die in der Reihe »Wege der Forschung« der wissenschaftlichen Buchgesellschaft in Darmstadt erschienene Dokumentation der neueren Diskussion: Heinz-Horst Shrey (ed.), Säkularisierung, Darmstadt 1981.

[12] Cf. B. Tibi, »Islam and Secularization. Religion and the Functional Differentiation of the Social System«, in: Archiv für Rechts- und Sozialphilosophie, Bd. 66 (1980), pp. 207-222 sowie das umfangreiche Nachwort über diese Frage in Ders., Krise des modernen Islams, München 1981, pp. 160-187.

[13] Cf. hierzu die umfangreiche historische Darstellung von Rudolf von Albertini, Dekolonisation, Köln – Opladen 1966 sowie die vom selben Autor herausgegebene Textauswahl: Moderne Kolonialgeschichte, Köln – Berlin 1970, besonders darin die Aufsätze des vierten Teils »Nationalismus und Dekolonisation«, pp. 365-450.

[14] Peter von Sivers, »Die Imperialdoktrin des Osmanischen Reiches, 1596-1878«, in: Friedemann Büttner (ed.), Reform und Revolution in der islamischen Welt, München 1971, pp. 17-48, hier p. 18.

[15] Ibid.

[16] Cf. F. Ahmad, The Young Turks, London 1969.

[17] Mehr hierüber bei Bernard Lewis, The Emergence of Modern Turkey, Oxford 1979², pp. 262 ff.

[18] Friedemann Büttner, Die Krise der islamischen Ordnung. Studien zur Zerstörung des Ordnungsverständnisses im Osmanischen Reich (1800-1924), Diss. phil. München 1979, p. 110.

[19] Ibid., p. 106.

[20] Ibid.

[21] Cf. Nikki R. Keddie, Roots of Revolution. An Interpretative History of Iran, New Haven 1981, pp. 231 ff., bes. pp. 258 ff.

[22] Cf. hierüber die beiden Monographien von Fred Halliday, Iran. Analyse einer Gesellschaft im Entwicklungskrieg, Berlin 1979 und Robert Graham, Iran. Die Illusion der Macht, Frankfurt/M. 1978.

[23] Cf. R. K. Ramazani, »Khumayni's Islam in Iran's Foreign Policy«, in: A. Dawisha (ed.), Islam in Foreign Policy, Cambridge 1983, pp. 9-32.

[24] Zit. nach Ramazani loc. cit. p. 18.

[25] Die Frage der Exportierbarkeit der iranischen Revolution in die benachbarten arabischen Länder wird diskutiert in: B. Tibi, »The Iranian Revolution and the Arabs: The Quest for Islamic Identity and the Search for an Islamic System of Government«, in: Arab Studies Quarterly, Bd. 8 (1986), H. 1, pp. 29-44.

[26] Zu dieser funktionalen Uminterpretation der schi'itischen Lehre durch Khomeini cf. Hamid Enayat, »Iran: Khumayni's Concept of the Guardianship of the Jurisconsult«, in: James Piscatori (ed.), Islam in the Political Process, Cambridge 1983, pp. 160-180.

[27] Neben der in Anm. 3 zitierten Arbeit von Rodinson cf. auch W. Montgomery Watt, Muhammad. Prophet and Statesman, Oxford 1978⁴.

[28] Cf. hierzu § 4 in B. Tibi, Krise des modernen Islams, loc. cit. (zit. in Anm. 12), bes. pp. 82 ff.

[29] W. M. Watt, Mohammed-Article in: Cambridge History of Islam, ed. Holt/Lambton/Lewis, Cambridge 1970, pp. 30-56, hier p. 55.

[30] Cf. § 4 meiner in Anm. 12 zit. Arbeit.

[31] Über die zentralen Topoi des Korans cf. die kompetente Arbeit von Fazlur Rahman, Major Themes of the Qur'an, Minneapolis – Chicago 1980. Cf. auch Rudi Paret, Mohammed und der Koran, Stuttgart 1980⁵.

[32] Wilfred C. Smith, The Meaning and End of Religion, New York 1978², p. 117. Diese Diskussion wird auch geführt in § 8 in B. Tibi, Der Islam und das Problem der kulturellen Bewältigung sozialen Wandels, Frankfurt/M. 1985, pp. 157-172.

[33] Der Begriff »politische Ideologie des Islam« wird in Abgrenzung zum Islam-Verständnis als Religion und als Glauben benutzt. Maudoodi war zu Lebzeiten nicht nur ein Muslim, sondern er war vor allem als Islamist tätig.

[34] Abdul Ala Maudoodi, »Economic and Political Teachings of the Qur'an«, in: M. M. Sharif (ed.), A History of Muslim Philosophy, 2 Bde., hierzu Bd. 1, Wiesbaden 1963, pp. 178-198, hier p. 195.

[35] Ibid., p. 191.

[36] Mehr hierüber im ersten Kapitel (The Kharijites) in W. Montgomery Watt, The Formative Period of Islamic Thought, Edinburgh 1983, pp. 9-37.

[37] Cf. B. Tibi, »Politisches Denken im mittelalterlichen Islam. Zwischen Philosophie (Falsafa) und Religio-Jurisprudenz (Fiqh)«, in: Iring Fetscher / Herfried Münkler (eds.), Handbuch der politischen Ideen, Bd. II (Mittelalter), München 1987 (i. E.).

[38] Die zentrale politische Schrift al-Farabis ist seine »Ahl Madina al-fadila«, arabischer Text aus Londoner und Oxforder Handschriften, ed. von Friedrich Dieterici, Leiden 1964², dt. Übers. ebenfalls von Dieterici: Der Musterstaat, Leiden 1900. Über al-Farabi liegt eine umfangreiche Sekundärliteratur vor, die teilweise in Tibi (Anm. 37) nachgewiesen wird. Die autoritative Farabi-Übersetzung ist das posthum erschienene Lebenswerk des Oxford-Gelehrten Richard Walzer (ed.), al-Farabi on the Perfect State, Oxford 1985.

[39] al-Mawardis Schrift, »al-Ahkam al-Sultaniyya« (Wir verwenden hier die Neudruckausgabe Kairo 1909) gilt als die erste (außerhalb der hellenisierten Philosophie) liegende islamische politische Schrift. al-Farabis ältere Schrift über den Musterstaat war ein philosophischer und kein islamischer Fiqh-Beitrag. Cf. den Mawardi-Abschnitt in Tibi, loc. cit. (Anm. 37). Zur Spannung zwischen Philosophie und Theologie im Islam cf. den vorzüglichen Artikel von Múhsen Mahdi, »Islamic Theology and Philosophy«, in: Encyclopedia Britannica, Bd. 9 (1974), pp. 1012-1025. Cf. hierüber natürlich auch Ernst Bloch, Avicenna und die Aristotelische Linke, Frankfurt/M. 1973, bes. p. 15.

[40] Von den zahlreichen Schriften Ibn Taimiyyas ist hier seine Arbeit al-Siyasa al-Schar'iyya, Neuausgabe Kairo 1971, zu erwähnen.

[41] Cf. hierüber den entsprechenden § 3 in B. Tibi, Der Islam und das Problem..., loc. cit. (Anm. 32 oben), pp. 47-62.

[42] Ibn Taimiyya, loc. cit. (Anm. 40), dazu den Ibn Taimiyya-Abschnitt in Tibi (Anm. 37).

[43] Saunders, loc. cit. (Anm. 6), p. 95 und pp. 102 ff.

[44] Cf. Anm. 42 und auch Ann Lambton, State and Government in Medieval Islam, Oxford 1981, pp. 143-151 sowie Victor Makari, Ibn Taymiyyah's Ethics. The Social Factor, Chico/Cal. 1983, p. 123.

[45] Friedemann Büttner, loc. cit. (Anm. 14), Einleitung, hier p. 15.

[46] Die modernisierungstheoretische Diskussion ist dokumentiert in Wolfgang Zapf (ed.), Theorien des sozialen Wandels, Köln – Berlin 1970², cf. darin besonders »Nationsbildung«, pp. 211 ff., über »Industrialisierung«, pp. 269 ff. und über »soziale Mobilisierung«, pp. 329 ff.

[47] D. Lerner, The Passing of Traditional Society, Glencoe/Ill. 1958.

[48] Manfred Halpern, The Politics of Social Change in the Middle East and North Africa, Princeton, N.J. 1965², cf. bes. pp. 25 ff.

[49] Leonard Binder, The Ideological Revolution in the Middle East, New York 1964.

[50] S. N. Eisenstadt, Tradition, Wandel und Modernität, Frankfurt/M. 1979, bes. pp. 214 ff., cf. dazu meinen Besprechungsaufsatz in: Soziologische Revue, Bd. 3 (1980), pp. 121-132, darin bes. den Abschnitt »Religion und sozialer Wandel«, pp. 126 ff.

[51] Cf. B. Tibi, Die gegenwärtige Revitalisierung des Islams. Eine religionssoziologische Deutung«, in: Schweizerische Zeitschrift für Soziologie, Bd. 9 (1983), H. 3, pp. 657-676.

[52] Philip S. Khoury, »Islamic Revival and the Crisis of the Secular State in the Arab World. A Historical Appraisal«, in: I. Ibrahim (ed.), Arab Resources. The Transformation of a Society, London – Washington 1983, pp. 213-236.

[53] Den europäischen Mythos vom *homo islamicus* zu entzaubern ist die Leistung des islamwissenschaftlichen Jahrhundertwerks von Maxime Rodinson, Islam et capitalisme, Paris 1966, deutsche Übersetzung: Islam und Kapitalismus, Frankfurt/M. 1986², cf. meine Einleitung zur zweiten Auflage: »Maxime Rodinson, der Islam und die westlichen Islam-Studien«, pp. IX-LI.

[54] »Castros Synthese von Christus und Marx«, in: Neue Zürcher Zeitung (NZZ) vom 9./10. März 1986 (Fernausgabe 56 Bl. 7) sowie »Fidel Castros Flirt mit der Religion«, in: NZZ vom 8. März 1986 (FA 55 Bl. 3).

[55] Die Universität Amsterdam hat im Jahre 1985 (7.-8. November) einen internationalen Kongreß zur Diskussion der These, der politische Islam sei ein Ausdruck einer neuen sozialen Bewegung, abgehalten. Der Kongreß trug den Titel »Culture and Development. The Case of Islam in North Africa«. Dort hielt ich das »Key-Note«-Referat »Politicization of the Islamic Cultural System and the Interplay between Cultural and Socio-Economic Change«, in dem ich aufzeigte, daß der Neo-Fundamentalismus *kein* Ausdruck einer sozialen Bewegung sei.

[56] Zu al-Farabi cf. Anm. 38 oben.

[57] Im Koran (Sure 3, Vers 110) wird die islamische Umma als die beste Gemeinschaft, die Gott je erschaffen hat, dargestellt: *»khair umma«.*

[58] B. Tibi, loc. cit. (Anm. 32 oben).

[59] Clifford Geertz, Dichte Beschreibung. Beiträge zum Verstehen kultureller Systeme, Frankfurt/M. 1983 (Orig. New York 1973).

[60] Die Abhandlung von Geertz »Religion als kulturelles System« ist in der deutschen Übersetzung seines in Anm. 59 angegebenen Werkes auf pp. 44-95 enthalten.

[61] Cf. Richard Cottam, »Nationalism in the Middle East: A Behavioural Approach«, in: S. A. Arjomand (ed.), From Nationalism to Revolutionary Islam, Albany – New York 1984, pp. 28-52.

[62] Ibid., p. 45.

[63] Leonard Binder, loc. cit. (Anm. 49 oben), p. 131.

[64] John Waterbury, The Commandor of the Faithful. The Moroccan Political Elite, New York 1970, p. 5.

[65] Cottam, loc. cit. (Anm. 61), p. 46.

[66] Das ist auch Gegenstand meines auf dem Chicagoer MESA-Kongreß im November 1983 vorgetragenen Papers, »The Iranian Revolution and the Arabs«, von dem eine überarbeitete, in Anm. 25 zitierte Fassung veröffentlicht wurde.

[67] Abdalhadi al-Fakiki, al-Schu'ubiyya wa al-quamiyya al-'Arabiyya (Die *Schu'ubiyya* und der arabische Nationalismus), Beirut 1963, p. 39.

[68] 'Ali al-Schabi, al-Schi'a fi Iran (Die Schi'a in Iran), Tunis 1980, hierzu pp. 131 ff.

[69] Ibid., pp. 126 ff. und vor allem S. H. M. Jafri, The Origins and early Development of Shi'a Islam, London – Beirut 1979, pp. 298-300. Jafri schreibt, daß der sechste schi'itische Imam Ja'far die »Taqiyah (Dissimilation ... almost to the status of a condition for faith« erhob, loc. cit. p. 298.

[70] Mahmmed 'Ammara, »al-Ǧami'a al-'Arabiyya wa al-Ǧami'a al-Islamiyya«, in: Markaz Dirasat al-Widha al-'Arabiyya/Center for Arab Unity Studies (ed.), al-Quamiyya al-'Arabiyya wa al-Islam, Beirut 1982², pp. 145-176, hier p. 175.

[71] Muta' Safadi, »al-Qaumiyya al-'Arabiyya wa al-Islam al-thauri«, in: al-Fikr al-Arabi al-Mu'asir, 1980, Juni-Heft, pp. 4-11, hier p. 6.

[72] Cf. hierzu das Iran-Kapitel in Tareq und Jacqueline Ismael, Government and Politics in Islam, London 1985, pp. 80-103 sowie das Iran-Kapitel in Tibi. Der Islam ..., loc. cit. (Anm. 32 oben), pp. 187-203.

[73] B. Tibi, »A Typology of Arab Political Systems – With Special Reference to Islam and Government as Exemplified in Arab Monarchies Legitimised by Islam«, in: Samih Farsoun (ed.), Arab Society, Continuity and Change, London 1985, pp. 48-64, bes. pp. 55 ff.

[74] William Zartman, »Explaining the Nearly Inexplicable: The Absence of Islam in Moroccan Foreign Policy«, in: A. Dawisha, loc. cit. (Anm. 23), pp. 97-111.

[75] Reinhard Schulze, »Der Einfluß islamischer Organisationen auf die Länder Südostasiens – Von Mekka gesehen«, in: W. Draguhn (ed.), Der Einfluß des Islams auf Politik, Wirtschaft und Gemeinschaft in Südostasien, Hamburg 1983, pp. 32-54.

[76] Ralf Hoppe, »Saudi-Arabiens Außenpolitik als Versuch einer eigenständigen kriseneindämmenden Regionalpolitik im Nahen Osten«, in: Orient, Bd. 26 (1985), pp. 205-227.

[77] J. Piscatori, »Islamic Values and National Interest: The Foreign Policy of Saudi Arabia«, in: Dawisha, loc. cit. (zit. in Anm. 23), pp. 33-53, hier p. 51.

[78] Mehr hierüber bei Helen Lackner, A House Built on Sand. A Political Economy of Saudi Arabia, London 1978, besonders pp. 14-31.

[79] Cf. hierüber den entsprechenden Abschnitt in B. Tibi, Militär und Sozialismus in der Dritten Welt, Frankfurt/M. 1973, pp. 211-222.

[80] Schulze, loc. cit. (Anm. 75), p. 34.

[81] Ibid., p. 36.

[82] Cf. B. Tibi, »Vom Zentrum der Revolution zum Zentrum des Petro-Dollars. Ägypten und Saudi-Arabien in der Neuen Arabischen Sozialordnung«, in: Beiträge zur Konflikt-Forschung, Bd. 14 (1984), H. 2, pp. 101-128.

[83] Schulze, loc. cit., p. 36.

[84] Fundamentalisten sind in der Regel traditionelle islamische Schriftgelehrte bzw. solche mit einer äquivalenten traditionell-islamischen Bildung und entsprechender Gesinnung; Neo-Fundamentalisten sind dagegen religiös-politisierte Laien (meistens Universitätsstudenten säkularer Disziplinen).

[85] Peter von Sivers, »National Integration and Traditional Rural Organisation in Algeria 1970-1980: Background for Islamic Traditionalism?«, in: Arjomand, loc. cit. (Zit. in Anm. 61), pp. 94-118 und ders., »Work, Leisure and Religion«, in: E. Gellner (ed.), Islam et politique au Maghreb, Paris 1981, pp. 355-370.

[86] So urteilte Professor Michael Hudson/Georgetown University in seiner Rezension: »There is now an English edition of Bassam Tibi's impressive study of

Arab Nationalism. It should quickly find its way into the required reading lists of all serious students of Arab politics, for it fills a need that has not been met thus far in the English literature« (in: International Journal of Middle East Studies/IJMES, 1985, H. 2, pp. 292-294). IJMES ist die Fachzeitschrift der MESA (Middle East Studies Association of North America). Der Leiter des Middle East Department der »Library of the Congress«/Washington, George Atiyeh, schrieb in seiner in The American Political Science Review/APSR erschienenen Rezension: »... The author is to be congratulated on his objective treatment of an emotionally charged subject and for his elucidation of the conceptual origins of Arab Nationalism ...« Es erschienen weitere, ähnliche Rezensionen. Darüber hinaus liegen mir viele positive Reaktionen britischer und amerikanischer sowie arabischer Kollegen vor. Der Sohn des *spiritus rector* des arabischen Nationalismus Sati al-Husri, nämlich Kaldun al-Husri (er ist Autor von: Three Reformers. A Study of Modern Arab Political Thought, Beirut 1966), nannte mein Buch in einer persönlichen Mitteilung (Limassol, Nov. 1983) »das beste Buch, das je über meinen Vater geschrieben wurde«.

[87] In seiner analytischen Erfassung der arabischen politischen Ideen nach 1967 führt Ajami in seiner entsprechenden Monographie auch meinen Beitrag an: Fouad Ajami, The Arab Predicament. Arab Political Thought and Practice Since 1967, Cambridge 1981, hierzu pp. 28-29.

[88] Michael Hudson, Arab Politics. The Search for Legitimacy, New Haven – London 1979².

[89] Sadiq Galal al-'Azm, al-Naqd al-dhati ba'd al-hazima (Selbstkritik nach der Niederlage), Beirut 1968 (Es folgten darauf viele Auflagen). Auch al-'Azm wird in der in Anm. 87 zitierten Studie von Ajami gewürdigt; Ajami, loc. cit. pp. 30-37. Zu dieser Diskussion cf. meine deutschsprachige Abhandlung: »Von der Selbstverherrlichung zur Selbstkritik. Zur Kritik des politischen Schrifttums der zeitgenössischen arabischen Intelligenz«, in: Die Dritte Welt, Bd. 1 (1972), H. 2, pp. 158-184. Zehn Jahre danach wird rückblickend auf die sechziger Jahre Bilanz in einer arabischsprachigen Veröffentlichung gezogen: B. Tibi, al-Kuttab al-'Arab al-muhaddithun wa azmat al-muǧtuma'at al-'Arabiyya (Die modernen arabischen Schriftsteller und die Krise der arabischen Gesellschaften) in: C.E.R.E.S. (Centre d'Etudes et de Recherches Economiques et Sociales) (ed.), al-'Arab amam masirahum/Les arabes face à leur destin, Tunis 1982, pp. 177-215.

[90] Yusuf al-Qurdawi, Hatmiyat al-hal al-Islami (Die Notwendigkeit der islamischen Lösung), 2 Bde., Beirut 1974. Zur Einschätzung cf. B. Tibi, »The Renewed Role of Islam in the Political and Social Development of the Middle East, in: The Middle East Journal, Bd. 37 (1983), H. 1, pp. 3-13; die arabischsprachige Fassung erschien in: al-Fikr al-'Arabi al-Mu'asir, 1986, Juni-Heft, pp. 34-41.

[91] Sadiq Galal al-'Azm, Naqd al-fikr al-dini (Kritik des religiösen Denkens), Beirut 1969; zur Affäre, die dieses Buch auslöste, cf. den dokumentarischen Aufsatz von Stefan Wild, »Gott und Mensch im Libanon«, in: Der Islam, Bd. 48 (1972), pp. 206-253.

[92] Anthony D. Smith, Theories of Nationalism, London 1971, p. 29.

[93] Anthony D. Smith, Nationalism in the Twentieth Century, Oxford 1979, p. 184 ff., 187 ff., 194 ff.

[94] Ibid. pp. 30-33.

[95] Gale Stokes, »The Underdeveloped Theory of Nationalism«, in: World Politics, Bd. 21 (1978), H. 1, pp. 150-160, hier p. 150.

[96] Cf. die deutschen Übersetzungen von Karl W. Deutsch, Nationalismus und seine Alternativen, München 1972, und ders., Nationenbildung, Nationalstaat, Integration, Düsseldorf 1972.

[97] Kenneth R. Minogue, Nationalismus, München 1970.

[98] Richard E. Bissel / Michael S. Radu (eds.), Africa in the Post-Decolonization Era, New Brunswick – London 1984, hier das Vorwort von Bissel, p. 2.

[99] Daniel Pipes, In the Path of God. Islam and Political Power, New York 1983 und dazu kritisch die entsprechenden Passagen in dem Beitrag von Edward Said, »Orientalism Reconsidered«, in: S. Farsoun, loc. cit. (zit. in Anm. 73), pp. 105-122, hierzu pp. 112 ff.

[100] William L. Cleveland, The Making of an Arab Nationalist. Ottomanism and Arabism in the Life and Thought of Sati' al-Husri, Princeton, N. J. 1971.

[101] Cf. den Text »Der arabische Nationalismus als sozialwissenschaftlicher Forschungsgegenstand«, in: B. Tibi, Internationale Politik und Entwicklungsländer-Forschung. Materialien zu einer ideologiekritischen Entwicklungssoziologie, Frankfurt/M. 1979, pp. 142-150.

[102] Ernest C. Dawn, From Ottomanism to Arabism. Essays on the Origin of Arab Nationalism, Urbana-Chicago 1973.

[103] I. Gershoni, The Emergence of Pan-Arabism in Egypt, Tel Aviv 1981.

[104] Ralf M. Coury, »Who Invented Egyptian and Arab Nationalism?«, in: International Journal of Middle East Studies, Teil I und II, Bd. 14 (1982), pp. 249-282 und pp. 459-479.

[105] Sadats Hofhistorikerin, die Geschichtsprofessorin Nu'mat Fuad, hat diese Wende in ihrem mehrfach verlegten Buch artikuliert, A'idu kitabat al-tarikh (Plädoyer für eine Neuschreibung der Geschichte), Kairo 1974; cf. dazu den entsprechenden Abschnitt in B. Tibi, »Ägypten und seine arabische Umwelt«, in: Beiträge zur Konflikt-Forschung, Bd. 12 (1982), H. 4, pp. 33-60, hierzu pp. 41-47.

[106] William B. Quandt/Fuad Jabber/Ann M. Lesch, The Politics of Palestinian Nationalism, Berkeley – Los Angeles 1973; cf. auch Tareq Y. Ismael, »Clash of Nationalisms at Root of the Arab Israeli Conflict«, in: International Perspectives, 1973, November-Dezember-Heft, pp. 18-23.

[107] B. Tibi, »Islam and Modern European Ideologies«, in: International Journal of Middle East Studies, Bd. 18 (1986), H. 1, pp. 15-29.

[108] Edward Said, Orientalism, Cambridge 1978; zu dieser Orientalismus-Debatte cf. B. Tibi, »Orient und Okzident. Feindschaft oder interkulturelle Kommunikation? Anmerkungen zur Orientalismus-Debatte«, in: Neue Politische Literatur, Bd. 29 (1984), H. 3, pp. 267-286; cf. auch die Hinweise in Anm. 53 oben.

[109] Der entsprechende Beleg ist in Anm. 70 oben zu finden.

[110] Ähnlich war es auf dem Demokratie/Demoqratiyya-Kongreß (Limassol, November 1983), an dem ich teilnahm und aus dem eine 928 Seiten umfassende Veröffentlichung hervorging. Cf. meinen Bericht hierüber (mit weiteren Belegen) in: Orient, Bd. 25 (1984), pp. 473-483.

[111] al-Qaumiyya al-'Arabiyya..., loc. cit. (zit. in Am. 70), pp. 17-30.

[112] Ibid., pp. 31-40.

[113] Cf. Abdalraziz Duri, Arabische Wirtschaftsgeschichte, Zürich – München 1979 (Übersetzung von Jürgen Jacobi).

[114] al-Qaumiyy..., loc. cit., pp. 41-43.

[115] Ibid., p. 53.

[116] Ibid., p. 738.

[117] Ibid., pp. 382 ff. (der entsprechende Abschnitt in dem Papier des libanesischen Säkularisten Mughaizil).

[118] C. Zurayeq, Ma'na al-nakba, Beirut 1948, englische Übersetzung, The Meaning of Disaster, Beirut 1956; hierüber cf. Albert Hourani, Arabic Thought in the Liberal Age, Oxford 1962, pp. 309-311 und pp. 354-355.

[119] S. E. Ibrahim, The New Arab Social Order, Boulder/Col. 1982.

[120] S. E. Ibrahim, loc. cit., pp. 738 f.

[121] Dr. Muhieddin Sabir, der als Generaldirektor des ALECSO (Kultur-Unterorganisation der Arabischen Liga) tätig ist, äußerte sich in seiner Präsentation auf der in Anm. 70 zitierten arabischen Konferenz über Islam und Nationalismus folgendermaßen: »Die gegenwärtige internationale Gesellschaft ist in ihrer Grundstruktur... nationalstaatlich organisiert, d. h. sie ist wesentlich auf einer säkularen Basis aufgebaut... Die arabische Gesellschaft steht nicht abseits dieser Weltordnung, ja sie ist ein Teil dieses Gebildes. Alle Nationalismen sind trotz ihrer Unterschiede säkular in ihrem Charakter... Die arabische Gesellschaft, wie jede andere Gesellschaft, kann sich von den dieser Weltordnung zugrundeliegenden wirtschaftlichen, politischen oder sozialen Beziehungen nicht absondern...« (pp. 184 f.).

[122] Cf. hierzu die interessante Studie von Fuad Kandil, Nativismus in der Dritten Welt. Wiederentdeckung der Tradition als Modell für die Gegenwart, St. Michael (Österreich) 1983, darin besonders die Fallstudie über den islamischen Nativismus, pp. 34 ff.

Vorbemerkung
zur Quellenbenutzung, Zitierweise und Transkription

1. Zur Quellenbenutzung

Die sozialwissenschaftliche und historische Nationalismus-Literatur
ist so umfangreich, daß ein Wissenschaftler allein sie nicht mehr bewältigen kann. Bei unserer Arbeit haben wir erfahren, daß die zunehmende Spezialisierung in der Nationalismus-Forschung keineswegs zu
weiterführenden generellen Aussagen verhelfen kann, solange nicht
die verstreuten Spezialuntersuchungen in einer allgemeinen Nationalismus-Forschung strukturiert werden, daß also Spezialisierung und
Gesamtdarstellung vermittelt werden müssen. In der vorliegenden
Arbeit wurden die vorwiegend aus der angelsächsischen sozialwissenschaftlichen Orientalistik hervorgegangenen Spezialuntersuchungen
über die arabische Nationalbewegung und ihre Zusammenhänge intensiv verwertet. Bei der Verarbeitung von Spezialuntersuchungen
über den Nationalismus in Europa und in den einzelnen Teilen der
»Dritten Welt« sowie von allgemein theoretischen Arbeiten mußten
wir stark selektiv verfahren. Kriterien dieser Selektion waren sowohl
der Einfluß einer Untersuchung auf die Nationalismus-Forschung als
auch das inhaltliche Kriterium der Qualität.
Von Sati' Husris Werk haben wir die im engen Sinne pädagogischen
Schriften, die archäologischen und andere nicht-politischen Beiträge
unberücksichtigt gelassen (cf. unsere Bibliographie). Die Primärliteratur haben wir in der Regel im arabischen Original herangezogen und
zu Sekundärliteratur bzw. zu Übersetzungen nur gegriffen, wenn uns
die betreffende Originalquelle unzugänglich blieb. Um Lesern, die
kein Arabisch können, entgegenzukommen, haben wir stets auf Übersetzungen von arabischen Primärquellen in europäische Sprachen, soweit diese existieren, hingewiesen.

2. Zur Zitierweise

Husris Werke werden in den Anmerkungen nicht mit vollständiger bibliographischer Angabe zitiert, sondern lediglich unter der römischen Ziffer aufgeführt, mit der diese Werke in unserer Bibliographie, Abschnitt Husri, bezeichnet sind.

Jeder Paragraph hat einen selbständigen Anmerkungsapparat mit fortlaufender Numerierung. Die Quellen werden innerhalb eines Paragraphen jeweils nur einmal mit vollständiger bibliographischer Angabe zitiert; wird eine Quelle in einem folgenden Paragraphen nochmals zitiert, so wird die bibliographische Angabe vollständig wiederholt. Die verwertete Literatur ist, bis auf kleine Arbeiten und solche, auf die nur nebenbei hingewiesen wird, gegliedert in unsere Bibliographie aufgenommen. Bei Zitaten aus arabischen Quellen handelt es sich um eigene Übersetzung ins Deutsche, sofern dies nicht anders vermerkt ist.

3. Zur Transkription

Die Transkription der arabischen Namen und Wörter erfolgte in Anlehnung an die fachwissenschaftliche Umschrift der Orientalistik. Aus technischen Gründen war es nicht möglich, die Punkte und Striche über und unter den Buchstaben, wie sie in der wissenschaftlichen Umschrift vorkommen, hier zu reproduzieren. Wo diese Punkte und Striche die Aufgabe haben, einen in europäischen Sprachen nicht vorhandenen Buchstaben zu kennzeichnen, wurden die Striche und Punkte durch Auflösung eines Buchstabens in mehrere ersetzt; für in europäischen Sprachen nicht vorhandene Buchstaben wurden folgende Buchstabenkombinationen benutzt: gh, kh, sch, dh, th. Der in arabischen Namen und Wörtern vorkommende Buchstabe g ist wie j im Englischen auszusprechen. Das y entspricht dem deutschen j.

Die Titel von arabischen Büchern und Zeitschriftenaufsätzen wurden transkribiert und in Klammern in deutscher Übersetzung genannt; dies gilt ebenso für Namen von Organisationen, Zeitschriften etc.

Von der wissenschaftlichen Transkription wurden alle diejenigen Namen ausgenommen, die sich bereits in einer nicht nach der wissenschaftlichen Umschrift erfolgten Weise eingebürgert haben. So schreiben wir beispielsweise Abdel Nasser und nicht 'Abdannasir bzw. 'Abd an-Nasir, Azoury und nicht 'Azuri, etc.

Den bestimmten Artikel »al« (»at«, »as«, etc.), der fast jedem arabi-

schen Namen beigegeben ist, haben wir wegen seiner Bedeutungslo-
sigkeit weggelassen. So schreiben wir Husri und nicht al-Husri, Tahtawi und nicht at-Tahtawi, etc.
Fremdsprachige Zitate wurden im Interesse der Lesbarkeit ins Deutsche übertragen.

Kapitel I

Versuch einer Abgrenzung des Nationalismus in der »Dritten Welt« von der europäischen Nationalismus-Varianten

§ 1 ZUR GENESIS DER NATIONSBILDUNG UND DES NATIONALISMUS IN EUROPA

Pollard, der die antike Geschichte als die der Stadtstaaten und die mittelalterliche als die des universalistischen Weltstaates bestimmt, interpretiert die moderne Geschichte als die der Nationalstaaten, nachdem er die Nationalität als ihr ›dominierendes Merkmal‹ ausgemacht hat[1]. Die Analyse des Nationalstaates als neuzeitlichem Phänomen nimmt in der historischen und sozialwissenschaftlichen Forschung einen zentralen Platz ein[2]; gleichwohl herrscht über seine Wurzel einige Verwirrung. Während die Klassiker der politischen Philosophie das Phänomen mystifizierten, indem sie die modernen Nationen etwa aus klimatischen und geographischen Differenzen ableiteten (Montesquieu), aus Sprachengemeinschaften (Herder, Fichte), aus der angeblichen gemeinsamen Geschichte und Kultur oder gar aus dem »Willen Gottes« (Burke, Mazzini), versuchen modernere Autoren (Treitschke, Maurras, Le Bon u. a.), es mit biologischen und rassentheoretischen Kategorien in den Griff zu bekommen[3]. Jedoch vermag keiner der erwähnten Autoren zu erklären, warum die Nation erst im 18. Jahrhundert prävalent wurde, obwohl linguistische, kulturelle und vermeintlich rassische Differenzen bereits zuvor existierten. Wir vernachlässigen hier diese spekulativen, nicht weiterführenden Interpretationen[4] und stützen uns bei unserer Darstellung der Entstehung des Nationalstaates und des Nationalismus in Europa auf die wenigen in der Nationalismus-Forschung vorhandenen Ansätze, die dazu beitragen, den zu verhandelnden Gegenstand auf seinen historischen Begriff zu bringen. Dabei beschränken wir uns darauf, die allgemeine historische Entwicklungslinie des Nationalismus und des Nationalstaates in Europa zu skizzieren, auf deren Hintergrund sodann der Versuch möglich sein wird, den Prozeß der Nationsbildung und der Entfaltung des Nationalismus in kolonialen und halbkolonialen Ländern zu bestimmen und von jenem in Europa abzugrenzen. Die folgenden Ausführungen sind dementsprechend stilisiert; ihre Spezifizierung bleibt Detailstudien vorbehalten.

H. O. Ziegler interpretiert den Prozeß der Nationsbildung in Europa mit Hilfe der Kategorie der »politischen Geschehenseinheit«. Im Mittelalter bildeten die kirchliche und kaiserliche Macht, die den Feudalismus repräsentierten, den institutionellen Kern der politischen Geschehenseinheit. Allmählich wich die Herrschaftslegitimität des Feudalismus: der christliche Universalismus, der dynastischen Souveränität, die die neue politische Geschehenseinheit: das Königtum, legitimierte[5]. Nicht Nationen, sondern zunächst ein Pluralismus dynastischer Staatsgebilde, die je eine zentralistische Richtung einschlugen, lösten den christlichen Universalismus ab. Der dynastische, zentralistische Staat schuf zwar »überall die Voraussetzungen für das politische Geltendwerden der Nation, ist aber noch nicht als Ausdruck einer nationalitären Politik zu verstehen«[6]. Doch ist der dynastische Staat, präziser: das Königtum eine entscheidende Stufe im Entfaltungsprozeß von Nationalitäten. Zu einem ähnlichen Ergebnis kommt Hans Kohn in seiner Darstellung des Zerfallsprozesses der mittelalterlich-universalistischen Ordnung; deren Zusammenbruch in der Renaissance habe die Entfaltung der Nationen begünstigt. Allein: »Aus der Auflösung des mittelalterlichen Universalismus erwuchs der Etatismus, nicht der Nationalismus.«[7]

Friedrich Engels hält das Königtum für ein Element des Fortschritts in der beginnenden Neuzeit, das die nationale Einheit erst ermöglichte; »es vertrat die Ordnung in der Unordnung, die sich bildende Nation gegenüber der Zersplitterung in rebellische Vasallenstaaten«[8]. Bereits unter dem Königtum entfaltete sich die kapitalistische Produktionsweise. Sie löste kulturelle Assimilations- und politische Integrationsprozesse aus, in deren Verlauf die verschiedenen ethnischen, kulturellen und linguistischen Gruppierungen zu größeren Einheiten verschmolzen, aus denen schließlich Nationalitäten hervorgingen. Zumal in Frankreich trug das aufsteigende Bürgertum in Allianz mit dem Königtum gegen das Papsttum entscheidend zur Konsolidierung der dynastischen Souveränität bei. So beantragte der französische dritte Stand auf der Tagung der États généraux 1614, die Souveränität der französischen Krone zum Staatsgrundgesetz zu erklären; der Antrag wurde vom Pariser Parlament, dem höchsten Gerichtshof, angenommen[9].

Eines der Merkmale der Entstehung von Nationalitäten im Übergang zur Neuzeit ist die Entfaltung und Pflege nationaler Sprachen; markanter noch ist die Abfassung nationaler Historiographie[10]. Der Bedeutungswandel von »patria« mag die Entstehung von Nationalitäten unter dem Königtum demonstrieren. Im Mittelalter bezeichnet patria »die Stadt Gottes«; Augustin benutzt patria im Sinne des Himmels, der für ihn als Vaterland aller Christen gilt. Im 15. Jahrhundert wird der Terminus »patrie« (ebenso »patriote«) in die französische Sprache eingeführt; namhafte Humanisten wie Etienne Dolet und Rabelais gebrauchen »patrie« bereits im modernen Sinne von Vaterland[11]. »Die neue geistige Atmosphäre, in der sich der Sinneswandel von »patrie« und »Patriotismus« vollzog, untergrub die traditionellen Grundlagen der absoluten Monarchie.«[12] Jedoch hat dieser Bedeutungswandel, der sich bis in die Mitte des 18. Jahrhunderts erstreckt, wie H. Kohn anmerkt, »mit Nationalismus immer noch wenig zu tun. Die Betonung lag weniger auf der Einheit der Nation als vielmehr auf der Freiheit der Bürger.«[13] Patriot ist der freie Bürger in Abgrenzung vom Untertan; Unterscheidungskriterium ist das bürgerliche Eigentum[14].

Unter dem Königtum expandierte die Stadtwirtschaft auf das staatliche Territorium. Hierin sieht Habermas den Ansatz für die Konstituierung der Nation[15]. Jedoch ist der Staat vor der Französischen Revoluion noch kein Nationalstaat; die Nation dient noch nicht als Legitimitätsbasis der Herrschaft des Bürgertums, solange es nicht zur politischen Macht gelangt ist. Der dynastische Staat konnte sich behaupten, bis die in seinem Schoße sich entfaltende bürgerliche Gesellschaft über ihn hinaustrieb. Erst dann, »im revolutionären, auf radikalen Staatsumsturz gerichteten Wollen des Demokratismus wird ›Nation‹ zum verpflichtenden Zentrum des politischen Denkens und Argumentierens«[16].

Die Naturrechtslehre der frühbürgerlichen, liberalen Theoretiker zielte nicht darauf ab, die bestehende politische Herrschaftsform durch eine andere zu ersetzen. In ihr wurde die Verankerung der allgemeinen Menschenrechte und die Sicherung eines herrschaftsfreien, das heißt staatsfreien Bereiches postuliert, innerhalb dessen Handel, Kunst und Wissenschaft sich frei entfalten konnten. Marx setzt diesen Bereich der Sphäre des Warenverkehrs gleich. Dem frühen Bürgertum ging es »nicht so sehr um die Gründung einer neuen Souveränität wie um die Begrenzung einer bestehenden; nicht so sehr um die Konstituierung einer neuen Legitimität und politischen Geschehenseinheit als um die Ausbalancierung der vorhandenen Herrschaft«[17]. Das

Postulat der Souveränität der Nation war für das frühe Bürgertum noch nicht aktuell[18]. Dieses Faktum läßt sich an der Lockeschen Theorie demonstrieren. Wie W. Euchner zeigt, bleibt bei Locke der Staatszweck stets die Sicherung der gesellschaftlichen Reproduktion auf der Basis der kapitalistischen Verkehrsverhältnisse[19]. Der Staat findet seine Schranken allemal in den Freiheitsrechten der besitzenden Individuen[20]. Ihm verbleibt die Aufgabe, die bei der gesellschaftlichen Reproduktion auftretenden Risiken zu beseitigen. Problematisch an Lockes Theorie ist, daß die in ihre proklamierten Eigentumsrechte vorstaatlich sind[21]: sie entsprechen den Gesetzen eines vorstaatlich organisierten Warenverkehrs[22]. Erst wenn die dynastische Souveränität von der Souveränität der Nation abgelöst worden ist, können Freiheitsrechte, i. e. in einer warenproduzierenden Gesellschaft: Eigentumsrechte, als Bürgerrechte in einem (national-)staatlichen Zustand verankert werden. Das Problem, wie Freiheitsrechte in der bürgerlichen Gesellschaft institutionalisiert werden können, bleibt in der Lockeschen Theorie ungelöst, da in Lockes liberaler Naturrechtskonstruktion die Gesetze des vorstaatlichen Warenverkehrs als Grundrechte in der politischen Ordnung konserviert werden. Rousseau zieht mit seiner volonté générale[23] die Konsequenz aus der Unanwendbarkeit der Lockeschen Naturrechtskonstruktion auf die entwickeltere bürgerliche Gesellschaft[24]. Auf die Differenz der Lockeschen zur Rousseauschen Konstruktion hat Habermas verwiesen: »Verglichen mit der liberalen Konstruktion der Menschenrechte tritt anstelle des materialen Automatismus eines durch Naturgesetze der Gesellschaft erfüllten Naturrechts die formale Automatik des allgemeinen Willens, der seiner eigenen Natur nach gegen das Interesse der Gesellschaft im ganzen so wenig verstoßen könnte wie gegen die Freiheit auch nur eines Individuums.«[25] So werden bei Rousseau, der eine organisierte Gesamtverfassung von Staat und Gesellschaft annimmt, Freiheitsrechte als Bürgerrechte realisiert.

Die liberalen Freiheitsrechte können von sich aus, wie H. O. Ziegler ausführt, »nicht zur Grundlage einer selbständigen Herrschaftskonstituierung werden. Denn hier werden Rechte des Einzelnen vor jeder politischen Einheit garantiert, nicht aber eine politische Einheit selbst begründet. Diese Aufgabe leistet innerhalb des Demokratismus ein zweites Prinzip, das der Volkssouveränität.«[26] Historisch realisiert sich die Souveränität des Volkes als Nation. Die volonté générale objektiviert sich für Rousseau im (nationalen) Staat. An die Stelle der dynastischen Souveränität tritt als Legitimität der neuen politischen Herrschaft die nationale Souveränität[27]. Dieser Vorgang vollzieht sich erst mit der Französischen Revolution. Mit ihr erst wird die nationale Idee prävalent, wird der Nationalstaat zum Organisationsprinzip der bürgerlichen Gesellschaft. H. Kohn kann daher sagen: »Nationalismus ist undenkbar ohne die Voraussetzung der Idee der Volkssouveränität, ohne eine grundsätzliche Überprüfung der Stellung von Herrscher und Beherrschten, von Klassen und Kasten.«[28] Allerdings spricht Kohn vom Nationalismus der Revolutionäre, der in der Synthese mit der demokratischen Freiheitsidee sich verbreitete.

Im Anschluß an Ziegler begreifen wir hier Nation als ideelle Legitimitätsbasis der bürgerlichen Herrschaft. »Und zwar garantiert sie . . . die Legitimität der neuzeitlichen Herrschaftsorganisation. Sie trägt die Zustimmung der Massen zum neuen Staate, ist einer der wesentlichen Faktoren in dem Prozeß des Zusammenschlusses der Massen zur politischen Geschehenseinheit.«[29] Mit statischen Kategorien wie »gemeinsame Sprache und Kultur« oder gar »gemeinsame Abstammung und territoriale Einheit« lassen sich die historischen Phänomene Nation und die ihr zugrunde liegende Nationalität nicht adäquat definieren. Die Nationalitäten sind nicht Ausdruck zu sich gekommener, seit jeher mit »gemeinsamen Merkmalen« und »Nationalcharakteren«[30] ausgestatteten Völker; vielmehr löste die sich entfaltende kapitalistische Produktionsweise gesellschaftliche Mobilisierungsprozesse aus, die die Bildung von Nationalitäten aus diversen kulturellen, ethnischen und linguistischen Gruppierungen durch kulturelle Assimilation und politische Integration ermöglichten[31]. Auf der Basis dieser Nationalitäten entstanden mit der Französischen Revolution Nationen. Bereits Max Weber stellte fest, daß Nation ein Begriff ist, der, »wenn überhaupt eindeutig, dann jedenfalls nicht nach empirischen gemeinsamen Qualitäten der ihr Zugerechneten definiert werden kann«[32].

Der junge Marx rühmt die Konstituierung der Nationen als progressives Werk des Bürgertums. »Die Bourgeoisie hebt mehr und mehr die Zersplitterung der Produktionsmittel, des Besitzes und der Bevölkerung auf. Sie hat die Bevölkerung agglomeriert, die Produktionsmittel zentralisiert und das Eigentum in wenigen Händen konzentriert. Die notwendige Folge hiervon war die politische Zentralisation. Unabhängige, fast nur verbündete Provinzen mit verschiedenen Interessen, Gesetzen, Regierungen und Zöllen wurden zusammengedrängt in *eine* Nation, *eine* Regierung, *ein* Gesetz, *ein* nationales Klasseninteresse, *eine* Douanenlinie.«[33] In der Tat, die Nationsbildung ist ein Ausdruck der fortschreitenden Emanzipation des Bürgertums. Vornationale und übernationale (kirchliche, stammesmäßige etc.) Formen der sozialen Verbindlichkeit werden in diesem Prozeß in einer neuen Form sozialer Verbindlichkeit : der nationalen, aufgehoben[34]. Ein entscheidendes Moment in diesem Emanzipationsprozeß ist die Säkularisierung; ohne sie wäre der Nationalstaat undenkbar[35]; mit der Nationalisierung der Politik wird die Kirche entmachtet und in neutralisierte nationale Kirchen zersplittert[36].

Daß die Konstituierung der europäischen Völker zu Nationen ein Emanzipationsprozeß des Bürgertums ist, läßt sich exemplarisch an der bekannten Kampfschrift des Abbé Sieyès, eines Repräsentanten dieser Klasse, dokumentieren. Auf die Frage: »Was ist der dritte Stand?«, mit der er seine Flugschrift betitelt, antwortet Sieyès einhellig: *»Alles.«* Der dritte Stand wird zur Nation erklärt; er »umfaßt also alles, was zur Nation gehört, und alles, was nicht der dritte Stand ist, darf sich nicht als zur Nation gehörend betrachten.«[37] Die hohe Geistlichkeit und den Adel schließt Sieyès aus der Nation aus. Ihm genügt es »nicht gezeigt zu haben, daß die Privilegierten, weit entfernt, ein Nutzen für die Nation zu sein, nur eine Schwächung und ein Schaden für sie sein können, vielmehr muß noch bewiesen werden, daß der Adelstand sich nicht in den gesellschaftlichen Organismus einfügt, daß er wohl eine Last für die Nation sein kann, nicht aber einen Teil von ihr zu bilden vermag«[38]. Das Bürgertum begreift seine Emanzipation als Klasse, wie Marx später kritisch anmerkt, als Emanzipation der gesamten Nation, ja der Menschheit schlechthin.

Anders als der durch die dynastische Souveränität legitimierte Staat ist der mit der Französischen Revolution aufkommende *Nationalstaat* nicht absolutistisch. Er entspricht dem politischen Organisationsprinzip der bürgerlichen Gesellschaft[39]. Die ideelle Verkoppelung von Menschen- und Bürgerrechten bewahrt in sich die liberalen Freiheiten. Deshalb sind Interpretationen, die Rousseaus Theorie der Volkssouveränität als ideelle Voraussetzung des Nationalstaates zur Quelle eines neuen Autoritarismus in Form eines »modernen Staatsabsolutismus« erklären[40] oder gar in Rousseau einen geistigen Vorläufer des modernen Totalitarismus sehen[41], nicht haltbar. Der Nationalstaat ist in seiner frühen Phase auch realiter ein liberaler Rechtsstaat. Gegenüber dem dynastischen Staat erweist er sich als progressive Organisationsform, wie jener einst gegenüber der ihm vorausgegangenen Kleinstaaterei der Feudalzeit einen Fortschritt bedeutete.

Der mit der Französischen Revolution entstandene *Nationalismus* ist zunächst gleichfalls progressiv. Er implizierte die Realisierung der von der Französischen Revolution proklamierten Menschenrechte. Nationalismus und Liberalismus standen gemeinsam gegen den Feudalismus und die Kirche. Albert Sorel unterstreicht, daß die Franzosen »ganz selbstverständlich die Liebe zu Frankreich und die Liebe zur Revolution ineins setzten«[42]. Im Kampf gegen die Tyrannen und für die Freiheit sahen die französischen Nationalisten der Revolutionszeit ihr erklärtes Ziel. Sie konnten zugleich Patrioten und Kosmopoliten sein. Die französischen Revolutionäre betrachteten es als ihre Mission, den unter dem Joch des Feudalismus leidenden Völkern zu ihrer Emanzipation, zu ihrer Konstituierung als Nation zu verhelfen. Die vorrevolutionäre französische politische Philosophie antizipiert diese Einstellung. So konstatiert Eva Hoffman-Linke nach ihrem Studium dieser Philosophie bei den Gestalten der französischen Vorrevolution eine Mischung von »jenem von Kosmopolitismus versittlichten Patriotismus, der das Selbstbestimmungsrecht der eigenen Nation eine Grenze finden läßt an dem der anderen Völker und die Selbstbeschränkungspflicht als sein notwendiges Korrelat findet«[43]. Die Durchsetzung des Selbstbestimmungsrechtes der Völker wird zum außenpolitischen Prinzip der Revolution, zur Grundlage der Revolutionskriege und später der napoleonischen Expansion. Obwohl Napoleon kein Patriot oder gar Nationalist war[44], rechtfertigte er ideologisch seine Eroberungszüge auf dem Kontinent mit nationalen Argumenten: er gab vor, für das Selbstbestimmungsrecht der Völker zu kämpfen. Die Napoleonischen Kriege führten zwar in ganz Europa zur Nationalisierung der Politik: die Nation wurde zur Realität; der Auflösungsprozeß der Vielvölkerstaaten: Österreich, Rußland und Osmanisches Reich, wurde beschleunigt; zur Verwirklichung der von der Französischen Revolution proklamierten Freiheiten haben die Napoleonischen Kriege jedoch wenig beigetragen: Das außenpolitische Resultat der Revolution war »nicht so sehr Einschränkung eines Despotismus, nicht so sehr Sicherung von Freiheitsrechten vor dem Absolutismus der politischen Zentrale, sondern radikale Nationalisierung der Herrschaft«[45]. Aus welthistorischer Sicht erscheint Napoleon als Befreier im damaligen Europa, insofern er die feudalistischen Strukturen erschütterte. Bei ihrem gegen Napoleon organisierten Widerstand benutzen die retardierenden Kräfte die Waffe, mit der Napoleon seine Außenpolitik rechtfertigte: das Selbstbestimmungsrecht der Völker, gegen ihn. Der deutsche, der spanische und der russische Nationalismus sind wesentlich das Ergebnis einer vom Geist der Französischen Revolution und von den Napoleonischen Kriegen ausgehenden Herausforderung. »Napoleon war Deutschland gegenüber nicht der willkürliche Despot, der er nach Ansicht seiner Feinde gewesen sein soll«, schreibt Engels später zutreffend; »in Deutschland war

Napoleon der Repräsentant der Revolution, der Verkünder ihrer Grundsätze, der Zerstörer der alten feudalen Gesellschaft«[46]. Die »Schreckensherrschaft«, die Napoleon mit seinen Kriegen in andere Länder trug, »war in Deutschland dringend notwendig. Napoleon liquidierte das Heilige Römische Reich, verminderte die Zahl der Kleinstaaten in Deutschland durch die Bildung großer Staaten. Er brachte sein Gesetzbuch in die eroberten Länder mit, ein Gesetzbuch, das allen bestehenden unendlich überlegen war und die Gleichheit im Prinzip anerkennt.«[47] Gegen Napoleon zu sein bedeutete damals: gegen die Revolution und ihre Resultate sein. So war denn auch der gegen Napoleon mobilisierte Haß in der Gestalt eines deutschen oder russischen Nationalismus überwiegend reaktionär, retardierend. C. Hayes spricht zu Recht von einem »Konternationalismus«[48], der sich gegen die Ideale und Errungenschaften der Revolution wandte. Damit ist jedoch nur eine Dimension des Konternationalismus in Europa erfaßt. Denn Napoleon hat zwar – welthistorisch gesehen – u. a. auch in Deutschland dem Fortschritt den Weg geebnet, indem er das dort herrschende Feudalsystem erschütterte; aus der nationalen Perspektive aber erscheint Napoleon als Begründer einer Fremdherrschaft: der Kampf gegen sie war ein nationaler Befreiungskampf. Auf die genannten beiden Aspekte des deutschen – reaktiven – Nationalismus der Napoleon-Ära gehen wir noch ausführlich ein (§ 6 a).

Der in den sogenannten Befreiungskriegen, die der Restauration vorausgingen, gegen Napoleon geschürte deutsche Nationalismus war romantisch, irrational und antiliberal. Er verwarf die Aufklärung und verurteilte ihre Ideale als importierte. Er flüchtete in die Vergangenheit, glorifizierte sie und verklärte sie metaphysisch. Dieser Konternationalismus ist der ideologische Ausdruck der damaligen sozioökonomischen und politischen Rückständigkeit Deutschlands. Er ist eine irrationale Antwort auf eine rationale Herausforderung. Unter den gegebenen Verhältnissen konnte in Deutschland eine Synthese aus Nationalismus, Liberalismus und Demokratie auf ideologischer Ebene, wie sie in der Französischen Revolution zustande gekommen war, nicht entstehen. Der deutsche Nationalismus zeichnete sich gerade dadurch aus, daß er das »Deutschtum« über andere »Volkstümer« erhob. Er äußerte sich in Xenophobie, insbesondere in einer Frankophobie[49]; seine Stoßrichtung lenkte von den besonders rückständigen deutschen Verhältnissen ab, weshalb Marx ihn scharf kritisierte[50]. Nicht zufällig berufen sich die arabischen Nationalisten seit den 30er Jahren dieses Jahrhunderts, insbesondere Husri, auf den

deutschen romantischen Nationalismus des 19. Jahrhunderts. Bei der
Verschiedenheit der konkret-historischen Situationen, in denen beide
Ideologien sich entfalteten, wird auf gemeinsame Voraussetzungen zu
reflektieren sein. Wir werden in unserer Analyse die strukturellen
Ähnlichkeiten herauszuarbeiten und zu zeigen versuchen, daß der
arabische Nationalismus in seinem Wesen beispielhaft für die Nationalismen in der »Dritten Welt« ist.

Mit der politischen Etablierung des europäischen Bürgertums und seiner reaktionären Wende vollzog sich partiell auch ein Wandel in der
ideologischen Rechtfertigung seiner Klassenherrschaft: Die Idee der
Demokratie und der Nation, die in der Französischen Revolution
identisch waren, sind nun nicht mehr notwendig miteinander ver-
knüpft. Sogar in Frankreich vermochte Napoleon III. sich als plebiszi-
tärer Monarch national zu legitimieren[51]. In Deutschland erfolgte die
Konstituierung zur Nation ohnehin nicht in einem freiheitlich-demo-
kratischen Rahmen. »Nicht ein freies Volk gründete den deutschen
Nationalstaat, sondern ein Bund der Fürsten.«[52] Dies gilt gleichermaßen für Italien.

Nachdem das Bürgertum seine Herrschaft konsolidiert hatte, war Patriot nicht mehr der freie, mündige Bürger. Als Patrioten galten nun
jene, die primitive Gefühle und Vorurteile gegen andere, vermeintlich
minderwertige Völker mobilisierten. Der integrale Nationalismus
Charles Maurras' demonstriert, wie die Idee der Nation, die in der
Französischen Revolution mit der Menschheitsidee verquickt war,
nun die Absonderung von der übrigen Menschheit beinhaltet. Auf die
Frage: »Wenn die Ereignisse sagen: Vaterland oder Menschheit, was
muß man in diesem Falle tun?« antwortet Maurras ohne Zögern: »Die
›Frankreich‹ zuerst sagen, sind Patrioten, die ›Frankreich, aber . . .‹ sagen, sind die Humanitätsapostel.«[53] Hier wird die eklatante Differenz
zwischen dem integralen und dem jakobinischen Nationalismus evident. Ernst Nolte hebt in diesem Zusammenhang hervor, daß der
»neue Nationalismus erst dann vollendet, ›integral‹ sein (würde),
wenn er sich vollständig vor den Ideen der Französischen Revolution
gelöst hätte . . . Erst ein monarchistischer Nationalismus wäre also ein
integraler, das heißt antirevolutionärer.«[54]

Der Nationalismus wird zur Ideologie des Expansionskrieges und legitimiert schließlich den Imperialismus. In Anbetracht des imperialistischen Expansionismus erscheint der Nationalstaat freilich als Ana-
chronismus. Die europäische Herrschaft über nichteuropäische Völker wird nationalistisch gerechtfertigt. Indem der Nationalismus den
Kolonialvölkern das Recht auf nationale Selbstbestimmung abspricht,

hat er sich endgültig nicht nur von seiner liberalen Wurzel, sondern auch von der ihm einst inhärenten Idee des Nationalstaats gelöst[55]. Der faschistisch gewendete Nationalismus im 20. Jahrhundert ist nach Nolte in der von Maurras getroffenen Dissoziation der Begriffe Vaterland und Menschheit ideell bereits angelegt[56].

Wir konnten hier die Voraussetzungen für den Strukturwandel des Nationalismus in Europa als Ideologie des Bürgertums nur andeuten: dieser Wandel war mit der Entfaltung der Tauschgesellschaft, in deren Verlauf sich das Bürgertum von einer revolutionären zu einer arrivierten Klasse entwickelte, gesellschaftlich notwendig geworden.

§ 2 SOZIALWISSENSCHAFTLICHE INTERPRETATIONEN
DES NATIONALISMUS UND DER NATIONSBILDUNG
IN DER »DRITTEN WELT«[1]

Hans Kohn stellt nach jahrzehntelangen Forschungen fest, daß der Nationalismus, der zur Zeit der Französischen Revolution ein Ausdruck des Strebens nach individueller Freiheit und Demokratie war, in der entwickelten bürgerlichen Gesellschaft nicht nur eine Konzeption ist, die die Freiheit unterdrückt, sondern die darüber hinaus auch Hegemonieansprüche stellt. »Anders ist es in ›unterentwickelten‹ Ländern; dort ist der Nationalismus, wie es früher im Westen war, ein Element menschlichen Fortschritts.«[2] Diese These wird von zahlreichen Sozialwissenschaftlern und Historikern vertreten. Auch Emerson, der als Experte für nationale Bewegungen in Kolonialländern gilt, konzediert, daß »im großen und ganzen der Nationalismus in Asien und Afrika eine vorwärts gerichtete und nicht eine reaktionäre Kraft ist, ganz wie in Europa und Amerika – zumindest in seiner Anfangsphase; er ist ein Ansporn zur Revolution und nicht ein Bollwerk des Status quo«[3]. Wie die vorliegende Untersuchung zeigen wird, bedarf diese These der Modifikation, insofern der Nationalismus in der »Dritten Welt« zwar den Emanzipationswillen der unterdrückten Völker ausdrückt, jedoch nicht allein zu ihrer Emanzipation führen kann. Auch steht der Nationalismus in kolonialen und halbkolonialen Ländern nicht in einem selbstverständlichen Zusammenhang mit den Prozessen der Nationsbildung, da er nicht immer auf einer klar definierbaren Nationalität beruht.

Bevor wir in § 3 versuchen, den Stellenwert des Nationalismus als ideologische Begleiterscheinung des Emanzipationsprozesses der Kolonialvölker zu bestimmen und das Verhältnis von Nationalismus und Nationsbildung in unterentwickelten Gebieten zu beleuchten, referieren wir hier zunächst die gängigen Theorien über diese Problematik. Dabei orientieren wir uns an der in § 1 erarbeiteten Terminologie (cf. Anm. 29 dort). Mit Volk bzw. Nationalität bezeichnen wir eine homogene soziale Großgruppe; unter Nation verstehen wir die Herrschaftslegitimität eines Nationalstaates; Nationsbildung begreifen wir als Bildung homogener sozialer Großgruppen im Rahmen evolutionärer oder forcierter Integrationsprozesse, die mit Prozessen der Staatsbildung einhergehen können, jedoch nicht müssen. Wenn in unserer Arbeit der Begriff Nation im Sinne von Nationalität: einer homogenen sozialen Großgruppe, benutzt wird und nicht, um die Herrschaftslegitimität eines Nationalstaates zu bezeichnen, dann referieren wir Autoren, die unsere Abgrenzung der Begriffe nicht getroffen haben. Uns ist gegenwärtig, daß die hier vorläufig gegebenen formalen Definitionen bei der Analyse von Nationsbildungsprozessen lediglich als Hilfsmittel dienen können; wir werden sie im Verlauf unserer Untersuchung des konkret-historischen Materials jeweils noch inhaltlich zu füllen versuchen. Dabei wird sich auch erweisen, daß die Begriffe Nation, Volk, Nationalität und Nationalstaat sinnhaft nicht synonym gebraucht werden können.

a) Die Problematik unterdrückter und kolonisierter Völker in der marxistischen Diskussion[4]

Die Zweite Internationale war wesentlich mit dem Problem der nationalen Frage im Zusammenhang mit der Auflösung der Vielvölkerstaaten[5] konfrontiert und in diesem Kontext mit der Zukunft jener Völker, die in diesen Nationalitätenstaaten unterdrückt lebten. Zugleich wurde die koloniale Frage im Rahmen der Imperialismustheorie aufgeworfen. In beiden Fällen wurde diskutiert, ob die unterdrückten und die kolonialen Völker ein Recht auf eine eigene nationale Existenz, das heißt auf Nationsbildung hätten. Diese Auseinandersetzung, die im Ersten Weltkrieg ihre praktische Bedeutung offenbarten, führten schließlich zur Auflösung der Zweiten Internationale.

Schon Marx und Engels maßen der nationalen Frage zentrale Bedeutung bei. Marx pflegte kontinentale Sozialisten mit der Frage Polen und englische Sozialisten mit der irischen Frage auf die Probe zu stellen. 1870 schreibt er an Engels, den russischen Sozialisten Lopatine beurteilend: »Schwacher Punkt: Polen. Hier spricht er ganz wie ein Engländer - say an Englisch chartist of the old school - von Irland.«[6] Die von den Freihändlern propagierte internationale Brüderlichkeit unter den kapitalistisch organisierten Völkern lehnte Marx strikt ab. Eine Vereinigung der Völker setzt für ihn voraus, daß sie ein gemeinschaftliches Interesse haben. Dazu aber »müssen die jetzigen Eigentumsverhältnisse abgeschafft sein, denn die jetzigen Eigentumsverhältnisse bedingen die Exploitation der Völker unter sich«[7]. Die von den Freihändlern postulierte Brüderlichkeit übersieht das Problem der unterdrückten Völker, wie sie auch die Klassendifferenzen in einer Gesellschaft ignoriert; sie ist daher »die Ausbeutung in ihrer kosmopolitischen Gestaltung«[8]. Die Verbrüderung der Völker kann nur auf einer herrschaftsfreien Ebene zustande kommen; eine Fraternisierung zwischen einem unterdrückenden und einem unterdrückten Volk hält Marx für undenkbar. Dieses Problem bildet den Kern der nationalen Frage bei Marx.

Marx unterstellt denjenigen, die die nationale Frage ad acta legen, Chauvinismus. So schreibt er 1866 an Engels: »Gestern war im International Council Debatte ... Die Diskussion war wound up, wie vorherzusehn, mit der ›question of nationality‹ ... Übrigens rückten die ... Repräsentanten der ›jeune France‹ damit heraus, daß alle Nationalität und Nationen selbst ›des préjugés surannés‹ sind ... Die Engländer lachten sehr, als ich meinen speech damit eröffnete, daß unser Freund Lafargue etc., der die Nationalitäten abgeschafft hat, uns ›französisch‹, i. e. in einer Sprache angeredet, die 9/10 des Auditoriums nicht verstand. Ich deutete weiter an, daß gänzlich unbewußt er unter Negation der Nationalitäten ihre Absorption in die französische Musternation zu verstehen scheine.«[9] Diese Briefstelle dokumentiert den wesentlichen Unterschied zwischen dem Marxschen Internationalismus und dem Kosmopolitismus. Internationalismus ist nur möglich zwischen freien Völkern; er bleibt eine Ideologie, solange er zur Verschleierung internationaler Ausbeutungsverhältnisse dient[10]. So sympathisierte Marx mit der irischen nationalen Emanzipationsbewegung; er verfocht das Recht der Iren auf Nationsbildung und unterstützte den Fenianismus[11]. In einem Brief an Engels aus dem Jahr 1869 äußert er, daß »es das direkte absolute Interesse der English Working Class ist, *to get rid* of their present connexion with Ireland. Und dies ist meine vollste Überzeugung ... Die englische Working Class wird nie was ausrichten, before it has got rid of Ireland ..., die englische Reaktion in England wurzelt in der Unterjochung Irlands.«[12]

Engels unterstreicht in seinem Plädoyer für Polen das gleiche Prinzip. Nach ihm kann »eine Nation... nicht frei werden und zugleich fortfahren, andre Nationen zu unterdrücken«[13]. An anderer Stelle heißt es: »Solange russische Soldaten in Polen stehen, kann das russische Volk sich weder politisch noch sozial befreien.«[14] Seine Position schränkt Engels jedoch stark ein, wenn er meint, daß seine Anerkennung und Sympathie mit den nationalen Bestrebungen nur im Hinblick auf »die großen und genau definierten historischen Nationen Europas« gelte[15]. Er unterscheidet also zwischen dem »Recht der großen europäischen Nationen auf selbstständige und unabhängige Existenz« und dem »Nationalitätsprinzip«, das er ablehnt[16]. Dabei verhandelt er die Sache in Begriffen, wie sie im 19. Jahrhundert in Deutschland vorherrschten. Nation ist für ihn nicht eine politische Herrschaftsform, die erst im Nationalstaat sich etabliert; vielmehr begreift er sie unpräzise als Kulturgemeinschaft. Volk und Nation gebraucht Engels synonym. Unter Nationalitäten versteht er nicht Menschengruppen, die aufgrund sozio-ökonomischer Entwicklungsprozesse einen gewissen Kohäsionsgrad erreicht haben und so zur Nationsbildung übergehen können; dagegen definiert er sie als »kleine Nationen« bzw. »Völkertrümmer«, die kein Recht auf eine eigene nationalstaatliche Existenz haben, sondern in die als »große historische Nationen« bezeichneten Menschengruppen sich integrieren müssen, zumal es »kein Land in Europa (gibt), in dem es nicht verschiedene Nationalitäten unter einer Regierung gäbe..., doch niemanden fiele ein, diese Reste längst verschwundener Völker... als Nationen zu bezeichnen«[17].

Die europäische Landkarte seiner Zeit sieht Engels als endgültige an. Grenzveränderungen, »sofern sie Dauer haben, müssen aber im ganzen und großen darauf hinausgehen, den großen und lebensfähigen europäischen Nationen mehr und mehr ihre wirklichen natürlichen Grenzen zu geben, die durch Sprache und Sympathien bestimmt werden, während gleichzeitig die Völkertrümmer, die sich hier und da noch finden und einer nationalen Existenz nicht mehr fähig sind, den größeren Nationen einverleibt bleiben und entweder in ihnen aufgehen oder sich nur als ethnographische Denkmäler ohne politische Bedeutung erhalten.«[18] Diese von Engels getroffene Unterscheidung zwischen historischen Nationen und geschichtslosen Völkertrümmern findet sich bei Marx nicht.

Schon 1907 werden die von Engels als geschichtslos degradierten Völker von Otto Bauer rehabilitiert. Sie werden zwar weiterhin »geschichtslos« genannt, jedoch erfährt dieses Attribut eine andere Interpretation. Nach Bauer sind diese Völker geschichtslos, gerade weil sie von den sogenannten großen Nationen unterdrückt werden und daher an der Geschichte nicht aktiv teilnehmen können. Der Inhalt der nationalen Frage ist nunmehr das »Erwachen der geschichtslosen Nationen«[19]. Den nationalen Haß der unterdrückten Völker bestimmt Bauer als Klassenhaß[20]: als eine niedrige Stufe des Klassenbewußtseins, dem die Arbeiter der unterdrückenden Nationen mit einem naiven Kosmopolitismus begegnen. Erst im proletarischen Internationalismus und im ausgereiften Klassenbewußtsein werden sowohl der naive Nationalismus der unterdrückten Völker als auch der naive Kosmopolitismus der Proletarier in den Unterdrücker-Nationen überwunden[21]. Das Recht auf einen eigenen Nationalstaat erkennt Bauer den unterdrückten Völkern jedoch ebenso wenig zu wie Engels; für ihn realisiert sich die Verbrüderung auf der Ebene nationalkultureller Autonomie der Völker im Rahmen des Nationalitätenstaates[22].

Karl Kautsky brachte gegen Bauer vor, er habe die dem Kapitalismus immanente Tendenz zur Entstehung von Nationalstaaten vernachlässigt[23]. Lenin schloß sich dieser Kritik an und entwickelte aus ihr konsequent die These vom Selbstbestimmungsrecht der Nationen. Wie Marx und Engels bezeichnet Lenin Völker als Nationen auch dann, wenn sie sich noch nicht als Nation konstituiert haben. Anders als Engels verlangt er für alle Völker ein Selbstbestimmungsrecht. Lenin bezieht erstmals die Kolonien in die Diskussion ein und deklariert das Recht der Kolonialvölker auf Selbstbestimmung zum Prinzip sozialistischer Außenpolitik. Die von Bauer geforderte Selbstbestimmungsform im Sinne von kultureller Autonomie weist er als »reaktionäre Idee« zurück[24]. Ihm zufolge ist unter dem Selbstbestimmungsrecht der Nationen »ihre staatliche Lostrennung von fremd-nationalen Gemeinschaften zu verstehen, ist die Bildung eines selbständigen Nationalstaates zu verstehen«[25]. In der damaligen historischen Phase konnte das Selbstbestimmungsrecht keine andere Bedeutung haben als diese[26], denn es zeigte sich, daß »der Kapitalismus, der Asien zum Erwachen gebracht hat, auch dort überall nationale Bewegungen ins Leben gerufen hat, daß es die Tendenz dieser Bewegungen ist, Nationalstaaten in Asien zu schaffen«[27]. Im Westen betrachtete Lenin die nationale Frage als gelöst: dort ist der Nationalstaat bereits zum Organisationsprinzip der bürgerlichen Gesellschaft geworden[28]. Dagegen haben die Nationalitätenstaaten und die Kolonien diese Stufe noch nicht erreicht. Es ist daher die Aufgabe der Sozialisten der Unterdrücker-Nationen, für das Recht der unterdrückten Völker auf eine eigene nationale Existenz einzutreten, um so auf die eigene

Emanzipation hinzuarbeiten[29]. Lenin rekurriert in diesem Zusammenhang auf Marx' Position gegenüber der irischen nationalen Emanzipationsbewegung und stellt sie dar als »höchst bedeutsames Beispiel«, denn Marx habe hier klargestellt, wie sich das Proletariat der unterdrückenden Nationen zu nationalen Bewegungen zu verhalten habe[30].

Wie Marx und Engels die Frage der nationalen Emanzipation Polens und Irlands als Prüfstein für Sozialisten betrachteten, so nahm Lenin die Stellung der Sozialisten zum Selbstbestimmungsrecht der Völker als Kriterium für die Echtheit ihres Sozialismus. »Der Imperialismus besteht eben in dem Bestreben der Nationen, die eine Reihe fremder Nationen unterdrücken, diese Unterdrückung noch weiter auszudehnen und zu festigen... Der Angelpunkt, um den sich die Frage der Selbstbestimmung der Nationen in unserer Epoche dreht, ist daher das Verhalten der Sozialisten der unterdrückenden Nationen. Ein Sozialist, der einer unterdrückenden Nation... angehört und das Recht der unterdrückten Nationen auf Selbstbestimmung... nicht anerkennt und vertritt, ist in Wirklichkeit kein Sozialist, sondern ein Chauvinist... Wenn alle Sozialisten der ›großen‹, d. h. der großen Räubereien verübenden Mächte, eben dieses Recht den Kolonien nicht zugestehn, so gerade darum und nur darum, weil sie in Wirklichkeit keine Sozialisten, sondern Imperialisten sind.«[31] Wenngleich Lenin emphatisch für die unterdrückten und kolonialen Völker das Recht auf Nationsbildung fordert, so verurteilt er doch deren Nationalismus, anerkennt aber, daß dieser Nationalismus im Gegensatz zu dem der Unterdrücker »einen allgemein demokratischen Inhalt« hat[32].

Lenin räumt vorab jedem unterdrückten und kolonialen Volk das Recht auf Selbstbestimmung ein, ohne der Frage weiter nachzugehen, inwieweit im einzelnen bei diesen Völkern die Voraussetzungen zur Nationsbildung gegeben sind. Er legt den Akzent auf die politische Bedeutung, die eine eigene nationale Existenz unterdrückter Völker sowohl für diese als auch für die Unterdrücker-Nationen haben wird: sie wäre eine Vorstufe zur Verbrüderung aller Völker auf einer herrschaftsfreien Ebene. Daher bleibt der Internationalismus - so Lenin - eine leere Phrase, solange das Proletariat der entwickelten Länder nicht für die politische Emanzipation der Kolonien eintritt[33]. »Wie die Menschheit zur Abschaffung von Klassen durch die Übergangsperiode der Diktatur der unterdrückten Klassen kommen kann, so kann sie zur unvermeidlichen Verschmelzung der Nationen nur durch die Übergangsperiode der völligen Befreiung, das heißt Abtrennungsfreiheit aller unterdrückten Nationen kommen«[34]. Ob die Verschmelzung der Völker letztlich »unvermeidlich« ist, soll hier dahingestellt bleiben.

Das von Lenin am Anschluß an Marx und im Geiste der Französischen Revolution proklamierte Selbstbestimmungsrecht der unterdrückten und kolonisierten Völker wurde sowohl vom linken[35] als auch vom rechten Flügel[36] der Zweiten Internationale abgelehnt, wenngleich mit unterschiedlicher Argumentation. Die aus den verschiedenen Positionen in dieser Frage resultierende Praxis (»Vaterlandsverteidigung«) im Ersten Weltkrieg führte sodann zur Auflösung der Zweiten Internationale.

b) Der Nationalismus in der »Dritten Welt« als antikolonialistische »Modernisierungsideologie«[37] (John H. Kautsky)

Amerikanische Politikwissenschaftler interpretieren die Entwicklungsprozesse in den kolonialen und halbkolonialen Ländern in der Regel mit dem Instrumentarium der in der amerikanischen Sozialwissenschaft vorherrschenden Modernisierungstheorie[38]. Danach sind diese Länder gegenwärtig mit Problemen konfrontiert, die aus dem Übergang von einer traditionellen: unterentwickelten, zu einer modernen: industriellen, Gesellschaft resultieren[39]. Der Nationalismus in sozio-ökonomisch schwach entwickelten Ländern wird diesem Ansatz entsprechend als Ideologie verspäteter Industrialisierung verstanden[40]; er wird als wichtiger Entwicklungsfaktor im Dienste der Modernisierung gerechtfertigt und akzeptiert[41].

Eine für diesen Bezugsrahmen repräsentative Interpretation des Nationalismus in sozio-ökonomisch schwach entwickelten Ländern hat John H. Kautsky vorgelegt[42]. Er führt aus, daß die im Europa des 18. und 19. Jahrhunderts herrschenden Nationalismus-Typen auf einer je klar definierbaren Nationalität, i. e. eine linguistisch und kulturell kohäsive Menschengruppe, beruhen, die sich in jahrhundertelanger organischer Entwicklung mit der Entfaltung der »industriellen« Produktionsweise kristallisiert habe. Demgegenüber liege dem Nationalismus in Kolonialländern keine Nationalität zugrunde. Hierin sieht Kautsky den entscheidenden Grund dafür, daß der Nationalismus in der »Dritten Welt« nicht mit Kategorien aus der europäischen Geschichte erklärt werden kann[43]. Die mit der Dekolonisation entstandenen Grenzen bezeichnen nach Kautsky juristisch einen Nationalstaat, aber keine Nationalität[44]. Der Nationalismus in diesen vorwiegend juristisch legitimierten Nationalstaaten, die innerhalb der vom

Kolonialismus gesetzten Grenzen entstanden, hat - in einer Formulierung von W. Sulzbach - den Charakter eines »Verwaltungsnationalis-
mus«[45]. R. Emerson spricht davon, daß es in den postkolonialen Ländern Nationalisten gibt, aber keine Nation: die Nationen sind in der
»Dritten Welt« noch »in the making«[46]. Da der Nationalismus in Kolonialländern, der in der Dekolonisationsphase allenthalben auftrete,
keine historische Tradition habe, schlägt Kautsky vor, ihn als Antikolonialismus zu definieren, wobei »Antikolonialismus ... hier nicht nur
als Opposition zum Kolonialismus im engen Sinne zu verstehen ist,
sondern ebenso als Opposition zu einem kolonialen ökonomischen Status«[47]. Für Kautsky heißt dies, daß der Nationalismus in Kolonialländern nicht nur auf Dekolonisation drängt, sondern zugleich auf
Modernisierung im Sinne einer Industrialisierung des jeweiligen Landes.

Als Träger des Nationalismus ermitteln Kautsky und die Modernisierungstheoretiker im allgemeinen die westlich gebildeten Kolonialintellektuellen[48]: sie haben das nationale Gedankengut der modernen
westlichen Kultur rezipiert und wenden es nun auf ihre koloniale
Situation an. Der Nationalismus der Kolonialintellektuellen drückt
Kautsky zufolge ihre Bestrebungen aus, die präindustriellen Gesellschaftsstrukturen ihres jeweiligen Landes zu modernisieren. Der
Tatbestand, daß die ideellen Wurzeln des Nationalismus in Kolonialländern europäisch und seine Träger westlich gebildet sind, macht
in Kautskys Sicht die Modernisierung zum »essentiellen Aspekt« dieses Nationalismustypus[49].

Kautsky hebt die historische Rolle der Kolonialintellektuellen von der
der europäischen Intellektuellen in einem für ihn entscheidenden
Punkt ab. Zwar sei der Liberalismus als kapitalistische Ideologie von
der bürgerlichen Intelligenz konzipiert worden, „aber die Industrialisierung selbst wurde vorangetrieben von industriellen Kapitalisten.
In unterentwickelten Ländern haben die Intellektuellen in der Tat die
Rolle beider Gruppen übernommen«[50] Ohne Bezug auf Karl Mannheims Konzeption einer sozial freischwebenden Intelligenz bezieht
Kautsky hier eine ähnliche Position wie dieser[51]. Die Kolonialintellektuellen stehen gleichsam über den Klassen und haben eine Art historische Mission übernommen, deren Ziel die Modernisierung und
deren Ausdruck der Nationalismus ist. Nach Kautskys Argumentation
vermag alleine die Elite der westlich gebildeten Intellektuellen des
Koloniallandes den Modernisierungsprozeß zu tragen[52], zumal die
vorhandenen sozialen Klassen bzw. Schichten nicht national orientiert sind und damit - per definitionem - nicht modernisierend wirken.

Die als antinationalistische Klassen[53] apostrophierte einheimische »Aristokratie« und Bourgeoisie verbünden sich nach Kautsky aufgrund der Interessenverflechtung mit dem Kolonialsystem; diese Allianz versuche, die traditionelle Gesellschaftsordnung zu bewahren.

An seinem allgemein gehaltenen Interpretationsmodell nimmt Kautsky eine Modifikation vor, der er gleichwohl keine allzu große Bedeutung beimißt. Die Kolonialwelt - so führt er aus - werde von der »Dialektik« beherrscht, daß das Kolonialsystem einerseits stets versuche, die Modernisierung dort zu verhindern; es verbünde sich daher mit den vortechnisch und antiindustriell orientierten autochthonen Kräften: der »Aristokratie«. Andererseits impliziere der Kolonialismus jedoch die Modernisierung der Kolonien, zumal er selbst einer modernen Industriegesellschaft entsprungen sei, deren Methoden er sich bei der Kolonisation bedient habe. Aufgrund dieser letztgenannten Tendenz dränge das Kolonialsystem die traditionellen Kräfte gegen ihren Willen ins nationale Lager: »Die Nationalbewegung vereint sowohl jene, die gegen den Kolonialismus opponieren, weil sie meinen, er führe die Modernisation zu schnell ein, als auch jene, die sich gegen ihn stellen, weil er ihnen die Modernisierung zu verzögern und zu behindern scheint.«[54] Die erste Gruppe bezeichnet Kautsky als den traditionellen Flügel, die zweite als den modernistischen Flügel des Nationalismus in Kolonialländern. Freilich schränkt er mit diesen Ausführungen den zuvor behaupteten modernistischen Charakter des Nationalismus in Kolonialländern nicht unwesentlich ein. Er hält jedoch daran fest, ihn als antikolonialistische Modernisierungsideologie zu definieren, da nur die westlich gebildeten Kolonialintellektuellen genuine Nationalisten seien; die nationalistische Position der traditionellen sozialen Kräfte wertet Kautsky lediglich als Trotzreaktion und vernachlässigt sie in seinem Modell.

Der Nationalismus der Kolonialintellektuellen ermöglicht nach Kautsky zwar die nationale Integration verschiedener ethnischer, kultureller und linguistischer Gruppierungen in einem gerade unabhängig gewordenen Kolonialland und schafft somit eine maßgebliche Voraussetzung für den angestrebten Modernisierungsprozeß: nämlich eine durch die nationale Integration ausgelöste Mobilisierung. Jedoch kann Kautsky die Tatsache nicht übergehen, daß die nationale Mobilisierung nicht immer der Modernisierung des ehemaligen Koloniallandes dient, sondern eher ihr Versäumnis verschleiert, indem der Nationalismus gegen einen außenpolitischen Feind gelenkt wird[55]. Eine Erklärung dafür, warum der von ihm als Modernisierungsideologie apostrophierte Nationalismus in unterentwickelten Ländern seiner

Bestimmung nicht immer genügt, gibt Kautsky nicht. Sein Interpretationsmodell bleibt damit praktisch irrelevant. Dieser für die Modernisierungstheorie charakteristische Mangel resultiert wesentlich aus der Methode, abstrakte Kategorien an konkret-historische Prozesse heranzutragen. So wird unter Modernisierung primär Industrialisierung verstanden, wobei eine bestimmte historische Form, unter der die gesellschaftliche Produktion industrialisiert worden ist: die kapitalistische, als einzig relevante und effektive vorab gesetzt wird. Auf die objektiven Voraussetzungen eines Industrialisierungsprozesses, und sei es in dem als alleinige Alternative unterstellten Rahmen kapitalistischer Produktionsweise, reflektiert die Modernisierungstheorie nicht. Daher muß das Ausbleiben einer Industrialisierung bzw. Modernisierung in unterentwickelten Ländern als Ausdruck subjektiver Unzulänglichkeit der »Modernisierungsideologen«: der westlich gebildeten, nationalistischen Kolonialintellektuellen, erscheinen. Ungeklärt bleibt bei diesem Ansatz auch die im Hinblick auf eine gesellschaftliche Emanzipation wesentliche Frage, in wessen Interesse die Modernisierung, d. h. vor allem die Industrialisierung des jeweiligen unterentwickelten Landes, findet sie überhaupt statt, erfolgt. Aufschluß hierüber könnte eine Klassenanalyse geben, die eine Untersuchung der je vorhandenen Produktionsverhältnisse voraussetzt: beide Erklärungsmöglichkeiten schließt der Ansatz der Modernisierungstheorie von vornherein aus[55].

c) *Der Nationalismus in der »Dritten Welt« als Produkt von Akkulturationsprozessen (Richard F. Behrendt)*

Die Akkulturationstheorie gibt eine der Modernisierungstheorie nahestehende Interpretation des Nationalismus in Ländern der »Dritten Welt«. Wie jene akzentuiert sie den Tatbestand, daß die Kolonialintellektuellen westlicher Bildung die Träger des Nationalismus sind. Das Problem der Modernisierung wird jedoch nur am Rande berücksichtig. Richard F. Behrendt hat einen Erklärungsversuch des Nationalismus in Kolonialländern unternommen, den wir hier als Exempel einer der Akkulturationstheorie entsprechenden Deutung des Phänomens referieren.

Behrendt zufolge befinden sich die unterentwickelten Länder gegenwärtig in einem Prozeß »diskontinuierlichen dynamischen Kulturwandels«, der nicht »originär-kreativ«, sondern exogen ausgelöst worden sei, d. h.: der Kulturwandel basiert in diesen Ländern auf

Akkulturationsprozessen⁵⁶. Behrendt unterscheidet nun zwischen zwei Modellen der Akkulturation: einer *passiv-imitativen Akkulturation*: einer »vorbehaltlosen passiven Anpassung an die als überlegen empfundene Kultur«; sie bleibe weitgehend äußerlich und »vermag die durch Erziehung und frühe Eindrücke erworbenen Werte und Normen der eigenen Kultur nicht wirklich zu verdrängen«⁵⁷. Dagegen bestehe die *aktiv-synkretistische Akkulturation* in der »Auswahl geeigneter fremder Kulturelemente und in ihrer aktiven Verarbeitung..., unter Berücksichtigung ihrer Anwendbarkeit auf die im Entwicklungsland bestehenden Bedürfnisse und Möglichkeiten, in Ergänzung und in Kombination mit noch wirksamen und brauchbaren autochthonen Kulturelementen«⁵⁸. Beide Prozesse führen Behrendt zufolge zu einer Kultursynthese, weil beide zugleich Elemente der autochthonen und der rezipierten Kultur beinhalten; jedoch komme im zweiten Modellfall anders als im ersten die Synthese *bewußt* zustande.

Nachdem Behrendt diesen theoretischen Rahmen abgesteckt hat, interpretiert er den Nationalismus in Ländern der »Dritten Welt« als Produkt eines »imitativen Adaptionsprozesses« der Kolonialvölker, die er »Randvölker« nennt, an die Kultur der westlichen Völker, die er als »Kernvölker« bezeichnet⁵⁹. Nach Behrendt rezipieren die Intellektuellen der »Randvölker« die westliche Nationsidee, weil sie im Nationalismus eine reaktive Waffe sehen, mit deren Hilfe sie ihre durch die Kolonialherrschaft verursachten kollektiven Minderwertigkeitskomplexe zu kompensieren und zu überwinden suchen. Einen weiteren Grund für die Rezeption sieht Behrendt in dem durch den Abbau traditioneller sozialer Primärgebilde bedingten Identitätsverlust der Kolonisierten: der Nationalismus könne eine Ersatzidentität bieten. Der von ihm angestrebte Nationalstaat werde von den »Randvölkern« als »universales Organ« für eine sozio-ökonomische Entwicklungspolitik verstanden⁶⁰.

Der Nationalismus in Kolonialländern ist für Behrendt nichts anderes als eine Rezeption der westlichen Nationsidee, »die im Grunde einem Protest gegen die Abhängigkeit der dynamischen Randvölker von den dynamischen Kernvölkern in ihrem Verlangen nach Entwicklung« entstammt⁶¹. Auf die Bedingungen des Abhängigkeitsverhältnisses geht Behrendt nicht ein. Die aufgestellte These erhärtet sich für ihn durch den Tatbestand, daß die Nationalisten der Kolonialländern in der Regel westlich gebildet sind, wenngleich sie ihren Nationalismus nicht als Akkulturationsprodukt begreifen würden. Hier äußere sich »ein Selbstwiderspruch zwischen Nachahmung und Selbstbehaup-

tung, Akkulturation und Nationalismus«[62]. Am deutlichsten manife-
stiere sich dieser Widerspruch in den Disharmonien, die sich in dem
durch Akkulturation exogen ausgelösten Kulturwandel zeigten[63]. Beiprodukt des disharmonischen Kulturwandels sei die Entfremdung der
Kolonialintellektuellen: Sie sind, wie Behrendt feststellt, Nationalisten und zugleich die stärksten Gegner alles Autochthonen. »Die Na-
tionalbewußten und die Nationalisten in Entwicklungsländern sind
nicht die Träger des eigenständigen kulturellen Erbes, sondern im Gegenteil die von den entlehnten westlichen Ideen am stärksten Beeinflußten. Die im Namen und im ... Interesse der ›Nation‹ sprechenden
und handelnden Eliten ... sind vielleicht die stärksten Träger der ›Ver-
fremdung‹, also der Okzidentalisierung, und die entschiedensten
Kämpfer gegen spezifisch einheimische Gesellschaftsstrukturen.«[64]
Nach Behrendts Bestimmung des Nationalismus in Ländern der
»Dritten Welt« als Produkt einer imitativen Adaptation an die westliche Kultur entspricht er den Merkmalen dieses Akkulturations-
modells: Die Rezeption bleibt äußerlich, und Autochthones wird
nicht aufgehoben; es kommt also nicht zu einer bewußten Synthese.
»Die nationale Idee wird ... von den neuen Eliten okuliert auf autochthone Traditionen gänzlich anderer Art, im Bestreben, von diesen
›eigene‹ nationale Mythen zu erhalten.«[65] Akkulturation werde nicht
als solche reflektiert, sondern sei »als eine Rückbesinnung und Renaissance alter, jedoch verschütteter Werte und Leistungen des eigenen
Volkes zu sehen«[66].
Zunächst spricht Behrendt dem Nationalismus in unterentwickelten
Ländern noch eine Berechtigung zu. Er erkennt, daß auf der Basis traditioneller sozialer Bindungen wie Sippen, Stämme, lokale Kasten
oder Stände eine Mobilisierung zur Überwindung der Unterentwik-
keltheit nicht möglich ist. Die traditionellen sozialen Verbindlich-
keitsformen »erzeugen keine emotional getragenen neuen Sozialge-
bilde. Die einzige großräumige Bewegung, die auf eine massenhafte
gefühlsmäßige Mobilisierung und auf Integration in relativ großräumigen Sozialgebilden gerichtet ist, ist das Nationalbewußtsein und
der Nationalismus.«[67] Politisch gesehen ist der vom Nationalismus in
Kolonialländern angestrebte Nationalstaat Behrendt zufolge eine
Emanzipationsform, denn bei der Emanzipation der Kolonialvölker
handele es sich nicht um eine »vertikale Protestbewegung von Schichten«, sondern um eine »horizontale Emanzipationsbewegung« auf
dem Boden der internationalen Beziehungen, da die Herrschenden in
diesen Gebieten keine autochthonen Kräfte seien[68]. Bei der Emanzipation könne der Nationalstaat als »konzeptuelle und geographische

Einheit« und zugleich als Planer und Träger der Entwicklungspolitik fungieren[69]. Die nationale Integrationsform, die Behrendt zunächst als Impuls einer Entwicklungspolitik befürwortet, stellt sich ihm als Paradoxon dar. Einerseits habe sie nicht nur die berechtigte, sondern notwendige Funktion einer »Erzieherin zum Leben in relativ groß-räumigen Beziehungskreisen und Institutionen«, die sie entwicklungskonform mache; andererseits wirkten die durch die nationale Integrationsform geschaffenen Grenzen der Nationalstaatlichkeit entwicklungsbeschränkend[70]. Auf die entwicklungshemmende Funktion der nationalstaatlichen Organisationsform in den Kolonialgebieten legt Behrendt besonderen Akzent. Ihm scheint der Nationalstaat eine den kolonialen Gebieten fremde Organisationsform zu sein, zumal sie dort keine geschichtliche Grundlage habe. »Bei der Übernahme eines auf fremden Boden gewachsenen Begriffes wie desjenigen der Nation, der . . . keine ihm entsprechenden realen Verhältnisse findet, kann sich grundsätzlich jeder größere Stamm und jede Sprachgruppe zur ›Nation‹ erklären . . . Deshalb trägt die Anwendung der nationalen Idee als gesellschaftliches Integrationsprinzip in die meisten Entwicklungsländer ein potentiell geradezu anarchistisches Element.«[71] Darüber hinaus registriert Behrendt die grundsätzliche Überholtheit der nationalstaatlichen Ordnungsform im gegenwärtigen Stadium der menschheitsweiten Entwicklung«[72].

Schließlich gelangt Behrendt dahin, den Nationalstaat als Übergangsorganisationsform und Emanzipationsstufe der Kolonialvölker abzulehnen. Er rechtfertigt diese Position nicht zuletzt mit dem Hinweis darauf, daß der Nationalstaat in der »Dritten Welt« seine eigentliche Funktion nicht erfülle. Der von ihm begünstigte Nationalismus biete sich an »als immer bereites Mittel zur Ablenkung der Massen von ungelösten Problemen und den Versäumnissen und Fehlschlägen der eigenen Regierung«[73]. Auch nehme in den Ländern der »Dritten Welt« der Nationalismus immer mehr die Gestalt eines »Nativismus« an, der zur Verherrlichung der eigenen Traditionen und Charakteristiken in chauvinistischer Weise neige[74]. Der aus dem Nationalismus erwachsene Chauvinismus ist Behrendt zufolge nicht einmal mehr eine primitive Form des Antikolonialismus, denn er richte sich nicht nur gegen die Kolonialherren, sondern selbst auch gegen die nachbarlichen Kolonialvölker[75].

Es ist evident, daß Behrendt Analyse dort abbricht, wo eine Erklärung dafür anzusetzen hätte, warum der Nationalstaat in sozio-ökonomisch schwach entwickelten Ländern in der Tat scheiterte. Ist der Nationalstaat einmal begriffen als die gegenwärtig allgemein gebotene historische Alternative für die unterentwickelten Länder, in deren Rahmen alle nationalen Kräfte für die Entwicklung auf eine allseitige Emanzipation hin mobilisiert werden können, der gleichwohl nur eine Übergangsstufe sein kann, dann ist er zu konfrontieren mit seinen je real-historischen Erscheinungsformen in der »Dritten Welt«: jene sind kritisch an ihrem Begriff zu messen. Behrendt stellt zwar in seiner Analyse eine Diskrepanz zwischen Anspruch und Realität des Nationalstaates in der »Dritten Welt« fest; indem er jedoch den konkret-historischen Bedingungen für das Auseinanderklaffen von Sein und Sollen nicht nachgeht, benimmt er sich der Möglichkeit, eine praktische Strategie zur Überwindung der Fehlentwicklungen und der fortdauernden Unterentwickeltheit zu erarbeiten und redet schließlich einem nationalen Nihilismus das Wort. Die Akkulturationstheorie, die die Entstehung des Nationalstaates in der »Dritten Welt« verkürzt als Ergebnis der Adaption einer fremden Idee an einheimische Verhältnisse versteht, verzichtet in ihrer Einseitigkeit vorab auf die Ermittlung der je gegebenen sozialen Verhältnisse und der daraus resultierenden Klassenstruktur, auf die die Idee des Nationalstaates okuliert wird und die der Okulierung entgegenkommen.

Behrendts Definition des Nationalismus, wie er in der »Dritten Welt« anzutreffen sei, belegt einmal mehr die beschränkte Aussagekraft und politisch-praktische Irrelevanz einer Theorie, die soziale Phänomene in der »Dritten Welt« allein aus Akkulturationsvorgängen erklären will. Zunächst stellt Behrendt fest, daß der Akkulturationsprozeß, in dessen Verlauf die »Randvölker« die nationale Idee von den »Kernvölkern« rezipieren, kein Nationalbewußtsein erzeugt: anstatt »nichtaggressive kollektive, auf die Nation bezogene Solidaritätsgefühle und -beziehungen«[76] zu schaffen, führt der Akkulturationsprozeß zu einem spezifischen Nationalismus, den Behrendt definiert als »aus Zentralitäts- und Differenzaffekt und Ressentiment gespeiste dissoziative kollektive Gefühle und Verhaltensweisen gegenüber Menschen und Sozialgebilden, die als fremd und antagonistisch empfunden werden«[77]. Mit dieser subjektivistischen Bestimmung des Nationalismus der Kolonialvölker erscheint das Problem letztlich als ein rein psychologisches, für dessen praktische Lösung Behrendt keinen Hinweis mehr zu geben vermag.

d) *Nationsbildung in den Kolonien als Prozeß einer auf Gewalt basierenden Dekolonisation (Frantz Fanon)*

Frantz Fanon hat eine für die kolonialrevolutionäre Theorie paradigmatische Analyse des Nationalismusphänomens und der Nationsbildungsprozesse in Ländern der »Dritten Welt« angefertigt. Die Nationsbildung betrachtet er als notwendiges Resultat der Dekolonisation.

Fanons Analyse setzt an der kolonialen Wirklichkeit ein: Feudale und präfeudale Verhältnisse kennzeichnen die Kolonialwelt. Die prävalente Form der sozialen Verbindlichkeit ist die Stammes- und Sippenzugehörigkeit[78]. Als Alternative zur Überwindung dieser sozialen Wirklichkeit nennt Fanon die Nation: Sie vereinigt das Volk und mobilisiert es für den Aufbauprozeß. Ihre Voraussetzung ist die Beseitigung der Kaids, der Häuptlinge, der Medizinmänner und ihrer Institutionen[79]. Das Kolonialsystem jedoch – so betont Fanon – festigt die subnationalen Strukturen; es alliiert sich mit den vor- und antinationalen sozialen Kräften. »Der Kolonialismus ist, seiner Struktur nach, separatistisch und regionalistisch. Er begnügt sich nicht damit, die Existenz von Stämmen festzustellen, er verstärkt ihre Zwietracht, er entzweit sie.«[80] Und er betreibt eine »organisierte Versteinerung des Landlebens ... Beherrscht von Marabuten, Medizinmännern und Häuptlingen, leben die ländlichen Massen noch im Feudalismus, wobei die ganze Macht dieser mittelalterlichen Struktur von den kolonialistischen Verwaltungs- und Militärbeamten gestützt wird.«[81] In dieser Politik, die eine Nationsbildung in den Kolonien systematisch verhindert, sieht Fanon eine wesentliche Voraussetzung für den Fortbestand der kolonialen Herrschaft.

Fanon geht davon aus, daß »wahr ist, was die Auflösung des Kolonialregimes vorantreibt, was das Entstehen der Nation begünstigt«[82]. Wahr – das heißt für Fanon: vernünftig. Und als vernünftig begreift er den *gewaltsamen* Kampf der Kolonisierten für ihre Unabhängigkeit, denn nur er habe bisher die Kolonialstrukturen aufheben können und zur Entstehung neuer Nationen geführt[83].

Bereits im Kampf gegen die Kolonialherrschaft realisiert sich nach Fanon jene soziale und politische Mobilisierung der Volkskräfte, die nach dem Sieg des Kolonialvolkes die Nationsbildung ermöglicht. Sie führe »in jedes Bewußtsein den Begriff der gemeinsamen Sache, des nationalen Schicksals, der kollektiven Geschichte ein«[84]. So gehorchten schon die spontanen Bauernaufstände »einer einfachen Lehre: die Nation soll leben«[85]. In der ersten Phase der Emanzipation wird Fanon zufolge die nationale Einheit als Gruppensolidarität im antikolonialistischen Kampf praktiziert[86]. In den gewaltsamen Aktionen sich solidarisierender Individuen bilde sich allmählich ein Nationalbewußtsein heraus. »Jeder läßt durch seine Aktion die Nation existieren und verpflichtet sich, sie an seinem Ort zum Sieg zu führen ... Wenn die Nation überall ist, dann ist sie auch hier.«[87]

Auch Fanon weist darauf hin, daß – anders als in Europa, wo sich die Nationalitäten gleichsam organisch im Schoße des Feudalismus entwickelten – sie sich in den Kolonien im revolutionären Kampf gegen das Kolonialsystem entfalten. Während in Europa die zur Entstehung einer Nationalität notwendige Integration und Kohäsion durch das Aufblühen des Handels und der Industrie gefördert wurden, werden die Integration und Kohäsion der vielfältigen sozialen Gruppen in den Kolonien durch antikoloniale Gegengewalt erreicht, weil »die Gewalt ... totalisierend und national« wirkt[88]. Die auf diese Weise erzwungene Dekolonisation ermöglicht Fanon zufolge eine Nationsbildung ohne Nationsapotheose. Denn solange die Konstituierung zur Nation ein Werk der gewaltsamen Praxis der Massen sei, bleibe das Volk gegen »alle Mystifizierungsversuche, gegen alle Hymnen auf die Nation gewappnet«[89].

Ein wesentliches Moment des Nationalismus, der den Prozeß der Nationsbildung in den Kolonialländern begleitet, besteht nach Fanon darin, daß seine Träger: die Kolonialintellektuellen, sich auf eine autochthone, vorkoloniale Kultur besinnen: Ihr Nationalismus bedeutet Kulturpflege. Der Rückgriff auf eine eigene – vorkoloniale – Kultur verlangt eine besondere Erklärung, denn die nationalistisch orientierten Kolonialintellektuellen haben in der Regel eine westliche Bildung erfahren und sind daher diejenigen einheimischen Kräfte, die am weitestgehenden unter dem Einfluß der westlichen Kultur stehen. Ihr Nationalismus ist für Fanon »durch das Bestreben der kolonisierten Intellektuellen legitimiert ..., gegenüber der westlichen Kultur, in der sie zu versinken drohen, Abstand zu gewinnen. Weil sie sich bewußt werden, daß sie im Begriff sind, sich zu verlieren, machen sich diese Menschen verbissen und besessen daran, wieder Kontakt zu finden zur ältesten, extrem vorkolonialen Quelle ihres Volkes.«[90] Das »mühsame und schmerzliche Sichlosreißen« von der europäischen Kultur bedeutet für diese Kolonialintellektuellen einen Identitätsverlust, den sie durch den Rückgriff auf die autochthone, vorkoloniale Kultur zu kompensieren versuchen. Ohne diesen Rekurs, der eine neue Identität zu vermitteln verspricht, käme es »zu schwerwiegenden psychoaffektiven Verstümmelungen. Menschen ohne Ufer, ohne Grenzen, ohne Farbe, Heimatlose, Nicht-Verwurzel-te, Engel.«[91]

Seine Bestimmung des Nationalismus der Kolonialintellektuellen als »affektive, wenn nicht logische Antithese zur Beleidigung der Menschheit durch den weißen Mann«[92] begründet Fanon damit, »daß der Kolonialismus sich nicht damit begnügt, der Gegenwart und der Zukunft des beherrschten Landes sein Gesetz aufzuzwingen. Er gibt sich nicht damit zufrieden, das Volk in Ketten zu legen, jede Form und jeden Inhalt aus dem Gehirn des Kolonisierten zu vertreiben. Er kehrt die Logik gleichsam um und richtet sein Interesse auch auf die Vergangenheit des unterdrückten Volkes, um sie zu verzerren, zu ent-stellen und auszulöschen.«[93] Die positive Funktion, die der Nationa-lismus der Kolonialintellektuellen hat, indem er seinen Trägern ein psychoaffektives Gleichgewicht vermittelt, kann nach Fanon über den ideologischen Charakter ihres Nationalismus nicht hinwegtäuschen: Der Anspruch des Nationalismus, das Kolonialvolk vor dem Kolonial-system zu rehabilitieren, indem er die eigene, vorkoloniale Kultur ge-gen die europäische hervorhebt, muß uneingelöst bleiben; die Rehabi-litierung erfolgt nur scheinbar, denn »man wird den Kolonialismus niemals beschämen, indem man verkannte kulturelle Schätze vor ihm ausbreitet. Der kolonisierte Intellektuelle macht sich nicht bewußt, daß er genau in dem Moment, da er sich bemüht, eine Kultur zu schaf-fen, Techniken und eine Sprache benutzt, die dem Okkupanten entliehen sind. Er begnügt sich damit, diese Instrumente mit einem Sie-gel zu versehen, das national sein soll, jedoch merkwürdig an Exotis-mus erinnert.«[94] Daß der Nationalismus der Kolonialintellektuellen ein ohnmächtiger Protest ist, der von sich aus nicht zur Aufhebung der kolonialen Herrschaft treibt, zeigt sich Fanon zufolge krass an der na-tionalistischen Kunst der Kolonialintellektuellen. »Der Künstler, die nationale Wahrheit zu beschreiben trachtet, wendet sich parado-xerweise der Vergangenheit, dem Unaktuellen zu.«[95] Sein Nationalis-mus ist nachgerade anachronistisch.

Fanons Analyse vergegenwärtigt, daß der Nationalismus der Kolonial-intellektuellen keine Handlungsanweisung für eine die koloniale Si-tuation verändernde politische Praxis geben kann. Seine Substanz: der Rekurs auf die vorkoloniale, autochthone Kultur, »gehorcht dem Gesetz der Trägheit. Es kommt zu keiner Offensive, zu keiner Neube-stimmung der Verhältnisse. Es kommt nur zu einer krampfhaften An-klammerung an einen Kern, der immer dürftiger, immer träger, im-mer leerer wird.«[96] Dagegen sieht Fanon die stärkste Äußerung einer Kultur im bewußten und organisierten Kampf der Kolonisierten um nationale Souveränität[97]. In den Kolonialländern gehe es primär darum, die Nation vor dem Kolonialsystem zu behaupten und das autochthone Moment in der eigenen Geschichte wiederherzustellen: Unter der Kolonialherrschaft arbeitet der Kolonisierte an einer fremden Geschichte. Die materiellen Werte, die er durch seine Arbeit schafft, dienen nicht dem Aufbau seines Landes, sondern dem eines fremden. Indem der Kolonisierte sich für die Konstituierung seiner Gattung als Nation entscheidet, beschließt er, »der Geschichte der Kolonisation, der Geschichte der Ausplünderung ein Ende zu setzen, um die Geschichte seines Landes, die Geschichte der Dekolonisation beginnen zu lassen.«[98]

Nach Wiederherstellung der eigenen Geschichte, nach Erlangung der Unabhängigkeit büßt der undifferenzierte Nationalismus, den die Kolonialintellektuellen ins Volk getragen haben, zusehends an Einfluß ein. Die im antikolonialistischen Kampf vorherrschende soziale Scheinharmonie weicht einer Vielfalt von antagonistischen Realitäten. »Man stellt nicht mehr jedem Neger oder jedem Moslem ein Echtheitszeugnis aus.«[99] Klassengegensätze werden transparent. Die autochthone Bourgeoisie, die in den meisten jungen Staaten die Nation zu ihrer Herrschaftslegitimität deklariert, ist zufolge der imperialistischen Weltherrschaft – in Abgrenzung zum frühen europäischen Bürgertum – nicht in der Lage, die historisch gestellten Aufgaben zu bewältigen. Ihre Herrschaft erweist sich als entwicklungshemmend; ihre Politik ist nicht auf die Überwindung der Unterentwickeltheit ausgerichtet. Die im antikolonialistischen Kampf hergestellte nationale Solidarität war vorwiegend politischer Natur; sie beruhte nicht auf einer sozio-ökonomisch bedingten Integration und Kohäsion. Nach Erlangung der Unabhängigkeit und mit dem Wegfall ihrer Basis: des Kolonialsystems, muß diese politische Solidarität zerfallen, wenn sie nicht mit einer faktischen Entwicklungspolitik untermauert wird. Unter der Herrschaft der Nationalbourgeoisie wird »das nationale Bewußtsein..., statt der koordinierten Kristallisation der innersten Bestrebungen des gesamten Volkes, statt des unmittelbaren und handgreiflichsten Produkts der Volksmobilisierung, in jedem Fall nur eine zerbrechliche, grobe Form ohne Inhalt sein. Die Brüche, die man in ihm entdeckt, erklären zur Genüge die Leichtigkeit, mit der man in den jungen unabhängigen Ländern von der Nation wieder zur ethnischen Gemeinschaft, vom Staat wieder zum Stamm übergeht... Die klassische, gleichsam angeborene Schwäche des nationalen Bewußtseins der unterentwickelten Länder ist nicht nur die Folge der Verstümmelung des kolonisierten Menschen durch das Kolonialregime. Sie ist auch das Ergebnis der Trägheit der nationalen Bourgeoisie, ihrer Mittellosigkeit...«[100]

In der postkolonialen Phase – so stellt Fanon fest – wird der Nationalismus, der einst seinem Selbstverständnis nach antikolonialistisch war, zur integrativen Ideologie der nunmehr herrschenden Nationalbourgeoisie. Ihre Integrationspolitik bezweckt nicht die Mobilisierung der sozialen Klassen für einen Aufbauprozeß; vielmehr dient sie der Ablenkung von verfehlten Zielen und nicht realisierten Aufgaben. Fanon registriert in den jungen Staaten das gleiche Phänomen, das Behrendt beobachtet hat: daß sich nämlich hier kein Nationalbewußtsein herausschält, sondern ein ethnozentristischer Nationalismus aufblüht. Anders als Behrendt bringt Fanon die Sache auf ihren Begriff: Er stellt einen Zusammenhang her zwischen dem Versagen des nationalstaatlichen Organisationsprinzips in den unterentwickelten Ländern und der Herrschaft der Nationalbourgeoisie. Aus dem Scheitern des Nationalstaates in der »Dritten Welt« leitet er nicht dessen Unanwendbarkeit als Übergangsstufe schlechthin ab. »Eine Bourgeoisie, die den Massen als einziges Nahrungsmittel den Nationalismus gibt, verfehlt ihre Mission und verstrickt sich notwendig in eine Folge von Mißgeschicken.«[101] Diese Mißgeschicke, die Fanon gründlich analysiert, bringen den Nationalismus in den unterentwickelten Ländern geradezu in einen Gegensatz zur Idee der Nation. Unter Nationalisierung versteht die Nationalbourgeoisie die Übertragung der Privilegien, die die Kolonialherren ehemals hatten, auf sich selbst[102]. Sie konfisziert die Plantagen der Kolonialherren im Namen der ›Nation‹ und erheischt damit ihre Vorherrschaft über das ganze Land[103]. Im Namen des Nationalismus bezieht sie eine antiindustrielle Position. »Große Reden werden über das Handwerk gehalten. Bei der Unmöglichkeit, für das Land und für sich rentablere Fabriken aufzubauen, umgibt die Bourgeoisie das Handwerk mit einer chauvinistischen Zärtlichkeit...«[104]

Die Apotheose der vorkolonialen Kultur, die im Kampf gegen die direkte Kolonialherrschaft noch einen, wenn auch geringen, Beitrag zur Emanzipation leisten konnte, wird nun zum Inbegriff des irrationalen Antiindustrialismus. Die »Négritude«-Konzeption Senghors, die eine vortechnische Moral predigt, ist nur eine Variante dieser Ideologie[105]. Auch richtet sich der Nationalismus nun nicht mehr allein gegen imperialistische Nationen, sondern gleichermaßen gegen Nachbarvölker, die eine der eigenen verwandte internationale Stellung und ähnliche Probleme haben. Der Nationalismus, ehemals ein Antikolonialismus mit emanzipatorischer Absicht, gipfelt nunmehr im Chauvinismus. »Vom Nationalismus sind wir zum Ultra-Nationalismus, zum

Chauvinismus, zum Rassismus übergegangen. Man verlangt die Ausweisung dieser Ausländer, man verbrennt ihre Läden, man demoliert ihre Verkaufsstände, man lyncht sie . . .«[106] Darin, daß die nationalistische Haltung der Nationalbourgeoisie »sich mehr und mehr mit Rassismus« färbt, sieht Fanon eine Rückkehr zu sub- und vornationalen Gesellschaftsstrukturen[107], denn »vom senegalesischen Chauvinismus zur Wolof-Stammestümelei ist der Weg nicht weit«[108]. Unter solchen Gegebenheiten bricht »die nationale Front, die den Kolonialismus vertrieben hatte, . . . auseinander und muß ihre Niederlage schlucken. Dieser unerbittliche Kampf, den sich die ethnischen Gemeinschaften und die Stämme liefern, diese aggressive Bemühung, die durch die Abreise der Fremden frei gewordenen Posten zu besetzen, lassen auch religiöse Streitigkeiten entstehen. Auf dem Land und im Busch gewinnen die kleinen Bruderschaften, die Lokalreligionen, die marabutischen Kulte ihre Vitalität zurück und nehmen den Zyklus der Exkommunikationen wieder auf. In den Großstädten erlebt man bei den Verwaltungskadern die Konfrontation der beiden großen Religionen: Islam und Katholizismus.«[109] Die wiederbelebten pränationalen Strukturen und Normsysteme bilden einen fruchtbaren Boden für semi-faschistische Militärdiktaturen. Fanon zufolge ist der »Schmalspur-Faschismus . . . das dialektische Resultat des halbkolonialen Staates in der Unabhängigkeitsperiode«[110].

Fanons Analyse der Nationsbildungsprozesse und des Nationalismus in Ländern der »Dritten Welt« zeichnet sich gegenüber den von John H. Kautsky und Richard F. Behrendt beigetragenen Untersuchungen dadurch aus, daß sie – aufgrund des eingebrachten Erkenntnisinteresses – versucht, eine andere Strategie zur Nationsbildung in Kolonialländern zu erarbeiten als die bisherige, die zu »Mißgeschicken« geführt hat. Während Kautsky die Fehlentwicklungen nicht genügend problematisiert, nimmt Behrendt sie zum Anlaß eines nationalen Nihilismus. Fanon dagegen vermittelt die für eine auf Emanzipation ausgerichtete Praxis äußerst relevante Erkenntnis, daß in den sozioökonomisch schwach entwickelten Ländern unter der Herrschaft der Nationalbourgeoisie kein Nationalbewußtsein zustande kommen kann, das die Überwindung der Unterentwickeltheit als verbindliches Ziel für alle sozialen Klassen beinhaltet. »Die bürgerliche Führung der unterentwickelten Länder zwängt das Nationalbewußtsein in einen sterilen Formalismus ein. Nur das massenhafte Engagement der Männer und Frauen für bewußt gemachte und fruchtbare Aufgaben gibt diesem Bewußtsein Inhalt und Dichte.«[111]

Fanon, der Marxschen Idee verpflichtet, daß Internationalismus nur unter freien Völkern möglich ist und daß der auf nationalem Nihilismus basierende Kosmopolitismus das Verhältnis von Ausbeutern und Ausgebeuteten auf internationaler Ebene verschleiert[112], beschließt seine Analyse mit einer Polemik gegen »das Pharisäertum gewisser Leute ... Der Anspruch auf Nationalität, hört man öfters sagen, gehört einer Phase an, die die Menschheit schon hinter sich hat. Die Stunde der großen Blöcke hat geschlagen, die Nachzügler des Nationalismus müssen ihre Fehler korrigieren. Wir sind vielmehr der Meinung, daß es ein folgenschwerer Fehler ist, die nationale Etappe überspringen zu wollen.«[113] Hinter dieser Polemik steht die Erkenntnis, daß »das Selbstbewußtsein ... kein Sichabschließen gegenüber der Kommunikation (ist). Die philosophische Überlegung lehrt uns vielmehr, daß es deren Voraussetzung ist. Nur das Nationalbewußtsein, das kein Nationalismus ist, vermag uns eine internationale Dimension zu geben.«[114]

§ 3 ZUM STELLENWERT DES NATIONALISMUS UND DER NATIONSBILDUNG IM EMANZIPATIONSPROZESS DER VÖLKER DER »DRITTEN WELT«

Die sozio-ökonomisch schwach entwickelten Länder der »Dritten Welt« befinden sich, seitdem der Kolonialismus ihre autochthonen Gesellschaftsstrukturen erschütterte, in einem umfassenden, exogen ausgelösten Transformationsprozeß[1]. Der Auflösungsprozeß der einheimischen Sozialstrukturen brachte allerdings keine Überwindung der sozio-ökonomischen Rückständigkeit mit sich. Vielmehr wurden die unterentwickelten Verhältnisse unter der Kolonialherrschaft weitgehend konserviert.

Das Emanzipationsinteresse der Kolonialvölker äußert sich allenthalben in der Entfaltung antikolonialistischer Bewegungen, die sich als Träger des sozialen Wandels[2] in den Kolonialländern vor eine doppelte Aufgabe gestellt sehen: Emanzipation von gewalthabenden Institutionen und zugleich von der Naturgewalt[3]. Denn zur Emanzipation dieser Länder genügt es nicht, die bestehenden gewalthabenden Institutionen des Kolonialsystems, die Einrichtungen der Fremdherrschaft, zu beseitigen und die autochthone Geschichte wiederherzustellen[4], wie es in einer Gesellschaft mit hochentwickelten Produktivkräften der Fall sein kann. Der Abzug der Kolonialtruppen bedeutet noch keine Emanzipation; materielle Not und Elend müssen im Rahmen langwieriger, forcierter Arbeitsprozesse überwunden werden.

Die Diskussion über den Nationalismus und Nationalstaat in den sozio-ökonomisch schwach entwickelten Ländern kann nur dann fruchtbare Ergebnisse hervorbringen, wenn sie diesen historischen Hintergrund berücksichtigt und – anstatt von abstrakten Modellen auszugehen – den konkret-historischen Entfaltungsmöglichkeiten dieser Länder Rechnung trägt. Wir wollen hier in einer skizzenhaften und sehr vorläufigen Weise einige theoretische Überlegungen anstellen, die uns auch als Grundlage unserer Analyse der als Exempel gewählten arabischen Nationalbewegung dienen sollen.

Zunächst rekapitulieren wir kurz die in § 2 erörterten Ansätze: Die marxistische Diskussion über die nationale Frage läßt sich, wie wir sahen, vom Emanzipationsinteresse leiten, wenngleich das Recht der kleinen Völker auf Nationsbildung als Emanzipationsstufe vor Lenin wenig berücksichtigt worden ist, sieht man einmal von Polen und Irland ab. Als zentrale Erkenntnis vermittelt uns diese Diskussion, daß mit der Entfaltung des Kapitalismus nationalstaatliche Tendenzen in den internationalen Beziehungen vorherrschend wurden. Demnach ist es eine Verschleierung der Herrschaftsposition starker Nationalstaaten gegenüber schwachen, wenn man einem nationalen Nihilismus das Wort redet. Denn die Subjekte, die auf einer universalen Ebene in Beziehung treten, sind Nationalstaaten, deren Verhältnis zueinander aufgrund ihrer ökonomischen Verflechtung ebenso auf Herrschaft beruht wie das Klassenverhältnis in einer nationalen Gesellschaft. Die Emanzipation der unterdrückten Völker ist daher – auch wenn sie schon nationalstaatlich organisiert sind – primär eine nationale Emanzipation[5].

Die Modernisierungstheoretiker gehen das Problem anders an. Sie interessiert es festzustellen, welche Funktion den Nationalisten in den Transformationsprozessen kolonialer und halbkolonialer Länder zukommt; sie konzentrieren sich also auf subjektive Faktoren des sozialen Wandels in der »Dritten Welt«. Dabei gelangen sie zu dem Ergebnis, daß die Nationalisten in der Regel westlich gebildete Intellektuelle sind; als sozial freischwebende Elite seien sie und nicht etwa eine bestimmte soziale Klasse die Träger des sozialen Wandels.

Auch die Akkulturationstheoretiker beschränken ihre Analysen auf die subjektiven Faktoren des Transformationsprozesses. Die von uns ausgewählte akkulturationstheoretische Variante von R. F. Behrendt belegt exemplarisch die Unzulänglichkeit dieses Ansatzes, der dahin geht, Wandlungen in sozio-ökonomisch schwach entwickelten Ländern generell auf westliche Einflüsse zurückzuführen und Mißerfolge in der Entwicklung dieser Länder einfach damit zu erklären, daß die erfolgten Innovationen durch Diffusion europäischer Kulturelemente zustande gekommen seien, die, da ihnen in dem jeweiligen unterentwickelten Land eine geschichtliche Infrastruktur fehle, notwendig scheitern müsse.

Frantz Fanon hat seine Interpretation des Nationalismusphänomens und der Nationsbildung in Ländern der »Dritten Welt« zwar allzu vehement formuliert (worüber er sich im klaren war[6]); gleichwohl erfaßt sie den Kern des Problems. Auf der einen Seite klärt Fanon, welch hoher Stellenwert der nationalen Frage im Emanzipationsprozeß der Kolonialvölker zukommt; er verdeutlicht, daß die Nationsbildung hier kein evolutionärer, sondern ein forcierter Prozeß ist, der durch die Herstellung eines Nationalbewußtseins als Homogenisierungsfaktor in der politischen Praxis vorangetrieben wird. Und auf der anderen Seite zeigt Fanon im einzelnen die »Mißgeschicke des Nationalbewußtseins« auf und stellt die Gefahren des chauvinistisch gewendeten Nationalismus für die Emanzipation der kolonialen und halbkolonialen Völker eindringlich dar.

Bei der Analyse des von uns gestellten Problems ist zunächst streng zwischen Nation (oder besser: Nationalstaat) als gesamt-gesellschaftlichen institutionellen Rahmen und Nation als politischer Legitimität der je herrschenden politischen Führung nach innen und außen hin zu differenzieren[7]. Auch müssen zwei Stadien des Nationalismus unterschieden werden: zunächst manifestiert sich im Nationalismus eine Defensivkultur: er ist ein kultureller Verteidigungsmechanismus[8]; sodann ist er Ausdruck des Strebens nach Nationalstaatlichkeit: er ist politisch geworden.

Die hier verwendeten Kategorien sind der europäisch-kapitalistischen Entwicklung entnommen; sie bezeichnen reale historische Prozesse, die in Europa stattfanden. Es trifft daher zu, wenn Mühlmann – ähnlich wie Behrendt – unterstreicht: »Als Ideologie konnte der Nationalismus ... ein ›Exportartikel‹ Europas nach Asien und Afrika sein und konnte dort Superstrukturen bilden über Bevölkerungen, von deren nationaler Integration überhaupt keine Rede sein kann.«[9] Auch ist diese Ideologie von den verwestlichten »Ober- und Mittelschichten« »eingeführt« worden[10]. Es erscheint aber sehr bedenklich, wenn Mühlmann von vornherein und ohne haltbare empirische Untermauerung darauf insistiert, daß es diesen Nationalismus in den Kolonialländern nur »als reine ideologische Superstruktur geben kann, ohne das realsoziologische Substrat der sinnadäquat hinzugehörigen ›Nation‹«[11]. Denn, so argumentiert Mühlmann, der Nationalismus könne zwar eingeführt werden, nicht aber die »nichtgeschehene Geschichte«[12]. Andernorts räumt Mühlmann ein, daß der »ideologische Nationalismus« der verwestlichten Intellektuellen eine Infrastruktur gewinnen könne, nämlich durch eine Synthese mit dem »Nativismus«. »Die Nativismen bilden gleichsam die konstante und volkstümliche Basis in den Nationalismen.«[13] »Nativistisch« nennt Mühlmann »kollektive Bewegungen bei kolonial beherrschten Gesellschaften«: »Nativismus« sei der Selbstausdruck der »Eingeborenen«[14]. Die romantischen Versuche der Wiederherstellung vorkolonialer Strukturen bezeichnet Mühlmann nicht als nationalistisch, sondern als nativistisch; er vermeint, ihren Charakter wie folgt erklären zu können: »Es liegt einmal daran, daß der Eingeborene in mythischen Kategorien denkt, so daß seine geistige Produktion gern die Gestalt einer neuen Manifestation der schöpferischen »Urzeit« annimmt, mit der Wiederkehr von Heilbringern und Ahnen. So wird das Konzept einer glücklicheren Zukunft identisch mit der »Urzeit«, Urstand und Endstand fallen zusammen...«[15] Den Emanzipationswillen der Kolonisierten, ihr Streben nach Gleichberechtigung denunziert Mühlmann als »Cargo Komplex« der »Schlechtweggekommenen, die einfach meinen, durch eine ›Redistribution‹... würden auch sie endlich zu dem kommen, was ihnen eigentlich zusteht«[16]. Solche Interpretationen vermögen – entgegen ihrem Anspruch – über Prozesse der Nationsbildung nichts auszusagen. Sie übergehen die in kolonialen und halbkolonialen Ländern herrschenden sozialen Verhältnisse vollends und operieren mit höchst ideologischen Kategorien wie »Nativismus« und ähnlichen vorurteilsbeladenen Begriffen, die selbst erst kritisch angegangen werden müssen.

Behrendt und Mühlmann übersehen, daß es sich bei den Prozessen der Nationsbildung in der »Dritten Welt« keineswegs um die Diffusion einer westlichen Institution oder um ein imitatives und daher erfolgloses Nachholen einer »nichtgeschehenen Geschichte« handelt, sondern jeweils um einen Prozeß, der unter konkret-historischen Voraussetzungen abläuft, der sowohl durch interne objektive und subjektive Faktoren als auch durch die nationalstaatliche Strukturierung des internationalen Systems bedingt ist[17]. Behrendts Kritik am Nationalstaat in der »Dritten Welt« schlechthin[18] ist berechtigt nur als Kritik an der historischen Qualität der dort gegebenen Nationalstaaten. Sie verfehlt ihren Gegenstand, indem sie das »Versagen« des Nationalstaates in sozio-ökonomisch schwach entwickelten Ländern zur Konstante verabsolutiert und es schlicht auf das Fehlen einer geschichtlichen Infrastruktur in diesen Regionen reduziert[19]. Beide, Behrendt und Mühlmann, orientieren sich am Modell der Nationsbildung, wie sie es aus der europäischen Geschichte gewonnen haben. Dieses Modell scheint ihnen universal gültig zu sein, so daß sie sich von vornherein gegen die Erkenntnis verschiedener, je historisch bedingter Typen der Nationsbildung sperren[20]. C. J. Friedrich hat mit Recht darauf hingewiesen, daß das europäische Modell der Nationsbildung für unterentwickelte Länder keine Relevanz beanspruchen kann, zumal hier die Nationsbildung als Herstellung einer Gruppenkohäsion und -loyalität zu verstehen ist[21]. In den sich emanzipierenden kolonialen und halbkolonialen Ländern geht es nicht um die Überwindung von Herrschaft schlechthin, zumal es sich um in jeder Beziehung unterentwickelte Gebiete handelt, sondern zunächst um die Errichtung einer Herrschaft, deren Bestimmung es ist, alle nationalen Kräfte für die Überwindung der Unterentwickeltheit zu mobilisieren. Allein aus dieser inhaltlichen Bestimmung kann sie sich rational legitimieren. Die Nation als politische Herrschaftslegitimität nach innen und außen und der Nationalstaat als institutioneller Rahmen, als Organisationsform für die Entwicklungspolitik, erscheinen gegenwärtig als die einzige historisch gebotene Alternative, um die Probleme der kolonialen und halbkolonialen Länder im Sinne ihrer Emanzipation zu lösen[22]. Dabei versteht es sich, daß diese Alternative eine Übergangslösung ist. Es kommt darauf an, die Qualität dieser Alternative jeweils konkret zu bestimmen; die Diskussion indes, ob der Nationalstaat überhaupt ein geeigneter organisatorischer Rahmen für sozioökonomisch schwach entwickelte Länder ist, geht von einer unhistorischen Fragestellung aus und ist praktisch irrelevant.

Auch C. B. Macpherson hält die Nationsbildung für eine unentbehrliche Komponente der Entwicklungspolitik. Er weist auf die Notwendigkeit hin, »eine umfassende Loyalität gegenüber der Nation statt gegenüber dem Stamm, gegenüber der ethnischen Gemeinschaft oder der lokalen Gemeinde zu schaffen. Ein Volk ohne politisches und nationales Bewußtsein muß zu politischem und nationalem Bewußtsein gebracht werden.«[23] In diesem Kontext unterstreicht Macpherson die Bedeutung von Rousseaus volonté générale für die Kolonialvölker in ihren Bemühungen, eine für die Industrialisierungspolitik notwendige, zugleich aber auch von dieser bedingten Kohäsion zu erlangen. Er meint sogar, das Echo Rousseaus in den theoretischen Erklärungen der Führer unterentwickelter Länder widertönen zu hören[24].

Die Grenzen der politisch souverän gewordenen Kolonialhändler bezeichnen zwar einen Nationalstaat, nicht aber markieren sie eine Nationalität[25]. Diese Inhomogenität erschwert die zur Bewältigung der Natur erforderlichen sozialen Mobilisierungsprozesse. Wird jedoch zugleich mit der Deklarierung der Nation als Herrschaftslegitimität eine faktische Entwicklungspolitik eingeleitet, so eröffnet sich die Möglichkeit, pränationale Formen sozialer Verbindlichkeit zu überwinden und somit einen Kohäsionsgrad zu erreichen, der Mobilisierungsprozesse auszulösen vermag. Die Nationsbildung ist daher in den Kolonialländern nicht identisch mit der Erlangung der politischen Souveränität, der Staatsbildung; sie kommt erst zustande, wenn tribale, ethnische, linguistische und kulturelle Verschiedenheiten in einer nationalen Struktur aufgehoben sind. Die Nationsbildung beruht hier also nicht wie in Europa auf einer geschichtlichen Grundlage, die sich gleichsam organisch entfaltet hat, sondern sie ist gebunden an eine integrative Politik, die sich an einer Entwicklungsstrategie orientiert. Diese besonders komplexe historische Situation erfordert eine besondere theoretische, auf empirischer Forschung basierende Anstrengung, um zu einem Bezugsrahmen zu gelangen, mit dessen Hilfe Probleme der Nationsbildung in sozio-ökonomisch schwach entwickelten Ländern angemessen begriffen werden können. Es ist schon gesagt worden, daß die These, der Nationalstaat müsse in außerokzidentalen Gesellschaften von Mißerfolg gekrönt sein, da er durch Diffusion zustande gekommen sei und ihm eine historische Infrastruktur fehle, spekulativ und nicht weiterführend ist. Der Erfolg oder Mißerfolg des Nationsbildungsprozesses in diesen Gesellschaften hängt primär von der Qualität der Herrschaft ab, in deren Rahmen die Nationsbildung erfolgt.

Karl W. Deutsch hat in einer Studie über Nationsbildung ein Modell entwickelt, an Hand dessen konkret gesagt werden kann, welche Faktoren ausschlaggebend für eine erfolgreiche Nationsbildung sind[26]. Nach diesem Modell sind zwei Prozesse zu untersuchen: der der sozialen Mobilisierung und der der nationalen Standardisierung, die beide entscheidend für die Nationsbildung sind. Inwiefern eine inhomogene Bevölkerung durch eine integrative Politik zu einem homogenen Gebilde im Prozeß der Nationsbildung sich zu entwickeln vermag, kann durch Ermittlung zweier Raten festgestellt werden: der Assimilationsrate und der Mobilisierungsrate. Der Erfolg dieses Prozesses hängt ab von der Qualität der »nationbuilders«, i. e. die Träger des sozialen Wandels, die auch die politische Herrschaft innehaben[27]. Deutsch hält die Prozesse der Nationsbildung in schwach entwickelten Ländern für notwendig und lehnt den nationalen Nihilismus ab, weil dieser die Struktur des internationalen Systems verkenne und sich vom Wunschdenken leiten lasse: »... erst wenn die Ungleichheit und Unsicherheit weniger krass geworden sind, *erst wenn die ungeheure Armut Asiens und Afrikas durch eine Industrialisierung, durch eine Anhebung des Lebenstandards und durch Erfolge im Erziehungswesen reduziert worden ist – erst dann steht das Zeitalter des Nationalismus und der nationalen Mannigfaltigkeit am Beginn seines Endes.*«[28] Deutsch fügt hinzu, daß »sogar die Entfaltung eines Nationalbewußtseins unter gewissen Umständen zu diesem Ende beitragen kann«[29], wenngleich er eine kritische Position gegenüber dem Nationalismus bezieht und seine Gefahren für die Emanzipation der Kolonialvölker aufzeigt[30]. Diese Gefahren sind dem antikolonialistischen Nationalismus immanent, weil er ausschließlich eine nationale Perspektive hat, mit der nach dem Abzug der Kolonialtruppen die nun anstehenden weiterreichenden Probleme nicht mehr zu erfassen sind. Der einst progressive Nationalismus wandelt sich in der postkolonialen Phase zur herrschaftstabilisierenden Ideologie jener sozialen Elemente, die den Unabhängigkeitskampf elitär geführt haben und die nun die vakante, privilegierte Stellung des Kolonialherren für sich beanspruchen[31].

Die Nation als Herrschaftslegitimität und der Nationalstaat als Organisationsprinzip enthüllen sich, sobald sie Selbstzweck geworden sind, als Farce. Sinnvoll sind sie nur als Mittel einer Entwicklungspolitik in einem Übergangsstadium. Mit dieser Erkenntnis stellt sich die Frage nach dem Subjekt der Praxis: dem Träger der politischen Herrschaft. Die autochthone, aus der kolonialen Wirtschaft hervorgegangene Bourgeoisie in den unterentwickelten Ländern ist, wie Fanons Untersuchung belegt, aufgrund der herrschenden internationalen Konstellationen unfähig, die historisch gestellten Aufgaben einer bürgerlich-demokratischen Revolution zu realisieren. Bereits Rosa Luxemburg stellte in ihrer Kontroverse mit Lenin am Beispiel Indiens die Prognose, daß die nach der Dekolonisation zur Herrschaft gelangte Nationalbourgeoisie die Ausbeuterrolle der Kolonialherren übernehmen würde[32]. Und Fanon hat gezeigt, daß die Nation als Herrschaftslegitimität der autochthonen Bourgeoisie der Wiedergeburt des Tribalismus unter nationalistischem Schleier gleichkommt – womit die Nation faktisch auf einen Stamm reduziert wird[33] –, weil die nur durch Industrialisierung zu erreichende Integrierung der Stämme zur Herstellung einer Gruppenkohäsion ausbleibt. Insofern die koloniale Bourgeoisie als politischer Machtträger im Dienste der Überwindung rückständiger Gesellschaftsformationen nicht qualifiziert ist, kann

eine mechanische Übertragung des liberal-demokratischen Herr-
schaftsmodells westlichen Musters, die von den in den Kolonialländ-
dern je vorherrschenden Verhältnissen absieht, nur zum Scheitern
verurteilt sein; das hat die historische Erfahrung gelehrt[34]. Als ebenso
inadäquates Herrschaftsmodell für unterentwickelte Länder erweist
sich die Diktatur des Proletariats im Namen der Nation, weil das In-
dustrieproletariat hier in der Regel zahlenmäßig gering ist, wenn es
nicht überhaupt fehlt. Trotzkis These, daß das koloniale Proletariat
zwar numerisch schwach, qualitativ aber führend sein kann, ist aus
der konkreten russischen Situation um 1917 gewonnen und erweist
sich im Hinblick auf die kolonialen Verhältnisse in der »Dritten Welt«
als spekulativ[35].
Als denkbare Herrschaftsform für unterentwickelte Länder, die den
von unserer Analyse gestellten Kriterien genügen könnte, erscheint
die einer avantgardistischen Partei, welche die bewußten progressiven, europäisierten Elemente in sich vereinigt und die von Macpherson genannten Voraussetzungen erfüllt: nämlich innerparteiische Demokratie und das Vorhandensein einer Massenbasis. Die Herrschaft
dieser Partei muß plebejisch verankert sein; die Avantgarde handelt
im Namen der volonté générale. Ein solches Einparteiensystem, dessen ideelle Grundlagen in der politischen Philosophie Rousseaus an-
klingen, kann nach Macpherson beanspruchen, demokratisch zu
sein[36]. Die avantgardistische Partei, die als Träger der Herrschaftslegitimität: Nation fungiert, muß ihre Herrschaft als Übergangslösung begreifen. Unter ihrer Herrschaft muß die Emanzipation
von der äußeren Naturgewalt durch Industrialisierung erfolgen,
auf deren Basis sodann eine Emanzipation von politischer Herrschaft schlechthin möglich ist. Innerparteiische Demokratie und Kon-
trollierbarkeit der Partei von der Basis her beugen einer Verselbstän-
digung der politischen Herrschaft vor und wirken auf die Herstellung
einer plebejischen Öffentlichkeit hin. In der Formulierung von Habermas heißt das, daß die gesellschaftliche Praxis zugleich instrumen-
tales und kommunikatives Handeln umfassen muß[37].
Bonapartistische Herrschaftsregime wie der Nasserismus und ähnliche Militärdiktaturen lassen sich mit dem oben entwickelten Modell
nicht vereinbaren. Weder sind sie avantgardistisch noch haben sie eine
demokratische Massenbasis. Fanon vermittelt mit seiner Kategorie des
»Schmalspur-Faschismus« einen brauchbaren Ansatz zum Verständnis dieser Systeme[38]. Der von dem – über einen Coup d'état etablier-
ten – Schmalspur-Faschismus geschürte »bonapartistische Nationalismus«[39] ist in der Regel die institutionalisierte Variante des ehemals

antikolonialistischen Nationalismus in einem politisch unabhängigen halbkolonialen Staat.

War der Nationalismus in Europa der ideologische Ausdruck sich vollziehender sozialer Prozesse der Nationsbildung, so ist er in den sozio-ökonomisch schwach entwickelten Ländern der »Dritten Welt«, wo er einen akkulturativen Charakter hat, die ideelle Antizipation noch zu vollziehender sozialer Umwälzungen[40]. Der Nationalismus entfaltet sich hier, noch ehe eine Nationsbildung stattgefunden hat, noch bevor es einen formal-juristischen Ausdruck der artikulierten Nationalität gibt. In unserer Analyse behandeln wir daher das Nationalismusphänomen getrennt von der Frage des Nationalstaates und der Nationsbildung. Auch ist bei der Untersuchung der Bedingungen für die Entstehung von Nationalbewegungen in Kolonialgebieten die wichtige Unterscheidung zu treffen zwischen jenen Regionen, die eine homogene Bevölkerung umfassen, und solchen, in denen ethnisch und kulturell inhomogene Gruppen nebeneinander leben. Während in den Ländern, die von einer homogenen Bevölkerung bewohnt werden, die im Schoß der Kolonialherrschaft entstehende antikolonialistische Nationalbewegung auf die vorkoloniale Kultur zurückgreifen kann, um darin eine Identität zu finden, die den Kampf gegen den Kolonialismus erleichtert und legitimiert und die den Kolonisierten einen psychischen Rückhalt bietet, ist dies in Gebieten mit inhomogener Bevölkerung nicht möglich. Hier konstruieren die Nationalbewegungen gemeinhin eine vorkoloniale gemeinsame Kultur, um daraus Identität zu gewinnen. Als Beispiel für den ersten Fall nennen wir den arabischen kulturellen Nationalismus des 19. Jahrhunderts, der die klassische arabische Literatur neubelebte, und für den zweiten Fall verweisen wir auf die Ideologie der Négritude, die die europäische konservative Zivilisationskritik afrikanisierte und dahin gelangte, eine »afrikanische Natur« zu unterstellen. Indes sind die Wesensmerkmale und Entwicklungstendenzen beider Nationalismusvarianten trotz der genannten Differenzen die gleichen. Beidemal handelt es sich um Ideologien von Revitalisationsbewegungen[41], deren Ziel es ist, die »ethnische Würde« wiederherzustellen und die Solidarität nationalistischer Bewegungen bzw. Panbewegungen zu legitimieren[42]. Indem diese Bewegungen den Status quo in Frage stellen, wirken sie objektiv revolutionär[43]. Zunächst haben sie eine ausdrücklich kulturelle Gestalt; erst im Verlauf ihrer Entfaltung stellen sie explizit politische Forderungen, z. B. nach nationaler Souveränität. Diese Nationalbewegungen haben zumeist einen chiliastischen Charakter: sie erblicken in der vorkolonialen Zeit das goldene Zeitalter der Freiheit, wobei zu betonen ist, daß es sich dabei nicht um primitivistische Züge handelt, wie ein weit verbreitetes Vorurteil es will, denn – so zeigt Hobsbawm deutlich – Chiliasmus ist keineswegs ineins zu setzen mit Primitivismus; alle revolutionären Bewegungen weisen stark chiliastische Züge auf[44]. Dazu kommt, daß diese Revitalisationsbewegungen, die dem oberflächlichen Betrachter als Ausdruck eines autochthonen restaurativen Revivalismus erscheinen, in Wirklichkeit keinesfalls von den traditionell gebildeten autochthonen, sondern von den stark europäisierten Intellektuellen getragen werden. Dies gilt gleichermaßen für den arabischen kulturellen Nationalismus[45] und die Négritude-Bewegung[46], die exemplarisch für andere Bewegungen ihrer Art stehen. In beiden Fällen reaktivieren die westlich gebildeten Kolonialintellektuellen autochthone Kulturelemente mit Hilfe des rezipierten europäischen Instrumentariums. Die von ihnen formulierten, in die vorkoloniale Zeit projizierten Utopien haben starke europäisch-bürgerliche Merkmale. Daß diese Utopien sich an der Vergangenheit orientieren, liegt also *nicht* »daran, daß der Eingeborene in mythischen Kategorien denkt, so daß seine geistige Produktion gern die Gestalt einer neuen Manifestation der schöpferischen ›Urzeit‹ annimmt«[47], wie Mühlmann – darin Kolonialideologen ähnlich – unterstellt. Vielmehr greifen die westlich gebildeten Kolonialintellektuellen, vor deren Augen der Kolonialismus alles Autochthone in Frage stellte, auf ihre vorkoloniale Geschichte zurück, weil sie nach ihrer Europäisierung weder vom Kolonialsystem als »volle Menschen« noch von den traditionellen Kräften ihres Volkes als Dazugehörige akzeptiert werden; sie sind identitätslos geworden. Die rückwärts gewandten Utopien als Momente des kulturellen Nationalismus dieser Intellektuellen sind der Versuch, die kulturelle Entfremdung zu überwinden und eine neue Identität zu finden[48]. Der revolutionäre Kern dieser kulturellen Versuche der Revitalisationsbewegungen, die in der Dekolonisationsphase auftreten, ist evident: obwohl sie äußerlich traditionell erscheinen, richten diese Bewegungen sich gegen den Status quo und drängen auf »Modernisierung«. Sie opponieren nicht nur gegen die europäischen Kolonialmächte, sondern auch gegen die traditionellen Elemente ihrer Gesellschaften, wobei sie sich einer scheinbar traditionellen Sprache bedienen. So nimmt beispielsweise »der afrikanische Nationalismus eine je nach dem Einzelfall verschieden gelagerte doppelte Abwehrhaltung ein: gegen Europa und gegen das traditionelle Afrika«[49]. Die Politisierung des kulturellen Nationalismus in seinem fortgeschrittenen Stadium bedeutet potentiell seine Etatisierung: Die Großgruppe, der die westlich gebildeten Kolonialintellektuellen entstammen und der sie unter der Kolonialherrschaft national-kulturelle Eigenschaften zuschreiben, wodurch diese Gruppe sich von anderen nationalen Gruppen, vor allem aber von den Trägern der Fremdherrschaft unterscheiden soll, diese Großgruppe beansprucht nunmehr für sich als kulturell autonom ausgegebene Einheit einen eigenen nationalen Rahmen, das heißt einen eigenen Nationalstaat[50].

Diese historischen Prozesse, die mit Nuancen in den Kolonialländern ablaufen, drängen einen Vergleich mit jenen Prozessen auf, in denen sich im Verlauf des späten 19. Jahrhunderts die kleinen Völker Europas, die teils als nationale Minderheiten[51], teils abfällig als »geschichtslose Völkertrümmer« (Engels) bezeichnet wurden, zu emanzipieren begannen. Der Prager Historiker Miroslav Hroch schlägt vor, von diesen »nichtvollberechtigten ethnischen Gruppen« auch als von »in Entstehung begriffenen kleinen modernen Nationen oder ›unterdrückten Völkern‹«[52] zu sprechen. Ihre Emanzipationsversuche waren zunächst auf die kulturelle Ebene beschränkt: Sie begannen, ihre unterdrückte nationale Kultur neuzubeleben, wobei sie ähnlich den Kolonialvölkern unter starken westlichen – bürgerlichen – Einflüssen standen[53]. Erst im Verlauf ihres nationalen Erwachens und begünstigt durch die weltpolitische Entwicklung verwandelte sich ihr kultureller Nationalismus in einen explizit politischen Nationalismus, der mit dem Anspruch auf Nationalstaatlichkeit für die unterdrückten nationalen Minderheiten auftrat[54]. Bei diesem Vergleich ist jedoch die völlig anders strukturierte koloniale Situation nicht zu übersehen[55]. Ähnlichkeiten lassen sich nur ausmachen für die »Mechanismen«, die bei der Emanzipation unterdrückter Völker und ethnischer Gruppen wirksam werden. Der historische Ausgangspunkt des Nationalismus der Kolonialvölker ist indes ein völlig anderer. So progressiv dieser Nationalismus in einer bestimmten Phase als artikulierter Emanzipationswille ist, so retardierend wirkt er zugleich – auch schon unter der Kolonialherrschaft. Fanon hat darauf hingewiesen, daß der Nationalismus der Kolonialintellektuellen reaktiven Charakter hat und keine Alternative kennt außer dem – sozialpsychologisch gesehen wichtigen, ansonsten wenig bedeutenden – Rückgriff auf die vorkoloniale Vergangenheit. Die Ablehnung der kolonialen Wirklichkeit, die dieser Nationalismus predigt, gehorcht, wie Fanon sagt, »dem Gesetz der Trägheit. Es kommt zu keiner Offensive, zu keiner Neubestimmung der Verhältnisse. Es kommt nur zu einer krampfhaften Anklammerung an einen Kern, der immer dürftiger, immer träger, immer leerer wird.«[56]

Konnte der Nationalismus in den Kolonialländern trotz seines schizophrenen Charakters in seiner frühen Phase: während der Dekolonisation, als Antikolonialismus dienen, so beginnt er mit der Erlangung der politischen Souveränität, eine völlig retardierende Rolle zu spielen. Seine antitechnischen und antiindustriellen Züge, die dem entfremdeten Protest gegen den hochtechnisierten Kolonialismus entsprangen, wirken nunmehr entwicklungshemmend. In der Verherrlichung vortechnischer Normsysteme ähnelt er den europäischen völkischen Nationalismen. Ein Vergleich der Sprache antikolonialistischer Nationalisten, die emphatisch auf der Originalität ihres Nationalismus bestehen, mit der Sprache völkischer Nationalisten Europas ergibt eine frappierende Affinität, was im Verlauf unserer Arbeit am arabischen Exempel nachgewiesen wird. Wie der völkische Nationalismus in Europa verherrlicht der Nationalismus der Kolonialintellektuellen die Vergangenheit und verklärt sie metaphysisch; die Zukunftsgesellschaft ist nur als rückwärts gerichtete Utopie denkbar. Verketzerte der völkische Nationalismus in Europa einst die Aufklärung und den Rationalismus als importiert, so lehnen die Nationalisten der Kolonialländer den europäischen Rationalismus und mit ihm die Industrialisierung als fremd ab. So mißtraut der afrikanische Nationalist L. S. Senghor den Modernisierungsprojekten in der Landwirtschaft seines Landes, »weil die Wissenschaft ihr Fundament war und nicht die Gräber der Ahnen, weil die Trompete ihrem Leben den Rhythmus gab und nicht«das traditionelle Tam-Tam«[57]. Nach Senghor ist der Afrikaner von Natur aus ein Bauer, und die Afrikaner »wußten vor allem, daß Wissenschaft und Technik weiß waren, daß die Natur, um die es sich handelte, das Arbeitsfeld der Techniker und nicht der Bauern war«[58]. Technik und Wissenschaft werden nationalistisch als afrikafremd verneint. Das »Sich zu seinem Neger-Sein bekennen« heißt für Senghor, den »westlichen Werten den Rücken kehren: der Technik, der Wissenschaft, der Vernunft«[59]. Die gleiche Attitüde findet sich bei Gandhi[60] und läßt sich auch bei vielen anderen Nationalisten der Kolonialländer zahlreich belegen.

Der Nationalismus der Kolonialintellektuellen ist jedoch nicht immer völkisch, antieuropäisch, wie beschrieben. Eine andere Erscheinung ist der liberale Nationalismus, der europäische, bürgerlich-demokratische Züge trägt, was von den Vertretern dieses Nationalismus auch nicht verleugnet wird. Europa stellen sie als Vorbild hin; dabei differenzieren sie zwischen der europäischen emanzipativen Kultur und dem Kolonialismus. Diese Nationalismus-Variante treffen wir zumeist in der Frühpause der Nationalbewegungen in der »Dritten

Welt« an. Sie findet sich beispielsweise bei der ersten westafrika-
nischen Nationalistengeneration[61], den frühen arabischen Nationalisten[62] und den vietnamesischen Nationalisten[63]. In der Regel scheiterte dieser liberale Nationalismus an mehreren Faktoren; deren
wichtigster scheint uns zu sein, daß ein bürgerlich-liberal orientier-
ter Nationalismus in einer Gesellschaft, die noch vorkapitalistisch
strukturiert ist, seine Zielsetzungen nicht realisieren kann. Auch veranlaßte die Enttäuschung darüber, daß sich in Europa restaurative
Tendenzen durchsetzten, viele dieser liberalen Nationalisten, zum
völkischen, schlechtweg antiwestlichen Nationalismus überzugehen,
der aber ebenso wie der liberale in europäischen Begriffen artikuliert
wird. Indes ist es in vielen Fällen äußerst schwierig, zwischen der liberalen und der völkischen Variante des Nationalismus in der »Dritten
Welt« steril zu trennen; nicht selten fließen beide ineinander.
Der antiindustrielle Charakter des Nationalismus der Kolonialintellektuellen impliziert in der postkolonialen Phase praktisch eine Rückkehr zum Tribalismus, die die Integration ethnisch, linguistisch und
kulturell inhomogener Gruppen verhindert[64]. Behrendts strenge Unterscheidung zwischen Nationalismus und Nationalbewußtsein in unterentwickelten Ländern ist daher berechtigt[65]. Der in chauvinistischer Apologie und Apotheose der angeblichen Eigenart gipfelnde
Nationalismus ist jedoch, wie bereits ausgeführt, nicht erschöpfend erklärt, wenn man ihn – wie Behrendt – als Ausdruck von Zentralitäts-
und Differenzaffekten bestimmt: über seine soziale Funktion ist damit nichts ausgesagt. Der Nationalismus, der in der Dekolonisationsphase eine ausschließlich kulturelle und politische und keine soziale
Perspektive hat, verwandelt sich in der postkolonialen Phase in eine
chauvinistische Ideologie, die insofern gesellschaftlich notwendig ist,
als sie die Herrschaft jener Kräfte verschleiert, die den Unabhängigkeitskampf bereits elitär geführt haben und die nunmehr anstelle des
Kolonialsystems zur politischen Herrschaft gelangt sind. Ihr objekti-
ves Interesse ist nicht die Mobilisierung der Massen für bewußt gemachte Ziele, ist nicht die Schaffung eines Nationalbewußtseins, sondern die Perpetuierung ihrer Herrschaft, wozu sich der Nationalismus
als probates Mittel anbietet: mit Hilfe des populistisch gewendeten
Nationalismus der Kolonialintellektuellen werden die Massen von inneren Konflikten abgelenkt und gegen einen – wie immer fikti-
ven – Außenfeind mobilisiert.
In Anbetracht der vorliegenden Ergebnisse erweisen sich die Interpretationen, die den Nationalismus der Kolonialintellektuellen als »Modernisierungsideologie« und als Element des Fortschritts deuten, als

inadäquat. Zumal in der postkolonialen Phase ist dieser Nationalismus, wie C. Schuhler richtig feststellt, »ein entscheidendes Hindernis
für die sozio-ökonomische Entwicklung, insofern er die gesellschaftlichen Widersprüche, deren Aufheben mit dem Prozeß der Entwicklung
zusammenfällt, stabilisiert oder gar verschärft«[66]. Schuhler postuliert
sodann, daß »diese ›regressiv-irrationale‹ Funktion eines Nationalismus, der nichts weiter ist als die Herrschaftsideologie einer politischen
Machtclique, . . . transformiert werden (muß) in eine ›objektiv progressive Tendenz‹«[67]. Die Ergebnisse unserer Analyse zeigen jedoch, daß
eine solche Entwicklung in den Nationalismen, wie sie in kolonialen
und halbkolonialen Ländern anzutreffen sind, nicht angelegt ist.
Eine wichtige Variante des antikolonialistischen Nationalismus ist die
Pan-Ideologie, die wir bei einer Reihe von Nationalbewegungen in
der »Dritten Welt«, insbesondere in Afrika (Panafrikanismus) und in
dem arabischen Orient (Panarabismus) in deutlicher Ausprägung vorfinden. Zu Pan-Ideologien gingen die Führer regionaler Nationalbewegungen über, als sie erkannten, daß der vom Kolonialismus zu er-
kämpfende Rahmen nationaler Souveränität: der Nationalstaat, nur
als Übergangsorganisation dienen kann. So versteht J. K. Nyerere die
Schaffung eines auf der Ebene des Nationalstaates basierenden Nationalbewußtseins als Vorstufe zur Verwirklichung eines gesamtafrikani-
schen Nationalstaates. Nationalismus begreift Nyerere als gesamt-
afrikanischen, dessen Basis der Panafrikanismus sei[68]. Entsprechend
meint die Überschreitung nationalstaatlicher Grenzen nicht die Überwindung des Nationalstaates schlechthin; vielmehr führt sie zur Errichtung eines großräumigen Nationalstaates. Die antikolonialistischen Panbewegungen, die den europäischen nationalistischen Panbewegungen des 19. und 20. Jahrhunderts stark ähneln, bewirken, daß
die Aufhebung des Nationalstaates in irredentistischen Formen stek-
ken bleibt. In ihnen begegnet uns eine neue, entwickeltere Variante
des antikolonialistischen Nationalismus, die sich auch in der postkolonialen Phase verbreitet: der Irredentismus. Der Panafrikanismus wird
ähnlich wie der Panarabismus von seinen Vertretern als fortgeschrit-
tenes Stadium des Nationalismus aufgefaßt. Der senegalesische Politiker Doudou Thiam unterscheidet zwischen Mikro- und Makronatio-
nalismus, wobei letzterer dem Panafrikanismus entspricht[69]. Dieser
gleicht in seinen Wesensmerkmalen dem Mikronationalismus; er ist
dessen Projektion auf ein größeres geographisches Gebiet, in welchem
die angebliche Eigenart bzw. »Rasse« lebt. Auf der Basis der unterstellten kulturellen oder gar rassischen Gemeinsamkeiten dieses bestimmten Gebietes wird eine politische Einheit angestrebt.

Entstehung und Entwicklung des Nationalismus im arabischen Orient bis zum Zweiten Weltkrieg

§ 4 DER HISTORISCHE HINTERGRUND DES ARABISCHEN NATIONALISMUS

Insofern die archaisch-chiliastischen und die säkularistisch-nationalistischen Varianten der literarischen und politischen Renaissancebewegung, die im frühen 19. Jahrhundert im arabischen, unter osmanischer Vorherrschaft stehenden Orient aufblühte, Ausdruck eines exogen ausgelösten sozialen Wandels[1] sind, kommt dem akkulturationstheoretischen Ansatz bei ihrer Erklärung eine besondere Bedeutung zu. Indes wird dieser Ansatz für eine adäquate Deutung dieser Revitalisationsbewegungen nicht fruchtbar, wenn er eine europazentrische Betrachtungsweise impliziert. So diskreditiert R. F. Behrendt seinen partiell durchaus weiterführenden Ansatz selbst, wenn er schließlich zu der Behauptung gelangt, daß die »Unterentwickelten« qua psychisch Labile all das imitieren, was Europa an Errungenschaften hervorgebracht hat, und dies in einer – aus Behrendts europäischer Sicht – ausgesprochen negativen Weise[2]. Gleichermaßen problematisch sind die etwas differenzierteren Versuche Gustav E. von Grunebaums, der das Verwestlichungsphänomen im islamischen Orient ebenso als einen psychologisch zu fassenden Prozeß deutet bzw. den dortigen »Kulturwandel« im Sinne der psychologisierenden amerikanischen Kulturanthropologie interpretiert[3].

Bei unserem Versuch, die historischen Wurzeln des arabischen Nationalismus bis in das frühe 19. Jahrhundert zurückzuverfolgen, wollen wir den akkulturationstheoretischen Ansatz insoweit berücksichtigen, als der Untersuchungsgegenstand dies erfordert: der arabische Nationalismus und seine Vorläuferbewegungen haben sich wesentlich unter europäischen Einflüssen artikuliert. Dennoch halten wir diesen Ansatz alleine für ungenügend, um zu einer umfassenden Deutung zu gelangen, denn, so argumentiert Walther Braune mit Recht, »zu erklären, daß seine Entstehung (i. e. des arabischen Nationalismus, B. T.) auf europäischen Einfluß zurückzuführen sei, heißt Datteln nach Basra tragen. Selbstverständlich ist der arabische Orient in dieser Frage wie fast in jeder anderen modernen von abendländischem Denken berührt. Aber *Einflüsse werden immer nur wirksam, wenn die Bedingungen zu ihrer Aufnahme und Verarbeitung gegeben sind.*«[4] Wir wollen daher zunächst die Sozialstruktur des Osmanischen Reiches skizzieren sowie den sozialen Wandel aufzeigen, der sich im 19. Jahrhundert unter der Herrschaft Muhammed 'Alis in dem sich vom osmanischen Herrschaftsbereich verselbständigenden Ägypten vollzog. Sodann wollen wir die pränationalistischen Renaissancebewegungen archaischer und modernistischer Observanz untersuchen, um anschließend in § 5 die eigentlichen arabisch-nationalen Bewegungen zu behandeln, die in den europäisch-amerikanischen Missionen und in der Tanzimat-Periode im Rahmen von Innovationsprozessen aus dem osmanischen Offizierscorps entstanden. Erst auf der Grundlage des hier nur angedeuteten Gesamtzusammenhanges der Entwicklung im arabischen Orient wird es möglich sein, den Stellenwert von Sati' Husris Werk als Ausdruck einer neuen Tendenz in der Geschichte der arabischen Nationalbewegung seit dem Ersten Weltkrieg adäquat zu bestimmen.

a) Der arabische Orient unter osmanischer Vorherrschaft:
Zur Sozialstruktur und Herrschaftslegitimität des
Osmanischen Reiches

In der Epoche der Baghdader 'Abbasiden-Dynastie (750-1258), die gemeinhin als kultureller und sozio-ökonomischer Höhepunkt des islamischen Morgenlandes gilt, entfalteten sich frühkapitalistische Produktionsverhältnisse. S. D. Goitein und R. Sellheim haben aus dieser Epoche literarische Dokumente erschlossen, in denen das Bewußtsein einer sich konstituierenden bürgerlichen Klasse, die aufgrund ihrer ökonomischen Stellung mit der Hofbürokratie um soziale Anerkennung konkurrierte, artikuliert wird[5]. Die Entfaltungsmöglichkeiten einer bürgerlichen Gesellschaft im Schoße des 'Abbasidenreiches wurden weitgehend dadurch eingeschränkt, daß Schlüsselpositionen im Staatsapparat mit Söldnern nichtarabischer Herkunft besetzt wurden, womit das militaristische Element im übermächtigen Staatsapparat überwog. Diese Söldner bildeten eine agrarisch und militärisch orientierte Oberschicht, die, wie K. Steinhaus hervorhebt, »zu den ökonomischen, kulturellen und ideologischen Strukturen der auf Handel und Gewerbe beruhenden islamischen Städte Westasiens und Nordafrikas in einem antagonistischen Widerspruch« stand[6]. Und schließlich begünstigten die Mongoleninvasionen, die den Untergang des 'Abbasidenreiches herbeiführten, den Prozeß der Reagrarisierung und Refeudalisierung. »Ansätze zu einer dem Abendland ähnlichen Entwicklung« im Orient hat auch C. H. Becker festgestellt. Allerdings behauptet Becker, daß die Nichtentfaltung dieser Ansätze determiniert gewesen sei, weil »eben schließlich doch in letzter Linie ein anderer Geist dahinter steckt als in Europa«[7]. Beckers Versuch, die Gründe für die Nichtentfaltung einer bürgerlichen Gesellschaft im arabischen Orient »in rassenpsychologischen Tatsachen zu suchen«[8] und nicht in der Sozialgeschichte, ist schlicht eine Mystifikation. Die neuere Literatur über das Verhältnis von Islam und Kapitalismus widerlegt solche Ansichten auch weitgehend[9].

Mit der Desintegration des 'Abbasidenreiches beschleunigte sich der schon im 10. Jahrhundert einsetzende Prozeß der Kleinstaatenbildung im muslimischen Orient. Die Mamluken: die unfreien, gekauften Söldner des Kalifen, hatten sich schon vor dem Untergang des 'Abbasidenreiches 1258 verselbständigt. In Ägypten errichteten sie ein eigenes Staatsgebilde; dort setzten sie zwar einen überlebenden 'Abbasiden als Kalifen ein, hinter dem sie jedoch uneingeschränkt herrschten.

Das geographische Bild der Kleinstaaterei änderte sich Anfang des 14. Jahrhunderts, als türkische kriegerische, zugleich Ackerbau treibende Stämme das Osmanische Reich gründeten. Das neue Reich beschränkte sich zunächst auf das türkische Kleinasien, dehnte sich aber rasch sowohl in Richtung Europa als auch Asien aus. Bis zum 16. Jahrhundert konnten die Osmanen neben dem gesamten arabisch-sprechenden Gebiet in Asien und Nordafrika (ausgenommen Marokko) große Teile Südost-Europas unter ihre Herrschaft bringen. Als Stämme, die sich durch Kriegsführung und Landwirtschaft reproduzierten, verzichteten die osmanischen Türken von vornherein darauf, die von ihnen in den eroberten Gebieten vorgefundenen Produktivkräfte nutzbar zu machen und weiterzuentwickeln[10]. Sie überließen Handel und Gewerbe den europäischen Kaufleuten und ethnischen nicht-muslimischen Minoritäten (Griechen, Armenier, Juden), die allerdings der despotischen Staatsgewalt der Osmanen unbegrenzt ausgesetzt waren. Diese bürgerlichen, nicht-muslimischen Schichten standen als

»waffenlose Minderheit« außerhalb der Staatsgemeinde; es war ihnen unmöglich, über ihre ökonomische Machtposition innerhalb der Gesellschaft politische Macht zu erlangen[11]. Die muslimischen Untertanen der Osmanen waren vorab daran gehindert, Handel und Gewerbe zu betreiben, da ihre Tätigkeiten zum großen Teil in den militärischen Unternehmungen des Osmanischen Reiches absorbiert wurden, von denen die »ungläubigen« Minoritäten befreit waren[12]. Diese ethnische Arbeitsteilung galt, wie der Franzose Volney berichtet, der den Orient im 18. Jahrhundert bereiste, ebenso für die arabischen Gebiete des Osmanischen Reiches, die unser Untersuchungsgegenstand sind[13].

Das Osmanische Reich war insgesamt ein militär-bürokratisch organisierter Feudalstaat. Einziger Feudalherr war der Staat; ihm gehörte formal der Boden, mit dem er die Sipahi (Ritter), auf die sich das osmanische Heer anfänglich stützte, belehnte. Als Gegenleistung hatten die Sipahi Lehnstruppen für die kriegerischen Unternehmungen des Reiches zu stellen[14]. Mit der Zeit verselbständigten sich die Sipahi. »Die türkischen Oberschichten – die Spitzen des Militärs, der militarisierten Bürokratie und der Ulema – reproduzierten sich größtenteils über den Bezug von Grundrenten und damit letzten Endes über gewaltsame Landnahme.«[15] Aus diesem Grund waren stets neue Eroberungen ein wichtiges Moment für die Reproduktion des Reiches. »Der Krieg nährt den Krieg – auf keinen Staat trifft dieses Wort so zu wie auf den des Sultan-Kalifen. Und nicht nur das: hier nährte der Krieg sogar das politisch-soziale Gesamtsystem. Indem die materiellen Erträge der äußeren Expansion für die Erhaltung und die Verbesserung des territorialen status quo unentbehrlich waren, bildete die militärische Überlegenheit wiederum die Voraussetzung für die Aufrechterhaltung des gesellschaftlichen Reproduktionsprozesses in seiner bestehenden Form.«[16] Indem Europa seit dem 18. Jahrhundert auf der Basis der Errungenschaften der bürgerlichen Revolutionen eine dem Osmanischen Reich überlegene Macht darstellte und somit dem osmanischen militaristischen Expansionismus Grenzen setzte, wurde das Osmanische Reich empfindlich getroffen. Die als Kompensation zur verhinderten Expansion eingeführte Steuerpacht hat, da sie die regionalen Herrschaftsinstanzen festigte, die Desintegration des Osmanischen Reiches begünstigt, anstatt das Reich zu sanieren[17].

Der Feudalismus des Osmanischen Reiches unterscheidet sich vom europäischen wesentlich, insofern die osmanischen Lehnsherren nicht autonom herrschten, sondern bei der Ausbeutung der Bauern lediglich als Vertreter der obersten zentralen Staatsgewalt: der Hohen Pforte, fungierten. »Das System des orientalischen Feudalismus, das auf Unterdrückung und Raub basierte, charakterisiert sich darüber hinaus durch die Abwesenheit der Gutsherren ... Der Landbesitzer, der in der Stadt und manchmal sogar im Ausland lebte, hat nie wirklich versucht, das Land, das er gepachtet hatte, zu verbessern oder den Bauern beizustehn, die unter der Last der Steuern und Schulden stöhnten: alles was er tat war, so viel wie möglich aus ihnen herauszupressen.«[18]

Das despotische Herrschaftssystem der Osmanen sowie ihr militaristischer Expansionismus wurden mit dem Islam und dessen Schari'a[19] legitimiert. Der islamische Universalismus sanktionierte ideologisch den übernationalen Charakter des Reiches[20]. Die osmanischen Hofhistoriker leisteten ihren Beitrag hierzu, indem sie die osmanischen Sultane zu legitimen Trägern des Kalifats erklärten: der letzte 'Abbasidenkalif Mutawakkil soll Kalifatsamt und -würde auf Sultan Selim I übertragen haben, nachdem dieser im Jahr 1517 Kairo erobert hatte. Darüber hinaus machten die Hofhistoriker den osmanischen Sultanen eine Genealogie zurecht, die deren arabische Herkunft bis auf den Propheten Muhammad zurückführt. Diese Geschichtsfälschung erschien opportun, da das Kalifat der islamischen Orthodoxie zufolge dem Stamm Quraisch, aus dem Muhammad kommt, vorbehalten ist[21]. Mit dieser Verfälschung und durch Bekämpfung jeder emanzipativen Aufklärung vermochten es die Osmanen, sich die religiös motivierte Loyalität ihrer arabischen Untertanen zu sichern.

Insgesamt fiel der arabische Orient unter osmanischer Vorherrschaft in eine sozio-ökonomische und kulturelle Stagnation, von der der französische Orientreisende Volney Ende des 18. Jahrhunderts eindringlich Zeugnis ablegte[22]. Der Prozeß der Reagrarisierung und damit der Refeudalisierung, der mit dem Untergang des 'Abbasidenreiches eingesetzt hatte, trieb voran und etablierte von neuem soziale Verhältnisse, die längst überwunden schienen. Die Arbeiten C. Brokkelmanns geben Auskunft darüber, wie sich die kulturelle Blüte, die der Orient in der 'Abbasiden-Epoche in Literatur, Kunst und Wissenschaft erlebte, im Osmanenreich in eine allseitige kulturelle Stagnation verwandelte[23].

b) Napoleons Ägypten-Expedition 1798 und die anschließende
   Machtergreifung Muhammad'Alis in Ägypten 1805:
   Der Beginn des exogen ausgelösten sozialen Wandels
   im stagnierenden arabischen Orient

Nachdem der osmanische Sultan Selim I Ägypten 1517 erobert hatte,
legte er den Mamluken zwar regelmäßige Steuerabgaben an die Hohe
Pforte auf, versuchte aber nicht, ihre Herrschaft zu beseitigen. Unter
der osmanischen Vorherrschaft bekamen die Mamluken, wie
C. H. Becker ausführt[24], – wiederum als militärisch-feudale Ka-
ste – »neue Wirkungsmöglichkeiten«. Ägypten wurde nunmehr nicht
allein von den Mamluken geplündert, sondern auch von den Osmanen. Die Zeit der osmanischen Vorherrschaft 1517-1798, in der Ägypten zu einer osmanischen Provinz herabsank, war »für Ägypten eine
tote Periode; die Geschichte spielte anderswo«[25]. Diese Epoche eines
ultramilitaristischen Feudalismus orientalischer Prägung[26] unterteilt
St. J. Shaw in drei Etappen, in denen ein Machtkampf zwischen zwei
Hierarchien stattfand: der »hierarchy of function«, die aus den gou-
vermentalen Vertretern des osmanischen Sultan bestand, an ihrer
Spitze der Wali, und der »hierarchy of power«, die das militärische
Corps der Mamluken umfaßte. Gegenstand des Kampfes war der Anteil an der Plünderung Ägyptens, in dem beide Hierarchien landes-
fremd waren. Die erste Etappe markiert nach Shaw die Überlegenheit
der Osmanen, die zweite ein Gleichgewicht und die dritte die Überlegenheit der Mamluken[27], die so stark geworden waren, daß sie die Ab-
gabe von Steuern an die Hohe Pforte verweigerten, wogegen die
Hohe Pforte mit nur wenig Erfolg militärisch intervenieren
konnte[28].
Ägypten war, als die französische Expedition unter Napoleon 1798
dort landete, »ein erschöpftes, erstarrtes und verwildertes Land«[29].
Die Bedeutung der Napoleon-Expedition für die Entwicklung des
arabischen Orient läßt sich auf dem skizzierten historischen Hintergrund ermessen. Historiker und Sozialwissenschaftler, die sich mit
dem Orient befassen, setzen das Jahr 1798 einhellig als Beginn einer
völlig neuen historischen Epoche im gesamten Orient an und als das
Jahr, mit dem die moderne ägyptische Geschichte beginnt. Napoleon
hat, wie Hans Henle es literarisch formuliert, »die orientalische Prin-
zessin aus ihrem Dornröschenschlaf« befreit[30].
Einschneidender als die koloniale Zielsetzung Napoleons – er wollte
England den Weg nach Indien sperren – wirkte sich seine Expedition
auf das politische und kulturelle Leben des Orient aus. Napoleon ist

den späteren Invasoren nicht vergleichbar. Er gab vor, den gesamten Orient mit dem Geist der Französischen Revolution durchdringen zu wollen, und konfrontierte die islamisch-theokratisch legitimierte despotische Herrschaft der Osmanen und Mamluken mit den Grundsätzen der liberté und égalité. Seine Expedition brachte Ägypten und dem gesamten arabischen Orient »die Ideen der Französischen Revolution, verkörpert in einer europäischen Armee«[31] stellt Albert Hourani – wenngleich nicht ohne Übertreibung – fest. Mit ihr beginnt ein umfassender Akkulturationsprozeß zwischen Orient und Okzident, in dessen Rahmen die moderne europäische Kultur rezipiert wird und die ersten Ansätze einer Nationalbewegung im Orient entstehen, die von den westlich gebildeten arabischen Intellektuellen getragen wird und den Willen der Araber zur Emanzipation von Fremdherrschaft ausdrückt[32].

Die Napoleon-Expedition[33] brachte neben den militärischen Einheiten einen Stab von Wissenschaftlern vieler Disziplinen mit nach Ägypten, ferner eine Bibliothek moderner europäischer Literatur, ein wissenschaftliches Laboratorium sowie eine Druckerei, deren Maschinen mit arabischen Typen ausgestattet waren. Napoleon hatte diese Druckerei auf seinem Hinweg nach Ägypten im Propagandakolleg von Rom beschlagnahmt; sie ist die erste Druckerei Ägyptens[34].

Vor den Pyramiden in der Nähe Kairos wurden die archaisch bewaffneten Mamluken von der technologisch überlegenen französischen Armee besiegt. Die im Untertanengeist erzogenen Ägypter betrachteten die Vorgänge als abseits stehende Zuschauer, genauso, wie sie bisher den jahrhundertelangen Kampf zwischen Mamluken und Osmanen als Untertanen teilnahmslos verfolgt hatten. Daß Napoleon sie nicht als Untertanen ansprach, sondern als Bürger, und ihnen die ihnen unverständlichen Prinzipien der Französischen Revolution verkündete, befremdete die Ägypter sehr. Allerdings bediente Napoleon sich einer islamischen Ausdrucksweise. Er sei nicht nur gekommen, so gab er vor, um die korrupte Herrschaft der Mamluken und Osmanen zu beseitigen, sondern er wolle auch den Islam neu beleben. Die erste Proklamation Napoleons erfolgte auf Arabisch und erreichte die Ägypter auf einem Flugblatt. Sie beginnt mit den bezeichnenden Worten: »Im Namen Gottes, des Gnädigen und Barmherzigen; es gibt keinen Gott außer Allah«; erst dann heißt es: »Im Namen der französischen Republik, die auf den Grundsätzen von Freiheit und Gleichheit beruht, gibt Bonaparte, der Oberkommandierende der französischen Streitkräfte, der gesamten Bevölkerung Ägyptens folgendes kund: Die Herrschenden in Ägypten haben die französische Nation lange Zeit beleidigt ... Jahrzehntelang haben diese Mamluken, die aus dem Kaukasus und Georgien stammen, das beste Gebiet der Welt verdorben. Aber Gott, der Allmächtige, der Herr des Universums, hat nunmehr befohlen, ihre Herrschaft zu zerstören ... Ich bin einzig gekommen, um Euch von Euren Unterdrückern zu befreien ... Ich verehre Gott, den Allmächtigen, und achte seinen Propheten Muhammad und den ruhmreichen Qur'an mehr, als die Mamluken es tun. Sagt den Mamluken auch, daß vor Gott alle Menschen gleich sind ...«[35] Die der islamischen Theologie entlehnten Floskeln können nicht über die säkularistischen, bürgerlichen Implikationen der Proklamation hinwegtäuschen, die für die folgende Entwicklung des Orient[36] folgenreich geworden sind; sie zeugen allenfalls von Napoleons Geschicklichkeit.

Napoleon wählte die agitatorische Flugschrift, die den Ägyptern bisher unbekannt war, um die ägyptischen Untertanen für sich zu gewinnen und sich damit in Ägypten als Eroberer behaupten zu können. Das von ihm gegründete Institut d'Egypte[37] ist die erste westliche wissenschaftliche Einrichtung im modernen Orient. Nach einem Besuch dieses Instituts gestand der berühmte arabische Historiograph der Napoleon-Expedition: Gabarti, in naiver Aufrichtigkeit: »Sie haben dort sonderbare Dinge, Gegebenheiten und Komplexe, welche Resultate zeitigen, für die ein Verstand wie der unsere gar nicht groß genug ist.«[38] Und der Napoleon nahestehende Islamgelehrte Scheich Hassan 'Attar soll wiederholt geäußert haben: »In unserem Lande muß sich alles verändern; wir müssen von den Europäern alle Wissenschaften übernehmen, die bei uns nicht existieren.«[39] 'Attar war so konsequent, seine philologischen und islamwissenschaftlichen Studien – die einzigen Studien, die damals im Orient betrieben wurden – aufzugeben und sich nurmehr den modernen, von den Franzosen eingeführten Wissenschaften zu widmen. Er plädierte schließlich für die Aufnahme der weltlichen Wissenschaftsdisziplinen in die islamische Azhar-Universität in Kairo[40]. 'Attar, der nie in Europa gewesen ist, gilt als erster moderner arabischer Verfechter der europäischen Wissenschaft und Kultur.

Napoleons Expedition stieß in Ägypten – trotz ihrer guten Vorbereitung – auf große Schwierigkeiten. Auf der einen Seite machte England alle Anstrengungen, um seine Expedition zum Scheitern zu bringen, und auf der anderen Seite organisierten die Ulema eine religiöse Revolte gegen ihn, die ihn zum Gegenschlag zwang, womit er als Fremder bei der frommen Bevölkerung noch mehr Mißtrauen erregte. Schon 1801 mußte Napoleon seine Expedition abbrechen. Aufgrund eines Abkommens mit England wurden die französischen Armeen auf englischen Schiffen nach Frankreich zurückgebracht[41].

Die Jahre 1801 bis 1805 sind in Ägypten gekennzeichnet vom Machtkampf der um die Restauration ihrer Herrschaft ringenden Mamluken, die unter sich zerstritten waren, und von den Versuchen der Hohen Pforte, nach dem Abzug der Truppen Napoleons ihre bereits von den Mamluken beschnittenen Ansprüche voll wieder geltend zu machen.

Der Abzug der französischen Truppen markiert keineswegs das Ende einer kurzen Episode in der ägyptischen Geschichte, in der die nach außen abgeschlossene Provinz die Errungenschaften Europas kennenlernen konnte. Im Gegenteil: französische Einflüsse setzten sich stärker als zuvor durch. Der albanische Offizier Muhammad 'Ali knüpfte an das von Napoleon begonnene Werk an. Er war 1801 mit einer osmanischen Truppe nach Ägypten gekommen und hatte die internen Zwistigkeiten der Mamluken dazu benutzt, sich selbst zum Regenten Ägyptens zu deklarieren und die Mamluken auszuschalten. Fortan war Ägypten keine osmanische Provinz mehr[42].

Muhammad 'Ali verfolgte ebenso wie Napoleon partikularistische Interessen in Ägypten. Napoleons Expedition geschah eindeutig in kolonialer Absicht; ihre positive Wirkung bestand darin, daß sie einen Anstoß zur Überwindung der Isolation Ägyptens gab, indem sie – als Beiprodukt – das Land mit dem europäischen Fortschritt bekannt machte[43]. Muhammad 'Alis Interesse war nicht minder partikularistisch: Sein Ehrgeiz war groß, und er hatte erkannt, daß er seine Macht nur dann behaupten kann, wenn er sie auf eine moderne Staatsorganisation und ein rationales ökonomisches System stützt und beider Funktionsfähigkeit durch eine modern ausgebildete und technisierte Armee sichert. C. Brockelmann urteilt scharf, aber angemessen über Muhammad 'Ali: »Wenn er die von ihm durchaus gewürdigten Segnungen der europäischen Zivilisation einzuführen suchte, so dienten sie nur seinen politischen Zwecken.«[44] Allerdings hatte Muhammad 'Ali – hierauf weist W. Braune hin – »schon in seiner Jugend in Mazedonien ... mit Verehrung von französischer Kultur gehört, und nicht endende Dankbarkeit an Frankreich versichert er 1840 als Herrscher in einem Brief an Louis-Philipp. Durch Frankreich war in jener Zeit für alle, die im Orient nach Zukunft fragten, Europa vertreten ...«[45] Nach Braune glich Muhammad 'Ali »mehr einem orientalischen Potentaten als einem von den Ideen des modernen Frankreichs bestimmten Landesfürsten. Aber er sah, daß Vernunft und Wissen des fremden Europas Leistungen hervorbrachten, denen nachzufolgen war.«[46] So war Muhammad 'Ali beides: »der Europa nachahmende aufgeklärte Fürst und der in alten Traditionen verwurzelte Gewaltherrscher«[47].

Die erste Voraussetzung zur Etablierung seiner Macht und zur Verwirklichung seiner Modernisierungspläne war für Muhammad 'Ali freilich die Ausschaltung der Mamluken. Dabei begnügte er sich nicht damit, ihnen ihren politischen Einfluß zu nehmen; er brach auch ihre ökonomische Macht und liquidierte die Mamluken schließlich physisch in den Blutbädern von 1811-1814. Diese abscheulichen Massaker sollten auch die Ulema abschrecken, erneut aktiv oppositionell zu werden: 1809 hatten sie bereits eine Revolte gegen Muhammad 'Ali organisiert, die jedoch niedergeschlagen wurde[48].

Muhammad 'Ali baute seine moderne Armee unter Anleitung französischer Instrukteure auf. Ebenso unter französischer Beratung wurde eine zentralistische Staatsverwaltung geschaffen[49]. Das Iltizam-(= Lehns-)System, die Grundlage des militärischen Feudalismus in Ägypten, wurde überwunden, indem das gesamte Agrarland den Multazimin, den Lehnsherren, entzogen und der Boden zum Staatseigentum erklärt wurde. Auch die Waqf-Grundstücke: die der »frommen Stiftungen«, i. e. eine Ulema-Institution, wurden auf den Staat übertragen. Diese Maßnahme kam einer politischen und ökonomischen Entmachtung der Ulema, die ein Teil der herrschenden Feudalkaste waren, gleich. Der gesamte ackerbare Boden wurde katastriert und jeweils in dem Dorf registriert, in dessen Bereich er lag[50]. Gleichzeitig wurde eine Industrialisierungspolitik betrieben – wenngleich mit wenig Erfolg –, die an Muhammad 'Alis Plänen zum Aufbau einer starken Armee orientiert war[51]. Alleiniger Träger des sozialen Wandels unter Muhammad 'Ali war der Staat mit seiner Agrar- und Industrialisierungspolitik[52].

Die staatsmonopolistische Politik Muhammad 'Alis leitete zwar eine wirtschaftliche Entwicklung ein, die auf kapitalistischen Prinzipien beruhte; sie schloß aber von vornherein die Entstehung eines Bürgertums aus. Dagegen entfaltete sich eine neue soziale Schicht, die sich aus der staatlichen Bürokratie und dem Militär rekrutierte; ihre Interessen basierten nicht auf Eigentum an Produktionsmitteln. Als nach Muhammad 'Alis Tod unter seinen Nachfolgern 'Abbas und Sa'id das Staatsmonopol auf dem Industrie- und Agrarsektor aufgehoben wurde, benutzte die Staatsbürokratie ihre soziale Machtposition zum Landerwerb. Ein privates Interesse an der Fortsetzung der von Muhammad 'Ali begonnenen Industrialisierung bestand hingegen nicht. Die Privatisierung des Bodens führte jedoch nicht zu einer Refeudali-

sierung der ägyptischen Gesellschaft, denn die Landwirtschaft war inzwischen kapitalisiert worden; die ägyptischen Bauern arbeiteten als
»freie« Lohnarbeiter.

Die Kolonialmacht England hatte schon Muhammad 'Ali daran gehindert, seine politischen und sozialen Pläne (Erweiterung des Herrschaftsbereiches und Modernisierung der Sozialstrukturen) voll zu
realisieren. Systematisch drängte England den erstarkten ägyptischen
Staat in seine ehemaligen Grenzen zurück[53]: Muhammad 'Ali hatte
seinen Herrschaftsbereich im Norden bis an die Grenzen Anatoliens
und im Süden einerseits bis tief in die arabische Halbinsel hinein, andererseits bis zum Sudan ausdehnen können[54]. Der ägyptische Kern-
staat wurde, nachdem England ihn zu Zeiten von Muhammad 'Alis
Nachfolgern zusehends in ökonomische Abhängigkeit von sich gebracht hatte, 1882 eine englische Kolonie. Die Kolonialpolitik Englands verhinderte eine Industrialisierung Ägyptens. Das ägyptische
Bürgertum, das sich seit dem Abbau des Staatsmonopols gebildet hatte, investierte unter der Kolonialherrschaft fast ausschließlich im Ag-
rar- und Handelssektor.

Die englische Politik in Ägypten sperrte dem Land endgültig den Weg
zu einer Angleichung an das sozio-ökonomische Niveau Europas, wie
Muhammad 'Ali sie angestrebt hatte. Auch wurden unter der englischen Kolonialherrschaft die kulturellen – bürgerlichen – Einflüsse
Frankreichs auf Ägypten systematisch unterbunden bzw.
abgebaut[55].

*c) Rifa'a Rafi' Tahtawi und die erste Generation europäisch
gebildeter arabischer Intellektueller:
Ansätze zum nationalen Denken im arabischen Orient*

Muhammad 'Ali setzte seine Modernisierungspläne zunächst unter
Anleitung französischer Experten und Wissenschaftler in die Praxis
um. Bald nach seiner Machtübernahme begann er jedoch schon damit,
ägyptische Studenten und Offiziere zur Ausbildung nach Europa zu
schicken. Auch baute er im Land selbst ein neues Bildungssystem auf,
das allerdings den Erfordernissen einer modernen und schlagkräftigen
Armee angepaßt war[56]. Der Einfluß der orthodoxen Ulema wurde
unterdrückt, insbesondere, nachdem sie 1809 eine – fehlgeschlage-
ne – Revolte gegen Muhammad 'Ali organisiert hatten[57]. Denjenigen
Ulema, die sich der neuen Politik gegenüber aufgeschlossen zeigten,
gewährte Muhammad 'Ali jedoch hohe Positionen, so dem Scheich

'Attar, der schon von Napoleon schlechthin begeistert war, wenngleich er nach der Revolte der Ulema gegen jenen hatte fliehen müssen. 'Attar avancierte unter Muhammad 'Ali zum Rektor der Azhar-Universität in Kairo, was ohne Muhammad 'Alis Wohlwollen nicht möglich gewesen wäre. Scheich 'Attar wurde auch mit der Zusammenstellung der ersten großen, organisierten Stipendiatengruppe betraut, die zur Ausbildung nach Frankreich reiste. Als einen der Imame (Vorbeter) für die Stipendiaten wählte 'Attar seinen Schüler Rifa'a Rafi' Tahtawi[58] aus, der an der Azhar-Universität im Kreise 'Attars die dort neu eingeführten weltlichen Studien betrieb wie das der Geographie, der Geschichte u. a. Als Tahtawi 1826 mit der Stipendiatengruppe in Paris eintraf, war er also mit europäischem Gedankengut schon etwas vertraut. Während seines Aufenthaltes bekam er reges Interesse, selbst zu studieren, wozu er schließlich auch die Erlaubnis erhielt. In den Jahren 1826-1831 betrieb Tahtawi eifrig Lektüre europäischer Denker; u. a. las er Montesquieu, Rousseau, Voltaire, Racine und Condillac[59]. Daneben spezialisierte er sich auf das Übersetzen, um später europäische Werke seinen Landsleuten zugänglich machen zu können. Das systematisch gegliederte Tagebuch, das Tahtawi während seines Paris-Aufenthaltes führte, wurde auf Geheiß von Muhammad 'Ali in Ägypten in Massenauflagen gedruckt und zur Pflichtlektüre für Staatsbeamte bestimmt[60]. Dieses literarisch wertvolle und historisch bedeutsame Dokument spiegelt die Konfrontation des stagnierenden Orient mit dem voranschreitenden Okzident treu wider. Mit charmanter Naivität beschreibt Tahtawi beispielsweise die Tischsitten der Franzosen, um sie mit denen der Araber zu vergleichen, die anstelle von Messer und Gabel die Finger zum Essen gebrauchen. Besonders angetan war Tahtawi von der Sauberkeit der Franzosen, der Kleidung ihrer Frauen, dem fleißigen Verlauf ihrer Tage und anderem mehr[61].

Bereits in der Einleitung seines Pariser Tagebuches sagt Tahtawi, daß er mit dem erlangten europäischen Wissen, welches er in seinem Buch vorstellt, hofft, »alle Völker des Islam – Araber wie Nichtaraber – aus dem Schlafe der Lässigkeit« zu erwecken[62]. Für einen orthodoxen Muslim, der seinesgleichen anspricht, ist dies ein durchaus unorthodoxes Unterfangen, und Tahtawi sieht sich genötigt, es zu rechtfertigen. Er konfrontiert die Rückständigkeit des Orient mit der Tatsache, daß »die europäischen Länder den höchsten Grad der Meisterschaft in der Mathematik, den Naturwissenschaften und der Metaphysik in ihrer Gesamtheit erreicht« haben[63]. Wenn er einräumt, daß die islamischen Länder in ihrer jüngsten Verfassung »des Auslands (bedurften), um zu

erwerben, was sie nicht wissen«[64], erinnert er zugleich daran, daß die
Araber in der Blütezeit ihrer Kultur den Europäern weit überlegen
waren und ihnen sogar die Errungenschaften ihrer Kultur übermittelt
haben: Auch die Europäer »gestehen uns zu, daß wir ihre Lehrer in
allerlei Wissenschaften waren, und erkennen unseren Vorsprung ihnen gegenüber an. Nun steht ja fest und es liegt offen auf der Hand,
daß das Verdienst dem gebührt, der die Leistung zuerst vollbrach-
te.«[65] Mit dieser Argumentation will Tahtawi auch Muhammad 'Ali
Rückhalt geben, der »die Vertreter der glänzenden Künste und der
nützlichen Fertigkeiten aus Europa« zu sich strömen läßt, »weshalb
ihn der Mann auf der Straße in Ägypten ... in seiner Unwissenheit auf
das schärfste verurteilt«, ohne zu begreifen, daß Muhammad 'Ali die
Europäer nur verehrt »in ihrer Eigenschaft als Menschen und wegen
ihres Wissens, nicht weil sie Christen sind.«[66]
Da das Europa seiner Zeit Tahtawi *nur als dem Orient kulturell und
sozio-ökonomisch überlegen entgegentrat und nicht als Kolonialsystem* – wie den späteren arabischen Intellektuellen[67] –, sind seine
Vorbehalte gegenüber Europa allein religiöser Art: »Selbstverständlich billige ich nur, was nicht im Widerspruch steht zum Wortlaut
unseres islamischen Gesetzes ...«[68] Gleichwohl interpretierte Tahtawi,
wie wir sehen werden, die islamische Schari'a ohne Bedenken säkularistisch.
Nach seiner Rückkehr aus Paris 1831 arbeitete Tahtawi zunächst als
Übersetzer. Er stand vor der Alternative, sich einer der beiden französischen Schulen anzuschließen, unter deren Ägide damals die französische Kultur in Ägypten verbreitet wurde: der Schule der Saint-
Simonisten, für die unter Enfantin ein großer Stab von Ärzten, Inge-
nieuren und anderen Wissenschaftlern tätig war[69], oder der offiziell-
eren Schule unter dem Franzosen Clot Bey, die jene französischen Experten umfaßte, die vom ägyptischen Staat angestellt worden waren.
Da zwischen beiden Richtungen Rivalität herrschte und Tahtawi Muhammad 'Ali verpflichtet war, entschied er sich für die zweite. Im Jahr
1835 wurde er zum Direktor der Sprachenschule ernannt, deren Aufgabe darin bestand, europäische Werke zu übersetzen und auch Übersetzer auszubilden[70]. Die Übersetzungsarbeit der Sprachenschule war
auf militärisch relevante Literatur konzentriert; daneben wurden
aber auch Werke der französischen Philosophie und Literatur
übertragen[71]. Insgesamt übersetzten Tahtawi und seine Schüler etwa
2000 Bücher und Pamphlete ins Arabische[72]. Auf dieser Basis wurde
eine Rezeption europäisch-bürgerlicher Ideen durch arabische Intellektuelle möglich, die das ganze folgende Jahrhundert im arabischen

Orient prägt. Unter den Schriften, die Tahtawi selbst übersetzte, finden sich solche von Voltaire und Montesquieu. Aufschlußreich erscheint Tahtawis Übertragung von Fénelons »Telemaque«, worin Fénelon die absolute Herrschaft Ludwig XIV. kritisiert, denn Tahtawi hat sie angefertigt, während er auf Anordnung des Nachfolgers von Muhammad 'Ali: 'Abbas, im sudanesischen Exil lebte[73]; die Parallele ist deutlich.

Tahtawis historische Leistung liegt vor allem auf dem Bereich der Übersetzung. Daneben hat Tahtawi aber eine Reihe von einflußreichen Schriften verfaßt, deren Lektüre Aufschluß darüber gibt, welcher Art die intellektuellen Produkte eines Akkulturationsprozesses sein können. A. Hourani charakterisiert Tahtawis Denken folgendermaßen: »Tahtawis Vorstellungen über die Gesellschaft und den Staat sind weder eine bloße Neuformulierung traditioneller Ideen, noch sind sie eine einfache Wiedergabe jener Ideen, die er in Paris kennenlernte. Im großen und ganzen formuliert er seine Vorstellungen in einer traditionellen Weise: stets beruft er sich auf das Vorbild des Propheten und seiner Anhänger, und seine Konzeption der politischen Herrschaft steht durchaus in der Tradition islamischen Denkens. Aber stellenweise verleiht er ihr eine neue und bedeutsame Substanz.«[74] Dies läßt sich verdeutlichen an Tahtawis Interpretation der islamischen Schari'a (lex divina)[75]. Tahtawi versucht nachzuweisen, daß die Schari'a eine ähnliche Struktur hat wie das moderne europäische rationalistische Naturrecht. Als Kodex stehe die Schari'a über dem Herrscher, betont Tahtawi im Anschluß an Montequieus Gewaltenteilung; sie dürfe daher nicht der Willkür des Herrschers überlassen bleiben. Die Ulema als Träger der Schari'a müssen sich, so fordert Tahtawi, mit den modernen, der menschlichen Vernunft verpflichteten Wissenschaften befassen, um die Schari'a zeitgemäß interpretieren zu können. Hourani verweist darauf, daß Tahtawi die Ulema als weltliche Priester im Sinne Saint-Simons begreift[76]. In Tahtawis mit europäisch-bürgerlichen Vorstellungen durchtränkten Interpretation der Schari'a erscheint der Muslim nicht mehr als Untertan, sondern als Bürger. Tahtawi betrachtet es als notwendig, daß die Bürger aktiv an den Regierungsgeschäften teilhaben, und er fordert zu diesem Zweck ihre Bildung[77]. Auch plädiert er für die Schulbildung der arabischen Frau[78].

Im Zusammenhang mit unserer Fragestellung interessiert besonders Tahtawis Unterscheidung zwischen der religiösen und der nationalen Zugehörigkeitsform. Die nationale Form sozialer Verbindlichkeit ist für ihn der religiösen übergeordnet. Zum ersten Mal spricht ein Araber von Nation im säkularen Sinne. Nach Tahtawi bilden auch die Ägypter eine Nation[79]. Tahtawi übersetzte die Marseillaise ins Arabische und verwandte für »patrie« das arabische Wort »Watan«; »l'amour de la patrie« nennt er arabisch »Hubb al-watan«. Im Anschluß an Montesquieus »Considération sur les causes de la grandeur des Romains et de leur décadence«, die Tahtawi ins Arabische übertrug, bestimmt er die Vaterlandsliebe als primäre Tugend für die Zivilisation. Wo die »Hubb al-watan« fehle, sei die Zivilisation zum Untergang verurteilt[80]. Die klassische arabische Sprache kennt natürlich das Wort »Watan«, aber in der beschränkten Bedeutung von Heimat bzw. Wohnort. Auch in diesem Sinne gebraucht Tahtawi »Watan«, so etwa in den Erinnerungen an sein Heimatdorf Tahta. Aber nicht Tahta ist für ihn »patrie«, sondern Ägypten, weshalb er als erster arabischer Nationaldenker anzusehen ist: Der Patriotismus in moderner – europäisch-bürgerlicher – Gestalt war stets Leitmotiv seines Denkens[81]. Tahtawi gilt als Begründer eines neuen Genres in der arabischen Literatur: der Wataniyyat-Literatur, aus der seine Arbeiten immer noch hervorragen[82]. Patriotismus, Gleichheit und Gerechtigkeit im liberal-demokratischen Verständnis sind die zentralen Themen in Tahtawis Schriften, auch in seinem reifen Werk »Wege des ägyptischen Denkens zu den Freuden der modernen Literatur«[83].

Tahtawis Lebenswerk: Übersetzungen und eigene Schriften, besteht, wie K. Stowasser mit Recht sagt, »in Rezeption und Darstellung«[84]. Dabei bemühte Tahtawi sich erfolgreich um eine Modernisierung der arabischen Sprache, um ein adäquates Medium zur Darstellung des Rezipierten zu haben[85]. Von Tahtawis europäischer Bildung zeugt die Systematik, mit der er seine Schriften anfertigte, angefangen mit dem Pariser Tagebuch. Als störend und den Texten aufgepfropft erscheinen zunächst die zahlreichen Zitate aus dem Qur'an und anderen religiösen Quellen, zumal sie offensichtlich nur darauf verweisen sollen, daß das »neu« Vorgebrachte schon in den alten Schriften geschrieben steht. Dieses Vorgehen dokumentiert jedoch ein Nebeneinander von modernen, säkularen und traditionell-religiösen Dimensionen in Tahtawis Denken, die ihm selbst nicht als widersprüchlich erschienen[86]. Schon die nachfolgende Generation wird sich dieser Widersprüchlichkeit bewußt: Es kommt, wie wir im einzelnen zeigen werden, zu einer Frontstellung beider Richtungen. Gleichwohl stehen der islamische Modernismus und der Nationalismus in der von Tahtawi eingeleiteten literarischen Renaissance[87].

d) Zwei Formen des islamischen Revivalismus:
die archaisch-chiliastische Wahhabitenbewegung und der
Modernismus Afghanis und 'Abduhs

Schon bevor die Ägypten-Expedition Napoleons und das anschließende monumentale Reformwerk Muhammad 'Alis die Entstehung einer
arabischen, europäisch-bürgerlich gebildeten Generation von Intellektuellen initiierten, gab es auf der arabischen Halbinsel, wo die osmanische Herrschaft nie fest hatte Fuß fassen können, systematische
Ansätze zur Neubelebung des von den *Arabern* getragenen *Ur*islam.
Diese potentiell nationalistischen Bestrebungen richteten sich gegen
die Fremdherrschaft der Osmanen. Sie fanden ihren politisch-religiösen Ausdruck in der Wahhabitenbewegung, die auf den orthodox-isla-
misch gebildeten Muhammad Ibn 'Abd al-Wahhab (1703-1791) zurückgeht. Wahhab glaubte, auf seinen Reisen in die von den Osmanen
beherrschten arabischen Gebiete Asiens dort eine Abweichung vom
*Ur*islam beobachtet zu haben, und er sah es als seine Mission an, die
Muslime zum genuinen, orthodoxen Islam zurückzuführen[88]. Dabei
rekurrierte er auf die streng orthodoxe Richtung des Hanbalismus,
wie sie besonders in der politischen Theologie Ibn Taimiyyas und Ibn
Qaiyim al-Gauziyyas, die beide bedeutende Hanbaliten des 14. Jahrhunderts waren, systematisiert wurde[89].
Wahhab stellt nicht die autokratisch-despotische Herrschaftsform der
Osmanen schlechthin in Frage, sondern er kritisiert nur die ausschwei-
fende Art, in der sie herrschten. Der puritanistische *Ur*islam kann
Wahhab zufolge allein von Arabern revitalisiert werden, und er
macht es sich zur Aufgabe, die Muslime für seine rückwärts gewandte
Utopie zu mobilisieren. Alle zivilisatorischen Elemente verwirft er
zugunsten nomadischer Normen und Lebensweisen. Der wahre Islam
ist für ihn der *Ur*islam der Generation des Propheten Muhammad.
Damit bestimmt Wahhab die Araber als die legitimen Träger des Islam und ficht die Rechtmäßigkeit der osmanischen Herrschaft an.
R. Hartmann hebt hervor, daß »das Wahhabitentum als religiöse Bewegung nichts ist als eine aus seit der Zeit des Propehten kaum grundlegend veränderten sozialen Verhältnissen Arabiens verständliche,
auf dem Boden des konservativsten der vier sunnitischen Riten, des
des Ahmad b. Hanbal, erwachsene natürliche Reaktion gegen die Anpassung des Islam an kompliziertere Kulturzustände, die ja freilich
zugleich meist eine Abschwächung der Grundgedanken des Religions-
stifters und eine Verwestlichung bedeutete.«[90]
Im Jahr 1744 verbündete Wahhab sich über eine Heirat mit den Banu

Sa'ud Fürsten der arabischen Halbinsel. Seine politisch-theologischen Vorstellungen wurden zur Ideologie einer politisch-religiösen Revitalisationsbewegung archaisch-chiliastischer Prägung, die aus diesem Bündnis hervorging. Wahhab hat seine Dogmen in Form eines politischen Credo ('Aqida) formuliert, dessen relevanteste Passage lautet: »Wer das Chalifat bekleidet, ... dem gebührt Gehorsam: und die Erhebung gegen ihn ist verboten; ... ich halte dafür, daß die Modernisten die Verbindung mit der Gemeinde abgebrochen und sich von ihr getrennt haben; ... ich bekenne, daß jede Neuerung in religiösen Dingen Modernismus ist.«[91] R. Hartmann kann nachweisen, daß sich Wahhabs 'Aqida kaum von der Ibn Taimiyyas aus dem Jahr 1306 unterscheidet, streckenweise mit ihr sogar identisch ist[92]. Nur hat Wahhabs 'Aqida einen anderen historischen Stellenwert: Gehorsam gegenüber dem Herrscher wird zwar postuliert, zugleich aber wird die Erhebung gegen die Osmanen als legitim betrachtet, da Wahhab die Osmanen nicht als rechtmäßige führende Träger des Islam und des Kalifat ansieht und sie als Modernisten, als Abweichler vom *Ur*islam, bekämpft.

Die Wahhabitenbewegung blühte nach Wahhabs Tod fort. Bis zum Beginn des 19. Jahrhunderts konnten die Banu Sa'ud Fürsten große Teile der arabischen Halbinsel unter ihre Herrschaft bringen. In ihrem Herrschaftsbereich zerstörten sie alles, was ihnen eine Abweichung vom *Ur*islam zu dokumentieren schien: sie verwüsteten ganze Städte und Baukulturen. Den Osmanen gelang es nicht, die Wahhabitenbewegung zu bewältigen. Erst mit Hilfe der modern ausgerüsteten Armee Muhammad 'Alis konnte in einem Krieg von 1811-1818 den Wahhabiten vorläufig Einhalt geboten werden[93].

Eine anders als die Wahhabitenbewegung strukturierte revivalistische Bewegung ist der islamische Modernismus[94]. Beide Bewegungen strebten zwar eine Neubelebung des Islam an, jedoch war jeweils die Auffassung davon, wie diese Neubelebung auszusehen habe, grundsätzlich verschieden. Der islamische Modernismus ist eine primär intellektuelle Bewegung gewesen, für die die Zivilisation nicht ein Angriffsobjekt war, sondern ein Element der postulierten Renaissance. So wendeten die islamischen Modernisten den Islam nicht zu einer archaischen Doktrin; vielmehr versuchten sie, ihn durch Bereicherung um jene Erkenntnisse der rationalen europäischen Wissenschaften, die seinen Kern nicht in Frage stellen, in der modernen Zivilisation lebensfähig zu halten.

Die modernistische Strömung des islamischen Revivalismus, die im 19. Jahrhundert aufkam, wurde von Gamaladdin Afghani (1839-

1897) und seinem Schüler Muhammad 'Abduh (1849-1905) theoretisch fundiert. Anders als Tahtawi, der europäisch-bürgerliche Ideen objektiv ohne Vorbehalte rezipierte und damit – ohne dies zu beabsichtigen – am fundamentalistischen Anspruch des Islam rüttelte, waren Afghani und 'Abduh mit Europa als Kolonialmacht konfrontiert, weshalb sie eine verhärtete Position Europa gegenüber bezogen. In ihren Schriften gewinnt der Islam die Bedeutung einer antikolonialistischen Ideologie, die zur politischen Aktion gegen Europa aufruft. Auf diese Dimension ihres Denkens ist in der Literatur oft und mit Recht hingewiesen worden, wenngleich mit sehr grober Akzentuierung[95]. Beide, Afghani und 'Abduh, waren zwar Europa gegenüber nicht verschlossen; sie waren aber nur bereit, Elemente der bürgerlichen Zivilisation und Kultur zu übernehmen, sofern diese den Islam stärken könnten. Zwischen den progressiven und den imperialistischen Seiten Europas vermochten beide, wenn auch in unterschiedlichem Maße, zu differenzieren.

Afghani, der Guizots »Histoire de la civilisation en Europe« mit Begeisterung las und deren arabische Übersetzung (Kairo 1877) förderte, betrachtet den Islam mehr als eine Zivilisation denn als eine Religion. Er stimmt mit Guizot darin überein, daß das Aufblühen von Zivilisationen von der moralischen Verfassung ihrer Subjekte abhängt. Zivilisationsfördernd ist für Guizot eine moralische Verfassung nur dann, wenn sich die Menschen in ihrem Handeln von der Vernunft leiten lassen und über ein starkes Solidaritätsgefühl verfügen – Bedingungen, die Afghani von Guizot übernimmt und deren Herbeiführung für die Revitalisation der islamischen Zivilisation er als seine Lebensaufgabe ansieht[96]. Hier zeigen sich auch Einflüsse Ibn Khalduns. Heftig opponiert Afghani gegen die damals in Europa verbreiteten rassistischen Vorstellungen, daß nur Europa eine Kultur und Zivilisation hervorbringen könne, womit die vergangenen nichteuropäischen Hochkulturen einschließlich des Islam schlechthin ignoriert wurden. Einer der einflußreichen französischen Denker, die seinerzeit zu dieser Geisteshaltung beitrugen, war Ernest Renan. Er hielt den Islam für nicht kompatibel mit der Wissenschaft und Kultur, eine These, die Afghani, der sich damals gerade in Europa aufhielt, so empörte, daß er sich mit Renans Unterstellungen öffentlich in der Zeitschrift »Journal des Débats« auseinandersetzte[97].

Afghani, der die mit der Internationalisierung des Kapitalismus verbundenen nationalstaatlichen Tendenzen erkannt hatte, versuchte, den Islam an diese Entwicklung anzupassen. Er griff die europäische Nationsidee auf, eskamotierte jedoch ihre säkulare Substanz und erklärte die Muslime in Absehung aller ethnischen, linguistischen und kulturellen Unterschiede zur Nation[98]. Der politische Ausdruck dieser Okulierung der europäischen Nationsidee – wie immer modifiziert – ist der Panislamismus. Er dokumentiert den Versuch, den in seiner Funktion als Herrschaftslegitimität geschwächten islamischen Universalismus[99] durch eine moderne Auslegung wirksam zu halten. Die despotische Herrschaft der Osmanen, die sich bislang durch den islamischen Universalismus rechtfertigte, konnte nach Umdeutung ihrer Legitimationsbasis in den Panislamismus: in eine irredentistische nationale Bewegung der Muslime, sich als zeitadäquate Herrschaftsform ausgeben. Begeistert adoptierte der osmanische Despot Abdülhamid II den Panislamismus als Staatsideologie und erklärte Afghani zum Ideologen der Regenerierungsversuche des Osmanischen Reiches. Afghani hatte indes andere Absichten als Sultan Abdülhamid II. Er wollte keine despotische Herrschaft legitimieren, sondern eine Basis für seinen Antikolonialismus und seine Versuche zur Revitalisation des Islam schaffen. Er hat, wie W. Braune konstatiert, »nie etwas anderes verfolgt als das eine Ziel, die islamischen Völker zum Widerstand gegen Europa zu erwecken und aufzuwiegeln gegen alle, die in ihren eigenen Reihen diesen Widerstand lähmten... Afghani konnte ›redegewaltig wie keiner sonst im Orient‹ von der großen Vergangenheit sprechen, zur Erneuerung aufrufen und Leidenschaft erwecken für das große Zukunftsbild, die Einheit aller Muslime. Sultan 'Abd al-Hamid hat die werbende Kraft dieser Gedanken schnell benutzt, um für seine Person den Anspruch zu erheben, Repräsentant dieser Einheit zu sein. Aber diese Gedanken waren nicht ausgesprochen, um taktisch mißbraucht zu werden. Sie richteten sich gegen den europäischen Imperialismus, aber sie richteten sich nicht weniger auch gegen diejenigen Träger des Islams, die ihre Völker in Ohnmacht hielten.«[100]

Von daher versteht sich Afghanis radikale Absage an den Osmanismus und den Panislamismus, wie Sultan Abdülhamid II ihn begriff. Nunmehr reduzierte Afghani den Panislamismus auf eine Bewußtseinsform, die eine Solidarität der Muslime gegen den Kolonialismus beinhaltet; sein Postulat nach einem panislamischen Staatsgebilde gab er völlig auf[101].

Wie sein Lehrer Afghani mußte auch 'Abduh an zwei Fronten kämpfen: einerseits gegen das erstarrte Islamverständnis der strenggläubigen Ulema, wie es vor allem an der Azhar-Universität in Kairo verbreitet wurde: danach galten alle Versuche, den Islam zu modernisieren, als Häresie; andererseits gegen die erwachenden nationalistisch-säkularistischen Kräfte. Auch 'Abduh war durch seinen Europa-Aufenthalt mit der bürgerlichen Kultur vertraut. Er kannte Herbert Spencer persönlich[102] und übersetzte dessen Werk über Erziehung (»Education«) ins Arabische. Anders als Afghani war 'Abduh kein politischer Agitator und nicht die geeignete Figur für einen Volkstribun, ja er hegte eine Abneigung gegen alles Politische: selbst ein Politikum, das besonders krass nach seiner Rückkehr aus dem französischen Exil, wo er 1884 mit Afghani die Zeitschrift »al-Urwa al-wuthqa« herausgab[103], hervortrat. Er war der Überzeugung, daß der Islam durch kulturelle und nicht durch politische Arbeit neubelebt werden müsse. Seine Schriften kennzeichnen sich daher durch systematische Gedankengänge, besonders sein Werk »Risalat at-tauhid« (Abhandlung über das Einheitsbekenntnis)[104]. 'Abduh beabsichtigte, wie P. J. Vatikiotis zusammenfassend sagt, »a reformulation of systematic theology and doctrine with gradual re-introduction of historical criticism into the study of tradition«[105]. Ähnlich Tahtawi versteht 'Abduh die Schari'a, die Substanz der islamischen Theologie, als strukturell identisch mit dem europäisch-bürgerlichen Naturrecht[106]. Zu einer progressiven Auslegung der Schari'a kann 'Abduh gelangen, indem er den Igma', den consensus doctorum, zugunsten des Igtihad, der individuellen Anstrengung des Begriffs, als Quelle der Schari'a in den Hintergrund drängt und damit die erstarrten Ansichten der Ulema übergeht.

'Abduh, der der politischen Agitation eine in seinem Sinne aufklärerische Erziehung vorzog, hat eine Erziehungstheorie entwickelt, in der er auch das nationale Erwachen der Ägypter berücksichtigt. Er reduziert Afghanis universelle Synthese aus Islam und europäisch-bürgerlicher Nationsidee auf das Kleinformat Ägypten, ohne jedoch seine Opposition zu den Nationalisten aufzugeben, auch wenn diese den Islam akzeptieren. Denn 'Abduh war sich bewußt, daß der Nationalismus, so islamisch er sich auch dartun mag, objektiv den Totalitätsanspruch des Islam in Frage stellt, wie dies bei Mustafa Kamils Vorstellungen besonders sinnfällig wird[107]. Nationalerziehung ohne Berücksichtigung der Religion ist für 'Abduh undenkbar: »...Die ägyptische Seele ist von der Religion ganz erfüllt, so daß sie nicht mehr von ihr zu lösen ist. Wenn also jemand die ägyptische Nation ohne Religion erziehen und verbessern will, so gleicht er einem Landmann, der einen Samen in ihr nicht entsprechende Erde pflanzt, ... seine Bestrebungen gehen verloren.«[108]

Walther Braune vergleicht 'Abduhs Auffassungen mit denen des gläubigen Positivismus[109] und charakterisiert 'Abduhs Werk zusammen-

fassend so: »'Abduh unternimmt den Versuch, das andrängende Fremde wiederzufinden in der Offenbarung Gottes. Deshalb kann alle moderne Wissenschaft, jede technische Erfindung von dem Gläubigen
bejaht und rezipiert werden. Wenn Offenbarung recht verstanden
wird, steht sie nicht in Widerspruch zu der modernen Kultur.«[110] Und
die moderne Kultur steht nicht in Widerspruch zum Islam, solange sie
seinen Totalitätsanspruch nicht berührt.

Ungeachtet der aufgezeigten Differenzen zwischen der archaischen
Wahhabitenbewegung und dem Modernismus Afghanis und 'Abduhs
orientieren sich beide Richtungen, wie R. Hartmann schon festgestellt
hat, auffallend an den Vorstellungen der Hanbaliten des
14. Jahrhunderts, insbesondere Ibn Taimiyyas[111]. Es ist daher kein Zufall, wenn ein Schüler Muhammad 'Abduhs und Träger seines Erbes:
Raschid Rida[112], die hanbalistischen Momente des islamischen Modernismus weiterentwickelt in Richtung auf einen islamischen Fundamentalismus und sich schließlich mit der Politik der Banu Sa'ud Fürsten identifiziert, die 1924 erneut die Macht auf der arabischen Halbinsel ergriffen; sie gründeten den heutigen archaischen, feudal-auto-
kratischen Staat Sa'udi-Arabien, dessen erklärte Staatsideologie der
Wahhabismus ist[113]. An Raschid Ridas islamischen Fundamentalismus
knüpft die 1928 gegründete rechtsradikale Bewegung der Muslimbru-
derschaften an, die seitdem die unerbittliche Opposition zum säkularistischen Nationalismus bildet[114]. Ein anderer Schüler 'Abduhs:
'Abdarrahman Kawakibi, der wie Rida Syrer war, lenkte die Lehre
'Abduhs in eine der Ridas entgegengesetzte Richtung: zum arabischen
Nationalismus hin. Kawakibi, ein orthodoxer Muslim, baute in seinen
Schriften die Idee Afghanis und 'Abduhs, daß die Araber die einzig
legitimen Träger des Islam seien, soweit aus, daß er objektiv zu einem
Vorläufer des arabischen Nationalismus wurde[115].

Der islamische Modernismus Afghanis und 'Abduhs und die daran anschließende panislamische Kalifatsbewegung[116] vermochten sich umso
weniger durchzusetzen, je mehr sich im Orient säkular-nationale Strömungen verbreiten konnten. »Die religiöse Bindung ist nicht mehr
stark genug, um einen Staat theokratischer Prägung zu tragen«,
schreibt W. Braune. »Das Kalifenreich enthüllt sich als das Ziel romantischer Sehnsucht, der Versuch, es zu verwirklichen, schafft einen
reaktionären absolutistischen Staat. Der romantische Gedanke der
Theokratie zerbricht an dem ins Neue führenden Gedanken des Nationalen.«[117] Ehe jedoch die archaische Wahhabitenbewegung und der
islamische Modernismus zum bloßen Ausdruck des orientalischen
Konservativismus wurden, hatten sie als reaktive Revitalisationsbe-

wegungen, die sich gegen (einerseits die osmanische, andererseits die europäische) Fremdherrschaft richteten, in ihrem Anfangsstadium, als sie den arabischen Ursprung des Islam hervorhoben, einen begrenzt progressiven, weil nationalen Charakter. Insofern sind beide Bewegungen auch in die Frühphase der Nationalbewegung im arabischen Orient einzuordnen[118], wenngleich sie dem Bewußtsein ihrer Träger nach keine nationalen Strömungen waren.

Das arabisch-nationale Erwachen auf der Basis eines säkularistischen Nationalismus, das die islamischen Revitalisationsbewegungen zum Scheitern brachte[119], bedeutet nicht, daß die nationalistischen Theoretiker den Islam schlechthin preisgegeben hatte, aber sie beraubten ihn seines Totalitätsanspruches und reduzierten ihn auf eine kulturelle Größe, die lediglich einen *Teil* der arabischen Nationalkultur ausmachen sollte. Die jungen nationalen Strömungen werden objektiv von der seit und durch die Französische Revolution eingeleiteten Nationalisierung der Politik auf internationaler Ebene untermauert. H.O. Ziegler unterstreicht diesen Tatbestand: »Die moderne Nation als regulatives Prinzip des politischen Aufbaus hat ... ihre universellste und offiziellste Anerkennung erfahren. Sie ist zur vorherrschenden Legitimitätsidee der modernen politischen Welt geworden.«[120] Bereits 1931 stellte Ziegler die richtige Prognose: »Der Revolutionierung des europäischen politischen Aufbaus durch dieses Prinzip scheint eine Revolutionierung der außereuropäischen Welt zu folgen.[121] Die Revolutionierung des politischen Aufbaus der »Dritten Welt« erfolgte allerdings nicht durch eine beifällige Übernahme der Legitimitätsidee Nation. Vielmehr geschah sie auf der Basis des über seine nationalen Grenzen hinaustreibenden Kapitalismus: Der Kolonialismus, der die Negation der nationalen Existenz der von ihm kolonisierten Völker impliziert, rief den Widerstand dieser Völker gegen sich hervor; es kam zu einem nationalen Erwachen in den Kolonialländern, das den Prozeß der Dekolonisation einleitete.

§ 5 ZUR GENESIS DES ARABISCHEN NATIONALISMUS

Die Sozialstruktur Großsyriens, dem Geburtsort des arabischen Nationalismus, ähnelte im 19. Jahrhundert der Ägyptens vor den Reformen Muhammad 'Alis. Das in Ägypten Iltizam genannte Lehnssystem war in Syrien unter dem Namen Muqata'a bekannt[1]. Das unter osmanischer Herrschaft stehende Großsyrien unterschied sich von Ägypten dadurch, daß es nicht zentral regiert wurde, sondern von untereinander zerstrittenen Lokaldynastien, die sich je in ihren Gebieten verselbständigt hatten. Die Möglichkeiten zur Überwindung feudaler Strukturen waren daher hier geringer als in Ägypten, und Großsyrien war auch derjenige Teil des osmanischen Herrschaftsbereiches, in dem das Feudalsystem am längsten überlebte[2]. Während die Sozialstrukturen Ägyptens seit 1805 mit der Auflösung des Feudalsystems[3] unter Muhammad 'Ali und die Sozialstrukturen des türkischen Kernlandes unter Sultan Mahmud II (1808-1839) nach der Entmachtung der Sipahi und Janitscharen eine relativ umfassende Umwälzung erfuhren[4], blieben die feudalen gesellschaftlichen Verhältnisse Syriens bis zum Beginn der dreißiger Jahre des 19. Jahrhunderts unverändert[5]. Ein ständiger Kampf zwischen den Lokaldynastien einmal untereinander und zum anderen mit den militärischen und zivilen Vertretern der Hohen Pforte erschöpften das Land. Außerdem plünderten die Beduinenstämme der Randgebiete des Landes systematisch die Städte: »the inevitable consequence of this state of affairs was the impoverishment and depopulation of both towns and the countryside.«[6]

Eine Ausnahme bildete das libanesische Küstengebiet, wo vorwiegend Christen maronistischer Konfession lebten, die schon seit dem 16. Jahrhundert Kontakte zu Europa unterhielten. Sie pflegten einen regen Tauschverkehr mit den italienischen Handelsmetropolen und waren kulturell Rom verbunden sowie später auch Frankreich, nachdem französische Missionen unter ihnen tätig geworden waren. In diesen Küstengebieten entfalteten sich die ersten bürgerlichen Schichten in Großsyrien, die einmal, da sie Christen waren, nicht unter einem Loyalitätszwang zur islamisch legitimierten Herrschaft der Osmanen standen und zum anderen durch ihren sozialen Status in Widerspruch zu den Feudalstrukturen des osmanischen Großsyrien geraten waren[7]. Zunächst konnten diese neuen sozialen Schichten keine politische Macht gewinnen, da sie als Christen den Status von Untertanen hatten und von der Staatsgemeinde, die die Muslime bildeten, ausgenommen waren. Auch die christlichen Missionen: die französisch-katholischen und seit 1820 die amerikanisch-protestantischen, die vorgaben, diese Christen zu schützen, konnten sich vor der Besetzung Syriens durch die Armeen Muhammad 'Alis im Jahr 1831 nicht ungehindert betätigen; die Hohe Pforte hat ihrer Arbeit stets enge Grenzen gesetzt.

Mit der Eroberung Großsyriens durch die Armeen Muhammad 'Alis 1831 unter dessen Sohn Ibrahim Pascha beginnt eine neue Phase in der syrischen Geschichte. Die von Ibrahim Pascha nach dem Vorbild des ägyptischen Experiments eingeführten Innovationen und realisierten Reformen und die von ihm eingeleitete Emanzipation der arabischen Christen begünstigten die Entfaltung der im Ansatz bereits vorhandenen arabisch-nationalen Bewegung[8].

Die Ausführungen in diesem Paragraphen beschränken sich darauf, die Generallinie der Entwicklung Großsyriens darzustellen, auf deren Hintergrund die arabische Nationalbewegung seit dem Ersten Weltkrieg und insbesondere die Wirkung Sati' Husris gesehen werden muß. Zunächst behandeln wir kursorisch die Lage Großsyriens unter der Herrschaft Muhammad 'Alis in den Jahren 1831-1840 und die sozialen Auswirkungen der europäischen Missionen seit dieser Phase, in der sie volle Betätigungsfreiheit erlangten. Im Anschluß daran werden wir die Bedeutung der Einflüsse aufzuzeigen versuchen, die das osmanische Reformwerk, die Tanzimat, für den Werdegang Großsyriens und die Entstehung einer europäisch gebildeten arabischen kleinbürgerlichen Schicht muslimischer Herkunft als Pendant zu den zuvor in den europäischen und amerikanischen christlichen Missionen erzogenen arabischen Christen hatte, wobei wir sogleich zu klären versuchen, welcher Stellenwert diesen beiden Flügeln in der arabischen Nationalbewegung zukommt. Dabei werden wir einige Fragen ausklammern bzw. nur kurz anschneiden, die in den folgenden Teilen dieser Arbeit behandelt werden, etwa die Differenz zwischen arabischem und ägyptischem Nationalismus und die Rolle des Islam und des Säkularismus in beiden Bewegungen.

a) Syrien unter der Herrschaft Muhammad 'Alis:
Entstehung des Säkularismus und der Beitrag der europäischen
und amerikanischen christlichen Missionen zur arabisch-nationalen
literarischen Renaissance

Zu Beginn der europäischen Kolonialeroberungen gewann der arabische Orient aufgrund seiner zentralen geographischen Lage wachsende Bedeutung. Während Frankreich ein starkes Interesse an der Bildung eines mittelöstlichen, gemeinarabischen, von den Osmanen unabhängigen Staates unter seiner Hegemonie hatte, um so den Indienweg für England unter französische Herrschaft zu stellen, bestand England auf der Aufrechterhaltung des schwachen und für es daher ungefährlichen Osmanischen Reiches. Dieser Ausgangspunkt der Interessen beider Kolonialmächte ist aufschlußreich für das Verständnis ihrer Haltung gegenüber Muhammad 'Ali einerseits und der Tätigkeit ihrer Missionen andererseits. Frankreich hatte bereits im 18. Jahrhundert damit begonnen, Missionen in die von christlichen Arabern bewohnten Gebiete Syriens und des Libanon zu verpflanzen. Neben diesen französichen katholischen Missionen agitierten russisch-orthodoxe, britische und seit 1820 amerikanische protestantische Missionen. Die bereits erwähnte Einschränkung ihrer Arbeit durch die Osmanen zwang die Missionare, ihre Tätigkeit auf kleine Gruppen arabischer Christen zu konzentrieren. Dabei paßten sie sich je den Kolonialinteressen ihres Herkunftslandes an.

Der aufgeklärte Despot Muhammad 'Ali, unter dessen Herrschaft das nur formal noch zum Osmanischen Reich gehörende Ägypten praktisch schon ein moderner, säkularer Nationalstaat geworden war – wenngleich die Schari'a noch als oberster Leitsatz galt –, erkannte die Schwäche des Osmanischen Reiches, das ohne seine Hilfe die Wahhabitenbewegung nicht hätte untergraben können[9]. Die Entfaltung der ägyptischen Wirtschaft und die Modernisierung der sozialen Strukturen – das sah Muhammad 'Ali – würden im Rahmen eines groß-orientalischen Staates besser vorangetrieben werden können. Seine modern ausgestattete Armee war in der Lage, die Verwirklichung dieses Planes zu garantieren. Zur Legitimation seines Vorhabens bediente sich Muhammad 'Ali, der selbst kein Araber, sondern Albanier war, der nationalen Idee. Im Jahr 1820 besetzte seine Armee den Sudan, nachdem bereits die arabische Halbinsel mit dem Sieg über die Wahhabiten unter seine Herrschaft geraten war. Mit der Einnahme Syriens wollte Muhammad 'Ali seinen Feldzug krönen. Zunächst half er dem osmanischen Sultan 1824 bei der Niederschlagung einer griechischen Revolte in der Hoffnung, als Gegenleistung dafür in Syrien als Statthalter einziehen zu können. Zu dieser Gegenleistung war der osmanische Sultan jedoch nicht bereit, und so entsandte Muhammad 'Ali 1831 seine Armee nach Syrien, nicht ohne sich zuvor der Unterstützung durch Frankreich und die syrische christliche, arabisch-nationalgesinnte Handelsbourgeoisie versichert zu haben. Muhammad 'Ali gewann unter den potentiell nationalgesinnten syrischen sozialen Kräften »ganz treue und dankbare Anhänger und die ganze christliche Bevölkerung ..., ja (er war) sogar in vielen Städten als Retter und Befreier bezeichnet worden«[10]. Sein Sohn Ibrahim Pascha war »für die christlichen Obrigkeiten ... ein siegreicher Löwe, ein Helfer und ein Hüter. Sie haben seine Wünsche mit großer Begeisterung aufgenommen und erfüllt. Sie standen sowohl finanziell als auch militärisch dienstbereit ihm zur Seite.«[11] Diese Ergebenheit erklärt sich da-

mit, daß Ibrahim Pascha den von ihm gegen die osmanischen Truppen
geführten Krieg nicht mit religiösen Motiven verbrämt, sondern als
Kampf der Araber gegen die Türken ausgegeben hatte. Die Vereinigung Syriens mit Ägypten begriff er als Gründung eines großen arabischen Staates[12]. Damit war den arabischen Christen die Möglichkeit
einer gesellschaftlichen Emanzipation eröffnet, denn in einem betont
arabischen Staat würden sie als volle Bürger gelten, während sie in
dem islamisch-theokratischen Staat der Osmanen nicht zur Staatsgemeinde rechneten und dazu einen Untertanen-Status hatten. In der Tat
war »von den wichtigsten Neuerungen, die Ibrahim Pascha in Syrien
durchgeführt hat, ... sicher eine die Gleichstellung aller Religionen... Die Christen durften jetzt auch mit den höchsten Rängen bekleidet werden,... die Steuern waren auch gleichmäßig auf Muham-
madaner und Christen verteilt. Die Christen mußten früher noch die
Kopfsteuer bezahlen, aber dafür waren sie von der Waffenpflicht befreit. Ibrahim Pascha bewaffnete sogar die Christen...«[13] Indes wäre
die politische Emanzipation der arabischen Christen und Juden ohne
eine entsprechende sozialstrukturelle Veränderung ein formaler und
sozial wirkungsloser Akt geblieben. Ibrahim Pascha hob die bisherige
Teilung des Landes in Paschaliks, die von den Lokaldynastien beherrscht wurden, auf; er zentralisierte und säkularisierte das Regie-
rungs- und Verwaltungssystem[14]. Diese Umgestaltungen trafen das
Feudalsystem an der Wurzel. Seine Träger, die Lokaldynastien[15],
wurden durch Staatsbeamte ersetzt. Auch wurde die Gerichtsbarkeit
der mit dem Feudalsystem verflochtenen Geistlichkeit, den Ulema,
entzogen und säkularisiert[16]. Die Räuberbanden der Beduinenstämme, die die urbanen Zentren systematisch geplündert und verunsi-
chert hatten, wurden von der modern ausgerüsteten ägyptischen Armee unter Kontrolle gebracht. Moshe Ma'oz kommentiert zutreffend,
daß die ägyptische Okkupation Syriens »der langen Periode von
Wirrnis und Rückständigkeit ein Ende setzte und eine neue Epoche in
der syrischen Geschichte einleitete«[17]. Erstmals erfuhr die syrische
Bevölkerung eine beträchtliche soziale Sicherheit auf der Basis eines
einheitlichen Steuersystems. Ein gewisser Wohlstand blühte auf, denn
»die öffentliche Sicherheit, die auf dem Lande und entlang den Han-
delsstraßen hergestellt wurde, ermöglichte der Landwirtschaft und
dem Handel, sich zu entfalten, und die Verwaltung unternahm viel,
um die ökonomische Entwicklung zu fördern. Im Bereich der Landwirtschaft führten ägyptische Fachleute neue Methoden und neue An-
bauten ein; Sümpfe wurden entwässert, verwüstetes Land wurde wieder kultiviert, und den Bauern wurden Werkzeuge und Saatgut zur

Verfügung gestellt, sie erhielten Darlehen und manchmals sogar Steuernachlässe. Ähnlich wurde der Binnenhandel angekurbelt; dies war nicht nur eine Folge der größeren Stabilität, sondern erwuchs auch aus dem Bedarf der ägyptischen Armee nach Versorgung. Auch in der Industrie fand eine Entwicklung statt, insofern neue Fabriken (vornehmlich für militärische Zwecke) errichtet wurden; natürliche Rohstoffe wurden genutzt, und man sandte Einheimische nach Ägypten, um dort neue Berufe zu erlernen.«[18]

Die politisch und sozial entmachteten feudalen Lokaldynastien nahmen die tiefgreifenden Veränderungen nicht widerstandslos hin. Im Bündnis mit den Ulema organisierten sie in den Jahren der ägyptischen Okkupation 1831-1840 beständig bäuerliche Revolten gegen das Regime Ibrahim Paschas. Es gelang ihnen umso mehr, die fromme muslimische Bevölkerung gegen die realisierten Reformen zu mobilisieren und zur Revolte zu stimulieren, als die syrischen Christen zum Teil ihre gewonnenen Freiheiten mißbrauchten und die Muslime etwa durch öffentlichen Weingenuß, durch das Tragen von Kreuzen auf den Straßen etc. provozierten. Ibrahim Pascha ging mit eiserner Härte gegen die von der Reaktion irregeführten revoltierenden Bauern vor, so daß sein Regime unter der muslimischen Bevölkerung in kurzer Zeit unbeliebt wurde[19].

Eines der wichtigsten Instrumente der Politik Ibrahim Paschas war die Schule. Unter seiner Herrschaft blühte das moderne Schulwesen in Syrien auf, das eine neue gebildete soziale Schicht hervorbringen sollte, die den Reformen positiv gegenübersteht[19a]. Zu diesem Zweck erlaubte Ibrahim Pascha den christlichen Missionen auch, sich frei zu betätigen[20]. So konnte die amerikanische protestantische Mission ihre Druckerei[21] von Malta nach Beirut verlegen. Die Jesuiten öffneten ihre Schulen wieder. Der amerikanische Missionar Smith richtete ein Mädchengymnasium ein.

Zweifellos steht die Entstehung der ersten arabischen Nationalistengeneration in engem Zusammenhang mit der sozialstrukturellen Umwälzung und der Öffnung Syriens für europäische Einflüsse. Wir haben einleitend schon gesagt, daß Frankreich an der Bildung eines gemeinarabischen Staates, der in Widerspruch zu den britischen Kolonialinteressen an einem ungefährdeten Indienweg steht, gelegen war. So versteht sich, daß Frankreich Muhammad 'Alis Erfolge in Großsyrien »als seine eigenen betrachtete«[22] und daß es die ihm loyal verbundene libanesische maronitische Obrigkeit veranlaßte, Muhammad 'Ali zu unterstützen. Dagegen geriet der orientalische Großstaat Muhammad 'Alis »in einen folgenschweren Konflikt mit England, der ihm nicht nur Syrien, sondern später unter seinen Nachfolgern auch die Herrschaft in Ägypten kostete«[23]. 1840 mußten die ägyptischen Truppen auf Drängen Englands Syrien räumen. Das Reformwerk konnte jedoch nicht mehr rückgängig gemacht werden; vielmehr hatte es »a long-term impact on local society«[24], wie Moshe Ma'oz anmerkt. Dies gilt gleichermaßen für die Arbeit der europäischen und amerikanischen christlichen Missionen. Die Missionare, die objektiv als Vorboten des Kolonialismus fungierten, haben, indem sie die nationale Sprache pflegten, den Arabern ein Nationalbewußtsein vermittelt, das die Araber einerseits – wenn auch nur auf der Ebene des Bewußtseins – der islamisch-legitimierten Herrschaft der Osmanen entzog und das sie andererseits für die Missionierung öffnete[25].

Den drei Missionen in Großsyrien: der katholischen und jesuitischen Frankreichs, der protestantischen der USA und der russisch-orthodoxen des zaristischen Rußland, kommt aufgrund ihrer Arbeit je ein besonderer Stellenwert zu[26]. Während die amerikanischen protestantischen und die russisch-orthodoxen Missionare beachtlich zur arabischen Renaissance beitrugen, verfolgten die französischen katholischen Missionen eine offene Kolonialpolitik. Den arabischen Christen, vorwiegend Maroniten, die in den französischen Missionen aufwuchsen, wurde gelehrt, daß sie sich nur unter dem Schutz Frankreichs, d. h. unter dessen Kolonialherrschaft, würden emanzipieren können. Anfänglich wurde in den französischen Missionsschulen nur auf Französisch unterrichtet; erst der Zwang zur Konkurrenz mit den protestantischen Missionen veranlaßte die französischen Missionare, die Missionierung auf Arabisch zu betreiben, wenngleich dies auch nur zeitweise geschah. Die maronitische Geistlichkeit wurde »zum bedingungslosen Bundesgenossen der französischen Nah-Ost-Politik«[27], schreibt Jürgen Brandt; die Missionierung hatte eine klar definierte Aufgabe: sie begleitete die ökonomische Durchdringung des syrischen Küstengebietes als Offensive, »deren Hauptziel darin bestand, die sich in dieser Zeit entwickelnde Unabhängigkeitsbewegung für die Kolonialabsichten der herrschenden französischen Klassen auszunutzen.«[28] Nicht aus den französischen Missionen gingen daher die frühen arabischen Nationalisten hervor, sondern aus den amerikanischen protestantischen, deren Arbeit insofern weniger auf koloniale Absichten abgestimmt war, als die USA im 19. Jahrhundert noch keine dezidierten kolonialen Interessen im Orient verfolgten und sich auf den lateinamerikanischen Kontinent konzentrierten[28a]. Da der Protestantismus darauf besteht, das Christentum je in der nationalen Sprache zu verankern, lernten die amerikanischen Missionare Arabisch. Auch engagierten die amerikanischen Missionen arabische Philologen für eine neue – evangelische – Übersetzung der Bibel ins Arabische. Daneben protegierten sie eine Reihe arabischer Philologen, die an der Neubelebung der arabischen Sprache arbeiteten; mit ihrer Hilfe wurden religiöse Textbücher auf Arabisch verfaßt, die zum Unterricht in den aufgebauten Missionsschulen dienten. Freilich haben die amerikanischen Missionare die Missionierung auch deshalb in arabischer Sprache betrieben, weil ihre Arbeit dadurch erfolgreicher zu werden versprach, was sich auch bestätigte. Die Neubelebung der Nationalsprache bedeutete eine Revitalisierung der Nationalkultur und damit die Schaffung einer neuen, einer *nationalen* Identität, die die bisherige religiöse Identität: die Substanz der Loyalität der Araber zum Osmanischen Reich, in den Hintergrund drängte. Der Erfolg, den die amerikanischen Missionen mit ihren Methoden erzielten, zwang die anderen christlichen Missionen zeitweise, es ihnen gleichzutun[29].

Ähnlich progressiv wie die amerikanische wirkte sich die Missionsarbeit der russisch-orthodoxen Kirche im Orient aus. Die russischen Missionen bekämpften, orientiert an der Politik des zaristischen Rußland, die griechische Vorherrschaft in den ostkirchlichen Institutionen und unterstützten den aus Arabern bestehenden niederen Klerus. Ein Höhepunkt ihrer Bemühungen war die Besetzung des Patriarchats von Antiochia 1899 erstmals mit einem Araber anstatt mit einem Griechen, ungeachtet der Proteste des griechisch-orthodoxen höheren Klerus[30]. Es gab sogar Pläne russischer Politiker, mit Hilfe der russisch-orthodoxen Missionen die Araber vom Nil bis Euphrat-Tigris zu einem solidarischen Aufstand mit den Südslaven gegen das Osmanische Reich, an dessen Schwächung dem zaristischen Rußland gelegen war, zu mobilisieren[31].

Insgesamt begünstigte die russisch-orthodoxe und in stärkerem Maße die amerikanisch-protestantische missionarische Tätigkeit die Ausbildung eines arabisch-nationalen Bewußtseins unter den christlichen Arabern. Die arabische literarische Renaissance ist jedoch nicht das alleinige Verdienst der amerikanischen Missionen, wie die amerikanische Orientliteratur gemeinhin behauptet. A. L. Tibawis Forschungen haben ergeben, daß schon vor Ankunft der amerikanischen Missionare auf arabisch gedruckte Textbücher zirkulierten und eine arabische Übersetzung der Bibel bestand; gleichfalls existierte bereits ein Schulwesen. »Die Amerikaner haben lediglich eine andere Art von religiöser Literatur produziert und eine andere Übersetzung der Bibel geliefert.«[32] Auch gibt Tibawi zu bedenken, daß »nichts darauf hindeutet, daß die (amerikanisch-protestantische, B. T.) Druckerei ein Instrument war, um das ›weitgehend in Vergessenheit geratene‹ oder das ›rasch zerfallende‹ arabische Kulturerbe wiederzubeleben. Es lag nicht in ihrer Absicht, die klassische arabische Literatur oder gar andere Momente der arabischen Kultur zu revitalisieren.«[33]

Die amerikanischen Missionare haben die arabische Sprache nur modernisiert, um ein adäquates Kommunikationsmittel bei der Missionierung zu haben. Daß die Neubelebung der Nationalsprache eine literarische Renaissance einleitete, war ein nicht beabsichtigtes Beiprodukt der Missionsarbeit, das den Missionen insofern gelegen kam, als die Renaissancebewegung die Loyalität der Araber zum Osmanischen Reich untergrub.

Der arabische Nationalismus war in seiner frühen Phase unpolitisch. Er resultierte aus der Beschäftigung mit der arabischen Kultur und der Modernisierung der arabischen Sprache unter der Ägide vorwiegend amerikanisch-protestantischer Missionen. Diese literarische Bewegung drückt indes einen politischen Tatbestand aus, denn »... wenn das nationale Bewußtsein erwacht ist, dann kommt dem Bemühen um die Sprache und alte Literatur eine tiefgreifende Bedeutung zu. So war es im arabischen Orient... Der Kampf gegen das Fremde führt zur Besinnung auf das eigene.«[34]

Eingeleitet wurde die literarische Renaissance im 19. Jahrhundert von dem bedeutenden arabisch-christlichen Philologen Nasif Yazigi (1800-1871), der durch gründliche Studien der klassischen arabischen Literatur die arabische Sprache in einer für seine Epoche außerordentlichen und meisterhaften Weise beherrschte[35]. Die amerikanischen Missionare hatten Yazigi für die Redigierung und Korrektur ihrer arabisch-sprachigen religiösen Textbücher engagiert und ihn mit der Überarbeitung ihrer Übersetzung der Bibel ins Arabische beauftragt. Yazigis Werk besteht vorwiegend aus philologischen Arbeiten. Aus seiner Feder stammen auch zahlreiche Qasiden (Gedichte) sowie Abhandlungen über die Logik, Medizin und Geschichte[36]. A. Hourani sagt mit Recht, daß alle arabischen Schriftsteller des 19. Jahrhunderts direkt oder indirekt als Yazigis Schüler anzusehen sind[37].

Faris Schidyaq (1805-1887), ein Zeitgenosse Yazigis, hat nicht nur intensiver als jener mit den amerikanischen Missionen zusammengearbeitet; er war auch einer der ersten Araber, die zum Protestantismus konvertierten[38]. Er bereiste Europa und berichtete über seine Erfahrungen[39] ähnlich, wenngleich nicht so brillant, wie Tahtawi in seinem Pariser Tagebuch, auf das wir oben (§ 4 c) eingegangen sind. Das sozialkritische Werk[40], das Schidyaq verfaßte, ist zugleich ein autobiographisches Zeugnis; es enthält scharfe Kritik an

der maronitischen Hierarchie, die den Tod seines Bruders, des Historikers Tannus, verschuldete, nachdem dieser zum Protestantismus
konvertiert war[41]. Schidyaq war einer der ersten arabischen Literaten, die gegen die alte literarische Tradition rebellierten und eine Modernisierung der Literatur forderten[42]. Um die Gefahren, die ihm als
Kritiker begegneten, abzuwenden, erwarb er die britische Staatsange-
hörigkeit und mit dem Status eines Europäers den daran geknüpften
Schutz seiner Person[43]. Wir stimmen Hourani zu, wenn er sagt, daß
die Schriften Schidyaqs nicht von der Qualität eines politischen Den-
kers zeugen. Schidyaq war Philologe und literarischer Sozialkritiker
im engen Rahmen[44].

Die größte Bedeutung unter den arabischen nationalen Literaten des
19. Jahrhunderts kommt dem syrischen Philologen Butrus Bustani
(1819-1883) zu, in dessen Werk die Revitalisierung der arabischen
Kultur in einer deutlichen Weise mit nationalen Implikaten verbunden ist[45]. Auch Bustani arbeitete für die amerikanischen Missionen: er
lehrte den Missionaren die arabische Sprache. Schließlich konvertier-
te er auch zum Protestantismus. Aus seinen zahlreichen philologischen Arbeiten ragt sein pionierhaftes Wörterbuch »Muhit al-muhit«
(Der Umfang des Ozeans) besonders hervor. Bustani begann mit der
Arbeit einer ersten arabischen Enzyklopädie, von der er bis zu seinem
Tod nur die ersten Bände fertigstellen konnte; sie ist von seinen Nach-
fahren bis zum elften Band fortgesetzt worden. In einer Abhandlung
aus dem Jahr 1849 plädiert Bustani für eine Bildung der Mädchen[46].
Wie seine übrigen Schriften, so enthält auch sein Vergleich der arabischen und europäischen Sitten Sozialkritik[46a]. Bei seinen Bemühungen, die arabische Kultur zu revitalisieren, erinnert Bustani daran,
daß die Araber einst eine hohe Stufe der Zivilisation erreicht hatten,
auf die alle Araber: Christen und Muslime, voll nationalem Stolz zu-
rückschauen könnten. Zur Neubelebung der autochthonen Kultur
hält er es für notwendig, aus den europäischen Errungenschaften des
bürgerlichen Zeitalters zu lernen, da der europäische Kulturbereich
als der fortgeschrittenste ein Vorbild sein könne. Zudem nennt Bustani als Vorbedingung für die Revitalisierung der arabischen Kultur die
nationale Einheit der Araber aller Religionszugehörigkeiten, wozu
religiöse Toleranz und die Trennung von Religion und Politik erforderlich seien[47].

Im Jahr 1847 gründeten Butrus Bustani und Nasif Yazigi mit Unterstützung der amerikanischen Missionare die erste literarische Vereinigung im arabischen Orient, die »Gam'iyyat al-adab wa al-'ulum«
(Gesellschaft für Literatur und Wissenschaft), der neben Europäern

ausschließlich syrische Christen als Mitglieder angehörten. Sie wurde 1857 durch die »al-Gam'iyya al-'ilmiyya as-suriyya« (Syrische Wissenschaftliche Vereinigung) abgelöst, die außer arabischen Christen auch Muslime und Drusen westlicher Bildung umfaßte. Auch in dieser Vereinigung war Bustani ein führendes Mitglied[48]. Auf Bustani geht außerdem der arabisch-nationale Journalismus zurück. Während der konfessionellen Unruhen 1860 in Syrien[49] gab er die Flugschrift »Nafir Suriyya« (Der Aufruf Syriens) heraus, von der elf Ausgaben erschienen sind. Darin fordert Bustani die einander bekämpfenden, von den Kolonialmächten und den herrschenden Lokaldynastien aufgewiegelten Christen und Muslime zur überreligiösen, nationalen Solidarität auf. Die Zeitschrift »al-Ginan« (Die Paradiese), die Bustani ab 1870 herausgab und von der 16 Jahrgänge existieren, mußte unter der Despotie des Sultan Abdülhamid II 1886 ihr Erscheinen einstellen. Seitdem verlagerten sich die nationale literarische Bewegung und der arabisch-nationale Journalismus nach Ägypten, wo sie sich frei entfalten konnten, da Ägypten nicht mehr zum osmanischen Herrschaftsbereich gehörte. Das Motto der Zeitschrift »al-Ginan« hieß: »Hubb al-watan min al-iman« (Vaterlandsliebe gehört zum Glauben). Beide literarischen Organe: »al-Ginan« und »Nafir Suriyya«, waren die ersten Sprachrohre des kulturellen arabischen Nationalismus. Neben ihnen existierte seit 1863 die von Bustani gegründete patriotische Schule »al-Madrasa al-wataniyya«, die erste säkularisierte Schule im modernen Syrien, an der auch Nasif Yazigi wirkte[50]. Als 1866 die amerikanischen Missionare die akademische Anstalt »Syrien Protestant College«[51], die heutige American University of Beirut (AUB), eröffneten, konnten sie Bustani zur Mitarbeit gewinnen. Vorwiegend aus diesem College ging die erste Generation der arabischen liberalen, westlich gebildeten Nationalisten hervor.

Dem klassischen Historiker des arabischen Nationalismus: George Antonius zufolge ist die erste arabisch-nationale Stimme die des Philologen und Literaten Ibrahim Yazigi (1847-1905), der ein Sohn Nasif Yazigis war. Ibrahim Yazigi verfaßte die erste moderne patriotische Qasida in arabischer Sprache. Er verlas dieses Gedicht in einer Geheimsitzung der oben erwähnten »Syrischen Wissenschaftlichen Vereinigung«. In dieser Qasida erklärt Ibrahim die Araber zu einer selbständigen Kulturnation; er verwirft das osmanische Joch und ruft den Arabern gleich in der ersten Zeile entgegen: »Erhebt Euch, Araber, erwachet!«[52] Und zum Ruhm der Araber schreibt er: »Wir sind der Ursprung jedes Großen / Aus unsren Werken schöpfte das Geschlecht der Menschen / Und – frag im Westen nach des Ruhmes Werken – / Ihr Zeichen stehet an der Stirn der Zeit / Doch nicht Erinnerung kann uns mehr genügen / Ihr Band gewähret Zuflucht nicht / Wir werden eifern nach den Höhen / Bis daß sie Stützen haben von Bestand.«[53] W. Braune, der diese Strophe zitiert, meint, dies »waren Worte, auf deren Widerhall noch lange zu warten sein sollte«[54]. Dagegen überliefert George Antonius, daß das Gedicht in Syrien schon bald große Resonanz fand und in literarischen Kreisen allenthalben zitiert wurde[55].

Es ist kein Zufall, daß der arabische Nationalismus in seiner frühen Phase als literarische Renaissancebewegung auftrat, die nicht mit politischen Theorien fundiert war und die ausschließlich von Philologen und Literaten getragen wurde. Denn für eine politisch-nationale Bewegung waren im 19. Jahrhundert weder die objektiven noch die subjektiven Bedingungen im arabischen Orient gereift. Dieser Tatbestand äußert sich darin, daß die frühen arabischen Nationalisten sich darauf beschränkten, die Existenz einer selbständigen arabischen Kulturnation zu betonen, ohne für diese einen nationalstaatlichen Rahmen zu postulieren. Entweder wurde die Existenz dieser »Nation« als unter osmanischer Herrschaft gegeben kritiklos hingenommen oder es wurde am Osmanischen Reich nur die despotische Regierungsform kritisiert, ohne daß seine gesellschaftliche Organisation in Frage gestellt worden wäre. Dies gilt gleichermaßen noch für den ersten politischen Theoretiker des Nationalismus im arabischen Orient: Adib Ishaq (1856-1885), ein syrischer Christ, der in seinen von seinem Bruder gesammelten Abhandlungen »ad Durar« (Die Perlen)[56] eine über eine literarische Formulierung hinausgehende Nationsbestimmung gab. Ishaq wuchs in einer jesuitischen Missionsschule auf; er betätigte sich literarisch in Ägypten und Paris, wo er u. a. Zeitungen herausgab. Für Ishaq ist Watan, verstanden als patrie im liberal-demokratischen Sinne, identisch mit Freiheit. »Es gibt keine terra patria ohne Freiheit, im Zustand der Tyrannei gibt es keine terra patria«, zitiert er europäisch-bürgerliche Denker zustimmend[57]. Die Vaterlandsliebe begreift er als eine Tugend, deren Substanz die Freiheit sei. Der von Ishaq geforderte freiheitliche Zustand nach dem Vorbild der fortgeschrittenen bürgerlichen Gesellschaft in Europa könnte, das hatte Ishaq erkannt, nur erreicht werden, wenn die gesellschaftlichen Voraussetzungen dazu gegeben wären. So »kann die Republik in China nicht funktionieren, wie die autarkische Monarchie in England nicht funktionieren kann. Der Republikanismus ist in essentia die Herrschaft des Volkes über das Volk. Diese kann nicht funktionieren in einem Land, wo die Ignoranz herrscht.«[58] Daher kritisierte Ishaq auch jene Araber, die als

Abgeordnete in das über Reformen eingeführte konstitutionelle Parlament des Osmanischen Reiches einzogen. Er hielt dieses Parlament für eine bloße Fassade und für funktionsunfähig, solange es nicht wirklich demokratisch verankert sei[59], und es hat sich auch gezeigt, daß dieses Scheinparlament 1878 von Sultan Abdülhamid II ohne jegliche Schwierigkeiten aufgelöst werden konnte. So reif Ishaqs politisches Denken für seine Zeit war, so sah er doch keinen Widerspruch zwischen den von ihm formulierten Theorien und seiner Loyalität zum Osmanischen Reich, das er in seiner Totalität nicht problematisierte[60].

Die erste dezidiert arabisch-nationale, nicht allein kulturelle, sondern auch politische Vereinigung, die separatistische Forderungen stellte, ist der von Studenten des Syrian Protestant College 1875 gegründete Geheimbund, dessen Programm die konsequente Fortführung der arabischen literarischen Renaissance dokumentiert. Zunächst umfaßte der Bund nur Christen, bald aber traten auch Muslime und Drusen bei. Die Mitgliederzahl wuchs beständig. Ähnliche Geheimbünde wurden kurz darauf in anderen syrischen Städten gegründet. Die Plakate, die die Mitglieder im Untergrund anfertigten und nachts an die Fassaden klebten, forderten einen arabisch-nationalen Staat, in dem alle Araber unter Absehung ihrer Zugehörigkeit zu einer religiösen oder sonstigen Gruppe als Bürger und nicht länger als Untertanen leben sollten[61].

Im beginnenden 20. Jahrhundert wird Paris das Agitationszentrum der arabischen Nationalisten; dort studierten nun syro-libanesische Araber aller Konfessionen. Die frühe arabische politische Nationalbewegung wurde sowohl von Arabern getragen, die aus den christlichen Missionen und europäischen akademischen Anstalten hervorgingen, als auch von jenen, die im Rahmen des Osmanischen Reformwerkes in der Tanzimat-Periode eine westliche Bildung erhielten. Während die ersteren vorwiegend arabische Christen waren, sind die letzteren, auf die wir im folgenden Abschnitt eingehen werden, zumeist Muslime gewesen[62].

b) Zur Bedeutung der Tanzimat-Periode und Entstehung einer Schicht
arabischer nationalgesinnter Offiziere und Intellektueller:
Die Geheimbünde und die Politisierung des Nationalismus bis
zur antiosmanischen Revolte 1916-1918

Ein Jahr vor dem Abzug der ägyptischen Truppen aus Syrien beginnt
im Osmanischen Reich eine Phase umfassender Umstrukturierung,
die als Tanzimat-Periode bekannt ist[63]. Die Tanzimat (= wohlwol-
lende Anordnungen) werden 1839 mit dem Dekret Hatt-i Şerif von
Gülhane eingeleitet, in dem die Notwendigkeit artikuliert wird, »das
alte Regime von Grund aus (zu) reformieren und neu (zu) gestalten«[64]. Dieses Dekret wurde 17 Jahre später, 1856, durch den kaiserli-
chen Erlaß Hatt-i Humayun ergänzt, der soweit geht, die Diffusion
bedeutender Institutionen der bürgerlichen Gesellschaft mit denen
des Osmanischen Reiches anzukündigen[65]. Als das hervorstechendste
Merkmal der Tanzimat-Periode bezeichnet K. Steinhaus »das rapide
Fortschreiten der Zentralisation der Staatsmacht. Die lokale politische Macht der ›quasi-feudalen Assoziation von Paşas und Steuer-
pächtern früherer Zeiten‹ wurde nach und nach gebrochen ... Parallel
zur Zentralisierung und Modernisierung der Verwaltung vollzog sich
auch der Prozeß der Säkularisierung.«[66] Bürgerliche Gesetzbücher
wurden eingeführt; Studenten wurden zum Studium nach Europa geschickt und – bedeutsamer noch: die Offiziere der osmanischen Armee wurden fortan in Europa oder aber im Osmanischen Reich von
europäischen Instrukteuren ausgebildet. So entstand in der Tanzimat-
Periode eine verwestlichte Offiziersschicht kleinbürgerlicher Herkunft, die mit der Militärkaste der alten osmanischen Armee nichts
gemein hatte und die in den letzten Jahrzehnten des 19. Jahrhunderts
eine entscheidende politische Rolle übernahm. Aus dieser Offiziersschicht gingen sowohl die Jungtürken hervor als später auch die Kemalisten, die das Osmanische Reich auflösten. Ebenso entstammen ihr
die arabisch-nationalgesinnten Offiziere, die in der arabischen Nationalbewegung eine zentrale Position einnahmen[67]. Mit Übertonung,
wenngleich nicht ganz unberechtigt, schreibt Bernard Lewis, daß
»von allen Gruppen in der orientalischen Gesellschaft die Armee-Of-
fiziere am längsten und nachhaltigsten westlichen Einflüssen ausgesetzt waren; von Berufs wegen haben sie das lebhafteste Interesse an
Modernisierungsmaßnahmen und Reformen. Dies mag uns helfen, ein
Phänomen im mittleren Osten zu erklären, das wir in anderen Teilen
der Welt nicht antreffen: der Berufsoffizier als Vorhut sozialen Wandels.«[68]

Die Tanzimat-Periode, deren Beginn mit der Restaurierung der osmanischen Herrschaft in Syrien koinzidiert, bedeutete für Syrien, wie Moshe Ma'oz in seiner Studie herausgearbeitet hat[69], die Fortsetzung des Reformwerkes unter Muhammad 'Ali und seinem Sohn Ibrahim Pascha aus den Jahren 1831-1840. Die entmachteten Lokalregenten und Ulema in Syrien, die die Restaurierung ideologisch als Sieg des Islam und als Wiederherstellung ihrer Machtposition angesehen hatten, mußten schließlich enttäuscht feststellen, daß die Tanzimat unvereinbar mit den sozialen und politischen Verhältnissen vor 1831 waren und in Widerspruch zu ihren eigenen partikularistischen Interessen standen, keineswegs aber zu den Leistungen, die unter Muhammad 'Ali und seinem Sohn Ibrahim Pascha vollbracht worden waren[70]. In Syrien äußerte sich die Tanzimat-Politik in einer administrativen Reform, die das Land auf Kosten der in den Jahren zuvor bereits geschwächten Lokaldynastien zentralisierte und einer strengen Verwaltungskontrolle der Hohen Pforte unterstellte[71].

Das Reformwerk der Tanzimat wurde unter der Herrschaft des Sultan Abdülhamid II (1876-1909) abgebrochen: 1878 setzte Abdülhamid II die 1876 eingeführte Verfassung bereits außer Kraft und warf das Reich – juristisch gesehen – vom Status der »konstitutionellen Monarchie« auf den des »unaufgeklärten Absolutismus« zurück[73]. Auserlesene Verfolgungsobjekte des von Abdülhamid II aufgebauten weitverzweigten Spitzelsystems waren die aufgeklärten, europäisierten Kräfte, die Verfechter der Tanzimat.

Die durch die Tanzimat entstandene okzidentalisierte Intellektuellenschicht artikulierte sich bereits in den 60er Jahren des 19. Jahrhunderts in der »jungosmanischen« Bewegung, die sich von der Vorstellung leiten ließ, daß das Osmanische Reich durch Übernahme europäisch-bürgerlicher Errungenschaften verlebendigende Impulse gewinnen könne, ohne daß seine Struktur wesentlich geändert werden müsse[74]. Als Abdülhamid II zur Herrschaft gelangte, brach diese Bewegung ab. Ihr folgte die »jungtürkische« Bewegung, die sich Ende der 80er Jahre des 19. Jahrhunderts aus verwestlichten Offizieren konstituierte; aus ihr bildete sich das »Ittihad ve Terakki Cemiyeti« (Komitee für Einheit und Fortschritt)[75]. Obwohl dieser Organisation später auch zivile Elemente, vornehmlich aus der in Europa im Exil lebenden Opposition, beitraten, blieb das Offizierskorps ihr Kern[76].

In dem Komitee für Einheit und Fortschritt waren arabische Offiziere der osmanischen Armee, insbesondere irakischer Herkunft, vertreten, aber auch Angehörige anderer Nationalitäten des Osmanischen Reiches. Sie arbeiteten gegen die hamiditische Despotie auf der Basis einer neuen Interpretation des Osmanismus zusammen. Nicht mehr das religiöse Band des Islam vereinigte sie, sondern der multinationale Gedanke, wie R. Hartmann ausführt: Die Jungtürken versuchten, »den osmanischen Staatsgedanken zu propagieren, etwa in dem Sinn, in dem man in Österreich von einem österreichischen Staatsgedanken sprechen konnte. Aber sowie dieser Gedanke bestimmter gefaßt wurde, stellte er sich im Grunde doch als der Gedanke der türkischen Vorherrschaft heraus. Die Parallele mit Österreich liegt nahe; nur ist der große Unterschied nicht zu vergessen, daß die andern Volksgruppen in der Türkei eine ältere Kultur haben als die Osmanli selbst.«[77] Daß der als konstitutionelle Nationalitätenmonarchie neuinterpretierte Osmanismus potentiell eine Legitimation der türkischen, nicht mehr religiös verbrämten Vorherrschaft bedeutete, wurde allerdings erst nach der Machtergreifung der Jungtürken 1909 offensichtlich. Zuvor vollzog sich die Arbeit der Offiziere verschiedener Nationalitäten in dem Komitee für Einheit und Fortschritt reibungslos. Auch die arabischen Offiziere hielten an der Loyalität zum Osmanischen Reich im Sinne einer Nationalitätenmonarchie fest. Sie waren 1908 maßgeblich an der gewaltsamen Durchsetzung der von Abdülhamid II 1878 aufgehobenen Verfassung aus dem Jahr 1876 beteiligt, ebenso an der Niederschlagung der von Abdülhamid II 1909 gegen die Jungtürken geschürten Konterrevolution, wobei das Ergebnis dieses Mal nicht die erneute Inangriffnahme von Reformen war, sondern Abdülhamid II wurde abgesetzt: die Jungtürken übernahmen die Macht[78].

Führend beim Marsch auf Konstantinopel gegen die hamiditische Konterrevolution im Jahr 1909 waren u. a. zwei hohe arabische Offiziere: der Ägypter 'Aziz 'Ali Misri und der Iraki Mahmud Schaukat. Im Anschluß an die jungtürkische Revolte von 1908, noch im September des gleichen Jahres, war der »Gam'iyyat al-ikha' al-'arabi al-'osmani« (Bund der arabisch-osmanischen Verbrüderung) gegründet worden, dessen Leitidee es war, daß die Araber zwar weiterhin im Osmanischen Reich leben, als Nationalität aber eigene nationale Rechte haben sollten, z. B. eine eigene Verwaltung, ein eigenes Schulsystem; auch sollte in den von ihnen bewohnten Gebieten Arabisch neben Türkisch zur gleichberechtigten Sprache werden[79]. Ab 1908, mit der Zerschlagung des Spitzelapparates Abdülhamids II und der damit gewonnenen Freiheit zur politischen Betätigung, entstanden die ersten politischen Geheimbünde und literarischen Vereinigungen. Die in Konstantinopel lebenden arabischen Intellektuellen mit westlicher Bildung gründeten 1908 »al-Muntada al-'adabi« (Der literarische Klub), der eine gleichnamige Zeitschrift herausgab[80].

Nachdem die Jungtürken 1909 mit Hilfe der arabischen Offiziere über die hamiditische Konterrevolution gesiegt und die Macht übernommen hatten, kehrten sie eine nationalistische Ideologie: den Turanismus, hervor[81], mit der sie die verschiedenen im Osmanischen Reich zusammengefaßten Völker, die nunmehr ihre Emanzipationsansprüche geltend machten, entschlossen in Schranken verwiesen. »Unter dem Druck der modernen nationalen Ideen im Balkan waren sie gezwungen, ihre modernen liberalen Prinzipien schnell aufzugeben, und die unglücklichen Kriege mit dem Verlust von Tripoli an Italien und nahezu des ganzen europäischen Besitzes trieben sie in einen autoritären türkischen Nationalismus«, schreibt W. Braune über die Jungtürken. »Abstruse Theorien des französischen Historikers Léon Cahun gaben das Recht, hinzuschauen auf ›Turan‹, dem Ursitz der Türken in Innerasien, und das vorislamische Türkentum wurde bei der Schriftstellerin Chalide Edib und dem Dichter-Philosophen Ziya Gök Alp das Zentrum der Geschichte.«[82] Als Folge dieser Wende der Jungtürken wurde der Bund der arabisch-osmanischen Verbrüderung acht Monate nach seiner Gründung aufgelöst. Der Literarische Klub von Konstantinopel wurde verboten, und arabische Nationalisten, die lediglich eine national-kulturelle Autonomie innerhalb des Osmanischen Reiches anstrebten, wurden verfolgt und Repressionen ausgesetzt[83]. Den ideologischen Wandel zementierte ein strenger Zentralismus, der an der Türkisierung der anderen Nationalitäten orientiert war und ihre nationalen Sprachen und Kulturen systematisch unterdrückte. Die arabische Nationalbewegung, die nach der Entmachtung des Despoten Abdülhamid II teilweise in der Öffentlichkeit aufgetreten war, kehrte zurück in den Untergrund, um von dort aus die Türkisierungspolitik und den Turanismus der Jungtürken zu bekämpfen, ohne die Vorstellung aufzugeben, daß die Verwandlung des Osmanischen Reiches in eine konstitutionelle Monarchie, in der die Araber eine verwaltungsmäßige und national-kulturelle Autonomie genießen, möglich sei[84].

Zu den wichtigsten arabisch-nationalen Geheimbünden[85] gehörten damals: »*Gam'iyyat al-'arabiyya al-fatat*« (Der jungarabische Bund). Er war 1911 in Paris von syrischen Studenten und Graduierten gegründet worden. Diese straffe Organisation arbeitete strikt in der Illegalität, und obgleich eine Reihe ihrer Mitglieder der Verfolgung durch die Jungtürken zum Opfer fielen, konnte der Bund nicht aufgedeckt werden, was von seiner Qualität zeugt. Die Mitglieder waren fast ausschließlich Muslime[86]. Der »*Gam'iyyat al-'ahd*« (Konventionsbund) wurde 1913 in Konstantinopel als Nachfolgeorganisation des 1909 entstandenen Qahtaniyya-Bundes, der teilweise durch Verrat aufgedeckt worden war, gegründet. Während jenem Militärs und zivile Personen angehörten, umfaßte der »Gam'iyyat al-'ahd« ausschließlich arabische Offiziere unter dem Vorsitz des ägyptischen hohen Offiziers 'Aziz 'Ali Misri. R. Hartmann weist darauf hin, daß Misri »nicht umsonst ... im türkischen Komitee für Einheit und Fortschritt seine Erfahrungen gesammelt und gesehen (hatte), daß die Kreise der Armee sehr viel fähiger zum Handeln waren als die eigentlichen Politiker«[87]. Dementsprechend war der »Gam'iyyat al-'ahd« neben dem »Gam'iyyat al-'arabiyya al-fatat« die politisch effektivste Organisation; in ihr waren 1914 etwa 315 Offiziere vertreten[88]. Erwähnenswert neben den beiden genannten großen Geheimbünden sind noch der *»Gam'iyya al-islahiyya«* (Reformbund), der 1912 in Beirut entstand und vorwiegend libanesische Christen versammelte, die allerdings einen partikularen frankophonen libanesischen Nationalismus vertraten, und die *»Hizb al-lamarkaziyya al-idariyya al-'osmani«* (Osmanische Dezentralistische Partei), die 1912 in Kairo von Exilsyrern gegründet wurde. Die in ihr vereinten Anhänger des Dezentralismus waren politisch unterschiedlich ausgerichtet. So gehörte ihr beispielsweise der christliche Syrer Schibli Schumaiyil[89] an, der darwinistische und sozialliberale Ideen vertrat und einen konsequenten Säkularismus verfolgte, neben Raschid Rida[90], einem Schüler Muhammad 'Abduhs, der den islamischen Modernismus in eine rechtsradikale, fundamentalistische Richtung trieb und nach der Machtübernahme der Wahhabiten 1924 auf der arabischen Halbinsel deren Wortführer wurde.

Die genannten Geheimbünde organisierten mit Unterstützung Frankreichs, das es damals vermochte, sich die arabische Nationalbewegung wohlgesinnt zu stimmen, 1913 in Paris einen arabisch-nationalen Kongreß, auf dem sie ihre politischen Vorstellungen und Forderungen artikulierten. Die Teilnehmer des Kongresses waren sowohl Christen als auch Muslime; sie begriffen sich nicht als Angehörige einer religiösen Gemeinschaft, sondern als Araber, bekannten sich jedoch alle – bis auf einige christliche, frankophile Vertreter aus Beirut – zum Osmanismus. Ihre Forderungen gingen nicht über eine dezentralisierte Verwaltung, innere national-kulturelle Autonomie und Gleichberechtigung mit den Türken im Rahmen einer konstitutionellen Nationalitätenmonarchie hinaus[91]. Zu der Minderheit, die eine Lostrennung vom Osmanischen Reich verlangte, gehörten die Syrer K. T. Khairalla[92], den R. Hartmann »ein(en) begeistert(en) Lobredner Frankreichs« nennt, und Negib Azoury. Hartmann meint, beide seien nicht »Förderer der arabischen Sache« gewesen, da sie »ihr Heimatland mit einem anderen, Frankreich, vertauscht haben und nun eine nicht angewandte, aber aufdringliche und durchsichtige Propaganda für dieses entwickelten«[93]. Besonders Azoury war in Paris sehr aktiv und verstand es, viel Lärm um sich zu machen, obgleich, wie G. Antonius und R. Hartmann ermittelten, sein politischer Einfluß im Orient sehr gering war[94]. Im Jahr 1904 gründete Azoury in Paris die »Ligue de la Patrie Arabe«; 1905 veröffentlichte er seine auf französisch geschriebene Abhandlung »Le Réveil de la Nation Arabe«; und zwischen 1907 und 1908 gab er in Paris die Zeitschrift »L'indépendance Arabe« heraus.

Alle Teilnehmer des arabischen Kongresses 1913 in Paris waren sich mit Khairalla und Azoury darüber einig, daß unter »arabischer Nation« nur der arabisch sprechende, asiatische Teil des Osmanischen Reiches zu verstehen sei. Ägypten und das restliche arabischsprachige Nordafrika hatten nicht ihre Aufmerksamkeit. Es blieb Sati' Husri vorbehalten, den Begriff der arabischen Nation auf das gesamte arabisch sprechende Gebiet zu erweitern. Als ein in Paris lebender Ägypter, Dr. Saiyid Kamil, der als Beobachter am Kongreß teilnahm, fragte, ob er als Ägypter nicht auch an den Diskussionen teilhaben dürfte, antwortete der Kongreßvorsitzende abweisend: »Nein, nein!«[95] Auch gab der Kongreßvorsitzende 'Abdalhamid Zahrawi in einem Interview mit der Pariser Zeitung »Le Temps« deutlich kund, daß die arabische Nationalbewegung, die der Kongreß vertrete, sich nur für osmanische Araber zuständig erkläre und sich für die außerhalb des Osmanischen Reiches liegenden arabischen Gebiete nicht interessiere[96]. Der Kongreß verstand sich ausschließlich als eine nationale Versammlung, wie Zahrawi erläuterte: »Der Kongreß hat keinerlei religiösen Charakter ... Daher sind seine Teilnehmer sowohl Christen als auch Muslime.«[97] Nach Zahrawi »versagte das religiöse Band immer, wenn es darum ging, eine politische Einheit herzustellen«[98]. Und ein Kongreßteilnehmer, Ahmad Tabbara, betonte: »Für uns ist jeder arabisch Sprechende (natiq bil dad) ein Araber; wir unterscheiden nicht zwischen Muslimen und Nichtmuslimen.«[99] Diese Inhalte wurden von den christlichen Vertretern noch präziser formuliert. Selbst die Mehrheit der christlichen Kongreßteilnehmer sprach sich gegen separatistische Forderungen aus. Alexander 'Ammun bekannte: »Die arabische Nation will nicht die Sezession vom Osmanischen Reich ..., sondern lediglich die Änderung des bestehenden politischen Systems; es soll durch ein System ersetzt werden, das alle Nationalitäten des Reiches als gleichberechtigt anerkennt. Mit diesem System bekommt die Nation eine legislative oberste Instanz, in der die Nationalitäten paritätisch vertreten sind.«[100] 'Ammara weist auf die allgemeine, für die Kongreßteilnehmer repräsentative terminologische Verworrenheit hin, die in diesem Zitat zum Ausdruck kommt. Einmal ist die Rede von der »arabischen Nation« (Umma 'arabiyya), und dann wird von der gesamten Bevölkerung des Osmanischen Reiches als Nation (Umma) gesprochen[101]. Alle Mitglieder stimmten jedoch darin überein, daß es eine »arabische Nation« gebe, die sich von anderen Nationen unterscheide. 'Abdalghani 'Arisi fragte in seiner Rede: »Sind die Araber eine Gemeinschaft (Gama'a)? Gemeinschaften verdienen nach den Ansichten politischer Denker diesen Namen nur, wenn sie – so sehen es die Deutschen – eine gemeinsame Sprache haben und eine eigene Rasse bilden; wenn sie – so sehen es die Italiener – eine einheitliche Geschichte und einheitliche Sitten haben; wenn sie – nach Ansicht der Franzosen – eine politische Willenseinheit sind. Wenn wir aus allen drei Perspektiven auf die Araber schauen, dann sehen wir, daß sie alle genannten Merkmale aufweisen, so daß sie nach Ansicht aller politischen Denker, ausnahmslos, mit Recht behaupten können, eine Gemeinschaft (Gama'a), ein Volk (Scha'b), eine Nation (Umma) zu sein.«[102] Zur Verwirklichung der »arabischen Nation« bekannten sich die Teilnehmer des Kongresses zum Mittel der Revolution. Na'um Mukarzal äußerte zwar zunächst vorsichtig: »Aber die Revolution muß literarisch-reformerisch sein«, fügt dem aber eindeutig bei: »Nur als letzter Ausweg dürfte sie blutig sein, denn die politischen Systeme der freien Völker wurden mit Opfern und nicht mit Druckerschwärze errichtet.«[103]

Von den Forderungen, die der Kongreß beschloß[104], erscheinen als wichtigste: die Einführung von Reformen; Anerkennung des arabischen Volkes und seine paritätische Repräsentation in den zentralen Verwaltungsorganen des Osmanischen Reiches; dezentralisierte Verwaltung für die arabischen Regionen; Anerkennung des Arabischen als offizieller Sprache neben dem Türkischen, zumindest im Parlament und in den arabischen Gebieten. In einem abschließenden Passus ihrer Resolution gaben die Kongreßteilnehmer ihrer frankophilen Haltung Ausdruck: »Der Kongreß dankt der französischen Regierung herzlich für die große Gastfreundschaft«[105], heißt es dort. Gleichwohl äußerten die arabischen Nationalisten ihre Vorbehalte. Ein Vertreter des Kongresses wurde autorisiert, dem französischen Außenministerium, das den Kongreß protegierte, mitzuteilen: »Wir haben Achtung für die Franzosen, aber wir würden sie niemals als unsere Vorgesetzten akzeptieren. Vielmehr wollen wir in Zusammenarbeit mit ihnen unsere Verhältnisse verbessern – unter der Bedingung, daß wir Osmanen bleiben.«[106]

Wenn die arabischen Nationalisten vor 1914, ungeachtet der Politik der Jungtürken, auch beteuerten, daß sie nur national-kulturelle Autonomie und Gleichberechtigung innerhalb des bestehenden Reiches anstrebten, so wirkte ihre Praxis und auch die der Jungtürken desintegrierend. Helmut Ritter kommentierte 1924: »Die erste historische Auswirkung der nationalistischen Idee war nun die innere Zersetzung des alten osmanischen Kalifenstaates, der ja eben auf der Idee der übernationalen religiös-politischen Gemeinschaft aufgebaut war.«[107] Die Jungtürken waren zwar Nationalisten, wollten jedoch nicht auf die nichttürkischen Gebiete verzichten. Die Folge mußte sein, wie Ritter ausführt, »daß man den türkischen Nationalismus nun den fremdsprachlichen Untertanen mit Gewalt einimpfen wollte... Die hochentwickelte arabische Bildung ließ sich nicht einfach türkisieren, und so wurden nach und nach die Beziehungen der türkischen Herren zu ihren nichttürkischen Untertanen immer gespannter.«[108]

Der Kongreß der arabischen Nationalisten 1913 in Paris hatte insgesamt »manche Unreife und Unklarheit unter den Arabern deutlich erkennen« lassen, urteilt R. Hartmann[109]. Diese »Unreife« blieb auch den Jungtürken nicht verborgen, und so zeigten sie sich geneigt, auf die Forderungen des Kongresses zunächst einzugehen. Sie entsandten Vertreter nach Paris, um mit den arabischen Nationalisten zu verhandeln; das Resultat war ein Abkommen[110]: Der arabische Kongreß nahm »durch die geschickte Politik der Türken einen ziemlich dürftigen Ausgang«[111]. Als es schließlich darauf ankam, die vereinbarten Bestimmungen in Kraft zu setzen, waren die panturanischen jungtürkischen Nationalisten nicht mehr bereit, das ausgehandelte Selbstbestimmungsrecht der Araber anzuerkennen. Die Jungtürken ließen die wichtigsten Mitglieder der arabischen Nationalbewegung verhaften und hinrichten. Unter den Hingerichteten waren prominente Teilnehmer des Pariser Kongresses, auch dessen Vorsitzender Zahrawi. Als es dem jungtürkischen Gouverneur Syriens und Kommandeur der fünften osmanischen Armee: Gamal Pascha, auch noch gelang, Dokumente des französischen Konsulats in Beirut zu beschlagnahmen, die bewiesen, daß einige Angehörige der nationalen arabischen Bewegung geheime Kontakte zu Frankreich unterhielten, nahm er dies zum Anlaß einer breit angelegten Kampagne gegen die arabische Nationalbewegung, die zahlreiche Opfer forderte[112]. Auf diesem Hintergrund entstanden die separatistischen Forderungen der Araber.

Der historische Ausdruck dieser Forderungen war die arabische Revolte von 1916. Die Kolonialmächte, die im Ersten Weltkrieg gegen das Osmanische Reich und dessen Verbündeten: Deutschland kämpften, unterstützten die separatistischen Bestrebungen der Araber weitgehend. »Gewiß hat man von englischer und amerikanischer Seite alle nur denkbaren Mittel spielen lassen, um den arabischen Nationalismus mit der Spitze gegen die Türken aufzupeitschen und dann skrupellos für die eigenen Zwecke auszunutzen«[113] – mit diesem Zitat R. Hartmanns läßt sich die Geschichte der ersten arabisch-nationalen Revolte von 1916 bündig zusammenfassen.

Die arabische Nationalbewegung wurde nicht nur von westlich gebildeten Literaten und Offizieren kleinbürgerlicher Herkunft getragen, sondern auch und seit 1914 vor allem von Großgrundbesitzern und großbürgerlichen Kräften, wie C. E. Dawn belegt hat[114]. Der Säkularismus der arabisch-nationalen Literaten, der auf einer Akkulturation westlichen, bürgerlichen Gedankenguts beruhte, hatte kaum eine soziale Basis in der großsyrischen Gesellschaft, die trotz der Reformen Muhammad 'Alis und seines Sohnes Ibrahim Pascha während der ägyptischen Okkupationszeit 1831-1840 und der daran anschließenden Tanzimat-Reformen[115] keineswegs einer bürgerlichen Gesellschaft glich. Vielmehr war sie eine semifeudale Gesellschaft mit ansatzweisen bürgerlichen Momenten. Es wundert daher nicht, daß das schwach entwickelte syrische Bürgertum und die kleinbürgerlichen arabischen Literaten nicht aus eigener Kraft eine Revolte gegen das Osmanische Reich führen konnten; sie verbündeten sich mit den Feudalherren der arabischen Halbinsel, der Haschimiten-Dynastie, und überließen es ihnen, die Erhebung zu führen[116]. Das Oberhaupt der Haschimiten, Scherif Husain von Mekka, der gute Beziehungen zu England unterhielt, vereinbarte mit diesem im Rahmen der McMahon-Korrespondenz, die arabische Revolte gegen die Osmanen zu leiten. Die Briten versicherten, die Erhebung zu unterstützen und die »Befreiung der Araber« unter Scherif Husains Führung im Rahmen eines unabhängigen arabischen Königreiches, das aus dem arabischen Teil Asiens bestehen sollte, zu protegieren[117]. Diese Zusicherung erwies sich als taktisches Manöver, denn noch im Jahr der Revolte, 1916, schlossen England und Frankreich mit Kenntnis des zaristischen Rußland das Sykes-Picot-Abkommen, in dem die beiden Kolonialmächte die »befreiten« arabischen Gebiete unter sich aufteilten und Rußland für seine schweigende Duldung Bewegungsfreiheit im Balkan zugestanden[118]. Scherif Husain selbst hegte Ambitionen, nach dem Sieg der Araber sich zum Kalifen zu proklamieren und die Vorherrschaft Mekka-Medinas zu restaurieren. Mekka und Medina, die Geburtsstätten des Islam, hatten, wie R. Sellheim nachwies, mit dem zweiten Bürgerkrieg im Islam 680-692 »ihre Rolle als Regierungssitz des frühislamischen Chalifats endgültig ausgespielt«[119] und lediglich eine religiöse Bedeutung bewahrt. Die verlorene Bedeutung der beiden Städte wollte Scherif Husain über die arabische Revolte und mit Unterstützung der Kolonialmächte wieder einholen, um seine Herrschaft ideologisch zu festigen. Während die arabischen Nationalisten in Syrien den Aufstand, zu dessen Führer sie Scherif Husain ernannt hatten, mit nationalrevolutionären Argumenten legitimierten, verstand Scherif Husain von Mekka ihn als Erhebung des Islam gegen die türkischen »Ketzer«, die mit der Tanzimat-Periode anfingen, dem Islam den Rücken zu kehren. C. E. Dawn, der Scherif Husains Proklamationen untersuchte, stellt resümierend fest: »Husains Verlautbarungen zeigen deutlich, daß für ihn nicht der Nationalstaat Rechtmäßigkeit besitzt, sondern der theokratische Staat der Muslime, das Kalifat, das aus der muslimischen Gemeinde so viel Gläubige wie möglich umfaßt.«[120] Das bereits erwähnte 1916 von Frankreich und England geschlossene Sykes-Picot-Abkommen, das streng geheim gehalten wurde, ist nach der Machtergreifung der Bolschewiki in Rußland von Lenin veröffentlicht und als nichtig erklärt worden. Die empörten arabischen Nationalisten ließen sich indes von England und Frankreich beschwichtigen. Es gelang den Alliierten, die naiven arabischen Nationalisten glauben zu machen, daß die veröffentlichten Sykes-Picot-Verträge eine »Ausgeburt krankhafter bolschewistischer Vorstellungen« seien[121], während Frankreich und England allerdings an der Allianz festhielten. Bis 1918 waren die türkischen Soldaten endgültig aus den arabischen Gebieten vertrieben worden, und die arabischen Nationalisten wähnten, damit ihre nationale Freiheit erlangt zu haben. Dies sollte sich als Illusion erweisen. Noch im Jahr 1918 wurde die libanesische Küste von französischen Truppen besetzt[122]. Bis 1920 war der arabische Teil des asiatischen Orient bis auf die arabische Halbinsel zur anglo-französischen Kolonie geworden[123]. Faisal, der Sohn des Scherifen Husain von Mekka, hatte sich in Syrien zum König ausgerufen, wurde aber bald von den französischen Truppen abgesetzt. Die britische Kolonialmacht konnte ihn als Partner gewinnen, indem sie ihm die Krone des Irak unter britischer Kolonialherrschaft zugestand, wie sie ebenso Faisals Bruder 'Abdullah mit der Krone Transjordaniens unter britischer Kolonialherrschaft betraute und als Verbündeten sicherte. Scherif Husain wartete selbst nach 1920 noch vergeblich auf die Einlösung des Versprechens, das er von England bekommen hatte. Nachdem 1924 die kemalistische Revolution in der Türkei gesiegt hatte und das Kalifat aufgelöst worden war, erklärte Scherif Husain sich zum Kalifen aller Muslime, wurde jedoch kurz darauf, im gleichen Jahr noch, von den siegreichen Wahhabiten aus Mekka verjagt und erntete den spöttischen Titel »Der Eintagskalif«.

Die Geschichte der haschimitischen Führung der arabischen Revolte von 1916 sowie der Erhebung selbst ist voller Hohn[124]. Anis Sayigh hat die arabische Nationalbewegung bis zum Ende ihrer zweiten Phase 1920, i. e. die Phase der Politisierung des kulturellen Nationalismus, wie folgt charakterisiert: »Diese Nationalbewegung war weitgehend eine politische im engen Sinne; sie hatte keine sozialen oder humanen Perspektiven. Sie kämpfte lediglich für die formale Unabhängigkeit und vermochte es nicht, eine wirkliche Unabhängigkeit herbeizuführen... Zweitens war sie eine rechtsgerichtete, konservative Bewegung..., die den Bedürfnissen gewisser Führungen angepaßt und von traditionellen Politikern monopolisiert wurde, die zumeist entweder bereicherte Feudalherren oder aber deren Agenten waren. Ihre eigenen Interessen verstanden sie als die Interessen des Vaterlandes und hielten die Arbeiter, die Bauern und die Mittelklassen fern von der Macht, die sie über ein Dritteljahrhundert allein für sich beanspruchten... Drittens war sie ohne Vertrauen in sich und in die Nation; daher stützte sie sich mehr auf die ausländischen Metropolen als auf das Volk und tanzte meistens nach Melodien, die in den westlichen Metropolen gespielt wurden...«[125]

c) *Die Entwicklung der arabischen Nationalbewegung nach dem Ersten Weltkrieg: Der Stellenwert Sati' Husris als Theoretiker des arabischen Nationalismus*

Der arabische literarische Nationalismus der arabischen Christen erfuhr um die Jahrhundertwende eine Politisierung. Der ideologische Inhalt der arabischen Nationalbewegung in ihren beiden ersten Phasen – der literarischen in der zweiten Hälfte des 19. Jahrhunderts und der vom politischen Liberalismus geprägten, die bis zum Ende des Ersten Weltkrieges andauerte – ist eindeutig: Zunächst versuchten die arabischen Nationalisten, durch Rückgriff auf die klassische arabische Literatur auf die Existenz eines arabischen Volkes hinzuweisen, das von den Türken verschieden sei. Sodann wurde für dieses arabische Volk Gleichberechtigung und national-kulturelle Autonomie innerhalb des Osmanischen Reiches gefordert. Auf beiden Stufen galt die fortgeschrittene bürgerliche Gesellschaft des Westens als Vorbild. Dies änderte sich mit dem Ausgang des Ersten Weltkrieges. Der Westen, unter dessen Kolonialherrschaft der Orient nun gefallen war, konnte der arabischen Nationalbewegung nicht länger Vorbild sein, im Gegenteil: es galt, diesen Westen zu bekämpfen, um Freiheit von ihm und Eigenständigkeit zu gewinnen. Während der arabische Nationalismus der vorkolonialen Zeit, wie er von den syro-libanesischen, westlich gebildeten Intellektuellen formuliert wurde, die Herbeiführung liberaler Freiheiten und einer bürgerlichen Demokratie westlichen Musters in einem säkularen arabischen Nationalstaat anstrebte, wird er unter der Kolonialherrschaft zu einer apologetischen, reaktiven, völkischen und zuweilen aggressiven Ideologie[126]. Diese neue Variante des arabischen Nationalismus ist von Sati' Husri und Michel 'Aflaq in der Zeit zwischen den beiden Weltkriegen und selbst danach noch in einflußreichen Schriften niedergelegt worden. Beide Theoretiker prägten das arabische politische Denken überhaupt bis zum Beginn der 60er Jahre auf eine nachhaltige Weise.

Hans Kohn schreibt: »Wie einst der deutsche Nationalismus durch den französischen Imperialismus, der italienische und tschechische durch den österreichischen Imperialismus geweckt worden war, so diente... im Orient der Imperialismus als Wecker des Nationalismus.«[127] Bei allen Vorbehalten gegenüber Vergleichen von Phänomenen, die historisch verschieden eingebettet sind, und abgesehen davon, daß wir die ersten Ansätze des arabischen Nationalismus in einer für den Orient vorkolonialen Zeit ermittelten, kann man zunächst feststellen, daß der arabische Nationalismus der Kolonialära, der sich zum Teil bis heute behauptet, dem italienischen und deutschen Nationalismus, die wir im Anschluß an C. H. Hayes als »Konternationalismen« bestimmt haben[128], intellektuell verwandt ist. Dies zeigt sich auch daran, daß die Rezeption des europäischen Liberalismus durch arabische Nationalisten im 19. Jahrhundert und bis Ende des Ersten Weltkrieges von einer anderen Rezeption abgelöst wird: Der arabische Nationalismus, einst frankophil und zum Teil anglophil, wendet sich mit der englischen und französischen Kolonisation der arabischen Länder und wird antienglisch, antifranzösisch und germanophil. Die Germanophilie der arabischen Nationalisten entstammt einmal den Reihen der arabisch-nationalen Offiziere des Geheimbundes »al-'Ahd«, die im Osmanischen Reich von deutschen Instrukteuren ausgebildet worden waren[129] und ihre Germanophilie mit den Jungtürken teilten. Diese arabischen Offiziere nahmen 1916 nur nach langem Zögern an der probritischen arabischen Revolte gegen das Osmanische Reich teil[130], und der britische »Verrat« an der arabischen Sache stärkte ihre Germanophilie von neuem, zumal sich die deutsche Orientpolitik stets gegen die britischen und französischen Kolonialabsichten richtete, was die Offiziere als »antikoloniale« Position mißinterpretierten. Diese Offiziere bildeten schließlich auch den Kern der ersten arabisch-nationalgesinnten Armee: der irakischen[131]. Zum anderen ist die Germanophilie der arabischen Nationalisten auf den Einfluß des Werkes von Sati' Husri zurückzuführen. Husris Ideen wurden, wie wir zeigen werden, überhaupt grundlegend für die Germanophilie der arabischen Nationalbewegung nach dem Ersten Weltkrieg.

Die Ablösung der Franko- und Anglophilie durch eine Germanophilie bei den arabischen nationalistischen Intellektuellen kann freilich nicht als bloßer Ersatz eines nationalen Attributs intellektueller Rezeption durch ein anderes gesehen werden. Sie verweist in erster Linie auf eine substantielle Veränderung der konkret-historischen Konstellation, die den arabischen Nationalismus nährte. Zudem handelt es sich um eine verkürzte einseitige Germanophilie: Die Rezeption deutschen Gedankenguts beschränkte sich auf Ideen, die von nationalistischen Strömungen insbesondere während der Napoleonischen Kriege hervorgebracht worden sind und die den romantischen Irrationalismus und den Franzosenhaß auf die Spitze getrieben haben. Jene deutschen Denker, die der abendländischen Aufklärung verpflichtet waren, wie Lessing, Kant, Hegel u. a., werden von den germanophilen arabischen Nationalisten als Kosmopoliten abgetan. Ihr Augenmerk gilt vornehmlich dem deutschen Volksbegriff der Romantik, den sie auf die »arabische Nation« okulieren[132]. War den arabischen Nationalisten des 19. Jahrhunderts, z. B. Adib Ishaq, der liberale Nationalstaat nur ein Mittel zur Emanzipation und wurde der demokratisch-konstitutionelle Charakter des Nationalstaates stets in den Vordergrund gestellt, so wird im germanophilen arabischen Nationalismus der Nationalstaat als Krönung der »arabischen Nation« zum Selbstzweck. Es ist den neuen Nationalisten gleichgültig, ob die propagierte nationale Einheit der Araber im Rahmen eines demokratischen Staates oder einer Militärdiktatur zustande kommt. Der von Fanon für einen halbkolonialen Staat als Charakteristikum genannte Schmalspur-Faschismus wird vorwiegend von arabischen germanophilen Nationalisten der postkolonialen Ära getragen[133]. Ch. F. Gallagher, der wie wir zwischen verschiedenen Phasen des arabischen Nationalismus unterscheidet, nennt als wesentliches Kennzeichen für die nach dem Ersten Weltkrieg entstandenen nationalistischen Schriften eine Apologie der Eigenart: Selbstbewunderung und Ethnozentrismus[134]. Wenngleich sie in einer Europa entlehnten Terminologie abgefaßt sind, durchzieht diese Schriften ein antieuropäischer Ton[135]. Die frühen arabischen, liberalen Nationalisten wie Nasif Yazigi und Butrus Bustani beschäftigten sich mit der klassischen arabischen Kultur aus gewisser europäischer Sicht, um eine kulturelle Identität zu finden, die ihnen helfen konnte, Distanz von der osmanischen, islamisch legitimierten Herrschaft und damit eine Basis für die Emanzipation von dieser Herrschaft zu gewinnen. Auch die völkischen arabischen Nationalisten befassen sich mit der klassischen arabischen Kultur aus gewisser europäischer Sicht; ihre Position ist jedoch nicht mehr von einem liberalen Geist durchdrungen und ihre mythische Verklärung der Vergangenheit vermag teilweise keine Fortschrittsperspektiven mehr zu entfalten.

Die Tradition des völkischen, germanophilen arabischen Nationalismus wird von Sati' Husri eingeleitet. Sein Nationalismus ist zwar eine Mystifikation, aber er ist nicht fanatisch und faschistoid. Gleichwohl sind bei Husri die Wurzeln angelegt für einen fanatischen Nationalismus, wie er in Husris Gefolge von Michel 'Aflaq formuliert wurde und später seinen Niederschlag in den von der Ba'th-Partei errichteten semi-faschistischen Militärdiktaturen in Syrien und im Irak fand.

Als Sohn einer syrischen Familie wurde Sati' Husri 1882 im Jemen geboren[136]. Sein Vater Mehmet Hilal Efendi, der eine traditionelle, islamwissenschaftliche Ausbildung bekommen hatte, fungierte im Dienst des Osmanischen Reiches im Jemen als islamischer Oberrichter. Husri selbst studierte an osmanischen Hochschulen Naturwissenschaften. Anschließend wurde er als osmanischer Stipendiat nach Paris geschickt; dort, aber auch in der Schweiz und in Belgien, widmete er sich dem Studium der Pädagogik. Schon während seiner Studienzeit im Ausland unterhielt Husri Kontakte sowohl zu arabisch-nationalen Geheimbünden als auch zu den Jungtürken. Seinen Aufenthalt in Paris nahm er zum Anlaß, die europäischen nationalen Ideen näher zu studieren. Er beschäftigte sich mit Rousseau und insbesondere mit Renan, las aber auch deutsche Autoren, vor allem Herder und Fichte, deren Theorien sein künftiges Denken nachhaltig prägten. In seiner Jugendphase – so wird in der Literatur berichtet[137] – soll Husri noch liberale Ideen vertreten haben, im Gegensatz zu Ziya Gök Alp, dem geistigen Vater der Jungtürken, aber auch der Kemalisten, mit dem Husri befreundet war und der einer organischen Nationsidee anhing[138]. Er selbst gesteht bei seiner Darstellung der französischen Nationsidee[139] auch zu, daß er »früher« von ihr fasziniert gewesen

sei. Wann der Wandel in seinem Denken einsetzte, läßt sich nicht bestimmt ermitteln. Er ist wahrscheinlich während Husris Europa-Aufenthalt angelegt worden, als Husri die Theorien deutscher Nationaldenker studierte. Der unmittelbare Anlaß für seine Hinwendung zur
organischen Nationsidee scheint die Besetzung Syriens durch französische Kolonialtruppen gewesen zu sein, die Husri selbst erlebte und
die er in einem umfangreichen Buch beschrieben hat[140]. Ehe die
französischen Truppen von der libanesischen Küste aus in Syrien ein-
marschierten, traf Husri als Vertreter des kurzlebigen syrischen Königreiches unter Faisal (1920) mit dem arabophoben französischen General Gouraud zu Verhandlungen zusammen. Dabei rief der General
in Husri einen nicht mehr überwundenen tiefen Haß gegen Frankreich hervor[141]. Husris Frankophobie steigerte sich aber nie zu einer
allgemeinen Xenophobie, wie wir sie als verbrämte Form des Antikolonialismus kennen. Er hat seine Verbundenheit mit Europa nie verleugnet und auf die deutschen und damit europäischen Quellen seiner
Theorie stets emphatisch hingewiesen[142]. Eine allgemeine Xenophobie tritt erst bei seinen Epigonen zu Tage, insbesondere bei Michel
'Aflaq, obwohl auch er europäischen Ideen verbunden ist. Andererseits war Husri Europa gegenüber nicht vorbehaltlos aufgeschlossen
wie die frühen syro-libanesischen arabischen und die ägyptischen liberalen Nationalisten. So kritisiert er Taha Husain, den Wortführer des
liberalen Ägyptischen Nationalismus[143], und Salama Musa, den frühen arabischen Sozialisten[144], weil beider Sympathien für Europa sie
zu einer vorbehaltlosen Imitation alles Europäischen verleitete und
sogar in einem Antiorientalismus mündete.
Nach seiner Rückkehr aus Paris lehrte Husri zunächst an osmanischen
Schulen und Hochschulen. Zeitweise übernahm er hohe Verwaltungs-
ämter in dem unter osmanischer Herrschaft stehenden Balkan, wo er
aufmerksam die nationalen Bewegungen verfolgte. Während des Ersten Weltkrieges wurde Husri von den Osmanen mit dem Erziehungs-
amt in der damals noch osmanischen Region Syrien betraut. Hier
knüpfte er Kontakte zu den arabischen Nationalisten, die seinerzeit
gerade mit England und Frankreich zusammenarbeiteten, um einen
Aufstand zu organisieren, durch den der arabische Teil Asiens vom
Osmanischen Reich getrennt und danach zu einem unabhängigen Nationalstaat deklariert werden sollte, den Frankreich und England zu
protegieren versprachen. Der Aufstand, so hofften England und
Frankreich – und darum unterstützten sie ihn –, werde eine totale
Mobilisierung der Muslime in aller Welt unterbinden, wie sie durch einen Aufruf des osmanischen Sultan-Kalifen zum »Heiligen Krieg« zu-

stande gekommen wäre; das Osmanische Reich kämpfte im Ersten Weltkrieg auf der Seite Deutschlands. Wie schon erwähnt, hatten England und Frankreich zu jener Zeit – noch während sie mit den arabischen Nationalisten verhandelten – ein Abkommen geschlossen, wonach der gesamte arabische Teil Asiens mit Ausnahme der »heiligen« Gebiete der arabischen Halbinsel unter die beiden Weltmächte aufgeteilt und von ihnen kolonisiert werden sollte[145]. Im Juni 1916 begann der Aufstand der arabischen Nationalisten, der unter der militärischen Leitung britischer Offiziere siegreich 1918 zur Trennung der arabischen Gebiete vom Osmanischen Reich führte. Faisal, der Sohn des Scherifen von Mekka, und die arabischen Nationalisten, in deren Namen Faisal mit England und Frankreich verhandelte, mußten erkennen, daß das Sykes-Picot-Abkommen eine Wirklichkeit war und keine »Ausgeburt der bolschewistischen Immagination«, wie ihnen vorgetäuscht worden war. Faisals Verhandlungen mit den Alliierten seit Ende des Ersten Weltkrieges blieben ergebnislos. Am 8. März 1920 erklärten die arabischen Nationalisten ungeachtet der Alliierten-Beschlüsse Syrien zur unabhängigen, konstitutionellen Monarchie und proklamierten Faisal zum König[146]. Husri, der Faisal bei dessen Verhandlungen in Europa zur Seite gestanden hatte, wurde nun von Faisal zum Berater und Minister für das Erziehungswesen berufen. Der Einmarsch der französischen Armee in Syrien am 24. Juli 1920 und die Bestimmung Syriens zum französischen Mandatsgebiet setzten dem von den Alliierten zunächst befürworteten, dann aber nicht unterstützten ersten arabischen Nationalstaat ein rasches Ende. Faisal begab sich sogleich mit seinem Berater Husri nach Europa, um mit den Alliierten erneut zu verhandeln. Er konnte erreichen, noch im gleichen Jahr, 1920, als König des unter englischem Mandat stehenden Irak eingesetzt zu werden. Nach einem kurzen Exilaufenthalt in Ägypten wurde Husri 1921 im Irak mit hohen Ämtern bedacht: ihm unterstanden das Amt für Erziehungswesen, das Archäologische Amt sowie das Dekanat der juristischen Fakultät der Universität Baghdad[147]. Durch seine Lehrtätigkeit sowie durch das unter seinem Einfluß stehende Erziehungs- und Unterrichtswesen vermochte Husri es, die Nationalerziehung zum primären Faktor der Erziehungs- und Kulturpolitik des englischen Mandats Irak, das damals eine gewisse innenpolitische Autonomie genoß, zu machen. Schon zu Beginn der zwanziger Jahre veröffentlichte Husri seine ersten Arbeiten, in denen er die deutsche Nationsidee, wie sie von Herder und später von Fichte formuliert wurde, auf die arabischen Verhältnisse okuliert. Husris Arbeiten wurden emsig rezipiert und förderten die Entfaltung einer germanophilen arabischen nationalistischen Strömung entscheidend. 1932, zwei Jahre nach dem Tod König Faisals, erhielt der Irak seine politische Unabhängigkeit und wurde in den Völkerbund aufgenommen. Husri führte seine Tätigkeit in dem politisch souveränen Irak fort; dabei verfolgte er, wie er in seinen Memoiren immer wieder betont, primär das eine Ziel: bei den Arabern durch eine Nationalerziehung ein Nationalbewußtsein zu wecken.

Das britische Mandatsgebiet Irak, das seit 1922 innere Autonomie besaß, wurde nach Erlangung der politischen Unabhängigkeit zum Zentrum der arabischen Nationalbewegung. Politiker und ehemalige osmanische Offiziere aus Syrien und Palästina betätigten sich im irakischen Exil. Der Kern der irakischen Armee bestand ohnehin aus früheren Mitgliedern des arabisch-nationalen Geheimbundes »al-'Ahd«. Im Jahr 1940 versammelten sich irakische Politiker und Offiziere sowie im Irak lebende arabische Nationalisten der benachbarten Länder, um die vorläufige Gründung einer arabisch-nationalen Partei zu beschließen[148]. Nach der Allianz der arabischen Nationalbewegung mit der Haschimiten-Dynastie kam es sodann ein weiteres Mal zu einem verhängnisvollen Bündnis zwischen säkularistischen arabischen Nationalisten und feudal-religiösen Kräften, den die Führung der Bewegung überlassen wurde: sie wurde dem »Groß«-Mufti von Jerusalem, Amin Husaini, übertragen, der nicht nur in der gegründeten arabisch-nationalen Partei, sondern überhaupt in der arabischen Nationalbewegung seit den vierziger Jahren eine einflußreiche Position einnehmen konnte[149]. Unter seiner Ägide wurden Kontakte zum Dritten Reich aufgenommen und gepflegt; sein Privatsekretär Othman Kamal Haddad war der Kontaktmann zwischen Baghdad und Berlin[150]. Es gibt keine Belege dafür, daß Husri mit der Gruppe um die arabisch-nationale Partei im Irak zusammengearbeitet hat; weder wird sie in seinen Memoiren erwähnt, noch bringt O. K. Haddad in seinen Memoiren die Gruppe in Zusammenhang mit Husri. Gewiß aber kannten diese Nationalisten Husri und waren von seinen nationalistischen Ideen, die damals in Tageszeitungen und Zeitschriften und noch nicht in Buchform verbreitet wurden, beeinflußt. Denn kein anderer arabischer politischer Schriftsteller jener Periode außer Husri war vertraut mit der deutschen Nationsidee; die Nationalisten jener Zeit können sie nur über seine Arbeiten rezipiert haben. Im April 1941 unternahm diese Gruppe von Nationalisten mit Unterstützung des Dritten Reiches und des faschistischen Italien einen Staatsstreich. Raschid 'Ali Gailani wurde zum neuen Ministerpräsidenten des Irak berufen, das nunmehr auf seiten der Achsenmächte stand[151].

Schon im Mai 1941 kehrte der nach dem Staatsstreich der arabischen Nationalisten geflohene Regent des Irak: 'Abdulilah, zurück und stürzte mit Hilfe englischer Truppen das achsenfreundliche Regime Gailani; die dem Regime nahestehenden Personen wurden entweder ins Exil geschickt oder inhaftiert. Husri wurde seiner Ämter enthoben, ausgebürgert und nach Syrien ausgewiesen[152]. Gailani floh nach Italien, wo er bis Kriegsende blieb. In Syrien arbeitete Husri als Lehrer. Als das Land 1945 politisch unabhängig wurde, hatte er dort bereits höhere pädagogische Ämter inne und spielte auch weiterhin eine entscheidende Rolle bei der Bestimmung des Lehrplans, in dem wiederum die Nationalerziehung als konstitutiv für die Ausbildung angesehen wurde[153].

Im Jahr 1947 ging Husri nach Ägypten; dort arbeitete er in der Kulturabteilung der Arabischen Liga und sorgte dafür, daß eine einheitliche Zielsetzung der Schulpolitik in allen arabischen Ländern erfolgt: die Nationalerziehung. An der Arabischen Liga gründete Husri 1953 das Institut für Höhere Arabische Studien, an dem Postgraduierte zu Professoren und hohen Staatsbeamten nationalistisch ausgebildet wurden. An diesem Institut bekleidete er den Lehrstuhl für »Arabischen Nationalismus« und zugleich permanent das Amt des Rektors. Seine in dieser Zeit und zuvor entstandenen Arbeiten wurden in den Folgejahren zu den einflußreichsten Schriften in allen arabischen Ländern. Sie waren die Pflichtlektüre an Schulen und Universitäten sowie für Mitglieder nationalistischer Parteien. Husri wurde zum »Philosophen des arabischen Nationalismus« erklärt[154]; ein führender politischer Schriftsteller nannte Husri sogar den »arabischen Fichte«[155].

Husri verließ Ägypten 1966, um nach dem Irak zu gehen. Dort starb er am 24. Dezember 1968 im Alter von 86 Jahren. Das prunkvolle Begräbnis und die angeordnete Staatstrauer vermitteln eine Ahnung von Husris Bedeutung für die gegenwärtigen arabischen Regime.

Wenn Husri von der »arabischen Nation« spricht, dann meint er nicht nur, wie die frühen arabischen Nationalisten, den arabischen Teil Asiens, sondern ebenso das gesamte arabisch sprechende Nordafrika. Diese »arabische Nation« hoffte Husri, über die Nationalerziehung im Rahmen des Schulsystems verwirklichen zu können. Erst bei Michel 'Aflaq, dem »arabischen Mazzini«[156], der im Banne Husris steht, wird die Idee einer so gefaßten arabischen Nation zum verbindlichen und obersten Leitsatz einer politischen Organisation, wenn man von der Nationalistengruppe um Raschid 'Ali Gailani absieht, die damals kein ausgearbeitetes Parteiprogramm besaß.

In den folgenden Teilen unserer Arbeit werden wir Husris Konzeption eines völkischen, panarabischen Nationalismus eingehend analysieren und die ideengeschichtlichen Momente der arabischen Nationalbewegung seit Ausgang des Ersten Weltkrieges, die maßgeblich auf Husris Werk zurückgehen, herauszuarbeiten versuchen. Die Entwicklung des arabischen Nationalismus seit Husri skizzieren wir im Nachwort.

Kapitel III

Sati' Husris Konzeption des völkischen, panarabischen Nationalismus und ihre ideengeschichtlichen Quellen

§ 6 DIE QUELLEN DES HUSRISCHEN NATIONSBEGRIFFS

Mit dem Ende des Zweiten Weltkrieges beginnt die Dekolonisation der arabischen Länder. Aus ihr sind eine Reihe unabhängiger arabischer Nationalstaaten hervorgegangen, die – nach einer Formulierung von Sulzbach – den Charakter von Verwaltungsnationen haben[1]: Ihre Grenzen sind durch Verwaltungsmaßnahmen von den Kolonialmächten bestimmt worden; sie sind identisch mit den Grenzen jener Landkarte, die durch die Aufteilung der arabischen Gebiete unter die Kolonialmächte zustande kam. Eine historische oder ökonomische Bedeutung kommt ihnen kaum zu. Auf dem Hintergrund dieser Grenzziehung zu Beginn der Kolonisierung vollzog sich ein wesentlicher Wandel in der politischen Tendenz des arabischen Nationalismus. Den Wendepunkt dokumentieren Husris Arbeiten. Seine politischen Vorstellungen lösen den liberalen arabischen Nationalismus ab.

Die Aufteilung des Gebietes arabisch sprechender Völker in jeweils einer Kolonialmacht gehörende Territorien, aus denen später politisch selbständige Nationalstaaten entstanden, bedeutete für die arabischen Nationalisten eine Infragestellung der Idee einer unitären »arabischen Nation«. Gallagher erfaßt ein wesentliches Spezifikum des postliberalen arabischen Nationalismus, wenn er das Werk des intellektuellen Vaters dieser neuen Strömung als Versuch bezeichnet, trotz der territorialen Zersplitterung die Existenz einer »arabischen Nation« nachzuweisen. An ihrer Infragestellung nimmt Husris Denken seinen Ausgang[2]. Ein solcher Beweisversuch bedarf einer theoretischen Grundlage, die Husri dem islamischen Erbe nicht entnehmen konnte, denn die islamische arabische Geschichte kennt das Phänomen der Nation nicht. Er blieb darauf angewiesen, sein theoretisches

Rüstzeug der europäischen Geschichte zu entlehnen. In der französischen Nationsidee konnte Husri für seinen Versuch keine Stütze finden. Denn in Frankreich wie auch in den übrigen westlichen Ländern mit einer siegreichen bürgerlich-demokratischen Revolution, in denen das Bürgertum seine partikulare Herrschaft als die der gesamten Nation legitimierte, war die Nation ohne Nationalstaat politisch nicht denkbar. In den rückständigen europäischen Ländern hingegen wurde die Nation als kulturelles Gebilde, als Inkarnation des Volksgeistes, für die der Staat kein Konstituens ist, im politischen Denken verklärt. Zu dieser Differenz schreibt Hans Kohn: »Dort, wo im Verlaufe des 18. Jahrhunderts der Dritte Stand zu Kräften gelangte – wie in Großbritannien, Frankreich und den Vereinigten Staaten –, drückte sich der Nationalismus vorwiegend, jedoch nicht ausschließlich in Veränderungen des politischen und wirtschaftlichen Gefüges aus. Dort hingegen, wo sich der Dritte Stand noch zu Beginn des neunzehnten Jahrhunderts in einem schwachen Anfangsstadium befand, etwa in Deutschland, Italien und den slavischen Ländern, fand der Nationalismus seinen stärksten Ausdruck auf kulturellem Gebiet. Bei diesen Völkern richtete sich in seinem Anfangsstadium der Nationalgedanke weniger auf einen Nationalstaat als vielmehr auf den Volksgeist und seine Offenbarungen in Literatur, in Märchen, Sagen und Sprichwörtern, in der Muttersprache und in der Geschichte.«[3] Entsprechend führten die deutschen Denker, wie Hans Kohn zeigt, eine grundsätzliche Trennung zwischen Staat und Nation ein. Sie begriffen Nation als Kulturnation[4]. Diese Idee, zuerst von Herder formuliert, hat sich bis heute im deutschen politischen Denken behaupten können; sie wird beispielsweise auch noch von Helmut Plessner vertreten[5]. Der Staat wird in dieser Tradition in Abgrenzung zur Nation als mechanische und juristische Konstruktion betrachtet, die der Nation äußerlich bleibt. In der Nation dagegen sehen die deutschen Nationaldenker ein heiliges, organisches, statisches Gebilde, das sich in verschiedenen Formen objektiviert[6].

Als einen Grund für die nach dem Ersten Weltkrieg hervortretende Germanophilie der arabischen Nationalisten haben wir bereits ihre Empörung über die englische und französische Kolonisation genannt. Während sie bisher vor allem frankophil waren und ihr Denken in der entwickelten westlichen, naturrechtlich-rationalistischen Tradition stand, richteten die arabischen Nationalisten ihre Blicke besonders in den 30er Jahren auf das Dritte Reich, wobei sie die Illusion hatten, Deutschland betreibe keine Kolonialpolitik[7] und werde sie von der französischen und englischen Kolonialherrschaft befreien.

Husri hat es vermocht, der emotional genährten Germanophilie der arabischen Nationalisten ein theoretisches Fundament zu geben. Er rühmt die deutsche Romantik, weil sie die Idee einer vom Staat getrennten Nation hervorbrachte. »Die wichtigsten Forschungen und Theorien über Nationalitäten«, so sagt er, »sind in Deutschland entstanden, so daß wir beobachten können, daß die führendsten Nationalisten der verschiedenen Teile Europas bei den Denkern und Schriftstellern der deutschen Nation zur Schule gegangen sind.«[8] Von den deutschen Nationaldenkern ist Husri vor allem beeindruckt, weil sie schon »vor den Engländern und Franzosen die Differenz zwischen Nation und Staat erkannten«[9]. Und in dieser Hinsicht ist er stolz, auch bei den deutschen Nationaldenkern zur Schule gegangen zu sein. »Ich sage: der Nationsbegriff muß vom Staatsbegriff total getrennt werden«[10], zumal die deutsche Nationsidee »von einer langen Kette historischer Ereignisse ... effektiv untermauert« wird[11]. Über den Rekurs auf die deutsche Nationsidee, die zwischen Nation und Staat streng unterscheidet, will Husri den theoretischen Beweis führen, daß es eine »arabische Nation« gibt und daß zur Klärung dieser Frage die Nicht-Existenz eines gesamtarabischen Nationalstaates völlig irrelevant ist. Im zersplitterten Deutschland vor 1871 sieht Husri eine historische Parallele zu dem zersplitterten arabischen Gebiet zwischen dem Persischen Golf und dem Atlantischen Ozean. Wonach die Araber sich – Husri zufolge – sehnen, ist ein »arabisches 1871«. Mit welchen Mitteln dieses Ziel letztlich erreicht wird, bleibt Husri gleichgültig.

In seinen Abhandlungen verarbeitet Husri die Schriften Herders und des späten Fichte. Die konsequente Fortführung der Ideen beider Denker sieht er in v. Schönerers Pangermanismus[12]. Als künstlerischen Ausdruck der deutschen Nationsidee betrachtet Husri die Gedichte Ernst Moritz Arndts.

Es scheint angebracht, zunächst die deutsche Nationsidee dazustellen, bevor wir zur Analyse von Husris Bestimmung des arabischen Nationalismus in seinen Grundzügen übergehen. Dabei beschränken wir uns auf jene Quellen, die Husri selbst herangezogen hat. Da Husris Nationalismus-Konzeption u. a. auch ein Akkulturationsprodukt der Qualität ist, wie wir sie bei der Darlegung der akkulturationstheoretischen Deutung des Nationalismus-Phänomens in der »Dritten Welt« vorgestellt haben (§ 2 c), liefert sie keine reine Rezeption der deutschen Nationsidee, sondern enthält auch autochthone Momente. Sie nimmt zentralen Bezug auf den arabischen Sozialphilosophen Ibn Khaldun. Husri verlebendigte Ibn Khalduns 'Asabiyya-Begriff und

versuchte, aus ihm und der deutschen Nationsidee eine Synthese herzustellen. Wir werden daher im Anschluß an die deutsche Nationsidee
den 'Asabiyya-Begriff darstellten.

a) Die deutschen Quellen
   Die deutsche Romantik: Herder, Fichte und Arndt

Die Bestimmung des romantischen Volksbegriffs, der im 19. Jahrhun-
dert eine große politische Bedeutung hatte, geht auf Herder zurück.
Der nachhaltige Einfluß Herders auf die Nationalismus-Väter des 19.
Jahrhunderts: Michelet, Mazzini[13], Fichte[14] und die slavischen
Nationalisten[15], ist schon befriedigend nachgewiesen worden. Den-
noch muß Herder vom völkischen Nationalismus freigesprochen wer-
den. Zwar enthält der explizit unpolitische Volksbegriff Herders[16]
Momente, die seine Politisierung – besonders durch die deutschen
Nationalisten nach 1806 – ermöglichten[17]; gleichwohl ist Herders
Volksbegriff qualitativ verschieden von dem der völkischen Nationa-
listen des 19. Jahrhunderts, zumal er ein zentraler Bestandteil der
Herderschen Humanitätsidee ist, die – wie weiter unten gezeigt
wird – der abendländischen Aufklärung zutiefst verpflichtet bleibt.
Auch darf bei Herders Polemik gegen die Aufklärung, insbesondere in
seiner »Anti-Aufklärungs«-Schrift mit dem ironischen Titel: »Auch
eine Philosophie der Geschichte zur Bildung der Menschheit«[18] nicht
untergehen, daß Herder dennoch – in Abgrenzung zu den völkischen
Nationalisten – in der Tradition der Aufklärung steht. Seine Philosophie der Geschichte enthält sowohl Momente, durch die sie sich in die
Aufklärung einreihen läßt, als auch solche, auf die sich die völkischen
Nationalisten durchaus berufen konnten[19].
Herder zufolge bildeten sich auf dem Erdball im Verlauf eines natur-
geschichtlichen Prozesses voneinander verschiedene klimatische Zo-
nen. Die Völker, die in diesen verschiedenen Klimazonen aufwuchsen
und seither leben, sind in jeder Hinsicht von ihrer physischen Umwelt
geprägt[20], so daß jeder Mensch »den Charakter seines Erdstriches und
seiner Lebeweise mit sich« trägt[21]. Auch »die Beschaffenheit ihres
(der Menschen, B. T.) Körpers und ihrer Lebeweise, alle Freuden und
Geschäfte, an die sie von Kindheit auf gewöhnt wurden, der ganze
Gesichtskreis ihrer Seele ist klimatisch« bedingt[22]. Die von der Natur
aufoktroyierten Lebensweisen verwandeln sich in tradierte Verhal-
tensnormen und Sitten, deren Gesamtheit die Kultur eines Volkes und
seinen Nationalcharakter bestimmt. »Jede Nation hat ihre Vorstel-

lungsart um so tiefer eingeprägt, weil sie ihr eigen, mit ihrem Himmel und ihrer Erde verwandt, aus ihrer Lebensart entsprossen, von Vätern und Urvätern auf sie vererbt ist.«[23]

Die Andersartigkeit der Völker ist nach Herder daher die der Volkscharaktere, der Kulturgüter, welche je aus der spezifischen klimatischen Zone, in der ein Volk existiert, resultieren. Herders Beschäftigungsgegenstand sind die Kulturen der Völker, ihre tradierten Sitten und Bräuche, die ihren Volkscharakter formen. Deswegen lehnt er die These von der rassischen Andersartigkeit der Völker entschieden ab. »Endlich wünsche ich auch die Unterscheidungen, die man aus rühmlichem Eifer für überschauende Wissenschaft dem Menschengeschlecht zwischengeschoben hat, nicht über ihre Grenzen erweitert.«[24] Zu den primärsten falschen Unterscheidungen rechnet Herder die Behauptung von der Existenz verschiedener Rassen.

Die durch die physische Umwelt bedingten Verhaltensmuster werden durch Erziehung zu einem Bestandteil der Tradition. Erziehung begreift Herder als Nachahmung. Für ihn kann »alle Erziehung ... nur durch Nachahmung und Übung, also durch Übergang des Vorbildes ins Nachbild, werden«[25]. Die Sprache ist das Instrumentarium, vermittels dessen die Tradition bewahrt und überliefert wird. In ihr finden Mythologien und Volkslieder ihren Ausdruck[26]. Die Pflege dieser Kulturgüter im Rahmen von Erziehung garantiert ihren Fortbestand: »Neugierig horchte das unwissende Kind den Sagen..., die in seine Seele flossen und sie nährten.«[27] Für Herder ist die Philosophie der Geschichte, die sich mit diesen Traditionen befaßt und die die Geschichte als »Kette der Traditionen verfolgt..., eigentlich die wahre Menschengeschichte«[28].

Ein Volk ohne Nationalsprache kann es nach Herder nicht geben, denn: »Ein Volk hat keine Idee, zu der es kein Wort hat, die lebhafteste Anschauung bleibt dunkles Gefühl, bis die Seele ein Merkmal findet und es durchs Wort dem Gedächtnis, der Rückerinnerung, dem Verstande, ja endlich dem Verstande der Menschen, der Tradition einverleibt; eine reine Vernunft ohne Sprache ist auf Erden ein utopisches Land.«[29] So begreift Herder Sprache als Ausdruck des Erkenntnisvermögens eines jeden Volkes: »Denn in jede derselben ist der Verstand eines Volkes und sein Charakter geprägt.«[30] Aber nicht nur ist die Sprache ein Werkzeug, mit dem sich ein Volk ausdrückt, sondern sie ist auch »Behältnis und Inhalt« der Ausdrucksformen eines Volkes: Literatur[31]. »Jede Nation hat ein eigenes Vorratshaus solcher zu Zeichen gewordenen Gedanken: dies ist ihre Nationalsprache; ein Vorrat, zu dem sie Jahrhunderte zugetragen.«[32] Die Sprache, die bereits eine Schrift hat, ist Voraussetzung für das Gedeihen von Kunst und Wissenschaft, die Herder als Manifestation der Traditionspflege versteht. Sprache ist demzufolge ein Barometer für den Entwicklungsstand eines Volkes und seiner Kultur. Es ist für Herder evident, »daß diese Sprache nicht nur daure, solange die Nation dauert, sondern sich auch erkläre, läutere und befestige, wie sich die Nation in ihrer Verfassung befestigt und aufklärt«[33]. Im Anschluß hieran bemerkt Herder scharfsinnig, daß die Sprache als Mittel politischer Herrschaft gelten kann. Indem mächtige Völker die Sprachen der von ihnen geknechteten Völker unterdrücken und systematisch bekämpfen, arbeiten sie praktisch an der Liquidierung der Identität dieser Völker. Für Herder waren Griechisch, Latein und Arabisch in der klassischen Geschichte ebenso wie Französisch und Spanisch in der modernen Geschichte je ein Mittel nationaler Herrschaft[34]. Vergegenwärtigt man sich die Geschichte des europäischen Kolonialismus, so erweisen sich Herders Formulierungen als höchst zutreffend. Seine Erkenntnis, daß unterdrückte Völker an ihrer Emanzipation arbeiten, wenn sie ihre Nationalsprache verlebendigen und pflegen, hat noch heute aktuelle Bedeutung[35].

In Herders Philosophie der Geschichte wird die Geschichte als eine Aufeinanderfolge von nationalen Organismen interpretiert, die ihrerseits Kulturgebilde sind[36]. Die Geschichte ist dementsprechend völlig unpolitisch. Die Sphäre der Politik erregte bei Herder überhaupt Abneigung[37]. Der akzentuiert kulturelle Charakter des Herderschen romantischen Volksbegriffs schützt diesen vor nationaler Arroganz und Chauvinismus[38], wie sie den romantischen Volksbegriff nach seiner reaktionären Politisierung dann auszeichnen. Diese Entwicklung war nicht im Sinne Herders, zumal Herder bei aller Verschiedenheit der Volkscharaktere die differierenden Nationalitäten als Zweige *eines* Stammes: des Menschengeschlechts, ansah, das sich im Dienste der Humanität entfaltet[39]. Für die Humanität kann man nicht als Individuum schöpferisch wirken; vielmehr ist jedes individuelle Werk ein Kollektivwerk der Nation, Ausdruck ihrer Tradition und eine Manifestation ihres Volkscharakters[40]. Der verschwommene Begriff des Volkscharakters macht den zentralen Bestandteil der Herderschen Theorie[41] und auch der des völkischen Nationalismus aus. Er wurde bis heute – vornehmlich in die Kulturanthropologie – hinübergerettet, obwohl er, wie H. D. Werner nachgewiesen hat[42], trotz aller wissenschaftlichen Retuschen nach wie vor für eine stringente Analyse unbrauchbar ist.

Herders romantischer Volksbegriff war, wie gezeigt wurde, eine Erwiderung auf die französischen »Modebücher« der Aufklärung. Die Theorie, die in die Kultursphäre flüchtete, wie es der romantische Volksbegriff dokumentiert, transzendierte die durch die damalige sozio-ökonomische und politische Rückständigkeit bedingte Fesselung der Emanzipationsbestrebungen des deutschen Bürgertums. Herders Kritik an den fortgeschrittenen westlichen Ländern war indes noch nicht mit Xenophobie durchwoben. Seine Betonung des Andersseins der Deutschen erfolgte im Rahmen der Konzeption einer pluralistischen Welt der Völker, deren umfassende Bestimmung die Realisierung von Humanität ist[43].

Obgleich die Tradition des deutschen bürgerlichen Konservatismus schon vor der Französischen Revolution existierte und nicht erst als Reaktion auf sie entstand, wie Klaus Epstein gegen die geläufige Auffassung herausgearbeitet hat[44], so fanden Herders potentiell konservative Kritik der Aufklärung und sein Romantizismus dennoch keine große Resonanz bei breiten Teilen des deutschen Bildungsbürgertums, das seine Blicke bereits nach Frankreich gewandt hatte[45]. Den meisten deutschen Denkern erschien die Französische Revolution als Konkretion ihrer theoretischen Anstrengungen. Erst mit dem Beginn des Eroberungskrieges als außenpolitischem Mittel der Französischen Revolution gewann die militante und emotionale Kritik an ihr in Deutschland eine zunehmend breitere Basis, auf deren Hintergrund sich der deutsche Nationalismus entfaltete; er manifestierte sich zunächst in einer Frankophobie. War der kulturelle Nationalismus Herders eine Transzendierung der verhinderten Emanzipation, eine Flucht aus der Misere der damaligen deutschen Verhältnisse, so war der auf der Politisierung des romantischen Volksbegriffs basierende Nationalismus der »Befreiungskriege« eine ideologische Waffe gegen die Fremdherrschaft. Wir haben oben (§ 1) bereits ausgeführt, daß der westliche (französische und anglo-amerikanische) Nationalismus die ideelle Komponente der bürgerlich-demokratischen Revolution war; daß er daher auf politischer Ebene zunächst Freiheit und die Realisierung national- und rechtsstaatlicher, liberaler Einrichtungen implizierte. Dagegen war der deutsche wie auch der slavische Nationalismus nicht ideologischer Ausdruck einer indogenen historischen Entwicklung, sondern entstand als ideologische Reaktion auf eine exogene, zunächst ideelle, dann aber militärische Herausforderung einer fortgeschritteneren Gesellschaft. Die Stoßrichtung dieser Nationalismus-Variante war daher nicht innenpolitisch, sondern außenpolitisch bestimmt. Nicht die Schaffung und Etablierung liberal-demokratischer Institutionen postulierte dieser Nationalismus, sondern die Beseitigung von Fremdherrschaft und die Herbeiführung der nationalen Unabhängigkeit[46]. An diesem wesentlichen Aspekt des »Konternationalismus« in Europa wird evident, weshalb die Varianten des Nationalismus in kolonialen und halbkolonialen Ländern eine formal ähnliche ideelle Struktur wie der deutsche und der slavische Nationalismus aufweisen[47] und weshalb ein Teil der europäisch gebildeten Nationalisten dieser Länder explizit oder implizit auf die ideengeschichtlichen Quellen des europäischen »Konternationalismus« zurückgreifen.

Es ist zwar richtig, wenn Hermann Simon feststellt, daß die deutsche nationalistische Romantik in der Phase der »Befreiungskriege« nicht nur »zur Stärkung der konservativen, sondern auch reaktionären, autoritär-monarchischen, aufklärungs- und vernunftsfeindlichen Kräfte führte«[48]; dies ist jedoch nur eine Dimension in der politischen Bedeutung der deutschen Romantik[49]. Denn obwohl diese Romantik in der Konsequenz auf Seiten der Reaktion stand, so hatte sie doch zum einen eine legitime historische Forderung aufgestellt: nämlich die nach Befreiung von Fremdherrschaft, und zum anderen beinhaltete sie, insofern sie auf Veränderung drängte, einen revolutionären Kern, der allerdings verloren gehen mußte, da er sich im romantischen Protest erschöpfte.

Napoleon führte Deutschland zwar, welthistorisch gesehen, auf den Weg des Fortschritts; er war – wie Hegel es bildhaft formulierte – ein »Weltgeist zu Pferde«. Aus einer nationalen Perspektive aber erscheint er als Unterdrücker der nationalen Freiheiten anderer Völker. Der Napoleonhaß und die Frankophobie[50] der deutschen Romantik waren in dieser Hinsicht ein in politisch verbrämter Form artikulierter nationaler Emanzipationswillen, ebenso wie der Nationalismus in den Kolonialländern eine politisch verbrämte Form des Antikolonialismus ist, wenngleich hieraus zwischen der historischen Bedeutung der Napoleonischen Eroberung Deutschlands und den Kolonialeroberungen in den außereuropäischen Weltteilen kein Vergleich zu ziehen ist[51].

Das legitime Verlangen der deutschen Romantiker nach nationaler Emanzipation machte sie zu Gegnern des Status quo. Hans Reiss weist daher mit Recht darauf hin, daß es falsch ist, die deutschen Romantiker in der herkömmlichen Weise pauschal als Traditionalisten und Konservative zu bezeichnen. Denn »sie forderten radikale gesellschaftliche Veränderung. So sind sie tatsächlich oft nicht konservativ, sondern revolutionär, obwohl sie es sich selbst nicht eingestehen. Der revolutionäre Aspekt ihres Denkens erklärt, warum sie sich leicht mit dem Nationalismus verbündeten, einer wahrhaft revolutionären Bewegung; denn der Nationalismus veränderte die traditionelle Gesellschaftsordnung völlig.«[52] Reaktionär wirkte die deutsche Romantik jedoch insofern, als die angestrebte veränderte Gesellschaft eine rückwärts gewandte Utopie war. Die neue Ordnung, die die Französische Revolution gebracht hatte, betrachteten die deutschen Romantiker »als ein System, das der deutschen Tradition und dem deutschen Charakter fremd war, und hielten es deshalb für wahrscheinlich, daß diese neue Ordnung den deutschen Lebensstil zerstören würde«[53]. Hans Reiss beschreibt die Konsequenz hieraus: »Aus Angst verlieren sie dann jeglichen Sinn für Maß und suchen Zuflucht in einer Phantasiewelt. So wollen sie sogar nicht nur die Gesellschaftsordnung des Heiligen Römischen Reiches restaurieren, sondern sehnen sich nach einer völlig utopischen Gesellschaft. Sie schaffen eine jenseits der Grenzen des Möglichen liegende Traumwelt...«[54a] Dies gilt gleichermaßen für die arabischen Nationalisten, die die »glorreiche arabische Vergangenheit« restaurieren wollen (ein Phänomen, das die klassische arabische Geschichte, wie R. Sellheim[54] gezeigt hat, übrigens auch kennt); ebenso für die afrikanischen Nationalisten (Senghor, Nyerere u. a.), die der vorkolonialen »negroiden bäuerlichen Gesellschaft« nachtrauern und ihre Werte heraufbeschwören; und nicht zuletzt gilt dies für den asiatischen volkstümlichen Nationalismus eines Gandhi und Sun Yat-sen.

In dem angedeuteten historischen Kontext läßt sich das Spätwerk Fichtes interpretieren, wobei zudem noch die immanenten Probleme der Fichteschen politischen Theorie zu berücksichtigen sind. Da es uns hier nicht um eine kritische Auseinandersetzung mit Fichte geht, sondern um den Nachweis seiner Einflüsse auf den arabischen Nationalismus über das Werk Sati' Husris, konzentrieren wir uns auf die Beschäftigung mit einer einzigen Fichteschen Schrift: den berühmten »Reden an die deutsche Nation«, zumal Husri stets auf sie rekurriert und offensichtlich von Fichtes Werk nur sie kennt. Es erscheint jedoch angebracht, bevor wir die nationalistischen Inhalte dieser Schrift herausarbeiten[55], kurz auf die Probleme der späten politischen Theorie Fichtes einzugehen.

Bernard Willms hat überzeugend nachgewiesen, daß der Dualismus Subjektivität-Staat für das Gesamtwerk Fichtes zentral ist[56]. Willms interpretiert daher Fichtes Wende zum Nationalismus im Rahmen dieses Dualismus und zeigt, daß sie seiner Überwindung gleichkommt. Die späte politische Theorie Fichtes ergibt sich Willms zufolge »einerseits aus der Konkretion der Theorie auf die historische Staatenwelt, andererseits reaktiv auf das geschichtliche Auftreten Napoleons«[57]. Daraus resultiert zugleich ein inhaltlicher Wandel in der Fichteschen

Theorie, den Willms folgendermaßen faßt: »Wie Fichte aber in der ersten Phase seines Denkens die Revolution dachte, so dachte er in der späten Phase den Befreiungskrieg gegen Napoleon – die Selbstbehauptung seiner Nation. Aber die französische Revolution ist ein weltgeschichtliches Ereignis, der Befreiungskrieg ein nationales.«[58] In diesem Wandel des Fichteschen Denkens wird die Nation, die einst als das Partikulare in Fichtes Theorie galt, zum Allgemeinen erhoben. »Fichte wird zum Denker der Menschheit in der Nation und der nationalisierten Menschheit.«[59] Dabei spricht Fichte stets von der »Deutschen Nation«, so daß beim späten Fichte, wie Willms gezeigt hat[60] und worauf wir weiter unten noch eingehen werden, nicht mehr von einem Pluralismus der Völker – wie etwa bei Herder – die Rede sein kann. »Die Tendenz des Begriffes der Nation auf »Deutsche Nation« ist ... bei Fichte so hervorstechend, daß sich Aussagen über »Nation im allgemeinen« kaum finden.«[61]

Die historische Situation Deutschlands, von der Fichte in seinen »Reden« ausgeht, zeigt ein zersplittertes Territorium, in dem ein Volk lebt, zu dessen politischer Homogenisierung die Fremdherrschaft der Napoleonischen Armee entscheidend beitrug[62]. Es ist »der allgemeine Zweck dieser Reden, Mut und Hoffnung zu bringen in die Zerschlagenen, Freude zu verkündigen in die tiefe Trauer ...«[63]; hieraus erklärt sich der pathetische Stil der »Reden«. Praktisch entfaltet Fichte eine politische Strategie, mittels derer der Zustand der Fremdherrschaft überwunden werden soll. »Keine Nation, die in diesen Zustand der Abhängigkeit herabgesunken, kann durch die gewöhnlichen und bisher gebrauchten Mittel sich aus demselben erheben ... Sollte eine so gesunkene Nation dennoch sich retten können, so müßte dies durch ein ganz neues, bisher noch niemals gebrauchtes Mittel, vermittels der Erschaffung einer ganz neuen Ordnung der Dinge, geschehen.«[64] Das neue »Rettungsmittel«, das Fichte empfiehlt, besteht »in der Bildung zu einem durchaus neuen, und bisher vielleicht als Ausnahme bei einzelnen, niemals aber als allgemeines und nationales Selbst, dagewesenes Selbst, und in der Erziehung der Nation, deren bisheriges Leben erloschen, und Zugabe eines fremden Lebens geworden, zu einem ganz neuen Leben, das entweder ihr ausschließendes Besitztum bleibt, oder, falls es auch von ihr aus an andere kommen sollte, ganz und unverringert bleibt bei unendlicher Teilung; mit einem Worte, eine gänzliche Veränderung des bisherigen Erziehungswesens ist es, was ich, als das einzige Mittel, die deutsche Nation im Dasein zu erhalten, in Vorschlag bringe.«[65] Daher ist die Erörterung der neuen Nationalerziehung im allgemeinen und im besonderen die deutsche Nationalerziehung das Thema der überwiegenden Zahl der vierzehn Reden. Die Strategie, die Fichte gegen Napoleon formuliert, hat – so Binder – nicht eine »Zusammenfassung und Belebung der Kräfte des Volkes zur politischen Tat« zum Zweck; vielmehr ist sie eine politische Erziehungsstrategie. Fichte tritt nicht als Politiker hervor, sondern als Erzieher[66]. Sein politischer Plan ist ein Nationalerziehungsplan[67]. Es ist daher keineswegs zufällig, daß die Väter des germanophilen arabischen Nationalismus, Husri und 'Aflaq, niemals beanspruchten, als Politiker aufzutreten, und sich stets gleich Fichte als Erzieher verstanden. Husri übernahm zeitlebens nur erziehungspolitische Funktionen im Irak, in Syrien und in Ägypten und weigerte sich, je eine politische Funktion zu übernehmen; in seinen Memoiren betont er wiederholt, daß er sich in die Tagespolitik nicht einzumischen wünschte[68]. Und 'Aflaq, der sogar Generalsekretär einer politischen Organisation, der Ba'th–Partei, war, lehnte es strikt ab, politische Ämter zu bekleiden, auch dann noch, als seine Partei Machtträger war. Das einzige politische Amt, das er je innehatte, war das des Erziehungsministers[69].

Fichte will in seinen »Reden« nachweisen, daß es eine »Deutsche Nation« gibt; daß diese Nation eine besondere Existenzberechtigung hat, weil sie den anderen überlegen ist. Hierzu bedient er sich des Vergleichs zwischen den »Deutschen« und »den übrigen Völkern germanischer Abkunft«. Während die Deutschen in den »ursprünglichen« Wohnsitzen des Stammvolkes blieben und die »ursprüngliche« Sprache ihres Stammvolkes beibehielten, wanderten die anderen Völker in die benachbarten Gebiete ab und übernahmen eine andere Sprache, die sie dann nach ihrer Weise umgestalteten[70]. Der Sprache räumt Fichte deshalb den zentralen Platz ein, weil nicht der Mensch rede, sondern »in ihm redet die menschliche Natur, und verkündigt sich andern seinesgleichen. Und so müßte man sagen: die Sprache ist eine einzige, und durchaus notwendige.«[71] Sprache ist für Fichte ein Konstituens eines jeden Volkes. Unter Volk versteht er »die unter denselben äußern Einflüssen auf das Sprachwerkzeug stehenden, zusammenlebenden, und in fortgesetzter Mitteilung ihrer Sprache fortbildenden Menschen«[72]. Dabei begreift Fichte die Sprache unhistorisch, denn es »bleibt … die Sprache immer dieselbe Sprache«[73]. Und da die Sprache »ein sinnliches Bild des Übersinnlichen« gibt, kann nur jene eine lebendige, »ursprüngliche« Sprache sein, »die von dem ersten Laute an, der in demselben Volke ausbrauch, ununterbrochen aus dem wirklichen gemeinsamen Leben dieses Volkes sich entwickelt hat, und in die niemals ein Bestandteil gekommen, der nicht eine wirklich erlebte

Anschauung dieses Volkes, und eine mit allen übrigen Anschauungen desselben Volkes im allseitig eingreifenden Zusammenhange stehende Anschauung ausdrückte.«[74] Sprachen, die fremde Bestandteile enthalten, sind »tote und unverständliche« Sprachen, weil sie nur das Sinnliche vermitteln, nicht aber das Übersinnliche, das die Sprache als sinnliches Bild gibt. Diese Sprachen erlangen somit »die flache und tote Geschichte einer fremden Bildung, keineswegs aber eigene Bildung«[75]. Die Voraussetzungen einer »ursprünglichen« Sprache sieht Fichte nur bei der deutschen Sprache gegeben, so daß allein »der Deutsche eine bis zu ihrem ersten Ausströmen aus der Naturkraft lebendige Sprache redet, die übrigen germanischen Stämme eine nur auf der Oberfläche sich regende, in der Wurzel aber tote Sprache«[76]. Und da die deutsche Sprache als »ursprüngliche« das Lebendige, die übrigen Sprachen das Tote verkörpern, kann kein Vergleich zwischen ihnen unternommen werden: »Zwischen Leben und Tod findet gar keine Vergleichung statt, und das erste hat vor dem letzten unendlichen Wert; darum sind alle unmittelbare Vergleichungen der deutschen und der neulateinischen Sprachen durchaus nichtig...«[77]

Aufgrund seiner Bestimmung der Sprache als Konstituens eines jeden Volkes und der deutschen Sprache als der einzigen »ursprünglichen« erklärt Fichte das deutsche Volk zum einzigen »Urvolk«. Daß die gebildeten Deutschen zu Fichtes Zeit zumeist eine französische Bildung hatten, reduziert Fichte auf die in sie »verflossenen Erscheinungen der Ausländerei«[78]. Hierin liegt für Fichte begründet, warum die deutschen Fürsten bislang weniger deutsch und ihrem Volk entfremdet waren. Nur aus »Ausländerei, und aus Sucht, vornehm zu sein und zu glänzen«, sonderten sich die deutschen Fürsten von der »Deutschen Nation« ab[79]. Fichte hofft, daß die deutschen Fürsten sich nunmehr besinnen und jegliche »Ausländerei« aufgeben. In seiner ersten Rede bereits sagt er, daß er »für Deutsche schlechtweg, von Deutschen schlechtweg« rede[80], und er wiederholt dies emphatischer in seiner letzten Rede: »Euch Deutsche insgesamt, welchen Platz in der Gesellschaft ihr einnehmen möget, beschwören diese Reden...«[81].

Wie Herder kritisiert Fichte den Staatsbegriff der Aufklärung: er hält ihn für mechanisch. Die Nation kann ohne den Staat bestehen, so betont Fichte, denn Volk und Vaterland sind »Träger der irdischen Ewigkeit« und ragen somit weit »über den Staat,... über die gesellschaftliche Ordnung« hinaus[82]. Nur die Vaterlandsliebe kann den Staat regieren: als »durchaus oberste letzte und unabhängige Behörde, zuvörderst«; deshalb muß die »Freiheit des einzelnen auf mancherlei Weise beschränkt werden...«[83]. Der Mensch, der sein Vaterland, seine Nation, liebt, »muß... sogar sterben wollen, damit diese lebe...«[84]

Neben der preisgegebenen pluralistischen Völkerwelt, auf der Herders Theorie insistierte, ist die Politisierung des kulturellen Volksbegriffes ein weiterer zentraler Unterschied zwischen Herders Konzeption und denen der Romantiker des 19. Jahrhunderts. Verabscheute Herder die Sphäre der Politik und wandte er sich stets von ihr ab, so ist das Gesamtinteresse des zwar als Erzieher und nicht als Politiker auftretenden Fichte auf den politischen Bereich konzentriert. Nach Fichte will jeder »vernünftige Schriftsteller... eingreifen in das allgemeine und öffentliche Leben, und dasselbe nach seinem Bilde gestalten und umschaffen«[85]. Will ein Schriftsteller sich politisch enthaltsam betätigen, »so ist alles sein Reden leerer Laut, zum Kitzel müßiger Ohren«[86]; Fichte dagegen verstand seine »Reden« als ein verbindliches literarisches Stück für die politische Praxis. Wenn Fichte in seiner späten Phase durch die Nationalisierung seiner politischen Theorie auch seine frühen, der Aufklärung und der Französischen Revolution verpflichteten Ideen preisgab und durch seine Erklärung der Deutschen zum einzigen »ursprünglichen« Volk letztlich zum Apostel des Chauvinismus wurde, so sank sein Denken aber nie auf jene Plattheit herab, die einem Großteil der nationalistischen Romantiker Deutschlands im 19. Jahrhundert zu eigen ist. Das gilt in gewisser Hinsicht auch für Ernst Moritz Arndt, den Husri neben Herder und Fichte als Quelle heranzieht.

Der theoretische Rahmen der Schriften Arndts ist Herder und Fichte entlehnt. Wie sie gebraucht Arndt Volk und Nation synonym und begreift Nation als Kulturnation. Die Sprache ist für ihn der zentrale Bestandteil der Kultur eines Volkes, und da nur die deutsche Sprache eine »ursprüngliche« sei, könne man nur von den Deutschen als einem »ursprünglichen« Volk reden. So weicht bei Arndt ebenso wie bei Fichte der Herdersche Gedanke eines Völkerpluralismus einer chauvinistischen Betonung deutsch-völkischer Eigenschaften[87]. Anders als Fichte tritt Arndt als Volksdemagoge auf. Er predigt Nationalhaß gegen alles Nicht-Deutsche: »Ich will Haß gegen die Franzosen, nicht bloß diesen Krieg, ich will ihn für lange Zeit, ich will ihn für immer...«[88]. Dieser Haß gilt indes nicht nur den Franzosen als Nationalunterdrückern während der Napoleonischen Fremdherrschaft in Deutschland, sondern und vor allem gilt er dem gesamten Ideengut der Französischen Revolution und der Aufklärung, damit zugleich dessen praktischer Auswirkung. In seiner Argumentation bedient Arndt sich eines national gefärbten Christentums mit allerdings pseudoreligiösem Charakter[89].

Von der Flachheit des politischen Denkens Arndts zeugt seine folgende charakteristische Aussage: »Geschieden werde das Fremde und Eigene auf ewige Zeit! Geschieden werde das Französiche und Teutsche... durch die unübersteigliche Mauer, die ein brennender Haß zwischen beiden Völkern aufführt... Aber, teutsches Volk, damit dieser glückselige Haß werde und bleibe, dazu bedarfst Du Krieg, heißen, blutigen gemeinsamen Krieg aller Teutschen gegen die Überzieher. Nur ihr Blut kann die Schande abwaschen, die euch befleckt; nur ihr Blut kann die Ehre erwecken, die euch unterging...«[90] Arndt gegnügt sich schließlich nicht mehr damit zu betonen, daß die Deutschen ein »ursprüngliches« Volk seien, da sie eine »ursprüngliche« Sprache redeten, sondern er bringt biologische, rassistische Argumente vor. Im Gegensatz zu den anderen europäischen Völkern seien die Deutschen ein »uraltes reines Volk, ungemischtes und ursprüngliches Volk«, weil sie »nicht durch fremde Völker verbastardet und keine Mischlinge« seien[91]. Solche Formulierungen wurden freilich im Dritten Reich aufgegriffen und zu Leitsätzen erklärt. Der späte Fichte und Arndt sowie andere Träger der deutschen Romantik wurden als Väter des Nationalsozialismus gefeiert, und ihre nationalistischen Schriften erlebten im universitären Bereich eine breite Renaissance[92]. Im angelsächsischen Bereich wurde diese Renaissance unkritisch beobachtet. Der deutsche romantische, völkische Nationalismus des 19. Jahrhunderts wurde dort zum Objekt intensiver universitärer Forschung, die sich von der These leiten ließ, die Geschichte der politischen Theorien sei eine Anamnesis gesellschaftlicher Psychosen[93]; es war beabsichtigt, eine Kontinuität zwischen dem deutschen Faschismus und dem deutschen völkischen Nationalismus des 19. Jahrhunderts nachzuweisen[94]. Eine Auseinandersetzung mit diesen Versuchen fällt aus dem Rahmen der vorliegenden Arbeit. Gleichwohl muß unterstrichen werden, daß eine solche ideengeschichtliche Faschismustheorie, die während des Zweiten Weltkrieges in der angelsächsischen Forschung aufblühte, den Faschismus nicht zu begreifen vermag und daß sie ebenso wie die Renaissance der deutschen Romantik des 19. Jahrhunderts ein Kriegsprodukt ist. Es ist evident und bedarf keiner weiteren Erörterung, daß die These, die Fichte, ja selbst Arndt als Vorläufer des deutschen Faschismus herausstellt, einseitig und unhaltbar ist.

Bei Husris Rezeption der deutschen Nationsidee der Romantik handelt es sich, um mit R. F. Behrendt zu sprechen[95], nicht um eine »passiv-imitative«, sondern um eine »synkretistische« Akkulturation. Denn Husris Theorie baut zwar auf der deutschen Nationsidee auf, aber das Rezipierte wird mit ausgesuchten Elementen der arabischen Kultur vereinigt und die Synthese sodann mit Bewußtsein auf die arabische Situation okuliert. Die zentralste autochthone Komponente in Husris Nationalismus-Konzeption ist die Geschichts- und Sozialphilosophie Ibn Khalduns.

Ibn Khaldun ist ein arabischer Denker und Staatsmann des 14. Jahrhunderts. Bekannt wurde er vor allem durch seine Muqaddima (= Prolegomena)[96] zu seinem mehrbändigen Geschichtswerk. Dieses sehr bemerkenswerte geschichts- und sozialphilosophische Werk, das F. Rosenthal als »eine der wichtigsten Errungenschaften der Menschheit«[97] bezeichnet und das A. Toynbee etwas überspitzt das »in seiner Art größte Werk, das bisher von irgendeinem Geist, irgendwann, irgendwo, geschaffen worden ist«[98] nennt, wurde erst durch die europäische Orientalistik des 19. Jahrhunderts entdeckt und seither in einem umfangreichen internationalen wissenschaftlichen Schrifttum gewürdigt[99]. Husri, dem Ibn Khalduns Muqaddima sicherlich durch seine osmanische Bildung vertraut war[100], befaßte sich während des Zweiten Weltkrieges intensiv mit Ibn Khaldun; 1943 und 1944 veröffentlichte er je einen umfangreichen Band über diesen Denker, worin er seine eigene Ibn-Khaldun-Interpretation, die auf einer gründlichen Textanalyse und Verwertung der internationalen Sekundärliteratur beruht, gibt. Sie würdigt Ibn Khaldun in einer Mischung von immanenter und modernisierender Interpretation. Diese beiden Bände wurden 1961 mit bis dahin unveröffentlichten Ibn-Khaldun-Untersuchungen Husris in einem 655 Seiten starken Band zusammengefaßt, der in der Ibn-Khaldun-Diskussion eine große Beachtung fand[101]. Husris Synthese aus der deutschen Nationsidee und Ibn Khalduns Philosophie datiert jedoch schon aus einer Zeit vor der Veröffentlichung der genannten Arbeiten. In der ersten politischen Schrift Husris überhaupt (Husri, Bd. III) klingt sie bereits deutlich an; wir werden hierauf zurückkommen. Im folgenden wollen wir uns nur auf einige Momente der komplexen Philosophie Ibn Khalduns konzentrieren, namentlich auf seine 'Asabiyya-Theorie, die in Husris Werk in einer modernisierten Form wesentliche Bedeutung hat.

Das Kernproblem der Theorie Ibn Khalduns besteht in der Klärung der Frage, wie kohäsive Menschengruppen (Stämme, Völker etc.) sich bilden; worauf ihre Kohäsivität basiert; welche Stadien diese Menschengruppen im Gang der Geschichte durchlaufen und wie ihr jeweiliger Grad der Kohäsion ist. Nach Ibn Khaldun ist die 'Asabiyya jenes Band, das den Zusammenhalt einer Gruppe in Abgrenzung zu den anderen ermöglicht. Jede Gruppe entwickelt sich vom nomadischen Gesellschaftszustand zur Zivilisation und Staatsbildung. Am stärksten ist die 'Asabiyya in der nomadischen Phase ausgeprägt; mit zunehmendem zivilisatorischen Fortschritt büßt sie an Konsistenz ein. Mit dem Absterben ihrer 'Asabiyya geht eine Gruppe schließlich unter; an ihre Stelle treten Gruppen mit noch junger und daher starker 'Asabiyya. Auf jeden Zivilisationszustand folgt somit sein Untergang. Entsprechend ist die Geschichte für Ibn Khaldun ein Kreislauf sozialer Gruppen und ihrer 'Asabiyya. Dabei handelt es sich um einen Geschichtsbegriff, der Fortschritt nur im Rahmen von stets wiederkehrenden Zyklen kennt. Von daher erhellt, warum Ibn Khalduns Philosophie in der konservativen europäischen Kultur- und Zivilisationskritik der Gegenwart eine beachtliche Rezeption findet.

Unter den Sozialwissenschaftlern und Orientalisten, die sich mit Ibn Khaldun befassen, gibt es eine jahrelange, noch nicht abgeschlossene Diskussion darüber, wie der 'Asabiyya-Begriff angemessen in eine europäische Sprache zu übersetzen sei[102]. Der französische Baron de Salane, der zwischen 1863 und 1868 Ibn Khalduns Muqaddima ins Französische übertrug und sie herausgab, übersetzte 'Asabiyya mit »esprit de corps«, was allerdings in der genannten Diskussion als inadäquat betrachtet wird. F. Rosenthal[103], H. Ritter[104] und K. Ayad[105] vergleichen den 'Asabiyya-Begriff mit dem Vertu-Begriff Machiavellis und konstatieren eine große Ähnlichkeit zwischen beiden, wobei Ritter 'Asabiyya mit »Solidaritätsgefühl« gleichsetzt. H. Simon hält diese Übersetzung des Begriffes mit Solidarität, die sowohl die gefühlsmäßig-instinktive als auch die bewußtseinsmäßige Sphäre umfaßt, für die beste annähernde Bezeichnung, wenngleich er es vorzieht, den arabischen Begriff beizubehalten und ihn durch Umschreibungen zu erklären[106]. Bereits 1879 hat A. v. Kremer den Versuch unternommen, den 'Asabiyya-Begriff modern zu interpretieren; er deutete 'Asabiyya als Nationalitätsidee[107], was auf den Widerstand fast aller Orientalisten stieß. Dieser Versuch wurde von T. Khemiri in einem Aufsatz aus dem Jahr 1936 wiederholt: Khemiri deutet die 'Asabiyya-Theorie Ibn Khalduns hier im Rahmen einer Nationalismus Konzeption[108]. So berechtigt der Widerstand der meisten Orientalisten gegen eine modernisierende Interpretation Ibn Khaldunscher Kategorien sein mag – für unser nicht exegetisch orientiertes Interesse an Ibn Khalduns Werk ist diese Problematik völlig sekundär. Denn die modernisierende Interpretation wurde von Husri – stillschweigend – aufgegriffen und in seine eigene Theorie eingebaut. Für Husri ist »der Mensch« wie für Ibn Khaldun ein Zoon politikon, wobei die Soziabilität des Menschen sich im nationalen Band ausdrückt, das mit 'Asabiyya umschrieben wird.

Die 'Asabiyya nimmt nach Ibn Khaldun verschiedene Formen an, die je dem historischen Zyklus entsprechen, in dem sie erscheinen. Im primitiven Nomadentum hat die 'Asabiyya die Gestalt einer Solidarität, die auf dem Glauben an eine Blutsverwandtschaft und gemeinsame Abstammung beruht, wobei Ibn Khaldun ausdrücklich betont, daß diese Bewußtseinsform substanzlos sei, da nirgendwo *in Wirklichkeit* Blutsverwandtschaft und gemeinsame Abstammung gegeben seien[109]. Doch stärke der Glauben an diese Verbundenheitsform die 'Asabiyya und somit die Gruppe selbst, wirke also positiv. In dem folgenden Zyklus beruht die 'Asabiyya auf Bündnis- und Schutzverhältnissen innerhalb derselben Gruppe. Dagegen ruft sie auf der höchsten Stufe der Vergesellschaftung, nämlich in einer urbanen Gesellschaft, die eine Zivilisation und Kultur besitzt, ein Gefühl der Verbundenheit und Zusammengehörigkeit hervor, das konstituiert ist durch »geselligen Verkehr, durch Kameradschaft, durch lange gegenseitige Prüfung und Erprobung und durch Beschäftigung miteinander. Weiter entsteht dieses Gefühl zwischen solchen Menschen, die gemeinsam erzogen wurden und die alle Schicksale des Lebens teilen.«[110]

Ein Moment der Theorie Ibn Khalduns, das Husri und vor ihm v. Kremer dazu verleitete, in diese »Schicksalsgemeinschaft« die moderne säkulare Nationsidee zu projizieren, ist die Stellung der Religion in Ibn Khalduns Geschichtsphilosophie. Für Ibn Khaldun kann die Religion die 'Asabiyya nicht ersetzen, d. h. die religiösen Bande können keine primäre Form sozialer Verbindlichkeit sein[111]. Allerdings findet nach Ibn Khaldun die 'Asabiyya in Synthese mit der Religion ihren höchsten Ausdruck. In dieser Synthese hat die Religion jedoch die Qualität einer Nationalreligion, um einen modernen Ausdruck zu gebrauchen. Sie ist, wie H. Ritter anmerkt, eine Ideologie, die die 'Asabiyya stärkt[112]. Dabei bleibt sie bezogen auf die Mitglieder einer Großgruppe, die durch die 'Asabiyya einander verbunden sind; nicht mehr ist sie universal; dazu ist sie auf eine politische Formel reduziert[113]. A. v. Kremer vertritt sogar die These, daß in Ibn Khalduns Theorie die Religion säkularisiert wird, so daß »auch in diesem Punkt ... Ibn Khaldun der erste Vertreter einer Geistesrichtung (ist), die im Abendlande erst ein halbes Jahrtausend später sich Geltung errungen hat«[114]. Die Religion ist für Ibn Khaldun nur in dem Maße sozial relevant, in dem sie als »nationale« Integrationsideologie funktioniert. Die verwirrenden religiösen Sprüche[115], die sich fast auf jeder Seite der Prolegomena finden, haben, wie viele Autoren betonen, eine Tarnungsfunktion[116] oder liegen, wie einige Autoren es vorsichtig formulieren, an der Oberfläche der Theorie Ibn Khalduns: sie berühren deren Substanz nicht[117] und können über den säkularen Charakter seiner Theorie[118] nicht hinwegtäuschen. Es ist daher verständlich, daß Ibn Khaldun für die islamische Orthodoxie nie eine beliebte Figur war und bis heute noch nicht ist, während er von den arabischen Nationalisten seit Husri viel gelesen wird; gerne weisen sie Europäer auf Ibn Khaldun hin, um ihnen zu zeigen, daß die Araber auch große Denker hervorgebracht haben, die nicht nur Kommentare zu den griechischen Philosophen verfaßten[119].

§ 7 GRUNDZÜGE DER POLITISCHEN THEORIE SATI' HUSRIS

Sein Erkenntnisinteresse hat Husri bereits in seinen ersten Schriften ausführlich formuliert. Die politische Situation, die er zum Ausgangspunkt seiner Theorie nimmt, illustriert er am Beispiel der griechischen Sage von der Büchse der Pandora. Die Lage der arabischen Länder ähnele der Lage der Welt nach Öffnung der Büchse der Pandora: Die Araber leiden Husri zufolge unter allen Übeln der Welt, weil sie national zersplittert und daher schwach sind und in Rückständigkeit leben[1]. Einzig die Hoffnung sei ihnen geblieben. Das politische Interesse Husris richtet sich auf die nationale Vereinigung der Araber. Diesen Prozeß will er theoretisch fundieren und Mittel zu seiner Realisierung aufzeigen. So befaßt sich die politische Theorie Husris ausschließlich mit der Problematik der Nationsidee, ihrer Entstehung und Entwicklung. Sofern Husri andere Probleme angeht, beispielsweise pädagogische Fragestellungen, geschieht dies nur auf dem Hintergrund des Gesamtrahmens seiner Theorie. So ist Erziehung für Husri nur als Nationalerziehung sinnvoll denkbar.
Die allgemeine Theorie Husris, die eine Synthese aus der deutschen Nationsidee und Ibn Khalduns Geschichtsphilosophie ist, findet sich in Grundzügen schon in Husris in den zwanziger Jahren ver-

öffentlichten Aufsätzen, die 1944 als erster im engen Sinne politischer Beitrag Husris in Buchform erschienen sind[2]. Diese früh entwickelten Gedanken werden in den zahlreichen späteren Veröffentlichungen unermüdlich wiederholt, ohne daß Husri sie in irgendeiner Weise revidiert oder weiterentwickelt hätte[3]. Das umfangreiche und politisch außerordentlich einflußreiche Werk Husris enthält allenthalben Ausführungen und langatmige Wiederholungen der in den zwanziger Jahren formulierten Nationsidee. Den theoretischen Rahmen dieser Nationsidee werden wir in diesem Paragraphen systematisch darstellen und ihn von anderen Theorien über die Nation abgrenzen, um dann im folgenden Kapitel zu untersuchen, wie die allgemeine Nationsidee Husris in ihrer Anwendung auf die arabischen Länder im einzelnen aussieht.

a) Der allgemeine theoretische Rahmen

Husri nennt das 19. Jahrhundert das Zeitalter des Nationalismus, weil in diesem Zeitraum der Desintegrationsprozeß der multinationalen Reiche (Österreich, zaristisches Rußland, Osmanisches Reich) einsetzte, aus dem dann selbständige Nationalstaaten hervorgingen. Ein weiteres signifikantes Merkmal des 19. Jahrhunderts sieht Husri in der deutschen bzw. italienischen Irredenta-Bewegung, die zur Bildung eines großen deutschen bzw. italienischen Nationalstaates aus der vorangegangenen Kleinstaaterei geführt hat. In seiner 1948 in Kairo gehaltenen Vorlesungsreihe, die später in Buchform erschien[4], gibt Husri eine bis in kleinste Details gehende Darstellung der Entstehung von Nationalstaaten in Mittel-, Ost- und Südeuropa. Neben einer kenntnisreichen Ausbreitung des historischen Faktenmaterials vermittelt Husri hier keine andere theoretische Deutung des Nationsphänomens als jene, die er schon in seinen ersten politischen Arbeiten in den zwanziger Jahren vorgelegt hat. Seinerzeit hatte er bereits unterstrichen, daß »die Nationsidee zum wichtigsten Faktor geworden ist, der seit dem 19. Jahrhundert zur Bildung von Nationalstaaten führte«[5]. Daß dieser Prozeß der Nationsbildung erst im 19. Jahrhundert beginnt[6] und nicht schon zuvor, erklärt Husri wie folgt: »Vor dem 19. Jahrhundert bedeutete Patriotismus Loyalität zum König und Königreich ... Jedes Mal, wenn ein Territorium einem fremden Königtum angeschlossen wurde ..., mußten die Bewohner dieses Territoriums ihren Patriotismus wechseln ... Daß sie dies vermochten, hat seine Ursache in dem Glauben, die Könige herrschten im Auftrag Gottes und ihre Willkür sei Gottes Wille. Als dieser Glaube erschüttert wurde und schließlich ganz verschwand, war selbstverständlich eine völlig neue Situation gegeben. Die Nationsidee begann nunmehr, eine außerordentlich wichtige Rolle in der Nationalstaatenbildung zu spielen.«[7] Husri, der keinen Zusammenhang zwischen sozio-ökonomischer und historischer Entwicklung gelten läßt, erklärt den Prozeß der Nationsbildung in Europa ideengeschichtlich und psychologisierend. Nach seiner Auffassung trug die Lehre von der Volkssouveränität, auf deren historische Bedingtheit er nicht näher reflektiert, wesentlich zur Schwächung des Glaubens an die göttliche Vorsehung der königlichen Herrschaft bei[8]. Diese Dimension der Volkssouveränitätslehre bringt Husri in Zusammenhang mit der Entstehung des Nationsgedankens. Fortan, so führt er aus, wurde die Herrschaft aus dem Volk abgeleitet, womit zugleich die Frage aufgeworfen war, was denn unter Volk zu verstehen sei, und sich das Problem ergab, daß jedes Volk eine eigene Nationalstaatlichkeit beanspruchte[9]. Anstelle des Königtums wurde die Nation zur Substanz der staatlichen Organisation. Damit ist für Husri jedoch nicht gesagt, daß Nationalitäten erst im 19. Jahrhundert entstanden; vielmehr seien die von jeher existenten Nationalitäten erst damals entdeckt und bewußt wahrgenommen worden[10].

Den Prozeß der Dekolonisation und Nationsbildung in Asien und Afrika interpretiert Husri mit den gleichen Kategorien, die er für das Europa des 19. Jahrhunderts gelten läßt. Denn »war das 19. Jahrhundert das Zeitalter des Nationalismus: beschränkt auf Europa, so ist und wird das 20. Jahrhundert das Zeitalter des Nationalismus für alle übrigen Völker sein.«[11] Japan ist Husri zufolge dasjenige asiatische Land, das durch seine Renaissance und Fortschritte die Behauptung der Europäer widerlegt habe, die Völker Afrikas und Asiens seien nicht zivilisationsfähig. »Mit dieser Widerlegung mußte jene Behauptung hinfällig werden.« Europäer und Amerikaner sahen sich nun veranlaßt, allen Völkern das Recht auf Nationsbildung zuzugestehen, wie das von Wilson »gewährte« Recht auf Selbstbestimmung für die Kolonialvölker belege[12]. Den die Dekolonisation tragenden Panbewegungen kommt nach Husri die Aufgabe zu, jene Entwicklung nachzuholen, die sich in Europa bereits im 19. Jahrhundert vollzog. Er wendet sich daher zunächst dem Studium der europäischen Geschichte des 19. Jahrhunderts zu, um daraus Lehren insbesondere für die arabische Nationalbewegung zu ziehen. Sein Ansatz ist durchaus idealistisch: Die nationalen Bewegungen im Europa des 19. Jahrhunderts versteht er als Manifestationen von Ideen, so daß er die verschiedenen europäischen Nationsideen untersucht, um mit ihnen die Geschichte zu erklären.

In seiner ersten politischen Schrift erläutert Husri die deutsche Nationsidee, die wir oben (§ 6 a) behandelt haben, wobei er sie als die einzig richtige unterstellt und adoptiert. Die französische Nationsidee, wie sie am präzisesten von E. Renan formuliert wurde, wird kurz skizziert und als falsch bezeichnet; desgleichen die marxistische Interpretation des Nationalstaates als Produkt der bürgerlichen Gesellschaft[13]. Dem gesamten Komplex widmete Husri noch ein späteres Werk, in dem er auf die verschiedenen Nationsideen ausführlich eingeht, ohne jedoch wesentlich Neues zu sagen[14]. In dieser späteren Abhandlung unterscheidet er zwischen vier Nationsideen: der *deutschen*, der die Nation als Kulturnation gilt und die nationale Sprache als Skelett der nationalen Kultur; der *französischen*, der zufolge die Nation ohne Nationalstaat undenkbar und die nationale Zugehörigkeit nicht determiniert ist, sondern durch einen voluntaristischen Akt entschieden wird; der *marxistischen*, die das Phänomen der Nation mit dem Aufstieg des Kapitalismus in Zusammenhang bringt; und schließlich der *religiösen* Nationsidee, vertreten u. a. von den islamischen Modernisten[15], die die Religionszugehörigkeit mit der nationalen Zugehörigkeit gleichsetzten und damit dem säkularen Nationalismus Einhalt zu gebieten hofften.

Husri deutet an, daß die Differenz zwischen der deutschen und der französischen Nationsidee nicht nur ideengeschichtlich bedingt sei, wenn er sagt, daß diese Ideen verschiedenen politischen Situationen entsprechen[16]. Jedoch bleibt dieser Ansatz unverarbeitet, so daß Husri nicht erklären kann, warum Frankreich sich früh zur Nation konstituierte und dort die Nation zur Herrschaftslegitimität des bürgerlichen Staates wurde, während in dem noch bis 1871 zersplitterten Deutschland die sozio-ökonomische und politische Rückständigkeit durch eine Transzendierung des Nationalen in den Bereich der Kultur kompensiert wurde. Husri, der die historischen Voraussetzungen der deutschen und der französischen Nationsidee nicht näher untersucht, verliert im Gang seiner Argumentation seine ursprüngliche Absicht aus dem Auge. Er wollte die Forderung nach einer Überwindung der nationalen Zersplitterung der Araber in einem panarabischen Nationalstaat theoretisch stringent fundieren. Seine Ausführungen zeigen aber, daß es ihm schließlich nur noch darum zu tun ist, die deutsche Nationsidee als universal richtige herauszustellen und die französische als allgemein falsch auszuweisen. Dabei verfällt er zuweilen in eine schwärmerische Germanophilie, die eine Frankophobie einschließt[17].

Nach Husri gehört jedes Individuum mehreren Gruppen mit qualitativ unterschiedlichen Formen sozialer Verbindlichkeit an[18]. Die »stärkste und effektivste Bindung ist allerdings die nationale, die aus der Gemeinsamkeit der Sprache und der Geschichte resultiert«[19]. Die Nation ist der institutionelle Ausdruck dieser Form der sozialen Verbindlichkeit. Dabei »bildet jede Nation einen eigenen moralischen Charakter heraus, führt ein Eigenleben, besitzt Bewußtsein und ist spezifisch geartet«[20]. Damit hat Husri die Nation zugleich als nationale Persönlichkeit bestimmt. Die Mitglieder einer Nation vergleicht er mit den Zellen eines Organismus, wobei jedoch »der Aufbau eines biologischen Organismus materiell ist und den Gesetzen der Materie ... gehorcht, während der soziale Organismus immateriell ist und den Gesetzen der Materie nicht unterliegt«[21]. Die Sprache ist für Husri das wesentlichste Band, das die Mitglieder des sozialen Organismus: Nation zusammenhält. »Das Leben der Nation beruht im allgemeinen auf der Sprache ... Der Tod einer Nation ist nichts anderes als der Verlust ihrer Sprache.«[22] Denn die Sprache ist »die Seele der Nation und deren wichtigstes Element«[23], ja sie ist »die wichtigste immaterielle Bindung des Individuums an die übrigen Mitglieder einer sozialen Gruppe, weil sie das Instrument der Kommunikation, ... des Denkens, ... und nicht zuletzt der Überlieferung von Ideen und kulturellen Errungenschaften ist«[24]. Daher ist die Nation nichts als eine Gruppe von Menschen, die dieselbe Sprache sprechen: die »Nationen unterscheiden sich in erster Linie dadurch, daß sie verschiedene Sprachen sprechen und daß ihr jeweiliges Dasein auf dieser ihnen eigenen Sprache beruht«[25]. Solange eine Nation ihre Sprache pflegt, bleibt sie lebendig und behält ihre Persönlichkeit. Gerät eine Nation unter Fremdherrschaft, so hängt ihre Fortdauer ausschließlich von ihrer Disposition ab, ihre Sprache zu bewahren und weiter zu pflegen. Vermag eine Nation ihre Sprache unter fremder Herrschaft lebendig zu halten, »dann kann sie ihre Freiheit und Autonomie eines Tages wiedergewinnen, weil sie dadurch, daß sie ihre Sprache beibehält, lebendig bleibt und ihr Dasein als Nation nicht verliert, wenngleich sie mit der Fremdherrschaft ihren staatlichen Charakter eingebüßt hat. Jene Nation aber ..., die mit der Zeit ihre eigene Sprache aufgegeben und die Sprache der fremden Macht übernommen hat, ist eine tote Nation ...«[26] In diesen Aussagen klingt die enge Verwandtschaft von Husris Vorstellungen mit denen Herders an. Husri leugnet die Herkunft seiner Ideen auch nicht. Er bringt eine Reihe von Zitaten aus Herders Schriften, um anschließend zu konstatieren, daß Herder der Pionier der von ihm adoptierten Nationsidee sei[27]. Diese Nationsidee stelle eine »Korrektur« der französischen dar, die zwischen Nationalität und Nation unterscheide und die Nation nur im Rahmen eines Nationalstaates existieren lasse[28]. Doch kritisiert Husri Herder, weil dieser seine Nationsidee unverbindlich formuliert habe. Zwar habe Herder richtig erkannt, daß Volk, Nation und Nationalität synonyme Begriffe seien, die alle eine Menschengruppe mit gemeinsamer Sprache und gemeinsamen Überlieferungen, die die Nationalgeschichte ausmachen, bezeichneten. Nicht aber habe Herder gesehen, daß die Kulturnation in ihrem Territorium auch einen Nationalstaat benötige, ohne den sie zersplittert und schwach bleibe[29]. Diesen Mangel in der Herderschen Theorie sieht Husri von Herders Nachfolgern überwunden, die sich nicht mit der Feststellung einer deutschen Kulturnation begnügten, sondern auch einen deutschen Nationalstaat forderten. »An der Spitze dieser neuen deutschen Denkergeneration stehen der Philosoph Fichte und der Dichter Arndt.«[30] Husri zitiert lange Passagen aus Fichtes »Reden« und bereichert sie mit Auszügen aus Gedichten von Arndt. Während Fichte, so merkt er an, der deutschen Nationsidee ihre stringente philosophische Form verlieh, gab Arndt ihr eine »faszinierende« und »künstlerisch attraktive« Gestalt[31].

Das Nationalerwachen einer unterdrückten nationalen Gemeinschaft beginnt nach Husri mit der Wiederbelebung der von der fremden Herrschaft verdrängten Sprache und Traditionen, wobei Husri die Sprache und die Traditionen eines Volkes als dessen Geschichte, als »gemeinsame Erinnerungen«, bestimmt. So dokumentierten die Bemühungen der Slaven Palacky, Safaryk und Kollar, die tschechische Sprache – auf Herders Anregungen hin – neuzubeleben, das Erwachen der tschechischen Nation[32]. Die Pflege der nationalen Sprache und Geschichte erzeugen Husri zufolge ein Nationalbewußtsein[33]. Auch habe die Rückbesinnung auf die glorreiche klassische Geschichte eines Volkes die Funktion, diesem Volk durch Erinnerung des Vergangenen die Gegenwartsmisere überwinden zu helfen[34].

Während die Sprache die Seele einer Nation ist, ist die Geschichte ihr Bewußtsein. »Die Nation, die ihre Sprache beibehält und ihre Geschichte vergißt, ist wie ein Mensch, der zwar lebt, aber in Bewußtlosigkeit. Sein Leben wird erst sinnvoll, wenn er wieder erwacht und sein verschüttetes Bewußtsein zurückerlangt.«[35] Daher, so betont Husri im Anschluß an Herder, versuchen die Eroberer stets, sowohl die Sprache als auch die gemeinsamen Erinnerungen der von ihnen unterjochten Völker auszulöschen[36].

Bekanntlich geht Mazzinis Definition der Nation über die von den deutschen Romantikern gegebene Nationsbestimmung hinaus, indem sie die Nation nicht nur als eine organische kulturelle Größe faßt, sondern auch als eine biologische Einheit aufgrund der gemeinsamen Abstammung ihrer Mitglieder[37]. In seiner Diskussion des Mazzinischen Nationsbegriffes kritisiert Husri in Anlehnung an Herder und Ibn Khaldun die Rassentheorien schlechthin[38] und leugnet jegliche gemeinsame Abstammung einer zum Volk vereinigten sozialen Gruppe[39], wenngleich er Ibn Khaldun zustimmt, daß der Glaube an eine gemeinsame Abstammung zuweilen die Kohäsivität einer Menschengruppe positiv beeinflussen könne[40]. Auch weist er, hierin Ibn Khaldun folgend, die Behauptung zurück, die Religion könne die Basis einer sozialen Verbindlichkeit sein, denn die Religionspflege geschehe stets in einer Sprache, so daß der enge Kontext zwischen Sprache und Religion nur die Möglichkeit einer Nationalreligion zulasse[41]. Mit dem Hinweis auf Fichtes Interpretation der Reformationsbewegung als deutsch-nationalem Ereignis untermauert Husri seine These[42]. Der Mißerfolg der universalistischen Religionen (Islam, Christentum) und der Erfolg der nationalen Religionen (Judentum), eine kohäsive Menschengemeinschaft aufzubauen und zu konsolidieren, scheint Husri ein historischer Beleg für die Richtigkeit seiner Position zu sein[43]. Dieses Argument bringt er gegen die Panislamisten vor, die im Panislamismus eine Alternative zum säkularen Panarabismus sehen, wie wir in § 8 b) im einzelnen zeigen werden.

Husris grundlegende Gedanken lassen sich bündig mit seinen eigenen Worten wiedergeben: »Die Basis der Nationsbildung und des Nationalismus ist: gemeinsame Sprache und gemeinsame Geschichte. Die Einheit auf diesen beiden Bereichen führt zur Einheit der Gefühle und Ziele, der Leiden und Hoffnungen und der Kultur. Damit fühlen sich die Angehörigen einer Gruppe als unitäre Nation, die sich von den anderen Nationen abhebt. Aber weder die Religion noch der Staat, noch das gemeinsame Wirtschaftsleben gehören zu den wesentlichen Elementen einer Nation, ebenso nicht das gemeinsame Territorium ... Wollten wir den Stellenwert der Sprache und der Geschichte für die Nation kurz benennen, so könnten wir sagen, daß die Sprache die Seele und das Leben der Nation ist, die Geschichte aber ihre Erinnerung und ihr Bewußtsein.«[44] Um seinen Kritikern zuvorzukommen, behandelt Husri sogleich die Beispiele, die gegen seine Nationsbestimmung sprechen könnten, wie Belgien, die Schweiz etc. Auf diese Auseinandersetzung[45] lohnt es sich nicht einzugehen, denn Husri wiederholt nur seine Theorie, um dann etwa festzustellen, daß die Schweiz zwar ein Staat sei, aber keine Nation, und zu unterstellen, daß die Schweizer Bevölkerung sich je zu der ursprünglichen Nation gehörig fühlt, die ihre Sprache spreche[46].

Mit dem Hinweis auf Fichtes Vorschlag einer Nationalerziehung als Strategie zur Überwindung der deutschen Misere nach der Niederlage von Jena 1806[47] geht Husri auf Probleme der Erziehung im allgemeinen ein. Erziehung hält er für das beste Mittel, ein nationales Erwachen der unterdrückten Völker zu initiieren. Insbesondere unterstreicht er die Bedeutung des Geschichtsunterrichts und fordert eine national orientierte Geschichtsforschung, die die »glorreiche« Vergangenheit hervorhebt, um dem nationalen Erwachen eine Basis zu geben[48]. Auch sieht Husri in der Nationalerziehung ein Mittel zur Verbreitung des Nationalglaubens. »Der Kampf für das nationale Erwachen erfordert viel Aufwand und Mühe zur Verbreitung des Nationalglaubens, und zur Stärkung dieses Glaubens müssen alle verfügbaren Mittel aufgeboten werden.«[49] Als adäquates Mittel für eine effektive Nationalerziehung nennt Husri den Wehrdienst: die »Militärkaserne ist – ebenso wie die Volksschule – eine Erziehungsinstitution«[50]. Denn im militärischen Leben lerne das Individuum, seinen Egoismus zu überwinden und für sein Vaterland Opfer zu bringen sowie eine strenge Disziplin zu befolgen. Diese Momente hält Husri für die wichtigsten Ziele einer Nationalerziehung; als Träger von Erziehungsämtern hat er sich zeitlebens ihrer Verwirklichung gewidmet[51].

b) Husris Angriff auf die französische Nationsidee: seine Kritik an Renan

Bevor wir Husris Kritik an der französischen Nationsidee, vornehmlich an ihrer präzisen und einflußreichen Definition durch Renan, vortragen, wollen wir Renans Konzeption kurz darstellen.
Renan hat in einem Vortrag 1882 an der Sorbonne seine Nationsbestimmung ausgeführt, die prägnant die gesamte Tradition des französischen, aber auch des westeuropäischen liberal-demokratischen Nationaldenkens wiedergibt. In seinem unter dem Titel »Que est-ce qu'une nation?«[52] berühmt gewordenen Vortrag unterstreicht Renan, daß es in der Geschichte bisher verschiedene Formen der Vergesellschaftung gab, die alle das Nationsphänomen nicht kannten. Die Nation sei ein Produkt der modernen Geschichte[53]. Die Nationsbildung im Europa der Neuzeit, so betont Renan emphatisch, sei niemals durch irgendwelche deterministische Kriterien beeinflußt worden. Die territoriale Entwicklung in Europa und die Zusammenfassung der hier lebenden inhomogenen Bevölkerung zu Staatsgebilden unter königlichen Dynastien resultieren nach Renan in erster Linie aus Er-

oberungen. Die Nationen sind also nicht Manifestationen von in sich abgeschlossenen homogenen Menschengruppen mit konstanten Merkmalen irgendwelcher Art; vielmehr sind sie historische Produkte der Staatenbildung in Europa nach den Eroberungen[54]. Die in den neugebildeten territorialen Einheiten jeweils lebende inhomogene Bevölkerung hat sich Renan zufolge einander angepaßt und sich auf eine integrative Art zu einer homogenen Menschengruppe entfaltet, die man Nation zu nennen pflegt. Voraussetzung dieser Integration war, daß jede Gruppe *ihre Herkunft vergaß* und sich mit dem neuen Gebilde identifizierte. So entstand u. a. der Begriff »Franzose«, der die Zugehörigkeit zu einer Einheit ausdrückt, obwohl die Gruppen, die diese Einheit ausmachen, keinesfalls ethnisch, kulturell etc. eine einheitliche Herkunft haben. Renan sieht eine ins Detail gehende Geschichtsforschung als eine Gefahr für das Nationalbewußtsein an, zumal der Rückgriff auf die alte Geschichte Aufschluß darüber geben kann, wie herkunftsmäßig verschieden die Menschen sind, die nun eine Nation bilden. Eine wesentliche Voraussetzung für das Bewußtsein von einer nationalen Zugehörigkeit sei die falsch dargestellte Vergangenheit, die die Verschiedenheit der Herkunft verdecke[55].

Nachdem Renan die Nation als ein Produkt der modernen Geschichte bestimmt hat[56], setzt er sich mit den divergierenden Interpretationen des Nationsphänomens auseinander. Entschieden lehnt er die Übertragung ethnographischer und anthropologischer Kriterien auf die Politik ab, die dazu führt, die Nation als eine einheitliche Rasse darzustellen. Renan ist sogar der Auffassung, daß eine Vermischung der Begriffe Nation und Rasse den Fortschritt und das Nationsprinzip gefährde[57]. Er weist darauf hin, daß es nirgendwo heute eine reine Rasse gebe. Auch die französische Nation sei ein Konglomerat aus diversen ethnischen europäischen Gruppen. Die Nationsbildung auf rassische Bedingungen zurückzuführen, sei eine Chimäre[58]. Renan kommt darauf zu sprechen, daß der Begriff der Rasse in zwei verschiedene Richtungen entwickelt worden ist: einmal wird er in dem anthropologischen, physiologischen Sinne von Blutsverwandtschaft gebraucht, und zum anderen verstehen Philologen und auch Historiker unter Rasse vorwiegend eine kulturelle, durch Sprache und Tradition verankerte Gemeinschaft. Beide Versionen lehnt Renan ab[59]. Für ihn kann auch die Sprache nicht ein Konstituens für die Nationsbildung sein, weil es Völker gibt, die dieselbe Sprache sprechen, ohne aber eine Nation zu bilden, und andere Völker sind in einer Nation zusammengefaßt, ohne dieselbe Sprache zu sprechen[60]. Die Idee einer linguistisch einheitlich strukturierten Kulturgemeinschaft, einer Kulturnation,

weist Renan insbesondere deshalb zurück, weil sie eine Nationalkultur unterstelle, die die menschliche Kultur negiere[61]. Immer, so betont er, steht die menschliche Kultur über der deutschen, französischen, italienischen etc., und die großen europäischen Denker traten
als Humanisten und nicht als Träger nationaler Eigenschaften
hervor[62]. Ebensowenig wie die Sprache könne die Religion grundlegend für die Nationsbildung sein[63], desgleichen nicht gemeinsame
ökonomische Interessen[64] und geographische Kriterien[65].
Nation definiert Renan als ein »spirituelles Prinzip«, »eine Seele«, die
aus dem Bewußtsein einer gemeinsamen Vergangenheit erwächst. Das
»sprituelle Prinzip« Nation beruhe nicht nur auf dem Bewußtsein eines gemeinsamen Erbes und gemeinsamer historischer Erinnerungen,
sondern es impliziere auch den Wunsch, in der Gegenwart gemeinsam
zu leben und das Erbe der Vergangenheit zu bereichern[66]. Die Nation
ist also »ein sich täglich erneuerndes Plebiszit«[67], wie Renans berühmte Metapher lautet. Sie kann durch Aufnahme neuer Gruppen erweitert und durch Sezession verkleinert werden. Keiner Menschengruppen kann eine nationale Zugehörigkeit aufgezwungen werden, weil
die nationale Zugehörigkeit auf dem freien Willen basiert (nationalité
élective) und durch nichts determiniert ist[68]. In dieser Bestimmung
liegt die entscheidende Pointe der liberal-demokratisch orientierten
Nationsidee und zugleich ihr wichtigster Unterschied zur organischen
Nationsidee, die die nationale Zugehörigkeit je nach rassischen oder
kulturellen Kriterien determiniert. Gerade deshalb, weil Renan einer
liberal-demokratischen Nationsidee verpflichtet ist, in der der freie
Wille nicht untergeht, kann er das nationale Denken überschreiten,
beispielsweise, wenn er die Behauptung einer Nationalkultur zurück-
weist. Darüber hinaus bestimmt Renan die Nationen, indem er sie als
historische Produkte begreift, als vergängliche Gebilde: sie haben »einen Beginn und werden ein Ende haben«[69]. Er schließt also nicht aus,
daß die Nationen Europas sich in einer Konföderation auflösen
könnten[70].
Die Nationsidee, wie sie von Renan konzipiert wurde, kann Husri bei
seinem Versuch, eine unitäre arabische Nation nachzuweisen, nicht
zweckdienlich sein. Ihm geht es im Gegensatz zu Renan gerade darum, die Zugehörigkeit der in vielen staatlich unabhängigen Gebilden
lebenden arabischen Völker zu einer gesamtarabischen Nation zu de-
terminieren, um damit sein Postulat nach einem panarabischen Staat
theoretisch zu legitimieren. Jedoch verfolgt Husri dieses Interesse
nicht konsequent genug; anstatt die französische und die deutsche
Nationsidee daraufhin zu untersuchen, inwiefern sich diese oder jene

auf die arabischen Länder okulieren läßt, versucht er, einen *allgemeinen* Nachweis zu führen, daß die französische Nationsidee schlechthin falsch und die deutsche die einzig richtige ist. Dabei verzichtet er darauf, die durch die historisch unterschiedliche Entwicklung Deutschlands und Frankreichs bedingten verschiedenen ideologischen Gehalte beider Nationsbestimmungen näher zu beleuchten. Er behauptet sogar apodiktisch – den Tatbestand völlig verkehrend –, daß die französische Nationsidee als Reaktion auf die deutsche entstand, zumal das expansionistische Frankreich durch die Bestimmung der Nation als organischer kultureller Sprachgemeinschaft seine Interessen gefährdet gesehen habe, da die zu annektierenden Gebiete nicht französischsprachig, sondern in erster Linie deutschsprachig waren[71]. Wie Husri es sieht, entwickelten die französischen Denker ihre voluntaristische Nationsidee, um unter dem Deckmantel der nationalité élective dem französischen Annexionismus Vorschub zu leisten. Dementsprechend erweist sich Renan mit seinem berühmten Vortrag »Que est-ce qu'une nation?« für Husri nicht als ernstzunehmender Denker, sondern als Apologet der Interessen Frankreichs: »Renans Rede ähnelt der eines klugen Advokaten, nicht aber den Recherchen eines seriösen Wissenschaftlers.«[72]

Die Differenz zwischen der deutschen und der französischen Nationsidee, die Renans Vortrag in besonderem Maße verdeutlicht, reicht nach Husri weit in die Geschichte zurück. Hierauf ist Husri näher in dem zweiten Beitrag seiner Vorlesungsreihe »Genesis der Nationsidee« eingegangen, die er unter den Titel »Genesis der Nationsidee in Deutschland und der Konflikt zwischen der deutschen und der französischen Nationsidee« gestellt hat[73]. Er beginnt seine Vorlesung mit dem bezeichnenden Satz: »Die Geschichte der deutschen Vereinigung macht die wichtigsten und interessantesten Blätter der Geschichte des vergangenen Jahrhunderts aus.«[74] Die schwärmerische Parteinahme gleich zu Beginn läßt den Tenor der nachfolgenden Ausführungen ahnen. Husri beklagt den Zustand, in dem die deutschen Denker sich von der Nation abwandten und sich der »Illusion« des Kosmopolitismus hingaben. Mit Genugtuung registriert er den Untergang des Kosmopolitismus in Deutschland nach den Napoleonischen Kriegen zugunsten des völkischen Nationalismus: Die Napoleonischen Kriege und die Besetzung Deutschlands »erzeugten bei den Deutschen eine energische Reaktion. Allen wurde nun klar, daß die Ursache der Misere darin lag, daß weder eine nationale Einheit vorhanden war noch ein Nationalbewußtsein. Jene Denker, die einst dem Humanismus huldigten und stolz darauf waren, Kosmopoliten zu sein, die sich über das Vaterland erheben, erkannten nun, zu welchen Konsequenzen ihre Geisteshaltung geführt hatte . . .«[75] Husri beschreibt dann die Hinwendung deutscher Denker zum Nationalismus am Beispiel Fichtes und rühmt Arndt und andere deutsche Schriftsteller, die zur Erzeugung eines deutschen Nationalbewußtseins beitrugen. Schließlich geht er auf die sogenannten Befreiungskriege gegen Napoleon ein; er behandelt diese historische Phase bis zu Bismarcks Aufstieg stets in Parteinahme für Deutschland gegen Frankreich. Bismarck würdigt er als einen »Genius«, der während seiner Botschaftertätigkeit in Paris »die geheimen Absichten Frankreichs und die Mentalität des französischen Volkes genau kennenlernte«[76], so daß er auf die Schlacht mit Frankreich vorbereitet gewesen sei. Die von Bismarck betriebene Politik schätzt Husri hoch ein. Seine Darstellung endet mit den Worten: »Die Vereinigung Deutschlands war der größte Sieg, den die Nationsidee im 19. Jahrhundert errungen hat.«[77] Die referierten Passagen deuten an, mit welchen Vorurteilen Husri an die französische Nationsidee herangeht. Er zeichnet sich durch eine vorbehaltlose Frankophobie und Germanophilie aus. Mit dieser Geisteshaltung nahm er einen kaum zu übertreffenden Einfluß auf den arabischen Orient, zumal sie allenthalben in die staatlichen Schulbücher einging, so daß mehrere arabische Generationen in dieser frankophoben, germanophilen Tradition aufwuchsen.

Zu seiner Interpretation, daß »die Umstände der deutschen Vereinigung und deren Ereignisse der Grund für die Entstehung divergierender Nationsideen« waren[78], führt Husri aus: »Die divergierenden Ansichten entstanden besonders zwischen den Denkern Frankreichs und jenen Deutschlands . . . Die deutschen Denker vertraten die Ansicht, daß die Nation ein lebendiger Organismus sei, der organisch durch eine gemeinsame Sprache und Geschichte entstanden und – wie alle lebendigen Organismen – von subjektiven Trieben bestimmt ist. Und weiter sagten sie, daß die Sprache das wichtigste Element der Nationsbildung sei und somit auch die Staatsbildung leiten müsse. Die Franzosen sträubten sich gegen diese Theorie, weil sie ihnen nur Schaden bringen konnte, zumal sie expansionistische Interessen im Rheingebiet verfolgten und die deutsche Theorie der Sezession eines Teils des französischen Staatsgebietes das Wort reden würde. Allein deshalb opponierten sie gegen diese Theorie mit voller Kraft und entwickelten als kontrahente Theorie dazu ihre eigene der nationalité élective.«[79] Renans Rede »Que est-ce qu'une nation?« sieht Husri auf dem Hintergrund der Kontroverse zwischen Fustel de Coulanges und dem deutschen Historiker Mommsen[80] darüber, ob das Elsaß deutsch oder französisch sei, wobei Mommsen die deutsche deterministische und de Coulanges die französische voluntaristische Nationsidee zur Untermauerung der eigenen Argumente heranzog. Zunächst referiert Husri Renans Rede ausführlich[81], um sie sodann heftig zu kritisieren. Gegen Renans Prinzip der nationalité élective wendet Husri ein, es sei obskur. Denn folge man Renan und definiere die Nation als Resultat eines Plebiszits, dann müsse man sagen, daß nationale Gemeinschaften durch Wahlen zustande kommen. Wahlen aber beruhen Husri zufolge nicht auf dem freien Willen der Wähler, da die Wähler zuvor durch Wahlpropaganda beeinflußt werden[82]. Husri, der nicht müde wird zu betonen, daß seine Theorie wissenschaftlich ist, wirft Renan vor, unwissenschaftlich zu arbeiten, denn ansonsten hätte Renan erkannt, daß der Wille, gemeinsam zu leben, erst in einer bereits vorhandenen nationalen Gemeinschaft entstehe, so daß der Wille, einer Nation anzugehören, Resultat der Nationsbildung sei und nicht deren Voraussetzung[83]. Auf den Tatbestand, daß die Nationen Europas nicht durch Plebiszit, sondern durch Eroberungen und willkürliche Staatenbildung aus verschiedenen Territorien entstanden sind, habe Renan selbst hingewiesen[84].

Einen zentralen Angriff führt Husri gegen Renans These, daß die Sprache nicht konstitutiv für die Nationsbildung sei. Er verweist auf die individuelle Struktur einer jeden Sprache und betont, daß sich nicht in jeder Sprache dieselben Dinge denken lassen. Husri, der sich völlig an Fichte anlehnt, stillschweigend jedoch dessen These von der »ursprünglichen Sprache« nicht teilt, erklärt sich mit Renan einverstanden, daß die europäischen Nationalitäten durch Integration entstanden sind. Allerdings sei diese Integration in erster Linie dadurch zustande gekommen, daß die Bewohner eines Gebietes sich ein und dieselbe Sprache als Muttersprache aneigneten, so daß letzten Endes die Sprache doch als Konstituens einer jeden Nationsbildung anerkannt werden müsse[85].

Auch die späteren Modifikationen von Renans Theorie der nationalité élective lehnt Husri ab. Er geht auf eine der wichtigsten dieser Modifikationen ein: die Henri Hausers. Hauser hatte in einer 1916 erschienenen einflußreichen Studie[86] hervorgehoben, daß zwar die Sprache konstitutiv für die Nationsbildung sei, jedoch erst dann, wenn eine homogene Menschengruppe, die dieselbe Sprache spricht, sich willentlich zum Zusammenleben entschlossen habe, wie es etwa bei den Bewohnern des geteilten Polen der Fall gewesen sei. Diese Synthese aus der deutschen und der französischen Nationsidee tut Husri als tautologisch ab[87]. Damit wird einmal mehr deutlich, daß es ihm nicht um eine kritische Analyse des Prozesses der Nationsbildung und des Nationsphänomens geht, sondern Husri legt einen Standpunkt dar, der seinen politischen Zielen adäquat erscheint, und verteidigt ihn hartnäckig. Er besteht darauf, daß es eine unitäre arabische Nation gibt, weil die arabischen Völker eine gemeinsame Sprache haben und in derselben Tradition leben. Die organische Einheit der arabischen Nation soll nach dem deutschen Vorbild von 1871 einen politischen Ausdruck bekommen. Der Widerstand eines arabischen Volkes gegen die politische Vereinigung beruht nach Husri auf einem manipulierten Bewußtsein; er stellt keineswegs die – vermeintlich wissenschaftlich erwiesene – Existenz einer unitären arabischen Nation in Frage. Diese Perspektive erklärt auch Husris Intransigenz gegenüber der französischen Nationsidee, die dem Individuum und kleinen Gruppen das Recht auf Selbstbestimmung und Wahl der nationalen Zugehörigkeit einräumt. Eine gleichermaßen verhärtete Position bezieht Husri in seiner Auseinandersetzung mit den liberalen ägyptischen Nationalisten, die die Idee einer souveränen ägyptischen Nationalität vertraten. Auf diese Kontroverse werden wir weiter unten ausführlich eingehen.

c) *Husris Marxismus-Kritik*[88]

In den frühen politischen Schriften Husris finden wir – bis auf die Kritik des proletarischen Internationalismus – keine detaillierte Marxismus-Kritik. Sie wird erst in einer Vorlesungsreihe in der zweiten Hälfte der vierziger Jahre vorgelegt und 1959 veröffentlicht.
Der Topos der frühen Schriften ist allemal die deutsche Nationsidee, wie sie im Zeitalter der Romantik formuliert wurde, ihre deskriptive Abgrenzung von anderen zeitgenössischen westlichen Ideen und die Frage ihrer Anwendbarkeit auf die arabische Situation. Husri geht auf den proletarischen Internationalismus in diesem Zusammenhang nur deshalb ein, weil er in ihm eine Neubelebung des Kosmopolitismus der Aufklärung sieht; beide Strömungen greift er scharf an. Den Kosmopolitismus lehnt er ab, weil dieser, obwohl er ursprünglich aus dem Hang zur Vollkommenheit erwachsen sei, letztlich zur Passivität aufrufe: »Der Kosmopolitismus ist eine platonische Attitüde; er fordert das Individuum nicht zur raschen Aktion auf, verlangt von ihm kein faktisches Opfer. Dagegen ist der Patriotismus eine realistische Attitüde ... Die Hinwendung vom Patriotismus zum Kosmopolitismus kommt einer Wende zur Apathie und Passivität gleich ...«[89] Husri

erinnert in diesem Kontext an die Auseinandersetzung zwischen
Rousseau und Voltaire; er zitiert Rousseaus Kritik an den Kosmopoliten, in der Voltaire der Vorwurf trifft, er liebe die Tataren, um der
Vaterlandsliebe enthoben zu sein[90]. Die Gefahren des Kosmopolitismus werden nach Husri am deutlichsten in der deutschen Geschichte.
Seine Äußerungen hierzu demonstrieren die Einseitigkeit seiner Germanophilie. Die deutschen Jakobiner und die der Aufklärung verpflichteten Kosmopoliten unterzieht er einer polemischen Kritik.
Nicht die deutsche sozio-ökonomische und politische Rückständigkeit[91], sondern die Ideen dieser kosmopolitischen Denker macht
Husri verantwortlich für die Zersplitterung Deutschlands und seine
politische Unterwerfung. Erst die Niederlage von Jena habe diese
Denker belehrt und sie ihre »humanistischen und kosmopolitischen Träume« aufgeben lassen[92]. Aus der Erfahrung von Jena leitet
Husri seine Kurzformel ab: »Wir können sagen, daß der Patriotismus
heil und siegreich aus der Schlacht mit der Idee des Kosmopolitismus
und ihrer sämtlichen Schattierungen hervorgegangen ist.«[93]
Mit der Verbreitung des Marxismus habe sich der Patriotismus von
neuem bewähren müssen. Den proletarischen Internationalismus
kennzeichnet Husri nachdrücklich als eine neue Variante des Kosmopolitismus, ohne zu bedenken, daß Marx einer der schärfsten Kritiker
des Kosmopolitismus und seines nationalen Nihilismus gewesen ist[94].
Diese neue »Variante« birgt Husri zufolge »weit größere Gefahren«
in sich als der ursprüngliche Kosmopolitismus. Argumentativ geht
Husri auf den proletarischen Internationalismus nicht ein; er nennt
ihn schlicht »einen neuen, sehr gefährlichen Feind«[95] und begnügt
sich mit der Feststellung: »Selbstverständlich unterließ der Patriotismus den Kampf gegen diesen neuen Feind nicht. Er mobilisierte seine
Kräfte für die Auseinandersetzung mit dem proletarischen Internationalismus mit aller Härte und großer Energie.«[96] Seinen nahezu propagandistischen Ausführungen gegen den proletarischen Internationalismus, die aus den dreißiger Jahren stammen, hat Husri einen
Nachtrag hinzugefügt, von dem er sagt, er sei sechs Jahre später geschrieben, ohne ein genaues Datum anzugeben[97]. In diesem Nachtrag
registriert Husri den Wandel in der Sowjetunion vom Internationalismus zum Sowjetpatriotismus[98] und äußert dazu mit Genugtuung:
»Selbst im Sowjetrußland hat jetzt der Patriotismus über den Internationalismus gesiegt. Allmählich gab der Sowjetstaat den Internationalismus auf, bis schließlich die Komintern endgültig aufgelöst wurde
und selbst auf die Hymne der Internationale verzichtete . . .«[99]
Husri, der einer der bedeutendsten Wegbereiter des arabischen natio-

nalistischen Antikommunismus ist, weist den Vorwurf des Antikommunismus strikt zurück: »Ich streite nicht mit denjenigen, die zum Sozialismus aufrufen; ja noch nicht einmal mit denjenigen, die zum Kommunismus aufrufen. Allein verlange ich von diesen, daß sie ihren Aufruf nicht mit dem Internationalismus vermischen, um nicht antinational zu werden.«[100] Er gibt zu bedenken, daß der Internationalismus sich in einem rückständigen Land besonders gefährlich auswirke, zumal hier der nationale Gedanke und die nationale Solidarität noch schwach ausgeprägt seien, während der Internationalismus in den fortgeschrittenen Ländern, wo der Nationalismus bereits Wurzel gefaßt habe, keine Gefahr mehr darstelle. Besonders in den arabischen Ländern zeitige der Internationalismus verheerende Folgen: er wirke »tödlich« auf sie und ihre nationale Einheit[101]. Es muß angemerkt werden, daß Husri mit Rückständigkeit nicht eine sozio-ökonomische Unterentwickeltheit meint, sondern einen gesellschaftlichen Zustand, in dem ein nationales Erwachen fehlt und ein schwaches nationales Bewußtsein vorhanden ist.

Der frühe Husri begnügt sich mit einem auf Hörensagen beruhenden Marxismus-Verständnis; erst in der zweiten Hälfte der vierziger Jahre beginnt er sich mit den marxistischen Nationalismus-Analysen etwas näher zu befassen. Eine detaillierte Marxismus-Kritik veröffentlichte Husri erstmals 1959[102]; aus einer anderen Publikation Husris erfahren wir aber, daß diese 1959 erschienene Schrift aus Vorlesungen besteht, die Husri zwischen 1944 und 1947 gehalten hat[103]. Es ist daher falsch, wenn Elias Morkus[104] behauptet, Husris ausführliche Marxismus-Kritik sei eine Reaktion auf die blutige Schlacht von Mossul[105] zwischen irakischen Kommunisten und panarabischen Nationalisten. Allenfalls könnten die Ereignisse von Mossul Husri veranlaßt haben, die genannten Vorlesungen zu veröffentlichen; dies ist jedoch unwahrscheinlich, da einmal die Marxismus-Kritik in Husris Vorlesungen aus den Jahren 1944-1947 nicht zentral ist und unter anderem erfolgt[106], und zum anderen geht Husri in seiner Veröffentlichung von 1959 mit keinem Wort auf die Vorkommnisse in Mossul ein und argumentiert nur ideengeschichtlich.

Schon in einer 1951 publizierten Schrift wendet Husri, ohne Personen oder Gruppen zu nennen, sich gegen jene Kritiker des Panarabismus, die »den Unterschieden in den ökonomischen Interessen der einzelnen arabischen Länder eine sehr große Bedeutung zuschreiben, einfach deshalb, weil sie an jener Theorie festhalten, die behauptet, daß es ökonomische Interessen sind, die den Lauf der Welt und die Geschichte primär bestimmen.«[107] Den Vorwurf, der Panarabismus ignoriere den Unterschied in der Produktionsweise der einzelnen arabischen Länder, bezeichnet Husri als irrelevant. Er räumt ein, daß es in einem nationalen Gebilde – und ein solches sind die arabischen Länder für ihn – verschiedene sozio-ökonomische Formationen gebe; diese würden, da sie sekundäre gesellschaftliche Phänomene seien, die Nation jedoch nicht sprengen, vielmehr sie zusammenhalten. Daher, so schlußfolgert Husri in der ihm eigenen Weise, sind diese Einwände hinfällig: »sie können einer seriösen Untersuchung, einer wissenschaftlichen Kritik nicht standhalten.«[108] In dem bereits genannten Buch aus dem Jahr 1959 sind diese Äußerungen in ausführlicherer Form enthalten. Hier unterstreicht Husri auch, daß es »in allen Ländern... Agrarregionen, Industrieregionen und Handelsregionen (gibt), und in einigen Ländern finden wir auf der einen Seite Urlaubs- und Unterhaltungsgebiete, auf der anderen Seite Kurorte. Gewiß, die Interessen dieser Regionen widersprechen sich,... aber jene ist eine kluge Regierung, die die Vielheit der Interessen in sich vereint und miteinander versöhnt, um ein Allgemeininteresse zu verfolgen... Und wir können daher betonen, daß es gegen die Vernunft und Logik ist, zu behaupten, ökonomische Interessen seien konstitutiv für die Nationsbildung.«[109] Zwei Seiten weiter heißt es dann: »Zu allem bereits Gesagten muß hinzugefügt werden, daß utilitaristische Interessen, die Materie und die Ökonomie nicht alles im menschlichen Leben sind, da nämlich die ideellen und die moralischen Faktoren in ihm auch eine entscheidende Rolle spielen und selbst das ökonomische Leben beeinflussen.«[110] Husris Ausführungen über die unterschiedlichen Produktionsweisen in den arabischen Ländern und die letztgenannte Anmerkung veranschaulichen sein vulgäres Marxismus-Verständnis, für das er nicht alleine haftet, sondern für das vor allem sämtliche arabischen kommunistischen Parteien mitverantwortlich sind, die jahrzehntelang den Vulgärmarxismus in den arabischen Ländern verbreitet haben[111].

Die Entdeckungen des 19. Jahrhunderts nimmt Husri als Beleg dafür, daß die Ideen unabhängig vom materiellen Bereich existieren. Er stellt einen Vergleich an zwischen dem angeblich nicht materiell motivierten wissenschaftlichen Entdeckungseifer und den nationalen Aspirationen, um sodann zu behaupten: »Nationale Gefühle hängen niemals mit utilitarististischem Denken und mit ökonomischen und materiellen Interessen zusammen. Sie sind übermaterielle Leidenschaften und Attitüden, ähnlich der Liebe von Kindern zu ihren Müttern und umgekehrt...«[112] Schließlich bringt Husri auch ein Beispiel zur Untermauerung seiner These, daß der Ökonomie in keinem Fall primäre gesellschaftliche Relevanz zukomme und sie in keinem Zusammenhang mit der Nationsbildung stehe: Wenn eine Kolonialmacht ein Land erobert hat – so argumentiert er – , dann kann sie zwar sofort die ökonomische Sphäre des okkupierten Landes beherrschen und kontrollieren, nicht aber kann sie die nationale Sprache vernichten und Herr über die historischen Erinnerungen der Bevölkerung des Koloniallandes werden. Und sollte dies der Kolonialmacht je gelingen, so nur unter besonderen Bedingungen und durch Bemühungen über Generationen hin. »Diese Tatsache allein genügt, um alle möglichen Theorien, die einen Zusammenhang von Ökonomie und Nation herzustellen versuchen, zu widerlegen.«[113]

Nach diesen allgemeinen Ausführungen beginnt Husri, sich eingehender mit den marxistischen Analysen über den Nationalismus zu befassen. Marx' Position zur nationalen Frage sowie die Fülle des marxistischen Schrifttums zu dieser Problematik kennt er nicht[114]. Vertraut ist er allein mit Stalins Publikation »Marxismus und nationale Frage« aus dem Jahr 1913 und mit Lenins berühmter Schrift »Über das Recht der Nationen auf Selbstbestimmung«. Stalins Beitrag referiert Husri kurz, wobei er sich auf Stalins Definition von Nation konzentriert, die Nation als »eine historisch entstandene stabile Gemeinschaft von Menschen, entstanden auf der Grundlage der Gemeinschaft der Sprache, des Territoriums, des Wirtschaftslebens und der sich in der Gemeinschaft der Kultur offenbarenden psychischen Wesensart«[115] bestimmt. Insbesondere kritisiert Husri das Attribut »historisch entstanden«, denn für ihn ist die Nation kein gewordenes, sondern ein kostant in der Menschheitsgeschichte vorhandenes Gebilde. Auch verwehrt er sich heftig gegen die Gleichsetzung von Sprache und Wirtschaftsleben als Voraussetzungen für die Entstehung von Nationen. Insgesamt ist für Husri Stalins Theorie »grob falsch, dermaßen, daß ihre Falschheit evident, ja axiomatisch ist«[116]. In seiner Diskussion der Leninschen Interpretation der nationalen Frage[117] konzentriert Husri sich auf Lenins These, daß der Nationalstaat ein typisches Produkt des aufsteigenden Kapitalismus sei. Gegen diese These führt Husri an, daß bereits vor dem 19. Jahrhundert Nationalitäten existierten; nur hätten erst im 19. Jahrhundert Prozesse zur Bildung von Nationalbewußtsein eingesetzt, in deren Verlauf die Nationalitäten manifest geworden seien. Derjenige, der behaupte, den Nationalstaat gebe es erst, seit der Kapitalismus existiere, irre ebenso wie derjenige, der behaupte, vor James Watt habe es keinen Dampf gegeben[118].

Auf dieser Ebene argumentiert Husri in seinem gesamten Werk. Insbesondere fällt bei der Lektüre auf, daß er stets von neuem betont,

»die Wissenschaft«, »die Logik« und nicht zuletzt »die Vernunft« stützten und bewahrheiteten seine Theorie und widerlegten diejenigen anderer Denker. Dieses Verfahren, von dem wir hier nur eine Ahnung vermitteln konnten, ist nicht nur Husri eigentümlich, sondern findet sich in nahezu allen modernen arabischen politischen Schriften. Es hat die einhellige Funktion, beim arabischen Leser den Eindruck zu erwecken, der Autor ziehe zur Untermauerung seiner Argumente die moderne europäische Wissenschaft heran und sei daher in besonderem Maße glaubwürdig. In einem kleinen Glossar über geläufige Begriffe in der modernen arabischen Sprache merkt Kamel Abu-Jaber zu dem arabischen Attribut »ilmi« (= wissenschaftlich) und dessen Synonymen folgendes an: »Mit diesen Ausdrücken pflegt man meistens das Moderne vom weniger Modernen zu unterscheiden. »Wissenschaftlich« drückt Anerkennung aus, denn es beinhaltet die Vorstellung der Objektivität, der Unvoreingenommenheit und des Praktischen gegenüber Aberglauben und Überlieferung . . .«[119] In diesem Sinne ist Husris Pochen auf die eigene Wissenschaftlichkeit zu verstehen. Den Anspruch, wissenschaftlich gearbeitet zu haben, kann Husri kaum erheben. Seinem Werk kommt weniger Bedeutung zu aufgrund eines gedanklichen Gehalts und einer stringenten Methode als vielmehr aufgrund seines außerordentlichen Einflusses nicht nur auf das intellektuelle Klima in den arabischen Ländern, sondern auch auf die politische Praxis dort.

Kapitel IV

Die Konkretion der Husrischen Theorie.
Husris völkischer, panarabischer Nationalismus im Wettstreit mit anderen politischen Strömungen im arabischen Orient

§ 8 PANARABISCHER NATIONALISMUS VERSUS PANISLAMISMUS: DER STELLENWERT DES ISLAM BEI SATI' HUSRI

a) Vorbemerkung

Husri hat während seiner langen Schaffensperiode (er lebte von 1882-1968) in einer sehr aktiven Weise und mit Erfolg sowohl durch Veröffentlichung als auch durch seine bildungspolitische Tätigkeit im Regierungsapparat verschiedener arabischer Länder seine oben dargestellte Theorie popularisiert. Die Okulierung seiner allgemeinen Theorie auf die spezifischen arabischen Verhältnisse geschah einmal in Form systematischer historischer Werke über die Genesis der arabischen Nationalbewegung und zum anderen im Rahmen von Polemiken und Kontroversen mit Vertretern anderer politischer Richtungen in den arabischen Ländern.

Da wir in den Paragraphen 4 und 5 unserer Untersuchung den Gesamtrahmen der arabischen Nationalbewegung bereits skizziert haben, beschränken wir uns hier darauf, einige Momente der Husrischen Darstellung dieses Phänomens hervorzuheben, um uns sodann auf die Diskussion zu konzentrieren, die Husri mit den Trägern anderer arabisch-nationaler Strömungen führte, die konträr zu der ihm folgenden stehen; dies sind vornehmlich die Panislamisten, die ägyptischen Nationalisten und die »Sozialnationalistische Syrische Partei«.

Zu den systematischen Darstellungen Husris gehört vor allem seine als klassisches historisches Werk anerkannte Geschichte der arabischen Länder unter osmanischer Herrschaft[1]. Darin beschreibt er im einzelnen, wie das arabische Gebiet zu einem Teil des Osmanischen

149

Reiches wurde², und schildert die umfassende, aus der Struktur der osmanischen Gesellschaftsordnung resultierende Stagnation, in die die arabischen Regionen unter osmanischer Herrschaft fielen³. Die Modernisierungswelle im Osmanischen Reich während der Tanzimat Periode⁴ tangierte die arabischen Länder, wie Husri ausführt, insofern, als mit der Modernisierung der gesellschaftlichen Institutionen starke politische Zentralisierungstendenzen verbunden waren, die eine systematischere und somit eine stärkere Türkisierung der beherrschten Gebiete als bisher einschlossen. Besonders wurde die Türkisierung unter der Herrschaft der Jungtürken betrieben, die sich am turanischen Nationalismus⁵ orientierten, womit sie den nationalen Widerstand der von ihnen beherrschten arabischen Bevölkerung hervorriefen. Die im Osmanischen Reich zusammengefaßten Völker hatten sich bisher gegenüber der osmanischen Herrschaft als einer islamischen, die in Kontinuität zu dem klassischen islamischen Kalifat zu stehen vorgab, loyal verhalten, wurden nun aber, durch das Auftreten des Turanismus, kritisch gegenüber dieser Herrschaft, die ihnen nicht länger als eine islamische erschien. Die arabische Revolte gegen das Osmanische Reiche 1916 sieht Husri als Höhepunkt dieses Bewußtwerdungsprozesses der »arabischen Nation« an. Der im Anschluß an den Aufstand 1918 gegründete arabische Nationalstaat in Großsyrien ist für Husri der »erste moderne arabische Nationalstaat«; ihm gilt seine besondere Aufmerksamkeit. Der Einmarsch der französischen Kolonialtruppen 1920 in Syrien, nachdem sie 1918 die libanesische Küste besetzt und am 24. Juli 1920 in der Schlacht von Maysalun über die syrische Armee gesiegt hatten, ist Gegenstand eines der umfassendsten historischen Werke Husris: »Yaum Maysalun« (engl. Übers.: The Day of Maysalun)⁶. Diesen Tag der Niederlage bezeichnet Husri als einen »der wichtigsten Tage in der neueren Geschichte der arabischen Nation«⁷, denn der »Tag von Maysalun«, den Husri als Zeitgenosse erlebte, war nicht nur für seine Biographie, sondern auch für die gesamte arabische nationale Bewegung von entscheidender Bedeutung. Mit ihm trat die Bewegung in eine neue Phase ein: die der Frankophobie und der Germanophilie, wie sie auch in Husris »Der Tag von Maysalun« zum Ausdruck kommen. In diesem Werk bekundet Husri seine Feindschaft gegenüber Frankreich im Rahmen seiner Behandlung der französischen Kolonialherrschaft.

Das Erwachen der arabischen Nationalbewegung erklärt Husri jedoch nicht allein als Reaktion auf die Türkisierungstendenzen, die auf eine totale Preisgabe des arabischen, ohnehin unterdrückten kulturellen Erbes abzielten, sondern auch und vor allem führt er das Aufblü-

hen des arabischen Nationalismus auf die Neubelebung der arabischen Kultur durch die christlichen Missionen zurück[8]. Auch die wahhabitische Revolte, obwohl im Grunde eine archaisch-religiöse Bewegung, hat Husri zufolge indirekt zum arabisch-nationalen Erwachen beigetreten, indem sie das Osmanische Reich schwächen und das arabische Element stärken wollte[9]. Ebenso förderte die Erhebung Muhammad 'Alis die nationalen Bestrebungen: sie »leistete dem arabischen Nationalismus einen großen Dienst..., weil sie einen modernen Staat in einem arabischen Land ermöglichte, in dem es zu einer arabischen literarischen intellektuellen Renaissance kam«[10]. Der konstitutivste Beitrag zur arabischen Renaissance kam allerdings von den syro-libanesischen Intellektuellen in der zweiten Hälfte des 19. Jahrhunderts, besonders von den Christen unter ihnen, denn aufgrund ihrer Religionszugehörigkeit fühlten sie sich nicht zur Loyalität gegenüber dem Osmanischen Reich verpflichtet; um so leichter fiel es ihnen, für einen säkularen, vom Osmanischen Reich unabhängigen arabischen Staat zu plädieren[11]. Dagegen konnten die arabischen Nationalisten muslimischer Herkunft sich nur in einem schweren Bewußtseinskonflikt vom Osmanischen Reich und dem islamisch-religiösen Denken lösen. So versuchten sie anfänglich noch, die Nationsidee mit dem Islam zu harmonisieren, indem sie für ein *arabisches* Kalifat eintraten, wie z. B. Kawakibi[12], oder sie verlangten lediglich eine national-kulturelle Autonomie für die Araber innerhalb des islamisch legitimierten Osmanischen Reiches[13]. Den arabischen Christen wurde der Zugang zum säkularistischen, nationalistischen Denken nicht nur durch ihre Zugehörigkeit zu einer anderen Religion als der, die als Staatsideologie fungierte, erleichtert, sondern wesentlich auch durch die Bildung, die sie in den christlichen europäischen und amerikanischen Missionen erfahren hatten. Von diesen Missionen nimmt Husri die französischen katholischen aus, die zunächst nur in französischer Sprache unterrichteten und die die syro-libanesischen Katholiken lehrten, sie benötigten den Schutz Frankreichs vor den Muslimen, womit diese Missionen praktisch im voraus die Loyalität ihrer Zöglinge zur französischen Kolonialherrschaft sicherstellten. Die russisch-orthodoxen[14] und die amerikanischen protestantischen Missionen[15] hingegen dachten langfristiger. Sie wendeten sich an alle Araber, die sie durch Belebung der arabischen Sprache und Kultur zu gewinnen und vom Osmanischen Reich zu trennen trachteten; darin waren sie schließlich so erfolgreich, daß selbst die jesuitischen Missionen zeitweise dazu übergingen, in arabischer Sprache zu unterrichten.
Die in Paris 1913 versammelten arabischen Nationalisten christlicher

und muslimischer Herkunft artikulierten ihren Willen zur nationalen Selbständigkeit, wenngleich sie sich für die kurzfristige Realisierung dieser Autonomie im Rahmen des Osmanischen Reiches entschieden. Die Jungtürken gingen zunächst auf ihre Forderungen ein, jedoch nur, um sich eine Atempause zu verschaffen, wie die spätere Liquidierung jener Führer der arabischen Nationalbewegung, die den Kongreß in Paris organisiert hatten, zeigt[16].

Die arabischen Gebiete Asiens – ausgenommen die arabische Halbinsel –, die nach dem Ersten Weltkrieg europäische Kolonien wurden, nachdem Nordafrika schon im 19. Jahrhundert stufenweise einen kolonialen Status erlangt hatte, entwickelten sich unter der Kolonialherrschaft, wie Husri mehrfach zugesteht, politisch in verschiedene Richtungen. Denjenigen Arabern, die einen auf ihre Region beschränkten Nationalismus vertraten, wie die ägyptischen Nationalisten, wirft Husri vor, nicht zu begreifen, daß die Grenzen, die sie verteidigen, jene vom Kolonialismus gesetzten sind: *»Wir rebellierten gegen die Engländer und die Franzosen; wir rebellierten gegen diejenigen, die unser Vaterland eroberten und versuchten, es zu verknechten ... Als wir uns aber von ihnen befreit hatten, begannen wir, die von ihnen gesetzten Grenzen in unserem Land zu heiligen ...«*[17] Die Träger der verschiedenen dem Panarabismus konträren politischen Strömungen in den arabischen Ländern reduziert Husri auf (1) Lokalpatrioten aller Schattierungen, (2) Anhänger des Osmanischen Reiches, die diesem nachtrauern und am Panislamismus festhalten, und (3) Kosmopoliten und Internationalisten. Alle drei Strömungen bekämpft Husri gleichermaßen vehement sowohl in Form direkter Kontroversen als auch in Schriften über die arabische Kultur und Sprache, die – an der deutschen Nationsidee orientiert und sie reproduzierend – gegen die genannten Strömungen beweisen sollen, daß es eine unitäre arabische Nation gibt, der nur ein einheitlicher: der nationalstaatliche, Rahmen fehlt[18].

b) Husris Afghani-Interpretation

Der Panislamismus, wie Afghani ihn als Antwort auf den Kolonialismus politisch und religiös begründete, ist oben (§ 4 d) bereits als ideologische Waffe des islamischen Modernismus bestimmt worden. Wir haben auch erwähnt, daß Afghani den nationalstaatlich begriffenen Panislamismus preisgab, sobald ihm klar geworden war, daß der osmanische Sultan Abdülhamid II die panislamische Ideologie angesichts der aufstrebenden nationalen Bewegungen im osmanischen Herrschaftsbereich zur Konsolidierung seiner Herrschaft mißbrauchte. In seinen späteren Schriften verzichtet Afghani darauf, einen institutionellen Rahmen für die islamische Gemeinschaft: ein panislamisches Staatsgebilde, zu fordern, und begreift den Panislamismus nunmehr als bewußten Ausdruck einer antiimperialistischen Solidarität der Muslime. Aber nicht nur hat Afghani in seinen späteren Schriften den Panislamismus auf diese Formel reduziert, sondern er erkannte fortan auch die subislamischen nationalen Gebilde der Perser, der islamischen Inder und der Araber an. Diese Entwicklung Afghanis wurde von den Anhängern des Panislamismus systematisch ignoriert. Die panislamische Kalifatsbewegung, die nach dem Zusammenbruch des Osmanischen Reiches alle konservativen Kräfte in sich vereinte, welche die arabische nationale Bewegung für den Untergang des Reiches verantwortlich machten, berief sich auf Afghani als ihren geistigen Vater. Dieser Rückgriff auf Afghani unterschlägt nicht nur Afghanis spätere Entwicklung, sondern auch die wichtige Tatsache, daß Afghanis Hauptziel die Bekämpfung des kolonialistischen Einflusses auf den islamischen Orient war. Denn im Gegensatz zu Afghani stand die panislamische Bewegung nach dem Ersten Weltkrieg in unmittelbarer Allianz mit den Kräften der Reaktion, die allmählich unverhüllt als Verbündete des Imperialismus auftraten[19].

Husris Auseinandersetzung mit dem Panislamismus als Gegenbewegung zum panarabischen Nationalismus findet auf zwei Ebenen statt: Einmal geht Husri auf die geistigen Quellen des Panislamismus zurück. In seinem Rekurs auf Afghani deutet er zwar die verschiedenen Etappen im politischen Denken Afghanis an, verfährt jedoch ähnlich verfälschend wie die Panislamisten, wenngleich er anders als diese die spätere Entwicklung Afghanis gegen dessen frühere, dezidiert panislamische Phase überbetont. Und zum anderen setzt Husri sich mit den Panislamisten auf einer allgemein theoretischen Ebene auseinander, wobei er – wie stets – zur Widerlegung ihrer Ansichten seine eigene allgemeine Theorie zitiert.

Bevor wir Husris Afghani-Interpretation erläutern, wollen wir etwas detaillierter als oben (§ 4 d) auf Afghanis politische Theorie eingehen. Für Afghani besteht die Menschheit aus verschiedenen Gemeinschaften, deren Existenz durch den göttlichen Willen begründet ist. Das Individuum kann nur in der Gemeinschaft fortleben. Jede Gemeinschaft (Umma) ist dabei »wie ein lebender Organismus, der eigene Glieder hat, die von einer einzigen Seele dirigiert werden, so daß jede Gemeinschaft wie ein Mensch ist, der sich in seinen Lebensetappen, in seinen Angelegenheiten, in seinem Glück und Elend von allen anderen Menschen unterscheidet«[20]. Afghani unterscheidet zwischen zwei Formen sozialer Verbindlichkeit, die einen solchen Organismus zusammenhalten: dem nationalen Band und dem religiösen. Dem religiösen Band spricht er Priorität zu: der Islam sei weit integrativer und kulturträchtiger als die nationale Verbindlichkeit. »Die Geschichte der Muslime zeigt, daß die Muslime seit der Entstehung ihrer Religion bis in unsere Tage sich nicht zum völkischen Band und zur nationalen Gruppensolidarität bekennen, sondern zum Band der Religion. Daher lehnen der Türke und der Perser nicht die Herrschaft der Araber über sich ab, und der Inder unterwirft sich dem Afghanen..., solange nur der Herrscher sich an der Schari'a orientiert.«[21] Afghani erkennt also die Existenz von Nationalitäten durchaus an, wenngleich von einer Schrift zur anderen mit unterschiedlichem Nachdruck. Stets aber betont er, daß für die Muslime nur der Islam Grundlage einer Nationalität sein könne, weil er sich gegenüber anderen Zugehörigkeitsformen als überlegen erwiesen habe. So haben nach Afghani die Araber in der vorislamischen Zeit keine großen kulturellen Errungenschaften hervorgebracht, ja sie konnten sich noch nicht einmal auf der Basis des Arabertums vereinigen: die primitiven Stämme lebten untereinander in Streit. Erst der Islam »konnte eine in Wildheit (Tawahhusch) und Unzivilisiertheit tief verwurzelte Nation (Umma): die arabische, in kurzer Zeit zu den höchsten Rängen der Weisheit und Zivilisation emporheben«[22].

Diese Ideen bilden den allgemeinen Rahmen des politischen Denkens von Afghani, der je nach der historischen Situation eine andere Substanz erhält. In der Phase der Zusammenarbeit mit dem Sultan Abdülhamid II[23] postuliert Afghani für die islamische Umma ein staatliches Gebilde, das er in dem islamisch legitimierten Osmanischen Reich realisiert sieht. Nach seiner Enttäuschung über Abdülhamids II despotische Politik sagt er dem Osmanismus ab[24] und relativiert seine Vorstellung eines staatlichen Rahmens für die islamische Umma beträchtlich: Die Gläubigen, die Gott als Brüder bestimmt hat, sollten sich vereinigen, »so daß sie mit ihrer Einheit einen Damm errichten, der sie vor allen Fluten, die auf sie zuströmen, schützt! Mit diesem Postulat bestehe ich aber nicht darauf, daß alle Muslime einen einzigen Regenten haben sollen, denn *dies läßt sich wahrscheinlich schwer realisieren*. Allein fordere ich, daß ihr oberster Herr der Qur'an und die Religion die Grundlage ihrer Einheit sei.«[25] Wie Afghani es nun sieht, kann nur diese Einheit im Rahmen eines auf den Errungenschaften der modernen Wissenschaft und Technik basierenden, also eines modernisierten Islam die Muslime vor dem Kolonialsystem schützen und ihnen den Sieg über die Kolonialherren ermöglichen. »Die Kolonialmächte richten ihre Blicke nur auf die Länder, die reich an Bodenschätzen und fruchtbarem Boden sind, deren Bevölkerung sich aber auf der niedrigsten Stufe der Ignoranz befindet und so faul geworden ist, daß sie keinen Handstreich mehr tut und keinen Konflikt mehr wagt.«[26]

Nachdem Afghani sich vom osmanisch mißbrauchten Panislamismus abgewandt und das panislamische Band auf eine Bewußtseinsform mit primär antikolonialistischem Inhalt reduziert hatte, war er in der Lage, einzelne islamische Völker anzusprechen und ihre nationalen Gefühle gegen den Kolonialismus zu mobilisieren. So unterstützte er den nationalen Kampf der Ägypter gegen das britische Kolonialsystem: »Wenn die Ägypter sich vereinigen und sich als Nation (Umma) erheben würden, die für ihre Unabhängigkeit kämpft, und wenn sie für dieses Ziel keinen Ersatz akzeptieren und die Repressionen, die ihnen aus dem Kampf erwachsen, überstehen würden, ... dann könnte man sie schon jetzt zu ihrer Unabhängigkeit beglückwünschen.«[27] Auch verteidigt Afghani das arabische kulturelle Erbe gegen die Anschuldigungen Renans, der behauptet, die Araber – wie übrigens alle Semiten – seien kein schöpferisches Volk; die arabische Philosophie sei von Muslimen nicht-arabischer Herkunft entwickelt worden[28]. Solche Positionen Afghanis, die man auch in seiner frühen Phase in Indien finden kann, lassen sich nur als pragmatische Positionen verstehen und interpretieren. Die amerikanische Afghani-Herausgeberin N. Keddie deutet auch daraufhin: »Afghanis widersprüchliche Äußerungen über das nationale Band in Abhebung zum religiösen lassen sich sinnvoll verstehen im Zusammenhang mit seinen pragmatischen antiimperialistischen und fremdenfeindlichen Zielsetzungen.«[29] Es ist unzutreffend, wenn der ägyptische Afghani-Herausgeber 'Ammara die Stellungnahmen des späteren Afghani für den Nationalismus als »nationale Reife« interpretiert[30]. Diese Auslegung widerspricht auch teilweise der adäquaten Interpretation 'Ammaras zu Afghanis Abkehr vom osmanisch begriffenen Panislamismus, nämlich nicht als einer Abkehr vom Panislamismus als solchem, sondern nur als Absage an das Osmanische Reich, um einen Antikolonialismus zu formulieren[31]. Der Islam bleibt für Afghani auf allen Stationen seines Lebens wegweisend. Keddie gelingt es anders als 'Ammara, eine angemessene Gesamtwürdigung Afghanis zu geben. »Seine Bedeutung liegt vor allem darin, daß er aus dem Islam eine Ideologie machte, die den Stellenwert des Islam als Brennpunkt von Identität und Solidaritätsgefühlen gegen die Angriffe des christlichen Westens untermauern sollte; der Islam sollte ein Sammelpunkt sein, von dem aus die westlichen Eroberer zurückzudrängen sind.«[32] Kurz: Afghanis politische Theorie ist als eine »islamische Antwort auf den Imperialismus« zu deuten, wie Keddie ihre Afghani-Textauswahl betitelt.

Wie bereits angedeutet, unterschlägt Husri die Tatsache, daß Afghani, ehe er mit Sultan Abdülhamid II brach, diesen als Kalifen der Muslime anerkannte und das Osmanische Reich als den institutionellen Rahmen des Panislamismus betrachtete. Er beginnt seine Darstellung der Ideen Afghanis mit Auszügen aus Artikeln, die Afghani in der kurzlebigen Zeitschrift »al-'Urwa al-wuthqa« veröffentlichte, die er während der Exiljahre 1884 in Paris zusammen mit seinem Schüler Muhammad 'Abduh herausgab[33]. In diesen Beiträgen ist auch das oben angeführte Zitat enthalten, in dem Afghani unterstreicht, daß er mit Panislamismus keineswegs meine, alle Muslime sollten in einem einzigen Staat von einem einzigen Regenten regiert werden. Husri bringt dieses Zitat als Beleg für die vermeintliche Tatsache, daß Afghani nie einen staatlichen Rahmen für den Panislamismus verlangt habe. Von dieser Idee soll Afghani »weit entfernt gewesen« sein[34]; der Panislamismus habe für Afghani lediglich »Bekanntschaften, Solidarität, Übereinkunft und Botschafteraustauch« beinhaltet[35].

Husri rekurriert auf eine Reihe von Afghani-Texten, in denen der Unterschied zwischen der nationalen und der religiösen Gemeinschaft behandelt wird. Dabei referiert er richtig, daß Afghani die Existenz von Nationalitäten im allgemeinen nicht leugnet, daß er aber zugleich hervorhebt, die Muslime könnten auf die nationale Bindung verzichten, da sie im Islam eine überlegene Form sozialer Verbindlichkeit besäßen, wobei Afghani unterstelle, daß das nationale Band den Grundsätzen der islamischen Schari'a widerspricht[36]. Diese Position, so bemüht sich Husri zu zeigen, werde im Verlauf der intellektuellen Entwicklung Afghanis relativiert. Husri zitiert Passagen aus Afghanis Schriften, in denen man Husri selbst zu vernehmen glaubt, so dort, wo Afghani die Sprache als Konstituens für den Zusammenhalt jeder sozialen Gruppe bezeichnet: »Wir können beobachten, daß die Bevölkerung vieler Länder, die von Fremden erobert wurden, trotz der Fremdherrschaft ihre nationale Sprache beibehalten konnte. Im Verlauf ihrer Geschichte konnten diese Völker sich erheben und ihre Freiheit zurückerobern und alle Menschen vereinigen, die ihre Sprache sprechen. Der Gang dieser Entwicklung ist von dem Schicksal der Sprache bestimmt. Hätten diese Völker ihre eigene Sprache verloren, so hätten sie zugleich ihre eigene Geschichte eingebüßt und ihren

Ruhm vergessen und wären zu Objekten der Verknechtung geworden . . .«[37] Diese Formulierung könnte gleichwohl aus der Feder Herders oder Husris stammen. Husri verwertet sie allerdings für seine Zwecke isoliert von dem gesamten Wirken Afghanis. Zwar war Afghani kein politischer Theoretiker im engen Sinne des Wortes, sondern vielmehr ein politischer Agitator. Seine politischen Schriften sind entweder Gelegenheitsarbeiten, die er seinem jeweiligen Sekretär diktierte, oder es sind Mitschriften seiner Vorlesungen, die seine Schüler angefertigt haben. Afghani hat sich nie bemüht, seine politischen Ideen in Form einer konsistenten, systematischen Theorie niederzuschreiben. Dennoch haben alle von ihm überlieferten Arbeiten einen gemeinsamen Grundzug: Sie sind *Aufrufe an die Muslime als Objekte des Kolonialismus in der Absicht, die Muslime gegen die europäische Kolonialherrschaft zu mobilisieren.* Diese Dimension bleibt Husri verschlossen. Er konzentriert sich lediglich auf eine ungenaue Textanalyse, wobei er nur solche Aussagen Afghanis wiedergibt, die in seinem Sinne interpretiert werden können. Besonderen Wert mißt Husri einer neu entdeckten kleinen Schrift Afghanis bei, die auf persisch verfaßt worden ist; sie wurde 1913 ins Türkische übersetzt und erst 1958 durch die französische Übersetzung bekannt[38]. Das genaue Entstehungsdatum dieser Schrift läßt sich nicht ausmachen. Afghani sagt hierin, daß die Sprache die Basis der Nationalität sei und daß sie eine stärkere soziale Verbindlichkeit habe als die Religion. Denn es gebe viele Völker, die ihre Religion wechselten, ohne dabei ihre Identität aufzugeben, was bei Preisgabe der nationalen Sprache nicht möglich sei[39]. Husri bringt Belege dafür, daß Afghani aufgrund dieses Textes, bedingt durch die Übersetzung ins Türkische, bei den türkischen Nationalisten als einer der Vorläufer ihres Nationalismus gilt, wogegen die Version von Afghani als Panislamisten primär bei den Arabern verbreitet sei[40].

Nach Husris Interpretation durchlief Afghanis Denken drei Etappen, die gekennzeichnet seien (1) durch Überbetonung des religiösen Bandes gegen das nationale Band, (2) durch Anerkennung der Existenz von Nationalitäten als homogenen Gebilden, (3) durch Anerkennung eines stärkeren Homogenitätsgrades der Nationalitäten als Kulturgemeinschaften mit nationaler Sprache im Vergleich zu der Homogenität von auf religiöser Basis vereinigter sozialen Gruppen. Insgesamt lastet Husri Afghani an, daß er in seinen Schriften nicht zu unterscheiden vermochte zwischen Realität und Wunschdenken. Realität ist für Husri die Existenz von Nationalitäten, und das Wunschdenken bezieht sich auf das Vorhandensein einer homogenen islamischen

Umma. Auch bringt Husri gegen Afghani vor, daß dessen Schriften nicht gründlich durchdacht und voller Fehler seien[41], was darauf hindeutet, daß Husri den Charakter der politischen Schriften Afghanis als primär agitatorische nicht begriffen hat.

Wir haben festgestellt, daß der theoretisch maßgeblich von Husri geprägte arabische Nationalismus, wie er seit dem Beginn der zwanziger Jahre dieses Jahrhunderts auftritt, in der deutschen Romantik und deren politischen Theorien seine primäre ideengeschichtliche Quelle hat. In unserer Behandlung der politischen Ideen Afghanis haben wir aber gezeigt, daß Afghani ebenso wie Husri das Individuum als Partikularität nicht kennt und es nur als Glied einer Gemeinschaft gelten läßt, wenngleich es sich bei Afghani um eine Religionsgemeinschaft und bei Husri um eine Kulturgemeinschaft handelt. Es drängt sich bei der Affinität des Gemeinschaftsbegriffes, den Husri und Afghani gebrauchen, die Frage auf, ob Husris Gemeinschaftsbegriff nicht doch islamische Momente enthält und nicht nur eine Reproduktion der deutschen Volksgeist-Theorie ist. Sylvia Haim, eine Kennerin der arabischen Nationalbewegung, hat inzwischen eine Untersuchung des Gemeinschaftsbegriffes bei Afghani und bei Husri vorgelegt. Nach Haim kann man Husris Begriff der Umma ohne Bedenken mit »Nation« im europäischen Sinne übersetzen, während der Begriff Umma bei Afghani sich nicht vorbehaltlos in moderne europäische Termini übertragen läßt[42]. Haim weist nach, daß in der klassischen islamischen politischen Philosophie bereits ähnliche Ideen wie die von Afghani hervorgebrachten existierten. Schon Ibn Taimiyya (gestorben 1328) leugnete das Individuum als Partikularität und verglich die Gruppe der Muslime mit einem Organismus, den er auch »islamische Umma« nannte[43], so daß Afghanis Umma-Begriff nicht ausschließlich europäischer Herkunft zu sein braucht, wenngleich Afghanis Denken durchaus starke europäische Züge aufweist. Diese europäischen Einflüsse finden bei Afghani, wie wir gezeigt haben (§ 4 d) nur Zugang, insofern sie mit dem Islam kompatibel sind. Dagegen ist Husris Nationaldenken, sieht man von den Ibn-Khaldunschen – keineswegs islamisch-traditionellen – Zügen ab, kaum islamisch inspiriert. Haim betont zu Recht, daß Husris Ideen »nur im Lichte romantischen europäischen Denkens zu verstehen sind . . ., aber die islamische Tradition, wie sie in den vermittelten Textauszügen von Gamaladdin Afghani und Muhammad 'Abduh transparent wird, hat noch solch tiefe Wurzeln, daß es nicht möglich ist, für die arabischen Begriffe, die uns hier begegnen, festgefaßte europäische Kategorien zu finden, die jenen entsprächen«[44].

Bei einem näheren Vergleich des Umma-Begriffes Afghanis und Husris kann man mit Haim als wichtigste Differenz beider Begriffe feststellen, daß die Umma bei Husri eine autonome Entität meint, während sie bei Afghani stets von Gottes Willen abgeleitet wird[45]. Eine weitere Differenz, die im Zusammenhang mit der zuvor genannten gesehen werden muß, ist diese: »Traditionsgemäß muß ein Muslim Solidarität zur Umma bewahren, weil der Qur'an dies vorschreibt und der Islam dies fordert. Husris Lehre geht von den Gefühlen des Einzelnen aus. Es ist das Individuum, das den Ruf der Tradition vernimmt; es ist das Individuum, das fühlt, es müsse diesem Ruf folgen; es ist das Individuum, das keine Erfüllung findet und sich nicht total realisiert, solange es nicht in der Nation aufgeht. *Fichte und nicht der Qur'an inspirierte Sati' Husri.*«[46]

Wir können daher sagen, daß Husris Umma-Begriff nicht Resultat einer Säkularisierung des orthodox-islamischen Umma-Begriffes ist, wie er in der politischen Philosophie Ibn Taimiyyas systematisch formuliert und von Afghani in modernisierter Form neu vorgetragen wurde. Vielmehr ist er ein der Neuzeit abgezogener Begriff, der seine geistigen Wurzeln im europäischen Denken hat, dessen Affinität zum islamischen Umma-Begriff aber, besonders in der Verleugnung des Individuums als Partikularität, weitgehend zu seiner Applizierbarkeit auf die arabischen Verhältnisse beigetragen hat.

c) Husris Rekurs auf Kawakibis Antiosmanismus und 'Abdarraziqs Kritik an dem Kalifat

Noch bevor Husri seinen Begriff der Umma qua Nation im europäischen Sinne entwickelte, hat 'Abdarrahman Kawakibi (1849-1902), ein Schüler Afghanis und 'Abduhs, den islamischen Umma-Begriff in einer Weise interpretiert, die objektiv seiner Säkularisierung gleichkommt, was jedoch nicht in Kawakibis Absicht lag. Kawakibi behauptet neben der Existenz einer islamischen Umma das Vorhandensein einer arabischen Umma als selbständiger Gemeinschaft. Damit tat er, wie Sylvia Haim konstatiert, »mehr als einen Schritt hin zum westlichen Säkularismus, und tatsächlich hat Kawakibi eine beinahe rassisch begründete Theorie der Nationalität ausgearbeitet; gleichwohl blieb er ein orthodoxer Muslim«[47].

Kawakibi, ein gebürtiger Aleppiner, erhielt in seiner Heimatstadt eine durchaus orthodox-islamische Bildung. In seiner frühen Jugend kämpfte er gegen die despotische Herrschaft Abdülhamids II, unter deren Repressionen er litt. Schließlich floh er nach Kairo, wo er bis zu seinem Tod im Kreise Muhammad 'Abduhs und dessen Schüler Raschid Rida wirkte[48]. Kawakibi veröffentlichte seine Arbeiten unter anderem in der Zeitschrift »al-Manar« (Das Minarett), die von Rida herausgegeben wurde und die als Zentrum des islamischen Revivalismus modernistischer Observanz galt. Später sammelte Kawakibi diese Aufsätze in zwei Buchbänden unter dem Titel »Umm al-qura« (Mutter der Dörfer)[49] und »Taba'i' al-istibdad« (Wesensmerkmale der Tyrannis)[50]. In »Umm al-qura« kritisiert Kawakibi die Osmanen so weitgehend, daß er ihre Fähigkeit, das islamische Kalifat zu führen, anficht und dafür plädiert, das Kalifat an die Araber vom Stamm Quraisch, dem Stamm des Propheten Muhammad, zurückzugeben[51]. Neben dem nationalen Charakter gewinnt das Kalifat in der Konzeption Kawakibis weitere moderne Züge: Kawakibi postuliert, daß der Kalif fortan gewählt werde, und zwar auf jeweils 3 Jahre. Seine Macht soll eingeschränkt werden: weder soll er eine Armee unterhalten noch sich in die Angelegenheiten der künftig autonomen Sultanate einmischen dürfen. Die Sultanate haben nurmehr die geistige Autorität des Kalifen anzuerkennen. Sylvia Haim weist auf die säkularistischen, nationalen, Implikationen dieser Kalifat-Interpretation hin: »Als frommer Muslim, der er zweifellos war, übernahm er unbewußt alle westlichen Bestimmungen über die geistliche und weltliche Macht des Souveräns, wobei er die Unterscheidung so weit trieb, daß er die Errichtung eines arabischen Kalifats rechtfertigen konnte.«[52] Die nicht beabsichtigte Konsequenz war, wie Haim ausführt, »daß Kawakibis Argumente... generell auf eine Theorie des arabischen Nationalismus verweisen«[53].

In den Beiträgen des Bandes »Taba'i' al-istibdad« formuliert Kawakibi eine pointierte Kritik an der despostischen Herrschaft in Anspielung auf den osmanischen Despotismus Abdülhamids II. Er zeigt, inwieweit eine solche Herrschaft die Menschen verdirbt, wehrt sich allerdings gegen eine gewaltsame Bekämpfung des Despotismus, weil dieser Weg ihm nicht die Aufhebung der Basis des Despotismus, nämlich die Ignoranz der Untertanen, zu garantieren scheint. Despotische Herrschaft sei nur durch Erziehung und Aufklärung zu beseitigen, wie langwierig auch immer dieser Prozeß sein möge[54].

Husri rekurriert eifrig auf Kawakibis Werk, zumal es seine Theorie zu stützen vermag. Er kann sich nämlich in seiner Kritik am osmanischen Kalifat auf einen orthodoxen Muslim berufen. Und selbst bei der Absicherung seiner grundlegenden These, daß es eine unitäre arabische Nation gibt, kann er auf Kawakibis hierzu vorläufige Ausführungen zurückgreifen. Emphatisch betont Husri in seinem Rekurs auf Kawakibi, daß dieser »ein islamischer Schriftgelehrter war und daß Scheich Raschid Rida, der Herausgeber der »al-Manar«, seine Ideen publizierte und sie mit eindeutiger Klarheit unterstützte«[55]; letzteres trifft jedoch in dieser Bestimmtheit nicht zu, denn wie wir oben (§ 4 d) gesehen haben, entwickelten Kawakibi und Rida die Ideen ihres Lehrers Muhammad 'Abduh in völlig entgegengesetzte Richtungen weiter[56].

Husri begnügt sich nicht damit, den orthodoxen Muslim Kawakibi – der gewiß viel zur Entwicklung des arabischen nationalen Gedankens beigetragen hat, aber keinesfalls ein bewußter Nationalist, vielmehr ein islamischer Revivalist war – für seine Argumente gegen die Panislamisten und seine Kritik am osmanischen Kalifat heranzuziehen. Er geht noch einen Schritt weiter und bedient sich – wie wir sehen werden – der Argumente eines ebenso orthodoxen Muslims, nämlich 'Ali 'Abdarraziqs, um die staatliche Form des Kalifats schlechthin in Frage zu stellen.

Wir haben eingangs gesagt, daß Husris Auseinandersetzung mit den Panislamisten auf zwei Ebenen erfolgt: einmal auf der Ebene der philologischen Interpretation der politischen Schriften Afghanis mit dem Ziel nachzuweisen, daß Afghani *niemals* einen staatlichen Rahmen für den Panislamismus postulierte; und zum anderen auf einer allgemein theoretischen Ebene, wobei Husri diskutiert, ob eine Religionsgemeinschaft zugleich eine nationale Gemeinschaft sein kann. Wir haben gezeigt, daß Husri nicht korrekt mit den von ihm verwerteten Texten umgeht: er ignoriert den frühen Afghani, der unter Abdülhamid II als Staatsideologe des Osmanischen Reiches fungierte. Es bleibt uns noch Husris auf einer allgemein theoretischen Ebene geführte Kontroverse mit den Panislamisten zu behandeln.

Bei unserer Erläuterung des allgemeinen theoretischen Rahmens von Husris Werk konnten wir feststellen, daß in Husris Nationstheorie der Religion – im Anschluß an Ibn Khaldun – allenfalls eine sekundäre Rolle bei der Nationsbildung zukommt und sie – wie in den Konzeptionen der deutschen Romantiker des 19. Jahrhunderts – überhaupt nur als Nationalreligion einen Stellenwert hat. Sowohl diese systemtische Argumentation als auch die pragmatische, daß das panarabische Ziel leichter zu realisieren sei als das panislamische[57], bilden die Grundlage der Husrischen Auseinandersetzung mit den Panislamisten.

Husri hebt hervor, daß die Universalreligionen, i. e. das Christentum und der Islam, nicht in der Lage gewesen seien, Völker politisch zu vereinigen, die verschiedene Sprachen sprechen, und wenn sie dies vermochten, dann nur für kurze historische Perioden und in einem

sehr begrenzten Rahmen[58]. Daraus schlußfolgert er, daß irredentistische Bewegungen nicht auf der Basis der Religion, sondern nur auf der
Basis einer gemeinsamen Kultur: einer gemeinsamen Sprache und einem gemeinsamen geschichtlichen Erbe, erfolgreich sein können. Solche säkularistischen Ideen, das weiß Husri, würden die einflußreichen
islamischen Ulema als Ketzerei bekämpfen. Um einen offenen Konflikt mit den Ulema zu meiden, argumentiert er zunächst taktisch. Er
versucht eine Interpretation des Panislamismus zu geben, die den politischen Postulaten seiner Theorie nicht im Wege steht. Mit Einheit,
so führt er aus, meine er stets die nationalstaatliche Einheit, und nur,
insofern die muslimische Einheit als nationalstaatliche verstanden
werde, wende er sich gegen sie, nicht aber stelle er sich gegen die islamische Solidarität und Verbrüderung schlechthin[59]. Er schlägt vor,
streng zwischen Panislamismus und islamischer Solidarität zu differenzieren und den ersten Begriff zugunsten des zweiten preizugeben,
zumal die islamische nationalstaatliche Einheit, die der Panislamimus
impliziere, unrealisierbar sei[60]. Diesen Gedanken will Husri den islamischen Ulema jedoch nicht aufzwingen: »Ich weiß, daß meine Ausführungen vielen islamischen Schriftgelehrten nicht behagen. Ich
weiß sehr gut, daß die historischen Tatsachen, die ich anführte, nicht
an dem Glauben der Ulema rütteln können, weil die Ulema der Ma-
nier folgen, ohne historische und geographische Kenntnisse zu argumentieren. Auch vermochten sie bisher nicht zwischen den Implikaten
der »religiösen Verbrüderung« und denen des »politischen Bandes«
zu unterscheiden, ja sie haben sich daran gewöhnt, die »islamische Solidarität«, diese moralische Kategorie, mit dem Panislamismus, einer
politischen Kategorie, zu vermengen. Allerdings sehe ich keinen
Grund dafür, die Ulema zu überzeugen, ihr Glaube sei falsch. Aber
ich halte es für notwendig, sie aufzufordern, der Vernunft und der Logik in dieser Angelegenheit Rechnung zu tragen. Meinethalben mö-
gen sie ihren Glauben an den Panislamismus bewahren, wenn sie zugleich begreifen, daß der Panarabismus verwirklicht werden muß, zumindest als Stufe zur Realisierung des Panislamismus, an den sie ja
glauben. Es geht nicht an, daß die Ulema unter panislamischen Vor-
wänden gegen die panarabischen Bemühungen opponieren.«[61] Diese
Argumentation wiederholt Husri in seinem Dialog mit dem damaligen Rektor der islamischen Azhar-Universität in Kairo, Scheich Muhammad Mustafa Maraghi, der auf eine Frage Husris hin erklärte:
»Ich habe über den Panarabismus nichts zu sagen ... Ich befasse mich
damit nicht ... Ich bin weder für noch gegen ihn.«[62] Husri kommentiert diese Aussagen ironisch so: »Wenn mir jemand diese Worte über-

mittelt und mich gebeten hätte zu raten, welcher Nationalität derjenige sei, der sie ausgesprochen habe, dann hätte ich angenommen, er gehöre einer jener Nationen an, die weit entfernt von der großen arabischen Welt liegen, ... zwischen Schweden und Transvaal, Tibet und Alaska... Daß diese Worte von Scheich Muhammed Mustafa Maraghi stammen, dem die älteste wissenschaftliche Einrichtung der arabischen Länder untersteht, in deren Verantwortung die historische Aufgabe liegt, die arabische Kultur zu pflegen, erstaunt mich indes sehr...«[63]

Es gelang Husri schließlich nicht, eine offene Feindschaft mit den islamischen Ulema zu umgehen, zumal er nie einen Hehl daraus gemacht hatte, daß er ihnen nicht freundlich gesinnt ist. Er betrachtete sie als wesentlichen Störfaktor im Reifeprozeß der arabischen Nationalbewegung. In seiner Sicht hatten sie sich mit ihrer Behauptung, der Nationalismus widerspreche der islamischen Lehre und der Gehorsam gegenüber dem osmanischen Sultan-Kalifen sei eine Pflicht für jeden Muslim, zu Instrumenten des Osmanischen Reiches bei dessen Bekämpfung der arabischen nationalen Bewegung gemacht[64].

Es fällt auf, daß Husri sich in seiner Auseinandersetzung mit den Ulema entweder islamisch-immanenter Argumente bedient oder solcher säkularistischen, die von muslimischen Gelehrten stammen. Zunächst versucht er zu belegen, daß osmanische Historiker die Geschichte verfälschten, indem sie behaupteten, der letzte 'Abbasiden-Kalif in Ägypten: Mutawakkil, habe das Kalifat den Osmanen übertragen[65], woraus sie das Recht der Osmanen ableiteten, Träger des Kalifats zu sein. Diese Manipulation der Geschichte hat Husri zufolge wesentlich dazu beigetragen, die Loyalität der Araber zum Osmanischen Reich zu sichern und das Aufblühen der arabischen Nationalbewegung zu verzögern[66]. Es kommt Husri indes nicht allein darauf an, die Rechtmäßigkeit des osmanischen Kalifats in Frage zu stellen, sondern das Kalifat als islamische politische Grundordnung überhaupt. Dabei beruft er sich auf den Azhar-Professor 'Ali 'Abdarraziq, der sich gegen den Mißbrauch des Islam im Namen des Kalifats gestellt hat.

'Abdarraziq war einer der gelehrtesten Islamwissenschaftler der zwanziger Jahre dieses Jahrhunderts. In der Tradition Muhammad 'Abduhs stehend, verbreitete er traditionelles islamisches Wissen vereint mit modernen europäischen Gedanken, wobei er in Abhebung von den anderen zeitgenössischen Ulema nicht nur die Qur'an- und Hadith-Wissenschaften beherrschte, sondern vor allem auch mit der Tradition der islamischen politischen Philosophie vertraut war. In seinem epochalen Werk »al-Islam wa-usul al-hukm« (Der Islam und die

Grundlagen der Herrschaft)[67], das 1925 in Kairo erschien, bemerkt er vorwurfsvoll, daß die Lehre von der Politik im Islam bisher stark vernachlässigt worden sei. Er reduziert dies auf die Furcht der Herrscher vor den Aussagen dieser Wissenschaftsdisziplin: »Denn die Lehre von der Politik ist die für die Herrschaft gefährlichste Wissenschaft, da sie die Formen, die Wesensmerkmale und die Systeme der Macht aufzeigt. Die Souveräne verfeindeten sich daher stets mit dieser Wissenschaft und versperrten ihren Untertanen den Zugang zu ihr.«[68] 'Abdarraziq begriff sein erwähntes Werk als islamischen Beitrag zur Lehre von der Politik, der die Frage des Kalifats beleuchten sollte. Der Inhalt seines Werkes war für die Ulema so revolutionär, daß sie 'Abdarraziq seine Professur an der Doktoranden-Abteilung der Azhar-Universität sowie seine sämtlichen akademischen Titel und Richterbefugnisse, die er als islamischer Schriftgelehrter hatte, entzogen und ihn selbst verketzerten[69].

Das Kernstück in 'Abdarraziqs Schrift ist der Gedanke, daß das Kalifat eine Regierungsform ist. Mit dieser Idee knüpft er an Ibn Khaldun an, der in seiner Muqaddima klarstellte, daß jede Regierungsform ein Ausdruck von Herrschaft sei und daß diese auf Macht beruhe[70]. Im Anschluß hieran konstatiert 'Abdarraziq, daß »das Kalifat im Islam stets auf der brutalen Macht beruhte und daß diese Macht immer – außer in ganz seltenen Fällen – eine materielle war. Der Kalif festigte seine Position mit Speeren und Schwertern, mit einer schwer bewaffneten Armee und deren Stärke. Allein auf dieser Basis legitimierte er seine Herrschaft und erlangte er seine Sicherheit.«[71] 'Abdarraziq modifiziert Ibn Taimiyyas Begriff der Gehorsamkeit. Während nach Ibn Taimiyya Gehorsam auch dem politischen Herrscher entgegenzubringen ist, beschränkt 'Abdarraziq die Gehorsamspflicht auf der Verhältnis Mensch-Gott; so »ist es natürlich, daß jene Muslime, die sich im Denken und Handeln zur Freiheit bekennen und sich allein Gott unterordnen, sich weigern, sich einem menschlichen Wesen zu unterwerfen in einer Weise, wie die Souveräne es von ihren Untertanen verlangen...«[72] Letztlich zielen 'Abdarraziqs Ausführungen daraufhin, den Islam von allen Missetaten des Kalifats freizusprechen. Er will davon überzeugen, daß die Missetaten, die im Namen der Religion erfolgten, allein den Herrschern und Machthabern, nicht aber dem Islam anzulasten seien, denn daß das »Kalifat auf Macht beruht, ist ein wirklicher Tatbestand.«[73]

Das mächtige Imperium, das die arabischen Muslime im Rahmen der Verbreitung des Islam aufbauten, ist für 'Abdarraziq ein Staat der Araber: Sie haben dieses Reich errichtet, sie waren dort »die Herrscher und die Kolonisatoren«[74]. »Jener neue Staat, der von Arabern gegründet und arabisch regiert wurde, war ein arabischer Staat. Dagegen ist der Islam, wie ich ihn kenne, eine Religion für die gesamte Menschheit. Er ist weder arabisch noch ausländisch.«[75] Und abschließend bemerkt 'Abdarraziq: »In Wirklichkeit ist der Islam nicht verantwortlich für das, was die Muslime unter dem Kalifat erfuhren; er ist nicht verantwortlich für all die Triebe, die Tyrannei und das Machtstreben, die mit jenem zusammenhängen.«[76] Dieser Gedankengang ist freilich potentiell säkularistisch. Der Islam wird von 'Abdarraziq auf eine spirituelle Formel reduziert, auf ein direktes Verhältnis Gott-Mensch, ohne daß ein Vermittler vorgesehen wäre. Aber ebenso wie Kawakibi, der die Araber zu einer selbständigen Nationalität erklärte und für sie ein arabisch-islamisches Kalifat verlangte, blieb 'Abdarraziq subjektiv ein orthodoxer Muslim. Der Säkularismus ist lediglich die Konsequenz aus seinem Denken, nicht aber ist er, wie bei Husri, eine Zielsetzung. Husri, der der politisch-theologischen Argumentation 'Abdarraziqs fernsteht, der sogar anders als jener Gehorsam nicht gegenüber Gott, sondern einzig gegenüber der Nation postuliert, zögert jedoch nicht, die Ideen 'Abdarraziqs und dessen hohes Ansehen als islamischer Gelehrter für seine Zwecke heranzuziehen. Den Panislamisten, die den Untergang des Osmanischen Reiches beklagen, erklärt er – im Anschluß an Kawakibi und aufgrund eigener historischer Forschung – nicht nur, daß die Osmanen keine rechtmäßigen Träger des islamischen Kalifates seien – denn das Kalifats stehe den Arabern zu – , sondern er konfrontiert sie auch mit der These, die er im Anschluß an 'Abdarraziq formuliert, daß der orthodoxe, unverfälschte Islam kein Kalifat, ja überhaupt keine irdische, religiöse legitimierte Regierungsform anerkenne[77]. Dabei verkennt Husri die Bedeutung des Islam für das Arabertum durchaus nicht. Er räumt ein, daß ohne den Qur'an die arabische Sprache das Schicksal der lateinischen genommen hätte, betont aber zugleich, daß auch das arabische Christentum zur Rettung des klassischen Arabischen beigetragen habe, da die arabischen Christen die Bibel auf Arabisch rezitierten. Grundsätzlich akzeptiert Husri den Islam als Teil der arabischen Nationalkultur, nicht aber mache der Islam allein die Kultur der Araber aus. Vehement wendet er sich gegen die Behauptung der Panislamisten und der islamischen Historiker, daß die arabische Geschichte erst mit dem Aufkommen des Islam begonnen habe und die Araber zuvor in primitiven, zerstrittenen Stämmen gelebt hätten. Dagegen spreche die vorislamische, literarisch hoch kultuvierte arabische Dichtung. »Gewiß, die Geschichte der Araber tritt mit dem Islam in eine neue und wichtige Phase ein. Es ist aber falsch zu unterstellen, daß die Araber vor dem Auftreten des Islam ein unzivilisiertes, primitives Volk gewesen seien. Die historische Forschung widerlegt diese Version eindeutig. Aber selbst, wenn wir die Resultate dieser Forschung beiseite lassen und uns nur die arabische Sprache in der vorislamischen Zeit näher anschauen, wird uns klar, daß es sich nicht um die Sprache eines primitiven Volkes handelt, ... sondern um eine Sprache, deren Begriffe ein hohes Abstraktionsvermögen beweisen, das nicht hätte erreicht werden können, wenn dahinter nicht eine intellektuelle Tradition gestanden hätte. Auch von daher müssen wir emphatisch darauf bestehen, daß die Verleugnung einer vorislamischen Kultur und geistigen Tradition bei den Arabern in allen Aspekten nicht mit den wissenschaftlichen Befunden übereinstimmt.«[78]

Wir können zusammenfassend sagen, daß Husris Nationstheorie eine säkularistische im europäischen Sinne ist. Ihre Affinität zu der klassischen islamisch-politischen Philosophie ist ein *zufällige* und teilweise nur formale. Aber gerade diese Affinität sowie die Vorarbeit sowohl der säkularistischen arabischen Frühnationalisten, namentlich der syro-libanesischen, vorwiegend christlichen Intellektuellen, als auch die Wegweisung subjektiv orthodoxer arabischer Muslime, die objektiv den Islam säkularisierten, haben für die Verbreitung der Husrischen Theorie in einer zutiefst islamischen Gesellschaft einen fruchtbaren Boden geschaffen.

Aufgrund unserer Analyse können wir dezidiert die Behauptung, daß der Panarabismus die historische Fortsetzung des Panislamismus sei, als falsch zurückweisen. Dagegen stellen wir die mannigfach zu belegende These auf, daß der Panarabismus und der Panislamismus zwei rivalisierende politische Bewegungen sind[79]. Davon zeugt unter anderem die heftige Gegnerschaft der heute noch starken Organisation der Muslim-Bruderschaften zur arabischen nationalen Bewegung. Ungeachtet der eindeutigen Gegenbelege wird die falsche These vom Panarabismus als Ausläufer des Panislamismus weiterhin in der Literatur vertreten, und zwar nicht nur in populären Darstellungen[80], sondern auch in Fachorganen[81].

§ 9 PANARABISCHER NATIONALISMUS VERSUS LOKAL-NATIONALISMUS I: HUSRI UND DIE ÄGYPTISCHEN NATIONALISTEN

In § 5 der vorliegenden Arbeit haben wir schon ausgeführt, daß der arabische Nationalismus im asiatischen Teil des arabischen Orient, namentlich in Großsyrien, erstmals in Erscheinung trat und zunächst auf dieses Gebiet beschränkt blieb. Seine Träger waren syro-libanesische Intellektuelle, die ihre Bildung vorwiegend in europäischen und amerikanischen christlichen Missionen erworben hatten. Für diese Nationalisten bestand die arabische Nation ausschließlich aus arabischen »Asiaten«, eine Bestimmung, wie sie schon in dem Titel einer der frühen arabisch-nationalistischen Schriften zum Ausdruck gebracht wird: in Negib Azourys »Le réveil de la Nation Arabe dans l'Asie Turque«[1]. Die erste Verbindung der »asiatischen« arabischen Nationalisten zum arabischen Nordafrika erfolgte während der Besetzung Syriens durch die Armeen Muhammad 'Alis in den Jahren 1831-1840[2]; die Kontakte wurden allerdings durch die Intervention der kolonialen Großmächte, in erster Linie Englands, unterbrochen.

a) Der ägyptische Nationalismus: historische Bedingungen seiner Entfaltung und Wandlungen

Sowohl in Ägypten als auch in den übrigen Teilen des arabischen Nordafrika (der Maghrib einschließlich Libyen) hat die arabische nationale Bewegung eine völlig andere Tradition als in den asiatischen Teilen des arabischen Orient. Ägypten war praktisch seit 1798, seit seiner Besetzung durch Napoleon, vom Osmanischen Reich losgelöst. Diese Trennung existierte auch fort, nachdem Napoleons Truppen Ägypten 1801 hatten wieder verlassen müssen, denn Muhammad 'Ali, der 1805 in Ägypten die Macht ergriff, galt zwar formal als Statthalter des osmanischen Sultan-Kalifen, tatsächlich aber war er der Souverän eines autonomen Landes, auf dessen Entwicklung die Osmanen keinen Einfluß mehr hatten[3]. Nach dem Tode Muhammad 'Alis wurde die Souveränität Ägyptens durch die Eingriffe der Kolonialmächte und deren zunehmende ökonomische Hegemonie kontinuierlich abgebaut. Die britische Okkupation Ägyptens im Jahr 1882 nach der Zerschlagung der 'Orabi-Revolte[4] war der Beginn einer neuen Phase in der ägyptischen Geschichte[5].

In dem skizzierten historischen Ablauf liegt die ideengeschichtliche

Differenz zwischen der panarabischen und der ägyptischen nationalen Bewegung begründet. Die syro-libanesischen Intellektuellen wollten ihr Land von der osmanischen Herrschaft befreien. Um dieses Ziel zu erreichen, waren sie selbst bereit, mit den europäischen Kolonialmächten zu kollaborieren, zumal sie das Kolonialismus-Phänomen nicht begriffen und nicht in der Lage waren, zwischen den emanzipatorischen Momenten der europäischen Kultur und den europäischen Kolonialambitionen zu unterscheiden[6]. Dagegen war das Angriffsziel der ägyptischen Nationalisten nicht das Osmanische Reich, das seinerzeit auf Ägypten keinen Einfluß mehr hatte, sondern das englische Kolonialsystem, zu dessen Herrschaftsbereich Ägypten nunmehr gehörte. Während die ägyptischen Nationalisten die Zusammenarbeit der panarabischen Nationalisten mit England und deren Konspirationen gegen das Osmanische Reich verurteilten, zeigten die panarabischen Nationalisten kein Verständnis für den Pro-Osmanismus der Ägypter; sie begriffen, wie Steppat unterstreicht, nicht, »warum die Ägypter lieber Untertanen des Osmanischen Reiches sein als die britische Okkupation erdulden wollten«[7]. Indes handelte es sich in Wirklichkeit nicht um eine Vorliebe der Ägypter dafür, dem osmanischen Sultan-Kalifen Untertan zu sein. Denn, so schreibt W. Braune hierzu, »in Ägypten, wo man dem Sultan fern ist, kann man ihn verehren und taktisch die osmanische Einheit als Waffe gebrauchen. Und der Sultan umgekehrt stützt diesen Nationalismus nicht wegen seiner nationalen Tendenz, sondern als ein Gegner Englands ... Der panislamische Gedanke ist in Ägypten noch brauchbar für den Kampf, in Syrien dagegen wird sein Zerbrechen offenbar.«[8]

Die Auseinandersetzung zwischen den ägyptischen und den panarabischen Nationalisten wird auch in der Literatur des ägyptischen Nationalismus reflektiert, besonders in den Schriften Mustafa Kamils, dem Pionier der ägyptischen nationalen Bewegung.

Wir haben oben (§ 4 d) gezeigt, daß in Ägypten mit Afghani und seinem Schüler 'Abduh die Tradition eines islamischen Modernismus entstand, den man auch als islamischen Liberalismus bezeichnen kann. Diese Tradition beginnt sich schon zu 'Abduhs Lebzeiten[9] in zwei konträre Richtungen zu spalten: in die nationalistische, wie bei Mustafa Kamil abzulesen, und in die streng fundamentalistische, wie sie von Raschid Rida vertreten wird[10]. Beide Richtungen waren – ungeachtet ihrer Differenz – feindlich gegenüber dem arabischen Nationalismus eingestellt. Wir konzentrieren uns hier auf die nationalistische Entwicklung; der Fundamentalismus der Schüler 'Abduhs ist dem bereits behandelten Panislamismus zuzuordnen.

Auf Mustafa Kamil gehen die ersten Formulierungen eines ägyptischen Nationalismus zurück. Wie Fritz Steppat herausgearbeitet hat,
schwankte Kamil zwischen der Loyalität zur religiösen und zur nationalen Ordnung, ja er hielt eine harmonische Koexistenz beider Systeme für möglich. Diese Auffassung läuft in der Konsequenz auf eine
Trennung des Politischen vom Religiösen hinaus[11]. Wenn Mustafa
Kamil auch streng am Islam festhielt, so spielt der Islam in seiner
Theorie objektiv keine konstitutive Rolle mehr: er ist säkularisiert, insofern seine Begriffe nationalistische Inhalte ausdrücken. An die Stelle Gottes ist die Nation getreten, und die neue Religion heißt Patriotismus. Diese Konsequenz blieb Kamil, wie Steppat zeigt, jedoch
unbewußt[12]. Es scheint also ein falscher Ausgangspunkt zu sein, wollte
man den Unterschied zwischen panarabischem und ägyptischem Nationalismus auf die Formel säkularistisch oder nicht reduzieren, da
beide Nationalismen objektiv säkularistisch sind, wenn auch nur die
Panarabisten ihren Nationalismus so verstehen. Die Differenz muß
daher anders bestimmt werden: sie liegt in der verschiedenen strategi-
schen Bedeutung des Osmanischen Reiches in der Konzeption beider
Bewegungen begründet.
Mustafa Kamils Religiosität war, wie Steppat belegt[13], oberflächlich;
in seiner politischen Theorie wird der Islam seines Totalitätsanspruches beraubt und dem Nationalismus untergeordnet[14]. Von daher versteht sich, warum Mustafa Kamil Muhammad 'Abduh die Zusammenarbeit verweigerte. Kamil ging es nicht um eine Modernisierung des
Islam, sondern um die Stärkung der ägyptischen nationalen Bewegung. Die Modernisierung des Islam konnte für ihn nur Relevanz haben, insofern sie einen Beitrag zur nationalen Bewegung zu leisten
vermochte[15]. Dennoch war Kamil ein Anhänger des Osmanischen
Reiches und verabscheute dessen Kritiker. Die syro-libanesischen Nationalisten, die aufgrund ihrer panarabischen Orientierung in dem
von den Osmanen regierten Syrien verfolgt wurden und in Ägypten
eine Zuflucht fanden, verachtete Kamil als »Eindringlinge«, die der
ägyptischen Nation fremd seien[16], während er andererseits keinen
rassischen Nationsbegriff hatte und bereit war, jedermann ohne
Rücksicht auf seine Religionszugehörigkeit oder rassische Herkunft in
die »ägyptische Nation« aufzunehmen. Wenn er die panarabischen
Nationalisten ausnahm, so deshalb, weil sie Gegner der Osmanen waren. Der Panislamismus, den die panarabischen Nationalisten kriti-
sierten, beinhaltete für Kamil den Weg zur Befreiung Ägyptens vom
Joch der britischen Kolonialherrschaft[17]. Sich selbst nannte Kamil einen »osmanischen Ägypter«, und die Treue zum osmanischen Sultan-

Kalifen erklärte er zur heiligen patriotischen Pflicht[18]. »Gott segne das Osmanische Reich, schenke seinem Sultan Sieg und stütze seine Herrschaft, so daß wir aus seiner Kraft Nutzen ziehen!«[19] Bei einer kritischen Betrachtung erweist sich, daß der Panislamismus für Kamil eine realpolitische Bedeutung hatte. Schon in dem zitierten Ausspruch wird dies offenbar: Das Osmanische Reich war die einzige von Europa gefürchtete Kraft, und insofern das osmanische Kalifat im Widerspruch zur britischen Kolonialherrschaft stand, war es ein Verbündeter der ägyptischen nationalen Bewegung[20]. Diese Interpretation Steppats wird durch Mustafa Kamils Auffassung des Panislamismus untermauert. Denn Kamil war gegen die Errichtung eines theokratischen islamischen Universalreiches[21]; der Panislamismus war für ihn eher Ausdruck einer antikolonialistischen Solidarität, wie beim späten Afghani, als eine irredentistische Bewegung.

Trotz der islamischen Gehalte in seinem politischen Denken war Mustafa Kamil auch seinem Bewußtsein nach ein liberaler, europäisierter Intellektueller. Zunächst vermochte er durchaus noch zwischen europäischem Kolonialismus und abendländischer Zivilisation, die er verehrte, zu unterscheiden[22]. Wie allen ägyptischen liberalen Nationalisten galt auch Kamils Bewunderung vor allem Frankreich, zumal die französische Kultur seit Muhammad 'Alis Modernisierungsmaßnahmen in Ägypten stark Fuß gefaßt hatte. Seine differenzierte Position behielt Kamil allerdings nicht konsequent bei. Er gab sich schließlich der Illusion hin, daß Frankreich Ägypten vom britischen Kolonialjoch befreien werde, ohne zu begreifen, daß Frankreich ebenso wie England eine Kolonialmacht mit entsprechenden Interessen war. Erst die im Jahr 1904 zwischen England und Frankreich gebildete »Entente cordiale«, wonach England den französischen Einfluß in Marokko, Frankreich dafür den britischen Einfluß in Ägypten anerkennt, konnte Mustafa Kamil desillusionieren[23].

Nach dem Tode Kamils im Jahr 1908 wurde die von ihm 1907 gegründete Nationalpartei (al-Hizb al-watani) verboten und ihre Führer verhaftet. Die nunmehr illegale Partei verlagerte ihre Tätigkeit ins Ausland: in das wilhelminische Deutschland, wo der neue Führer der Partei: Muhammad Farid, sich bis zu seinem Tode aufhielt[24].

Nachdem die Nationalpartei offiziell und mit dem Tod Kamils auch faktisch aufgelöst worden war, konnten in Ägypten andere nationalistische Parteien zunehmend an Boden gewinnen. Es handelte sich um Organisationen, die seinerzeit als Gegengewicht zur Nationalpartei mit Unterstützung der britischen Kolonialmacht unter Lord Cromer gegründet worden waren[25]. Ihre Träger, ebenso europäisch gebildete

Nationalisten, unter ihnen Ahmad Lutfi Saiyid, Taha Husain, Muhammad Husain Haikal, kamen vorwiegend aus großbürgerlichen und semifeudalen Kreisen sowie aus der hohen Beamtenschaft des Kolonialapparates. Diese neuen Kräfte vertraten einen weniger radikalen Nationalismus als Mustafa Kamil. Sie versuchten lediglich, im Rahmen der kolonialen Legalität einige Zugeständnisse zu erlangen, die über das Kolonialsystem nicht hinausgingen. Auch findet man bei ihnen keinen Pro-Osmanismus mehr. Der Pionier dieses in der Literatur als »gemäßigt« apostrophierten Nationalismus ist Ahmad Lutfi Saiyid. Seine Bestimmung des ägyptischen Nationalismus zeugt von einem ausgeprägteren Liberalismus als die Mustafa Kamils. Von Kamil als dem »Begründer des modernen ägyptischen Nationalismus« zu sprechen, ist N. Safran zufolge nur angemessen, »wenn man dabei an die Nationalbewegung denkt; was die nationalistische Theorie anbelangt, so kommt das Verdienst Lutfi Saiyid zu.«[26] Obwohl diese Aussage nicht gegenstandslos ist, übergeht sie doch die wesentliche Differenz im politischen Denken und Handeln beider Nationalisten.

Lutfi Saiyid[27] begann seine politische Karriere als Anhänger Mustafa Kamils; nach einem Europa-Aufenthalt löste er sich jedoch von Kamil und wirkte 1907 an der Gründung der Umma-Partei mit. Die Absage an Kamil war zugleich eine an den Osmanismus und an einen islamisch interpretierten Nationalismus. Dagegen orientierte Lutfi Saiyid sich nun an der europäischen liberal-demokratischen Tradition. Er verfolgte für Ägypten die Realisierung einer konstitutionell-parlamentarischen Demokratie mit Gewaltenteilung nach Montesquieuschem Muster[28]. Die Ablehnung des Panislamismus brachte Lutfi Saiyid indes nicht dahin, seine Opposition zum panarabischen Nationalismus, wie er von den syro-libanesischen Intellektuellen formuliert wurde, aufzuheben. Nach wie vor bestand er – wie alle ägyptischen Denker, die in der Tradition des ägyptischen liberalen Nationalismus wirkten – auf der Existenz einer »ägyptischen Nation«. Die Krise des liberalen Nationalismus in Ägypten, die bedingt war durch die Unfähigkeit der ägyptischen Bourgeoisie, eine materielle Basis für die von ihr vertretene europäische bürgerlich-liberale Ideologie zu schaffen[29], begünstigte allenfalls die archaische, an dem Fundamentalismus Raschid Ridas orientierte Bewegung der Muslim-Bruderschaften, die dem panarabischen Nationalismus noch feindlicher gegenübersteht als die ägyptischen Nationalisten[30]. Erst mit der Machtergreifung der nationalistischen panarabischen »Freien Offiziere« unter Gamal Abdel Nasser 1952 fand der panarabische Gedanke einen breiteren Zugang zur ägyptischen Gesellschaft. Mentor des Geheimbun-

des der »Freien Offiziere« war der aus der panarabischen Bewegung
hervorragende General Aziz 'Ali Misri. In seiner Jugend hatte Misri
als Offizier in der osmanischen Armee gedient. Als Mitglied des jungtürkischen Komitees für Einheit und Fortschritt war er einer der Offiziere, die 1909 den Revolutionsmarsch auf Konstantinopel gegen
Sultan Abdülhamid II geführt hatten. Er gehörte dem arabisch-nationalen Geheimbund »al-Qahtaniyya« an. Enttäuscht über den Turanismus der Jungtürken, gründete Misri 1914 einen effektiveren
Geheimbund: »al-'Ahd«, der ausschließlich aus arabischen, modern
ausgebildeten Offizieren der osmanischen Armee bestand. Zusammen
mit diesen Offizieren kämpfte Misri 1916 in der arabischen Revolte
gegen die Osmanen. Seine politische und militärische Karriere gipfel-
te in der Übernahme höchster Stellungen in der ägyptischen Armee:
1938 wurde er ihr Generalinspekteur, 1939 ihr Generalstabschef. Im
Jahr 1940 wurde Misri jedoch auf Drängen Englands, das seine Tätigkeiten fürchtete, pensioniert[31]. Misri wurde von den »Freien Offizieren« hoch verehrt, und gewiß ist es nicht zuletzt ihm zuzuschreiben,
daß sie ihren ägyptischen Lokal-Nationalismus zugunsten eines Panarabismus aufgaben. Aus der Zeit seiner Zusammenarbeit mit den
Jungtürken hatte Misri sich germanophile Ansätze bewahrt, ebenso
wie die irakischen Offiziere der osmanischen Armee, die mit ihm zusammen im Geheimbund »al-'Ahd« organisiert waren und die nach
dem Sturz des osmanischen Reiches den Kern der irakischen Armee
bildeten. Diese Germanophilie, der der naive Glaube zugrunde lag,
Deutschland werde die Araber von der anglo-französischen Kolonialherrschaft befreien, scheinen die »Freien Offiziere« übernommen zu
haben. Schon während des Zweiten Weltkrieges nahmen sie unter
Misris Leitung Kontakte zum Dritten Reich auf[32]. Als die irakischen
nationalistischen, panarabischen Offiziere unter der Führung des irakischen Politikers Raschid 'Ali Gailani 1941 nach Verhandlungen mit
dem Dritten Reich durch einen Coup d'état im Irak die Macht
eroberten[33], schauten die »Freien Offiziere«, wie einer ihrer führenden Mitglieder: Anwar el-Sadat, berichtet, »den Vorgängen dort mit
Bewunderung zu. Dies war der Beginn der Befreiung, das erste Anzei-
chen für die Erlösung des arabischen Ostens ... Für uns war die Erhebung unter Kilani (= Gailani, B. T.) das Signal zum Freiheitskampf,
und wir hatten also wohl die Pflicht, uns schnellstens anzuschließen.«[34] Allein General Misri durchschaute damals die Konspirationen
der probritischen Kräfte im Irak; er schätzte ihre Erfolgsaussichten
richtig ein. Es gelang ihm, die »Freien Offiziere« davon zu überzeugen, daß ein augenblicklicher Coup d'état in Ägypten, den sie gegen

die dortige britische Hegemonie planten, wenig Aussicht auf Erfolg habe. Nach el-Sadat »sah er natürlich den Dolchstoß in den Rücken voraus, den Kilani tatsächlich später erhalten hat«[35]. Der Palästina-Krieg 1948 vertiefte schließlich das panarabische Bewußtsein der »Freien Offiziere«, derart, daß sie nun, nach dem verlorenen Krieg, zum Handeln fest entschlossen waren. Einige Jahre darauf, am 23. Juli 1952, gelang es ihnen, die Macht in Ägypten zu übernehmen.

Bereits in Nassers Pamphlet »Die Philosophie der Revolution« (1952) wird erklärt, daß Ägypten drei »Kreisen« zugehöre: dem arabischen, dem Priorität zukomme, dem islamischen und dem afrikanischen[36]. Am 16. Januar 1956 setzten die »Freien Offiziere« eine neue Verfassung in Kraft, in deren Präambel erstmals deklariert wird, daß das ägyptische Volk »seine Existenz als Bestandteil des großen arabischen Gefüges mit Bewußtsein wahrnimmt und seine Verantwortung und Verpflichtung im gemeinsamen arabischen Kampf für den Sieg der arabischen Nation und ihren Ruhm richtig einschätzt ...«[37] Und der erste Paragraph versichert, daß Ägypten ein arabisches Land und die Ägypter ein arabisches Volk seien. So selbstverständlich diese Deklaration erscheinen mag, so revolutionär war sie damals, wenn man bedenkt, daß die moderne ägyptische bürgerliche Intelligenz durchaus nicht in der Tradition des arabischen Nationalismus stand, ihr sogar bis weit nach 1952 feindlich begegnete.

b) Husris Diskussionen mit den liberalen ägyptischen Nationalisten

Den 16. Januar 1956, den Deklarationstag der neuen ägyptischen Verfassung, nennt Husri einen Tag, der »eine besonders ruhmreiche Stellung in der Geschichte der Entfaltung des arabisch-nationalen Gedankens in Ägypten« einnimmt[38]. Zu den von uns zitierten Passagen aus der ägyptischen Verfassung von 1956 bemerkt er, daß ihr Inhalt in Syrien eine banale Selbstverständlichkeit sei, da es »unter allen arabischen Ländern das traditionellste Land in Hinsicht auf das arabisch-nationale Bewußtsein ist, das über den Lokalpatriotismus erhabendste und das nach dem Panarabismus sehnsuchtsvollste«[39]. Den Ausgangspunkt der neuen ägyptischen Verfassung könne man angemessen nur würdigen, wenn man wisse, daß »die Vorstellungen der Ägypter über nationale Fragen zu einem hohen Grad verzerrt waren. Sie schwanken zwischen dem Pharaonismus, dem ägyptischen Partikular-Nationalismus, dem Orientalismus und dem Panislamismus hin und her. Der arabisch-nationale Gedanke wurde von diesen Richtungen unter-

drückt und fand seinen Weg zum Bewußtsein nur unter großen Schwierigkeiten.«[40]

Im Jahr 1919 kam Husri zum ersten Mal nach Ägypten. Damals hatte
er in Syrien, das inzwischen von den Osmanen befreit war, das Amt
des Erziehungsministers inne. Nach Ägypten reiste er in Amts-
geschäften: er beabsichtigte, einen Einblick in die arabisch-sprachigen Lehrbücher und den Modernisierungsstand der arabischen
Sprache zu gewinnen, um die ägyptischen Erfahrungen bei der Arabisierung des Erziehungswesens in Syrien nutzen zu können. Bekanntlich setzte die Wiederbelebung und Pflege der arabischen Sprache in
Ägypten (durch Tahtawi)[41] und in Syrien (durch Yazigi, Schidyaq, Bustani)[42] schon in der ersten Hälfte des 19. Jahrhunderts ein; sie wurde
in Syrien jedoch seit der Restaurierung der osmanischen Herrschaft
und dem Abzug der Truppen Muhammad 'Alis 1840 weitgehend unterdrückt, so daß viele syro-libanesische arabische Nationalisten nach
Ägypten gingen und dort wirkten. In Ägypten wurde das Erziehungswesen schon unter Muhammad 'Ali zu einem beträchtlichen Teil
arabisiert[42a]. In Syrien dagegen war, nachdem die Osmanen damit begonnen hatten, die turanistische Ideologie in die Praxis umzusetzen,
allein die türkische Sprache offiziell zugelassen.

Husris Ägypten-Besuch 1919 fiel mit der ägyptischen Revolte gegen
die britische Kolonialherrschaft zusammen, so daß er das Land bald
wieder verlassen mußte. Er kehrte nach Syrien zurück mit der
Illusion: »Die ägyptische Revolte haben wir als einen ergänzenden
Teil der arabischen Revolte anzusehen, die vor einigen Jahren (i. e.
1916 gegen die Osmanen, B. T.) stattgefunden hat.«[43] Daß diese Vorstellung illusionär war, wurde Husri selbst bewußt, als er 1921 zunächst nach Ägypten ins Asyl ging, nachdem der erste arabische Nationalstaat in Syrien unter Faisal mit dem Einmarsch der französischen Kolonialtruppen sein Ende gefunden hatte. Die ägyptischen
Nationalisten warfen Husri und den anderen panarabischen Nationalisten vor, an der Desintegration des Osmanischen Reiches, das ihre
»einzige Hoffnung im Kampf gegen den europäischen Kolonialismus«
gewesen sei, mitgewirkt zu haben[44]. Vollends enttäuscht wurde Husri,
als er erkannte, daß die ägyptische nationalistische Intelligenz aller
Schattierungen keinerlei Interesse zeigte, sich der arabisch-nationalen
Bewegung anzuschließen. Erst später sah er ein, daß die Abwehr des
Panarabismus in Ägypten in der historischen Entwicklung begründet
liegt, die dieses Land seit dem 19. Jahrhundert genommen hat[45]. In
dem Glauben, die Ägypter durch Aufklärung zum Panarabismus bekehren zu können, griff er in die Diskussionen ein, die die ägyptischen

Intellektuellen verschiedener politischer Richtungen damals über die Frage der ägyptischen nationalen Identität untereinander führten. Auf den Vorwurf, er mische sich in fremde Angelegenheiten ein, erklärte er immer wieder: »Ich bitte darum, mir nicht anzulasten, ich mischte mich in ägyptische Fragen ein. Ich bin zutiefst ein Araber, bekenne mich zur Religion des Arabertums mit all meinen Gefühlen, und ich interessiere mich für Ägypten ebenso wie für Syrien und den Irak, ja ich übertreibe nicht, wenn ich sage: ich interessiere mich für Ägypten noch mehr als für Syrien und den Irak, weil ich weiß, daß Ägypten ... das eindrucksvollste Vorbild für die gesamte arabische Welt ist ...«[46]

Noch im Jahr 1936 schrieb Husri Ägypten eine führende Rolle in der arabischen Nationalbewegung zu, obgleich er inzwischen stets von neuem hatte erfahren müssen, daß alle ideologischen Varianten des arabischen Nationalismus in Ägypten nicht nur keine Resonanz fanden, sondern sogar heftig abgelehnt wurden: »Die Natur stattete Ägypten mit allen Voraussetzungen aus, die es befähigen, die Führungsrolle bei der Wiederbelebung des arabischen Nationalismus zu übernehmen. Denn einmal liegt es im Zentrum der arabischen Welt, verbindet deren asiatischen mit dem afrikanischen Teil. Darüber hinaus macht Ägypten bevölkerungsmäßig den größten Teil der arabischen Nation aus, nachdem diese in Kleinstaaten zerspalten wurde. Und eben dieser an Bevölkerung reichste Teil der arabischen Welt hatte zugleich das Glück, die Errungenschaften der modernen Weltzivilisation weitestgehend rezipieren zu können, so daß Ägypten zum wichtigsten Kulturzentrum in der gesamten arabischen Welt wurde ...«[47]

In seiner Polemik gegen die ägyptischen Nationalisten geht Husri auf die verschiedenen hervorragenden Träger im einzelnen ein. Den Vertretern der frühen ägyptischen Nationalbewegung: Ahmad 'Orabi[48], Muhammad Farid[49] u. a., die noch am Islam festhielten, in deren Konzeptionen der Islam gleichwohl keinen objektiv substantiellen Stellenwert mehr hatte, weist Husri teils Ignoranz, teils Inkonsequenz nach. Dem Fanatismus Muhammad Farids, des Führers der Nationalpartei nach Mustafa Kamils Tod, der die Kritiker des Osmanischen Reiches als Ketzer brandmarkte und der den Gehorsam gegenüber den Osmanen als Bestandteil des Islam bestimmte, begegnet Husri mit dem Hinweis darauf, daß der Qur'an an keiner Stelle Gehorsam gegenüber irdischen Herrschern verlange, geschweige denn in ihm die Rede vom Kalifat sei, so daß die Opposition zum Kalifat zumindest nicht auf der Basis des Qur'an verurteilt werden könne[50]. Gegen Ahmad 'Orabi, der gleich Farid das Kalifat für heilig hielt, obwohl er wie dieser nicht als Panislamist, sondern als ägyptischer Nationalist einzuordnen ist, wendet Husri zu Recht ein, daß der osmanische Sultan-Kalif die 'Orabi-Revolte verwarf und die Disziplinierung 'Orabis als »Meuterer« verlangte, während 'Orabi weiterhin darauf bestand, daß dem Sultan-Kalifen Gehorsam zu zollen sei[51].

Weit ernster als 'Orabi und Farid nimmt Husri die ausgesprochen liberalen ägyptischen Nationalisten aus der Schule Lutfi Saiyid und Taha Husain, die Ägypten zu einer selbständigen Nation mit eigener, an Europa ausgerichteter Kultur erklärten. Lutfi Saiyid[52] nahm sich die Griechen zum Vorbild, die, obgleich sie mehrfach unter Fremdherrschaft gerieten, sich ihre nationale Identität bewahrten: »Ebenso müssen wir Ägypter an unserem Ägyptertum festhalten und uns zu keinem anderen Vaterland bekennen als zu Ägypten, gleich welcher Herkunft wir sind...«[53] Husri dagegen versucht, gerade am Beispiel der Griechen seine eigene panarabische Sicht als richtig auszuweisen. Er vergleicht das zersplitterte Griechenland mit der seit 1830 in einen osmanisch beherrschten und einen unabhängigen Teil gespaltenen arabischen Welt. Die Griechen – darin folgt er Lutfi Saiyid – hielten an ihrer Nationalität fest; sie pflegten ihre Nationalsprache und wehrten sich gegen eine Türkisierung. Als 1830 ein Teil ihres Nationalgebietes von der osmanischen Herrschaft befreit wurde, betrachteten sie die unter osmanischer Herrschaft verbliebenen griechischen Gebiete als Bestandteil ihres Vaterlandes. Die Ägypter dagegen wähnten, sie seien eine selbständige Nation, nachdem ihr Gebiet durch die Kolonialpolitik der Großmächte von den anderen arabischen Teilen abgetrennt worden war. Nach diesen Ausführungen kommentiert Husri Lutfi Saiyids Bemühungen mit der ironischen Bemerkung: »Diejenigen, die die Geschichte herbeizitieren, müssen genau auf ihre Stimme hören und ihr nicht Dinge unterstellen, die ihr widersprechen.«[54]

Taha Husains Nationalismus-Konzeption[55] fordert Husris schärfste Kritik heraus. Für Taha Husain ist Ägypten pharaonisch; einen arabischen Charakter spricht er ihm ab. Da er der Sprache in Nationsbildungsprozessen nur eine sekundäre Funktion zuschreibt, hält er den Tatbestand, daß die Nationalsprache der Ägypter arabisch ist, für unwesentlich[56]. Den Panarabismus lehnt Taha Husain vorwiegend deshalb ab, weil er in ihm Züge der orientalischen Despotie und des absolutistischen, fundamentalistischen islamischen Denkens sieht. Als alternative Orientierung Ägyptens nennt Taha Husain die liberale Nationsidee und die allgemeinen Grundsätze des Liberalismus[57].

Husri, der zunächst einen Zeitschriftendialog mit Taha Husain führte, antwortete auf dessen Ausführungen äußerst polemisch. Taha Husain scheint ihm »mindestens dreizehn Jahrhunderte arabischer Geschichte in Ägypten« unterschlagen zu haben[58]. Auf Taha Husains Bemerkung, der Panarabismus sei der orientalische Traditionalismus im modernen Gewand, entgegnet Husri heftig, daß er und seine Anhänger sich entschieden weigerten, islamisches Denken in die Politik einzuholen, weshalb sie auch die Kalifatsbewegung und den Panislamismus strikt ablehnten. Der Einwand, die arabische Nationalsbewegung sei »religiös-fanatisch«, ist nach Husri kolonialistischer Herkunft: mit diesem Vorwurf versuchten die Kolonialmächte stets, den emanzipativen Charakter dieser säkularistischen Bewegung zu vertuschen[59].

Taha Husain formulierte seine politischen Ideen, die als repräsentativ für das politische Denken der bürgerlich-liberalen, europäisierten ägyptischen Intelligenz angesehen werden können, in seiner 1938 erschienenen Schrift »Die Zukunft der Kultur in Ägypten«[60], die Albert Hourani als Taha Husains »bedeutendsten Beitrag zum sozialen Denken« charakterisiert; »man könnte fast sagen, es ist sein einziges systematisch durchdachtes Werk«[61]. In diesem Werk stellt Taha Husain einen kulturellen Vergleich zwischen den Ägyptern und den Europäern an, um die weitgehenden Ähnlichkeiten ihrer Kultur zu demonstrieren[62]. Allerdings meint Taha Husain, wenn er von den Ägyptern spricht, nicht die analphabetischen Bauern aus Oberägypten, sondern stillschweigend die Angehörigen seiner Klasse, vor allem die europäisierten ägyptischen Bildungsbürger. Mit seinem Vergleich will Taha Husain den willkürlich gesetzten Schluß untermauern, daß Ägypten geographisch zwar zum Orient gehört, mit diesem aber kulturell nichts gemein habe, sondern dem europäischen Kulturkreis angegliedert sei[63]. Das Band der Religion (i. e. der Islam) und der Sprache (i. e. das Arabische) spielen nach Husain in Ägypten keine bedeutsame soziale Rolle[64]. Und da er Ägypten dem europäischen Kulturkreis zurechnet, plädiert er für die Einführung des Lateinischen und Altgriechischen als obligatorische Unterrichtsfächer innerhalb des ägyptischen Schul- und Universitätssystems[65].

Husri, der selbst ein europäisierter arabischer Intellektueller ist und sein elementares theoretisches Rüstzeug europäischen Denkern entlehnt hat, problematisiert Taha Husains Vorbehaltlosigkeit Europa gegenüber. Denn, so gibt er zu bedenken, »würden wir die lateinische und altgriechische Sprache in unser Unterrichtssystem einführen, so glichen wir dem dummen Schneider, von dem berichtet wird, er habe seine Künste beim Nähen einer Hose für einen britischen Matrosen darin erschöpft, eine Kopie von dessen alter Hose ... anzufertigen, und darin sei er so erfolgreich gewesen, daß er selbst die Flicken der alten Hose reproduziert habe.«[66] Husris Auffassung, daß man nicht alles blind von Europa übernehmen solle, gibt seiner Theorie ihren spezifischen Charakter: sie ist Produkt eine aktiv-synkretistischen und nicht einer passiv-imitativen Akkulturation.

Insgesamt stößt Taha Husains »Mustaqbal ath-thaqafa fi Misr« (Die Zukunft der Kultur in Ägypten), das eines der grundlegendsten Werke des liberalen ägyptischen Nationalismus ist, auf Husris Ablehnung, weil er darin jegliche Systematik und Wissenschaftlichkeit vermißt[67]. Dieser Einwand ist gewiß nicht völlig gegenstandslos; Husri kann überzeugend nachweisen, daß Taha Husains Ausführungen teilweise inkonsequent und widersprüchlich sind. Indes besteht kaum ein Zweifel daran, daß es Husri weniger um den Nachweis ging, ob Taha Husain wissenschaftlich gearbeitet habe oder nicht, sondern primär darum, eine politische Strömung zu denunzieren, die anders als der von ihm verfochtene panarabische Nationalismus Ägypten als selbständige Einheit, losgelöst von der übrigen arabischen Welt, betrachtet.

Im nationalen Lager in den arabischen Ländern unterscheidet Husri zwischen den Nationalisten und den Regionalisten bzw. Lokalpatrioten. Die letzteren »beschränken ihren Gesichtskreis auf die Grenzen des Staates, in dem sie leben, und alles, was jenseits dieser Grenzen liegt, gilt ihnen als ausländisch. Die anderen dagegen lassen sich nicht von diesem engen Rahmen fesseln und blicken auf die nationalen Grenzen, die weiter reichen als die staatlichen.«[68] Aus dieser Perspektive erscheinen die ägyptischen Nationalisten als bloße Regionalisten und Lokalpatrioten, wenngleich sie Husris Konzeption zufolge ungeachtet ihres politischen Bewußtseins der arabischen Nation angehören. Dies führt Husri auch in seinem Vortrag vor der »Gam'iyyat al-wahda al-'arabiyya« (Gesellschaft für arabische Einheit) aus, den er 1950 in Kairo hielt[69]. Vor ägyptischen Zuhörern warnt er erneut, die Nation nicht mit dem Nationalstaat zu vermengen oder gar zu identifizieren, da die Nationalstaatlichkeit nur ein politischer Rahmen sei, der über die Existenz oder Nicht-Existenz einer Nation nichts aussage. Die Nation sei eine kulturelle Gemeinschaft, die dieselbe Sprache spreche und gemeinsame historische Erinnerungen habe[70]. Auch an dieser Stelle unterstreicht er die Richtigkeit der deutschen organischen Volkstheorie und bezeichnet die liberale französische Theorie der nationalité élective als durchaus gegenstandslos, die letztlich von den französischen Schriftstellern kreiert worden sei, um Frankreichs Expansionismus Vorschub zu leisten[71]. Dennoch hat, wie Husri in An-

spielung auf die ägyptischen Nationalisten feststellt, die französische Nationsidee in »vielen arabischen Kreisen« Resonanz gefunden[72]. Daß die ägyptischen liberalen Nationalisten behaupten, ihr Wille allein genüge, um eine selbstständige ägyptische Nation zu bilden, macht für Husri ihr falsches Bewußtsein aus. Denn »zweifellos ist Ägypten ein Teil der arabischen Länder, solange es mit diesen die Sprache, die Kultur und die lange Geschichte teilt... Das ägyptische Volk ist ebenso arabisch wie das irakische, das syrische...«[73] Die Auffassung, daß derjenige ein Araber sein solle, der dies wünsche, steht gegen Husris These, daß die nationale Zugehörigkeit determinisiert sei und nicht durch einen freien Willensakt erworben werden könne: »Jedes arabischsprachige Volk ist ein arabisches Volk. Und jedes Individuum, das zu einem dieser arabisch sprechenden Völker gehört, ist ein Araber. Und würde ein Araber dies nicht anerkennen, wäre er nicht stolz darauf, ein Araber zu sein, so müßten wir nach den Gründen suchen, die ihn zu dieser Haltung bewegen. Seine Auffassung mag ein Ausdruck der Ignoranz sein: dann müssen wir ihn die Wahrheit lehren; sie mag einem falschen Bewußtsein entspringen: dann müssen wir ihn aufklären und ihm den richtigen Weg weisen; oder sie mag ein Ausdruck seines Egoismus sein: dann müssen wir diesem Egoismus Grenzen setzen. Auf keinen Fall aber dürfen wir sagen: Er ist kein Araber, solange er dies nicht will und sein Arabersein nicht anerkennt. Denn er ist ein Araber, ob er will oder nicht, ... wenn auch ein Araber ohne Gefühl und Bewußtsein und vielleicht sogar ohne Gewissen.«[74] Dieses Zitat bestätigt einmal mehr die autoritäre Substanz der Husrischen Theorie; es verdeutlicht überdies, daß es in der Kontroverse zwischen Husri und den liberalen ägyptischen Nationalisten nicht nur um die Verteidigung des Panarabismus bzw. des Lokal-Nationalismus der Ägypter geht, sondern die autoritär-integrationistische Position Husris trifft auf eine liberal-demokratische Orientierung.
Wenn wir vom ägyptischen Nationalismus als einer Bewegung sprechen, die sich an der fortgeschrittenen europäischen bürgerlichen Gesellschaft und ihren liberal-demokratischen Institutionen orientierte, dann müssen wir hinzufügen, daß es sich dabei um eine liberal-demokratische Haltung westlich gebildeter ägyptischer Intellektueller handelte, die im Gegensatz zum europäischen Vorbild keine materielle Basis, die ihr entsprochen hätte, besaß. Daraus erklärt sich, weshalb das ägyptische Bürgertum und seine Parteien – wie die Liberal-Konstitutionelle Partei und die Wafd-Partei – in dem Maße ihren demokratischen Liberalismus einbüßten, in dem sie versuchten, in einer semifeudalen, kolonialen Gesellschaft ihre Programme in die Praxis

umzusetzen. Um die zwanziger Jahre dieses Jahrhunderts, als die soziale Frage in Ägypten auf eine Lösung drängte und das ägyptische Bürgertum sein Klasseninteresse nicht länger als nationales Interesse ausgeben konnte, vollzog das ägyptische Bürgertum eine reaktionäre Wende. Die sozialen und ökonomischen Forderungen der unteren Klassen erschienen ihm nunmehr als Bedrohung der individuellen und politischen Freiheit schlechthin[75]. Die Revolte der Massen 1919 veranlaßte den ägyptischen liberalen Nationalisten M. H. Haikal zu der Äußerung: »Das sprechende Tier ist aus allen seinen Fesseln freigelassen.«[76] Angesichts der schwelenden Unzufriedenheit der ägyptischen Massen trat das Kolonialsystem als Feind des ägyptischen Bürgertums für dieses in den Hintergrund. Als regierende Partei verfolgte die Wafd in Allianz mit den Feudalherren eine durchaus antidemokratische Politik gegen die aufkommende soziale Bewegung und die von ihr geforderten sozialen Reformen[77]. Der Coup d'état der panarabisch orientierten »Freien Offiziere« 1952, der die politische Herrschaft des nationalistischen ägyptischen Bürgertums beendete, erfolgte nicht, weil das ägyptische Bürgertum nicht panarabisch war, sondern er brachte vielmehr die Unzufriedenheit der untern Klassen mit den gesellschaftlichen Verhältnissen zum Ausdruck. Es liegt außerhalb unserer Aufgabenstellung, die Hintergründe für den Tatbestand zu ermitteln, daß das nationalrevolutionäre Kleinbürgertum, das am 23. Juli 1952 die politische Macht eroberte und Ägypten nicht nur mit seinen arabischen Nachbarn verband, sondern sogar – wie Husri es immer wünschte – die Führung der panarabischen Bewegung übernahm, trotz aller Reformen die soziale Frage in Ägypten nicht zu lösen vermochte[78].

§ 10 PANARABISCHER NATIONALISMUS VERSUS LOKAL-NATIONALISMUS II: HUSRIS KRITIK AN ANTUN SA'ADA UND SEINER SYRISCHEN SOZIALNATIONALISTISCHEN PARTEI (SSNP)

Die ägyptische Variante des Lokal-Nationalismus forderte Husris Kritik in doppelter Hinsicht heraus: einmal widerspricht die regionale Beschränkung der ägyptischen Nationalismus-Konzeption seinen eigenen panarabischen Vorstellungen, zum anderen ist sie dem bürgerlich-liberalen Individualismus verpflichtet, wohingegen Husri die Gemeinschaft in seiner Nationalismus-Theorie geradezu hypostasiert.

Anders als die ägyptische Variante stellt sich die syrische Variante des Lokal-Nationalismus dar. Sie ist maßgeblich von Antun Sa'ada konzipiert worden und erhielt einen organisatorischen Rahmen in der von Sa'ada gegründeten und geführten Syrischen Sozialnationalistischen Partei (al-Hizb al-qaumi al-igtima'i as-suri; SSNP)[1]. Zunächst scheint die Nationalismus-Theorie des germanophilen Sa'ada, die radikaler noch als Husris Theorie den Aspekt der Gemeinschaft betont, sich von der Husris nur darin zu unterscheiden, daß sie eine »arabische« Nation in Abrede stellt und auf eine »syrische Nation« zugeschnitten ist, der das Attribut »arabisch« abgesprochen wird. Die Differenz ist jedoch, wie wir sehen werden, tiefgreifender.

Antun Sa'ada wurde 1904 in dem libanesischen Dorf Schuwair in einer christlichen, griechischen-orthodoxen, Familie geboren. Sein Vater wanderte vor dem Ersten Weltkrieg nach Brasilien aus und siedelte sich in Sao Paulo an. Sein Sohn Antun folgte ihm 1920 nach Brasilien. Dort gaben Vater und Sohn eine arabischsprachige literarische Zeitschrift, »al-Magalla«, heraus. 1929 kehrte Antun Sa'ada nach dem Libanon zurück, wo er zunächst an der American University of Beirut (AUB) in privaten Abendkursen Deutschunterricht gab. Seine Deutschkenntnisse hatte Sa'ada offensichtlich in Brasilien erworben. Sa'ada hatte nicht nur die deutsche Sprache erlernt, sondern auch eine Begeisterung für das Deutschland seiner Zeit entwickelt, die in seiner Nationalismus-Konzeption verankert ist. Obwohl Sa'ada westliche Einflüsse auf seine Idee eines pansyrischen Nationalismus leugnet, läßt sich mühelos nachweisen, daß seine Vorstellung ein Konglomerat verschiedener westlicher Theorien ist[2].

Im Jahr 1932 bildete Antun Sa'ada mit einer kleinen Gruppe von Studenten der AUB den ersten Kern der SSNP, die streng geheim gehalten und vor der Öffentlichkeit als »Syrische Handelsgesellschaft« (al-Scharika at-tigariyya as-suriyya) getarnt wurde. Die Gründungsphase dauert bis 1935 an: in diesem Jahr wurde die SSNP von der französischen Kolonialverwaltung aufgedeckt. Sa'ada wurde verhaftet und wegen subversiver Tätigkeit verurteilt[3]. Er blieb bis 1936 im Gefängnis. Mit seiner Freilassung beginnt eine neue Phase der Untergrundtätigkeit der SSNP. Schon 1935, noch vor seiner Verhaftung, hatte Sa'ada mit der Arbeit an der einzigen systematischen unter seinen vielen Schriften begonnen[4], in der er seine Theorie des pansyrischen Nationalismus darlegen wollte. Im Gefängnis konnte er die Arbeit an dieser 1938 unter dem Titel »Nuschu' al-umam« (Die Entstehung der Nationen) erschienenen Schrift fortsetzen. Sie ist nur eine teilweise Grundlegung seiner Theorie, denn die Beschlagnahme seiner Gefängnisnotizen und die eifrige politische Tätigkeit Sa'adas nach seiner Freilassung hinderten ihn daran, sein Vorhaben zu vollenden. Die übrigen Schriften Sa'adas haben entweder einen tagespolitischen Charakter oder enthalten lapidare Anweisungen und programmatische Formulierungen des »Führers der syrischen Nation«, den Sa'ada zu verkörpern glaubte. In »Nuschu' al-umam« wird unter syrischer Nation die Bevölkerung der gesamten Levante einschließlich Zyperns verstanden. In der zweiten, von Sa'ada verbesserten, 1951 in Damaskus posthum erschienenen Auflage ist Mesopotamien (= der Irak) unter der Bezeichnung Ostsyrien der »syrischen Nation« hinzugefügt worden[5].

Sa'adas politische Karriere endete 1949 mit dem Urteil der libanesischen Regierung, daß er hinzurichten sei. In einem Schnellgerichtsverfahren war er für schuldig befunden worden, einen bewaffneten Aufstand geplant zu haben, mit dem Ziel, die Integrität des libanesischen Staates in Frage zu stellen und einen Staat Großsyrien zu errichten. Sa'ada war nach der mißlungenen Insurrektion nach Damaskus geflohen, wo er zunächst von dem dortigen Militärregime des General Za'im protegiert, bald aber aus bisher nicht geklärten Gründen[6] an die libanesische Regierung ausgeliefert worden war. Die SSNP, die 1932 von Sa'ada zusammen mit nur fünf Studenten gegründet worden war, konnte den Tod ihres Führers überdauern. Sie spielte in der Geschichte des Libanon bis zu ihrem erneuten fehlgeschlagenen Versuch einer Machtergreifung im Libanon im Dezember 1961[7] eine beachtliche Rolle als paramilitärische Kaderorganisation, die zugleich antikommunistisch und antiwestlich orientiert war. Dabei erwies sich ihre antikommunistische Stoßrichtung als vorrangig, denn in entscheidenden Krisen kämpfte die SSNP auf Seiten der imperialismushörigen Kräfte des Libanon gegen die nationalrevolutionäre Bewegung. So unterstützte sie beispielsweise den Baghdad-Pakt[8]; auch stand sie hinter dem von den USA protegierten libanesischen Staatspräsidenten Camile Chamoun[9], als dieser in seinem Amt durch einen Volksaufstand in Frage gestellt wurde, woraufhin seinerzeit die amerikanische sechste Flotte im Libanon landete, um die Position Chamouns zu schützen[10]. Seit einigen Jahren, besonders nach der Freilassung der SSNP-Mitglieder, die an der 1961 versuchten Machtergreifung führend beteiligt waren, tritt die SSNP wieder mit Publikationen an die Öffentlichkeit heran, ohne jedoch viel Resonanz zu finden, wie dies in ihrer ersten Phase noch der Fall war[11].

Während Husris Germanophilie sich in seiner Bestimmung der Nation als Inkarnation der Kultur, als Kulturgemeinschaft, äußert, wobei er sich primär auf das Gedankengut der deutschen Romantik des beginnenden 19. Jahrhunderts stützt, beruht Sa'adas Germanophilie auf der Übernahme der vulgärwissenschaftlichen, biologischen Bestimmung der Nation, wie sie im Dritten Reich vorherrschte. Entsprechend weist Sa'adas Nationsidee starke sozialdarwinistische Züge auf. 1938 hatte Sa'ada das Dritte Reich und das faschistische Italien bereist, woraufhin er bei der französischen Kolonialverwaltung im Libanon in den Verdacht geriet, ein Agent dieser beiden Staaten zu sein. Jedoch ist dieser Aufenthalt Sa'adas in Deutschland und Italien bisher nicht sorgfältig untersucht worden, so daß über seinen Einfluß auf die Geschichte der SSNP keine Klarheit besteht. Die offizielle Version der Partei besagt, daß Sa'ada Berlin und Italien lediglich besuchte, um die dortigen Parteikader der SSNP zu inspizieren[12]. Einige kritische Anhänger der Partei, z. B. Labib Z. Yamak, gestehen zwar zu, daß der Aufbau der SSNP und das in ihr herrschende Führerprinzip faschistische Momente aufweisen, stellen aber eine Kollaboration der SSNP mit dem nationalsozialistischen Deutschland bzw. dem faschistischen Italien in Abrede[13].

Wie Yamak treffend zusammenfaßt, sind für Sa'ada »die Biologie und die Geographie: Bevölkerung und Territorium ... die zentralen Komponenten der Nation«[14]. So interessiert Sa'ada sich primär für die angebliche Korrelation zwischen der rassischen Zugehörigkeit und der geistigen Verfassung eines Volkes, wobei einer »höheren Rasse« eine geistige Überlegenheit entsprechen soll[15]. Sa'adas Nationsbegriff wird von Yamak wie folgt wiedergegeben: »eine Gruppe von Menschen, die ein gemeinsames Leben führen (d. h. gemeinsame Interessen und Ziele haben und gemeinsame physische und psychische Merkmale aufweisen) und die in einem genau bestimmten Territorium zusammenleben, wobei im Verlauf der Entwicklung ihr Verkehr untereinander ihnen gewisse besondere Wesenszüge und Charakteristika verliehen hat, wodurch sie sich von anderen Gruppen unterscheiden«[16]. Die Religion und besonders die Sprache und Geschichte sind Momente, die Sa'ada bei seiner Nationsbestimmung ausspart[17]. Ihre Berücksichtigung hätte seine vorgefaßte Behauptung der Existenz einer syrischen, keineswegs arabischen Nation auch als unhaltbar erwiesen. Während Husri seine vorgefaßte Idee einer unitären arabischen Nation theoretisch zu untermauern versucht, indem er eine gemeinsame Sprache und Geschichte als wesentliche Voraussetzungen einer Nation bestimmt, muß Sa'ada, der den arabischen Charakter Großsyriens ignoriert, gerade diese beiden Momente als unwesentlich für eine Nationsbestimmung zurückweisen[18]. Auch versteht Husri die

Nation als Kulturgemeinschaft; für Sa'ada dagegen ist die Nation eine biologische Gemeinschaft. Beide aber, Husri und Sa'ada, lassen in der von ihnen vorgegebenen Gemeinschaft das Individuum als Partikularität nicht gelten. Sa'ada erläutert dazu, daß »die Einzelmenschen kommen und gehen, sie leben ihr Leben zu Ende und dann fallen sie ab, wie die Blätter im Herbst; aber das Wirkliche (und Dauernde) verschwindet nicht, es lebt weiter (in der Gemeinschaft) . . .!«[19]

Sa'ada hat – ähnlich Husri – zunächst eine allgemeine Nationalismus-Theorie formuliert, die er sodann am Beispiel Syrien zu konkretisieren trachtet. Den »Tatbestand«, daß die Bevölkerung Großsyriens eine auf einem einheitlichen Territorium lebende Einheit bildet, will Sa'ada in einer politischen Bewegung artikuliert sehen, um in Großsyrien eine Renaissance zu bewirken. Die von ihm angestrebte Risorgimento-Bewegung nach italienischem Vorbild[20] sollte von der SSNP getragen werden. Die »allgemeinen Prinzipien der SSNP« und die »Reformprinzipien des syrischen Sozial-Nationalismus« hat Sa'ada in seiner Schrift »Ta'alim wa schuruh fi al-'aqida al-qaumiyya as-suriyya« (Richtlinien der Doktrin des syrischen Nationalismus und deren Erläuterung), die 1950 in Damaskus erschien, dargelegt. Er nennt folgende acht allgemeine Prinzipien für die Politik der Partei[21]:

1. Syrien gehört den Syrern.

2. Die syrische Frage ist eine eigenständige nationale Frage, die unabhängig von anderen nationalen Fragen zu lösen ist.

3. Die syrische Frage ist die Frage der syrischen Nation und des syrischen Vaterlandes.

4. Die syrische Nation ist die Einheit des syrischen Volkes, die sich seit der Vorgeschichte herausgebildet hat.

5. Das syrische Vaterland ist das physische Milieu, in dem die syrische Nation sich entfaltet hat; es umfaßt Großsyrien, Mesopotamien, Zypern und die Sinai-Halbinsel, kurz: den fruchtbaren Halbmond und dessen Stern Zypern.

6. Die syrische Nation umfaßt eine einheitliche Gesellschaft.

7. Die national-soziale Renaissance Syriens schöpft ihre Energien aus den Fähigkeiten der syrischen Nation und deren politischer und kultureller Geschichte.

8. Das Allgemeininteresse Syriens steht über jedem anderen Interesse.

Als Reformprinzipien des syrischen Sozial-Nationalismus führt Sa'ada auf[22]:

1. Trennung von Staat und Religion.

2. Allen Klerikern ist es untersagt, sich in die nationale Politik und nationale Rechtsprechung einzumischen.

3. Alle Schranken zwischen den verschiedenen Religionen und ihren Sekten sind aufzuheben.

4. Aufhebung des Feudalismus und nationale Organisation der Wirtschaft.

5. Aufbau einer starken Armee, die sich wirksam an der Schicksalsbestimmung der Nation und des Vaterlandes beteiligen kann.

Mit diesem Programm sagt Sa'ada sowohl den panarabischen Nationalisten als auch den libanesischen Nationalisten den Kampf an. Den panarabischen Nationalisten erscheint er als regionaler Nationalist, der dem »Zentrum des Arabismus«: Syrien, den arabischen Charakter abspricht und es von der arabischen Nation absplittern will; den libanesischen Nationalisten, die vorwiegend Christen: Maroniten, sind und die die Ideologie einer libanesischen, frankophonen Nation, verstanden als »association des Communautés«, vertreten[23], gilt Sa'ada als Pannationalist, der durch seine irredentistischen Bestrebungen die Integrität des Libanon gefährdet und, indem er den Konfessionalismus angreift, das politische – gleichwohl ideologische Grundprinzip des Libanon in Frage stellt.

Über die Führung der pansyrischen Nationalbewegung und den Aufbau ihrer Organisation, der SSNP, hatte Sa'ada dezidierte Vorstellungen, die in der Parteisatzung verankert sind. In der Präambel der Satzung heißt es dazu: »Die SSNP wurde durch einen Vertrag zwischen dem Legislateur, der zum syrischen Nationalismus aufruft (gemeint ist Sa'ada, B. T.), und denjenigen gegründet, die seine Doktrin übernahmen. Der Begründer der sozialnationalen syrischen Renaissance wird auf Lebzeit zum Führer (Za'im) der Partei bestimmt. Die Anhänger seiner Doktrin, die Mitglieder der Partei, verteidigen seine Sache und gehorchen dem Führer absolut, wie sie auch seine Verordnungen und verfassungsmäßigen Verwaltungsbefehle absolut befolgen.«[24] Darüber hinaus wurden die Mitglieder verpflichtet, die Parteidoktrin zur Richtschnur ihres Familienlebens zu erheben. In die Partei eintreten konnte nur, wer unter 40 Jahre alt war. Die paramilitärische SSNP bezog ihre Kräfte vorwiegend aus der Jugend. Die Partei konnte die Jugend aus mehreren Gründen begeistern. »Was zu begeistern vermochte«, schreibt Patrick Seale, »war die Ausrichtung an der Jugend, die rigide Disziplin, die faschistische Konzeption der Führer-Rolle, ebenso wie die einfache Behauptung, daß das »natürliche Syrien« eine große Nation sei, die in der Geschichte eine große Rolle gespielt habe und noch einmal spielen werde. Sa'ada war vielleicht der erste Araber, der eine gänzlich autochthone Konzeption der Jugendorganisation entwickelt hat, wie sie in den 30er Jahren in Italien und Deutschland aufblühte. Von Anfang an kam dem paramilitärischen Aspekt der Partei große Bedeutung zu.«[25]

Husri verfolgte die Entwicklung der SSNP mit Interesse. Als er 1948, ein Jahr vor Sa'adas Hinrichtung, nach Beirut reiste, nutzte er seinen Aufenthalt dort zu einer Zusammenkunft mit Sa'ada, die sich »in einer familiären Atmosphäre, ohne offiziellen Charakter und ohne Formalitäten« abspielte, wie Husri aufzeichnete[26]. Von den Gesprächen mit Sa'ada versprach sich Husri ausführliche Information über die pansyrische Bewegung. Sa'ada vermochte Husri bei diesem Treffen stark zu beeinflussen, wie er überhaupt auf Personen, mit denen er verkehrte, einen großen Eindruck ausübte[27]. Über die SSNP äußerte sich Husri seinerzeit so: »Bisher gibt es in der arabischen Welt keine einzige Partei, die die SSNP in der organisierten Propaganda, die sowohl die Vernunft als auch die Emotionen anspricht, und in der Organisation sowohl im Untergrund als auch in der Öffentlichkeit übertrifft.«[28] Ihn begeisterte die Disziplin der Partei, ihre antiklerikale Position, ihre Opposition zu dem isolationistischen Nationalismus der christlichen – maronitischen – Libanesen[29]. An der Parteidoktrin hat er freilich auszusetzen, daß sie den arabischen Charakter Syriens leugnet[30]. Auch kritisiert er, daß Sa'ada die Nation als physische Gemeinschaft und nicht als Kulturgemeinschaft versteht[31]. Schließlich mißfällt ihm auch Sa'adas Führerarroganz[32].

Husri, der über ein breites und sicheres Wissen geschichtlicher Daten verfügt, kann Sa'ada bei dessen Unternehmen, die Existenz einer syrischen Nation zu belegen, zahlreiche falsche Faktenangaben nachweisen. Später nimmt Husri Sa'adas dürftige Kenntnis der Geschichte im allgemeinen und im besonderen der vorarabischen Geschichte Syriens zum Anlaß, Sa'adas Theorie überhaupt in Frage zu stellen[33]. Vorerst wollte er es jedoch nicht auf einen Bruch mit Sa'ada ankommen lassen. Er war überzeugt, daß Sa'ada, der in Brasilien aufgewachsen und deshalb weniger vertraut mit der Geschichte Syriens war, nach eingehenderem Studium erkennen würde, daß Syrien arabisch sei, und seine Konzeption entsprechend ändere. Als einen vorläufigen Schritt auf eine derartige Revision hin deutet Husri, daß Sa'ada in das von ihm als syrische Nation bestimmte Territorium nachträglich bereits Mesopotamien einbezogen hatte[34]. Schließlich werde Sa'ada auch seinen verkürzten Araber-Begriff aufgeben müssen: Araber sind für Sa'ada die Beduinen der Wüste und nicht die arabisch Sprechenden[35]. Sa'adas Ablehnung des Panarabismus reduziert Husri darauf, daß die Panarabisten, die Sa'ada traf, »zumeist Muslime und vielleicht Reaktionäre, Verworrene waren, so daß Sa'ada sich einbildete, alle Panara-

bisten seien versteckte, verkappte Konfessionalisten ... Das ist der primäre Grund, warum Sa'ada vom richtigen Weg abwich.«[36]
Nach seinem Treffen mit Sa'ada 1948 in Beirut stellt Husri über ihn resümierend fest: »Zweifellos wird dieser Mann über kurz oder lang mit uns übereinkommen«[37], sobald er sich entwickelt und seine Irrtümer eingesehen hat. Nachdem Sa'ada ein Jahr später, 1949, hingerichtet worden war, veröffentlichte Husri eine kritische Auseinandersetzung mit Sa'adas Doktrin in der Hoffnung, nunmehr Sa'adas »Anhängern zu helfen, sich zu entfalten und fortzuschreiten im Dienst der arabischen Länder und der Renaissance der arabischen Nation.«[38] Husris Publikation »al-'Uruba bain du'atiha wa mu'aridiha« (Der Arabismus zwischen seinen Anhängern und Gegnern)[39] enthält einmal sachliche Korrekturen an Sa'adas Darstellung der Geschichte Syriens, zum anderen Kritik an Sa'adas biologischer Bestimmung der Nation und an dem Führerprinzip der SSNP. Die Kritik ist im Stil Husris Ziel angepaßt, die Mitglieder der SSNP zum Panarabismus zu bekehren; aggressive Formulierungen sind ausgespart. Wenn Husri in einer folgenden Schrift: »Difa' 'an al-'uruba« (Apologie des Arabismus)[40], plötzlich einen äußerst polemischen Angriff auf die SSNP führt, dann – wie er selbst andeutet – deshalb, weil er inzwischen in den Ausgaben des SSNP-Organs »ag-Gil ag-gadid« (Die neue Generation) beleidigend disqualifiziert worden war. Im Unterhaltungsteil wurde ein Brief eines in der Stadt lebenden Bauern an seinen Vetter auf dem Lande abgedruckt, worin es heißt: »Das Buch ›Der Arabismus zwischen seinen Anhängern und Gegnern‹ ist noch nicht einmal das Papier wert, auf dem es gedruckt worden ist.«[41] Husris Leserbrief daraufhin wurde von der SSNP-Zeitung nicht veröffentlicht; vielmehr erschien eine Diffamierung über vier Ausgaben des Organs hin, in der es u. a. auch heißt, daß der »kindliche Lärm (Husris, B. T.) ... nicht mehr verdient, als im allgemeinen Unterhaltungsteil erwähnt zu werden.«[42] Auf diesen Vorfall hin ging Husri, der sich »nicht zum Angriffslager der SSNP« rechnete[43], schärfer gegen die SSNP vor, ohne indes auf deren vulgären Diskussionsstil herabzusinken. Allenfalls bezeichnet er Sa'adas Doktrin, die von Sa'adas Anhängern als »heilige Botschaft des Führers« betrachtet wird, als »dümmlichen Nationalismus« (qaumiyya i'tibatiyya)[44].
Der massive Angriff eines so einflußreichen politischen Schriftstellers wie Husri auf die SSNP, die noch nicht fest Fuß gefaßt hatte, schadete freilich der Entwicklung der Partei. Husris Kritik an der SSNP wurde ihren Gegnern zum Rüstzeug bei der Bekämpfung der Partei. Die Replik, die Sami Khuri, ein Schüler Sa'adas, auf Husris Einwände

veröffentlichte[45], vermochte es nicht mehr, der breiten und wohlwollenden Rezeption der beiden genannten kritischen Veröffentlichungen Husris zur SSNP entgegenzuwirken.

Die SSNP mit ihrer Ideologie einer syrischen Nation konnte letztlich nicht – wie der panarabische Nationalismus – breite Intellektuellenkreise für eine politische Praxis mobilisieren. Auch gelang es der semifaschistischen, paramilitärischen SSNP nicht, die traditionsgebundenen arabischen Massen für sich zu gewinnen, zumal diesen die Idee einer syrischen – anders als die einer arabischen – Nation fremd war. Darüber hinaus versperrte die proimperialistische Position der SSNP ihr den Zugang zu den Massen, die sich der nationalrevolutionären Bewegung unter der Führung des Kleinbürgertums anschlossen.

Nachwort
Anmerkungen zum panarabischen Nationalismus
als Moment der Politik der arabischen Staaten
und Parteien und zu seinem gegenwärtigen Stand

Der Stellenwert des Werkes von Sati' Husri liegt einmal darin, daß es getreu eine entscheidende Phase in der modernen arabischen Geschichte und die ihr verhafteten politischen Strömungen dokumentiert, und zum anderen hat Husris Theorie selbst auf die politische Entwicklung im arabischen Orient maßgeblich eingewirkt. Husris Ideen wurden zum verbindlichen Gedankengut in der Politik der arabischen Staaten, die sich nach dem Zweiten Weltkrieg aus dem Prozeß der Dekolonisation heraus konstituierten. Ebenso galten sie den nationalistischen Parteien und Organisationen, die die arabische Nationalbewegung in dieser Phase repräsentieren, als Leitideen. Die beiden wichtigsten panarabischen politischen Organisationen sind die »Arabische Ba'th« (= Wiedergeburts)-Partei« und die Organisation der »Bewegung Arabischer Nationalisten« (Harakat al-qaumiyyun al-'arab), die unter der englischen Bezeichnung »Arab Nationalist Movement« (ANM) bekannt geworden ist. Die Ba'th-Partei wurde Anfang der vierziger Jahre von einer Gruppe syrischer Studenten, die an der Sorbonne in Paris studierten, unter Führung von Michel 'Aflaq gegründet, die ANM Anfang der fünfziger Jahre von arabischen Studenten der American University of Beirut (AUB). Beide Organisationen betrachten die Husrische Konzeption eines völkischen, panarabischen Nationalismus als verbindlich. Sie gehen über Husri nur insofern hinaus, als sie dem arabischen Nationalismus eine nicht minder mystische Doktrin des »arabischen Sozialismus« hinzufügten.

Michel 'Aflaq wurde in Damaskus in einer römisch-katholischen Familie geboren. Dort besuchte er auch die Schule und ging anschließend nach Paris, wo er von 1928-1932 an der Sorbonne Geschichte studierte. Nach seiner Rückkehr arbeitete 'Aflaq in Syrien als Lehrer. Er begann damit, Schüler und europäisch gebildete Nationalisten um sich zu sammeln. Aus diesem Kreis ging 1943 die Gruppe »al-Ba'th

189

al-'arabi« (Arabische Wiedergeburt) hervor, die, wie der Name andeutet, eine Renaissance der »arabischen Nation« herbeiführen will.
1947 vereinigte sich die Gruppe um 'Aflaq mit der Gruppe »al-Ihya
al-'arabi« (Arabische Wiederbelebung) um Zaki Arsuzi. Auch Arsuzi
war westlich gebildet: er hatte in Paris Philosophie studiert. Der Vereinigung schloß sich 1953 die »Arabische Sozialistische Partei« unter
Akram Hurani an: die Organisation nennt sich fortan »Arabische Sozialistische Ba'th-Partei«[1].

'Aflaq strebte eine Synthese aus Nationalismus und Sozialismus, wie
er beide verstand, an, die in einem großarabischen Staat, vom »Arabischen« Golf im Osten bis zum Atlantischen Ozean im Westen, realisiert werden sollte. Die theoretischen Grundlagen dieser Synthese
hatte 'Aflaq sich 1937 während seines Aufenthaltes in Paris mit der
Lektüre von Alfred Rosenbergs Buch »Der Mythos des zwanzigsten
Jahrhunderts« in der von Grosclaude besorgten französischen Übersetzung erworben[2]. Die syrischen Parteifreunde fanden 'Aflaq voller
Begeisterung für Rosenberg und Hitler. Im nationalsozialistischen
Deutschland sah 'Aflaq ein Vorbild für die ihm vorschwebende Synthese aus Nationalismus und Sozialismus[3]. Nach dem Staatsstreich der
germanophilen und mit dem Dritten Reich kollaborierenden arabischen Nationalisten unter Raschid 'Ali Gailani 1941 im Irak gründete
'Aflaq ein Komitte, das dem Gailani-Regime volle Unterstützung
zusicherte[4].

Nachdem Syrien 1945 unabhängig geworden war, beteiligte sich die
Ba'th-Partei, vertreten durch ihren nationalistischen Offiziersflügel,
an zahlreichen Militärputschen, die die jüngste syrische Geschichte
charakterisieren[5]. In den sechziger Jahren erstarkte der militärische
Flügel der Partei derart, daß er nun selbst die Staatsstreiche organisierte und sich nicht mehr mit einer Beteiligung an ihnen begnügte.
Der arabische Nationalismus, wie 'Aflaq ihn formuliert hat, wurde
zur ideologischen Rechtfertigung von Militärdiktaturen im arabischen Orient, die sich mit der von Fanon entwickelten Kategorie des
Schmalspur-Faschismus bezeichnen lassen[6].

'Aflaqs Konzeption des panarabischen Nationalismus unterscheidet
sich von der Husris, der sie zutiefst verpflichtet ist, darin, daß sie jene
konsequent auf die Spitze treibt. Dazu kommt, daß 'Aflaq die soziale
Frage, die Husri ausgeklammert hat, noch in sein Konzept einholte[7].
Wie Husri erkennt 'Aflaq das Individuum nur als Teil der
Gemeinschaft: der unitären »arabischen Nation«, an. Nationalist sein
bedeutet für 'Aflaq: ein glückliches Leben führen. »Angenommen, es
gäbe jemand, dessen Nationalismus nicht in ihm aufgebrochen wäre ...

Was für ein Mensch wäre das? Welcher Geschichte gehörte er an?...
Jedesmal, wenn ich über den Zustand einer solchen Person nachdenke,
erzittere ich aus Angst vor dem Elend und der Isoliertheit, unter denen solch ein Mensch leiden müßte.«[8] Das gute Leben lasse sich allein
in der Nation verwirklichen. Die Strategie, die 'Aflaq zur Realisierung dieses Ziels entwickelt hat und der die von ihm geführte Ba'th-
Partei folgt, geht dahin, die »glorreiche« arabische Vergangenheit zu
revitalisieren, denn die Zukunft ist für 'Aflaq nur als restaurierte Vergangenheit denkbar. »Die Vergangenheit, nach der unsere Nation
sich sehnt..., ist die Zeit, in der die Seele dieser Nation sich realisierte.
Die Zukunft, für die... zu kämpfen ist, ist alleine die, in der die arabische Seele wiedergeboren ist.«[9] Eine andere als diese von ihm genannte Alternative für das wahre Verhältnis von Vergangenheit und Zukunft zu suchen heißt für 'Aflaq: sich mit einem »Scheinproblem«
befassen.

Der Sozialismus, den 'Aflaq in Synthese mit dem Nationalismus
bringt, hat, wie 'Aflaq betont, einen spezifischen Charakter. Dieser
»arabische Sozialismus« hat mit dem Marxismus nichts gemein.
»Wenn ich nach einer Definition des Sozialismus gefragt werde, so
werde ich sie nicht in den Schriften von Marx und Lenin suchen, sondern sagen: Der Sozialismus ist die Religion des Lebens und dessen
Sieg über den Tod. Indem er allen Arbeitsmöglichkeiten verschafft
und allen hilft, ihre Talente zu entfalten, bewahrt er das Eigentum des
Lebens für das Leben und läßt dem Tod nur das vertrocknete Fleisch
und die ausgedorrten Knochen.«[10] Der so bestimmte Sozialismus beansprucht nicht, eine Anweisung zur Emanzipation der in der Nation
unterdrückten Klassen zu geben. Er abstrahiert von den objektiv vorhandenen Klassenverhältnissen und der daraus resultierenden wider-
sprüchlichen Interessenlage und will dennoch eine Nation realisieren,
die alle Elemente harmonisch vereint und die jedem Gerechtigkeit wi-
derfahren läßt. 'Aflaq appelliert an die Araber, Acht zu haben, daß
ihr »Nationalismus nicht verloren geht; daß er nicht mit den verbre-
cherischen Klasseninteressen verwechselt wird«,[11] um die nationale
Einheit nicht zu gefährden. Die Konzeption 'Aflaqs gibt Aufschluß
über den angewandten »Sozialismus« der Ba'th-Partei in Syrien und
im Irak. Sein Träger, das nationalistische Kleinbürgertum, versteht
sich als Vermittler zwischen den sozialen Klassen, als Schlich-
tungsinstanz[12].

Husris Schriften waren in der Ba'th-Partei allgemein bekannt; sie gehörten zum anerkannten Gedankengut dieser Organisation. Auf die
vorläufigen Gemeinsamkeiten und die herzlichen Beziehungen zwi-

schen sich und der Ba'th-Partei hat Husri selbst hingewiesen. »Meine Bevorzugung der Ba'th-Partei«, so gesteht er in einer Schrift, in der er seine spätere Kontroverse mit ihr begründet, »beruhte in gewissem Maße auf Emotionen. Denn die Grundprinzipien der Partei gingen konform mit allem, was ich in meinen Unterrichtsstunden, Vorlesungen, Artikeln und pädagogischen Anleitungen stets gesagt hatte. Offensichtlich fühlten die Parteiführer diese geistige Verwandtschaft zwischen uns, so daß sie mir gegenüber bei vielen Anlässen Vertrauen und Freundschaft bekundeten. Als Michel 'Aflaq nach dem Sturz des Za'im-Regimes in Syrien (1947, B. T.) das Erziehungsministerium übernommen hatte, schickte er mir ein Telegramm, in dem er mich nach Damaskus einlud, um ihm bei seiner Arbeit behilflich zu sein, obwohl ich ihn zuvor nur ein einziges Mal getroffen hatte. Salahaddin Bitar, der (1957, B. T.) nach Kairo kam, um zwischen Syrien und Ägypten ein Kulturabkommen zu schließen, ließ die syrische Delegation mir den Vertragsentwurf vorlegen, um sich von mir hierüber beraten zu lassen. Akram Hurani schickte mir am Tag der Gründung der Vereinigten Arabischen Republik zwischen Syrien und Ägypten ein Telegramm, das lautete: »Am Morgen dieses lächelnden Tages, an dem die Hoffnung der Vereinigung zweier arabischer Regionen Wahrheit wird, blicken wir auf die erleuchteten Freiheitskämpfer, die die Seele dieser Generation mit einem Nationalbewußtsein nährten, und wir begrüßen ihren patriotischen Geist, der, ohne je eine Mühe zu scheuen, die nationalistische Flamme trug. Ihnen gebührt der Dank des Vaterlandes...«[13] Husris Verhältnis zur Ba'th-Partei wurde erst getrübt, als die panarabische Bewegung sich in zwei einander bekämpfende Flügel spaltete: den Nasserismus und die Ba'th-Partei. Husri, der Ägypten in der panarabischen Bewegung eine Pionierstellung einräumte (cf. § 9), zögerte nicht, für den Nasserismus und gegen die Ba'th-Partei aufzutreten. Nunmehr weiß er eine Reihe von Einwänden gegen die Ba'th-Partei zu machen und spricht ihr ab, die Avantgarde der panarabischen Bewegung und das Subjekt der Revitalisierung der »arabischen Nation« zu sein[14]. Der Kampf um die Führung der panarabischen Bewegung zwischen den einzelnen arabischen Staaten, insbesondere zwischen dem Nasserismus und der Ba'th-Partei ist u. a. bereits von M. Kerr untersucht worden, so daß wir hier darauf nicht weiter eingehen[15].

Der Nasserismus konnte die Massen im arabischen Orient auf eine demagogische Weise weitestgehend emotionalisieren; gleichwohl vertrat er – trotz aller Versicherungen Nassers, ein Regime der »unterdrückten Massen« in Ägypten errichtet zu haben – objektiv nicht deren Interessen[16]. Eine panarabische Organisation besaß der Nasserismus nicht. Dagegen hat die Ba'th-Partei in den arabischen Ländern, ausgenommen die des Maghrib, je eine regionale Kaderorganisation aufgebaut, die der nationalen panarabischen Führung der Partei untergeordnet sind[17]. Die Organisation der »Bewegung Arabischer Nationalisten«, die ANM, schien diese Lücke des Nasserismus zu füllen, zumal sie eine ähnliche organisatorische Struktur wie die Ba'th-Partei hatte. Bemerkenswert ist, daß die extrem nasseristisch orientierte ANM in Ägypten keine regionale Organisation bilden konnte und – ähnlich der Ba'th-Partei – vorwiegend in Syrien, dem Libanon, dem Irak und in Jordanien wirkte. Die ANM ist in der Literatur bisher ziemlich vernachlässigt worden, so daß eine umfassende und zuverlässige Information über sie schwer zu ermitteln ist. Auch hat sich die ANM selbst nicht durch genügend Publikationen ausgewiesen; anders die Ba'th-Partei, die neben dem Schrifttum ihrer Theoretiker 'Aflaq, Bitar, Arsuzi und deren Schüler[18] inzwischen auch eine siebenbändige Dokumentation über ihren Aktivitäten seit der Gründung veröffentlichte[19]. Abgesehen von wenigen tagespolitischen Pamphleten und Flugschriften ist die ANM nur mit einer einzigen theoretischen Schrift an die Öffentlichkeit getreten; in ihr sind die für die Mitglieder verbindlichen Leitideen der Bewegung enthalten. Auf den Inhalt dieser Schrift gehen wir hier nicht ausführlich ein, zumal er eine Position darlegt, die von der Husris kaum abweicht. Lediglich propagieren die beiden Autoren Darwaza und Gabburi[20] – ähnlich 'Aflaq – neben dem arabischen Nationalismus die Doktrin des »arabischen Sozialismus«. Die panarabische Bewegung, die in ihrer Frühphase im 19. Jahrhundert dem angestrebten panarabischen Gebilde nur den arabischen Teil Asiens zurechnete und Ägypten sowie die arabischen Länder des Maghrib (Libyen, Tunesien, Algerien, Marokko) außer Acht ließ, hat diese Beschränkung zwar überwunden: Seit den zwanziger Jahren dieses Jahrhunderts erkennt die Bewegung auch die bisher vernachlässigten Teile als Gebiete des »arabischen Vaterlandes« an, wie Husris Werk dokumentiert. Jedoch trat der panarabische Nationalismus vor allem in den Maghrib-Ländern nicht in Erscheinung, sieht man von vereinzelten und unbedeutenden Ansätzen ab. In Ägypten gab es ohnehin eine eigene Tradition des ägyptischen Nationalismus, wie wir gezeigt haben (§ 9), die isoliert, ja im Gegensatz zur panarabischen Nationalbewegung stand. Erst mit dem Coup d'état Nassers und seines Bundes der »Freien Offiziere« vom 23. Juli 1952 fand der panarabische Nationalismus eine Basis in Ägypten. Der Nationalismus in den Staaten des Maghrib war dem panarabischen Nationalismus noch äußerlicher als der ägyptische. Es gab einen marokkanischen[21], einen algerischen[22] und einen tunesischen[23] Nationalismus, der je eine eigene Geschichte hatte, obwohl alle drei Länder als Objekte des französischen Kolonialsystems mit ähnlichen Problemen konfrontiert waren. Die irredentistische Bewegung im Maghrib, der Panmaghribismus, ist eine relativ junge Erscheinung. Erst die algerische Revolution[24] hat den Anschluß des arabischen Maghrib an die übrige arabische Welt eingeleitet. Besonders begünstigt wurde diese Entwicklung durch die großzügige Unterstützung der algerischen Revolution von seiten der unabhängigen arabischen Staaten, insbesondere Ägyptens und Syriens, die damals das Zentrum der panarabischen Bewegung waren. Im Jahr 1958 traten Tunesien und Marokko der 1945 gegründeten Arabischen Liga bei. Algerien folgte unverzüglich nach Erlangung der politischen Unabhängigkeit. Libyen war bereits seit 1952 Mitglied der Arabischen Liga.

Insgesamt galt der panarabische Nationalismus seit Beginn der fünfziger Jahre als verbindliche Doktrin – sei es verbal oder faktisch – in den meisten arabischen Staaten feudalistischer (Saudi-Arabien), pseudosozialistischer (Ägypten, Syrien, Irak) und pseudodemokratisch-parlamentarischer Observanz (Libanon). Der Arabischen Liga kam die Aufgabe zu, dies nach außen hin zu deklamieren.

Der arabische Nationalismus, der bei der Emanzipation von der türkischen Vorherrschaft und dann von der anglo-französischen Kolonialherrschaft durchaus einen progressiven Beitrag leistete und der den arabischen verwestlichten Intellektuellen, die ihrer Gesellschaft entfremdet waren, eine neu Identität vermittelte (cf. § 3, 4, 5), dient in der postkolonialen Phase in den einzelnen arabischen Ländern als Ideologie, die über die sozialen Widersprüche und die herrschenden Mißstände hinwegtäuscht. Wir können diese Funktion hier nur andeuten; vor allem bleibt die Aufgabe, jeweils die Basis dieser Ideologie genau zu bestimmen. Die Entfaltung der sozialrevolutionären Bewegung seit den sechziger Jahren bezeichnet zugleich die Krise der arabischen Nationalbewegung und deutet die Überwindung des panarabischen Nationalismus an. Innerhalb der bestehenden nationalistischen Organisationen, zumal der Ba'th-Partei und der ANM, konstituierten sich linke Flügel, die sich sodann von der Mutterorganisation trennten. So gründete der linke Flügel der Ba'th-Partei, der von Jacin Hafez (= Yasin Hafiz) angeführt wurde, 1966 eine eigene Organisation, die »Hizb al-'ummal al-'arabi al-thauri« (Arabische Revolutionäre Arbeiterpartei). In dem Gründungsdokument der Partei heißt es u. a.: »Wir sind eine völlig neue Partei und haben keinerlei Beziehung mehr zur Arabischen Sozialistischen Ba'th-Partei in ideologischer, politischer und organisatorischer Hinsicht... Die Ba'th-Partei ist unfähig geworden, mit der Bewegung der arabischen Massen Schritt zu halten, nicht nur wegen ihrer falschen Politik, sondern auch wegen des traditionellen ideologischen Schemas, dem die Partei folgt... In der Tat beruht die 'Aflaqsche Ideologie auf der These, daß der gegenwärtige Kampf der Araber nur das Ziel haben könne, die Vergangenheit zu restaurieren. Die 'Aflaqsche Ideologie begreift den Fortschritt als Rückschritt zur Vergangenheit. Die Zukunft beinhaltet für sie eine Kontaktnahme mit den Seelen der Ahnen. Wenn wir die 'Aflaqsche Ideologie entlarven, dann wollen wir damit keineswegs Zweifel über die Bedeutung der arabischen Vergangenheit aufkommen lassen; diese Vergangenheit ist ein Teil unserer nationalen Identität. Was wir aber sagen wollen, ist, daß der wissenschaftliche Sozialismus die Geschichte als ein Vorwärtsschreiten und als Aufhebung vergangener in höhere Stufen begreift und sie nicht als Wiederherstellung der Vergangenheit versteht. Schon das Wort Ba'th (= Wiedergeburt, B. T.) ist nicht sozialistisch, sondern konservativ und konterrevolutionär...«[25] Zum arabischen Nationalismus, zu dem er sich einst bekannte, schreibt Jacin Hafez, der Theoretiker und Begründer der Arabischen Revolutionären Arbeiterpartei, kritisch: »Die zahlreichen bürgerlichen chauvinistischen Begriffe, die das arabische Kleinbürgertum importierte, sind der Substanz nach nicht nur der arabischen Emanzipationsbewegung fremd, sondern überhaupt unserem ganzen Zeitalter. In einer Zeit, in der die arabische nationale Bewegung zum Ausdruck der Emanzipationsbestrebungen eines zersplitterten und unterdrückten Volkes wurde, begann das arabische nationalistische Kleinbürgertum plötzlich, eine deutsche Sprache zu benutzen. Deutsche und auch italienische nationalistische Begriffe prägten von nun an das Vokabular des arabischen nationalistischen Kleinbürgertums... Die kleinbürgerliche arabische nationalistische Strömung plapperte beinahe die gleichen Ideen und Formeln nach. Ihre Vertreter lehrten die nationalistischen europäischen und insbesondere die deutschen Gedanken und Legenden arabisch sprechen und kleideten sie in arabische Gewänder... Die von tiefem und allseitigem Elend gekennzeichnete Gegenwart hat das arabische Kleinbürgertum zur Flucht in die Vergangenheit getrieben, in der die Araber vereint und überlegen waren. Weil die arabische Bourgeoisie schwach und zu nichts fähig war und noch ist, entspricht der arabische chauvinistische Nationalismus den Gegebenheiten der arabischen Wirklichkeit nicht; er ist bloßer phraseologischer Anspruch und lautes Geschrei.«[26] Hafez kritisiert sodann das am panarabischen Nationalismus orientierte Sozialismus-Verständnis: »Das arabische Kleinbürgertum lehnt das historische Werden ab und interpretiert die Geschichte als statisch, in der die unveränderliche arabische Seele immer vorhanden sei. Indem es historische Prozesse als Illusionen oder Lüge abtut, faßt es den arabischen Sozialismus als eine kristallisierte Form der arabischen Seele und des arabischen Nationalismus auf. Das arabische Kleinbürgertum weigert sich, zwischen Nationalismus und Sozialismus zu unterscheiden, weil es meint, daß der Nationalismus a limine Sozialismus sei... Indem der Sozialismus auf diese Weise pervertiert wird, wird er zu einer Versöhnung der Klassen und zu einem kleinbürgerlichen reformistischen Kompromiß... Die Überwindung der Rudimente der nationalistisch interpretierten sozialistischen Ideologie ist die Bedingung dafür, daß die Bewegung der Massen vorwärtsschreiten kann.«[27] Diese Kritik schließt für Hafez allerdings nicht den Verzicht auf das Ziel der arabischen Einheit ein. Er besteht aber darauf, daß dieses Ziel nur auf einer progressiven Grundlage und keineswegs im Rahmen der nationalistischen Demagogie der arabischen Staaten zu realisieren sei. Ähnlich argumentiert die tunesische Intellektuellengruppe »Perspectives«: »Die Wege zum Sozialismus in unseren Ländern müssen koordiniert werden, das heißt, sie müssen sich an der Einheit der arabischen Völker orientieren, denn diese Völker weisen eine gemeinsame Sprache, Kultur, Religion und Geschichte auf. Die arabische Einheit ist die einzige Alternative zum Aufbau des Sozialismus, zur Erlangung einer faktischen Unabhängigkeit vom Imperialismus und zur Schaffung eines gemeinsamen Marktes für unsere Ressourcen und Produkte als Voraussetzung unserer Industrialisierung. Und schließlich ist sie die einzige Möglichkeit zur Überwindung einer eventuellen ungleichmäßigen Entwicklung unserer Länder. Wenn diese Einheit der notwendige ökonomische, kulturelle und historische Rahmen für den Aufbau des Sozialismus ist, dann bedeutet das aber nicht, daß sie dem Kampf für eine sozialistische Gesellschaftsordnung vorgegeben sein muß; im Gegenteil. Die Erfahrung lehrt uns täglich aufs Neue, daß die arabische Einheit nur durch ein sozialistisches System verwirklicht werden kann... Wenn die Parole der arabischen Einheit nicht mit einer faktischen Arbeit zum Aufbau des Sozialismus verbunden wird, bleibt sie bloßes demagogisches Spiel.«[28] In dieser Atmosphäre wird die kritische Diskussion der Husrischen Konzeption eines panarabischen Nationalismus aktuell. Schon 1966 erschien in Beirut eine umfangreiche Monographie über Husri, verfaßt von dem syrischen Marxisten Elias Morkus, in der es nach einer eingehenden Analyse von Husris Werk heißt: »Die tatsächliche nationale Bewegung der Massen überwindet sich in einem andauernden natürlichen Entwicklungsprozeß selbst. Aber das bürgerlich-nationalistische Denken, das stets rechts von dieser Bewegung stand, kann sich nicht überwinden... Der Kampf gegen diese Richtung im zeitgenössischen arabischen Denken ist eine dringliche Aufgabe... Dieser Kampf wird langfristig sein und impliziert zugleich die Widerlegung der literarischen und philosophischen Quellen dieser Richtung, der deutschen und der anderen westlichen Quellen, und er verlangt die Formulierung der Theorie der unitarischen arabischen sozialistischen Revolution.«[29]

Die Niederlage im Juni-Krieg 1967 traf die Wirkungskraft des arabischen Nationalismus empfindlich. Die Wirklichkeit, die er bis dahin durch seine Demagogie erfolgreich zu verschleiern vermochte, wurde den Massen zunehmend transparenter. Durch einen exogenen Faktor, die Niederlage im Juni-Krieg 1967, wurde der in den sechziger Jahren einsetzende Überwindungsprozeß der vom arabischen nationalistischen Kleinbürgertum getragenen arabischen Nationalbewegung[30] entscheidend beschleunigt. Die in Syrien und im Irak herrschende Ba'th Partei und das Regime Nassers[31] reagierten auf die Welle der Kritik an den bisher unangefochtenen nationalistischen Grundlagen ihrer Herrschaft mit Repressionsmaßnahmen, die unverhüllt dokumentieren, daß diese Regime und ihre Ideologie ein Hindernis auf dem Weg einer fortschrittlichen Transformation des arabischen Orient sind. Die unpopulären Maßnahmen gegen die Kritik raubten der Ba'th-Partei und dem Nasserismus die akklamative Massenbasis, die sie sich bisher durch Demagogie bewahren konnten. Selbst die ultranationalistische Bewegung Arabischer Nationalisten, die ANM, die Nasser als arabischen Bismarck feierte und seine akklamative Basis außerhalb Ägyptens bildete, spaltete sich 1969 in einen marxistischen und einen nationalistischen Flügel. Aus Schwäche löste sich der nationalistische Flügel der ANM im Verlauf des Jahres 1970 auf. Der marxistische Flügel hingegen baute in jedem arabischen Land regionale Organisationen auf; deren bedeutendste ist die »Munazzamat al-ischtirakiyyin al-lubnaniyyin« (Organisation Libanesischer Sozialisten), die inzwischen auch eine kritische Darstellung der Entwicklungsphasen der ANM seit ihrer Gründung veröffentlicht hat: darin wird die ANM als nationalistisch-faschistoide Bewegung verurteilt[32].

Die hier skizzierte gegenwärtige Situation des arabischen Nationalismus und seiner Träger muß unvollständig bleiben, zumal die Bewegung mit der Tagespolitik eng verflochten ist. Es erschien aber notwendig, die jüngste politische Entwicklung im arabischen Orient anzudeuten, um eine Vorstellung darüber zu vermitteln, daß die politische Theorie Sati' Husris, die u. a. Gegenstand unserer Untersuchung war, einer Epoche der modernen arabischen Geschichte angehört, die im Begriff ist, einer neuen historischen Phase im Emanzipationsprozeß des arabischen Orient zu weichen.

Anmerkungen

Zu § 1

1 A. F. Pollard, Factors in Modern History, London 1907, p. 3.
2 Eine umfassende Bibliographie bis 1935 stellte Koppel S. Pinson zusammen: A Bibliographical Introduction to Nationalism, N. Y. 1935. Für die Forschung seither cf. Karl W. Deutsch, An Interdisciplinary Bibliography on Nationalism 1935-1953, Cambridge 1956. Einen bis 1965 reichenden Überblick über die neuere Literatur gibt Karl W. Deutsch in seiner Einleitung zur 2. Auflage seines Werkes: Nationalism and Social Communication, An Inquiry into the Foundations of Nationality, Cambridge 1966², pp. 7-14. Ausgewählte Texte zum Nationalismus in der politischen Philosophie hat Hannah Vogt herausgegeben: Nationalismus gestern und heute, Opladen 1967. Auskunft über die verschiedenen Interpretationsansätze zum Nationalismus geben Louis L. Snyder, The Meaning of Nationalism, New Brunswick 1954, und Eugen Lemberg, »Nationalismus: Definition, Tendenzen, Theorien«, in: Moderne Welt, Bd. 8 (1967), H. 3, pp. 317-333.
3 Cf. hierzu Boyd C. Shafer, Nationalism: Myth and Reality, N. Y. 1955, pp. 36 f. Shafer klassifiziert die Mystifizierung der Nation und des Nationalismus in der politischen Philosophie in »metaphysical myths«, »physical myths« und »cultural myths«; cf. ibid., pp. 13-56.
4 Cf. hierüber Karl W. Deutsch, Nationalism and Social Communication, op. cit., pp. 15-28; auch Boyd C. Shafer, op. cit., passim; ferner Heinz O. Ziegler, Die moderne Nation, Ein Beitrag zur politischen Soziologie, Tübingen 1931, pp. 27-54.
5 H. O Ziegler, op. cit., p. 73.
6 Ibid., p. 75.
7 Hans Kohn, Die Idee des Nationalismus, Ursprung und Geschichte bis zur Französischen Revolution, Frankfurt/M. 1962², p. 180.
8 F. Engels, Über den Verfall des Feudalismus und das Aufkommen der Bourgeoisie, in: Marx-Engels-Werke, Bd. 21, Berlin 1962, pp. 392 ff., hierzu p. 397. Zum Verhältnis von Souveränität und Königtum im Prozeß der Nationsbildung in Europa cf. Joseph R. Stryer, The Historical Experience of Nation-Building in Europe, in: Karl W. Deutsch und William J. Foltz (eds.), Nation-Building, N. Y. 1963, pp. 17-26. Die Entstehung von Nationalitäten unter dem Königtum untersucht H. Munro Chadwick, Nationa-

lities in Europe and the Growth of National Ideologies, Cambridge 1966[2], Kap. V, pp. 91-113.

9 Cf. H. O. Ziegler, op. cit., pp. 90 f.

10 Cf. B. C. Shafer, op. cit., pp. 92 f.

11 Ibid., pp. 94 f.

12 H. Kohn, op. cit., p. 197.

13 Ibid., p. 209.

14 Ibid., p. 211.

15 J. Habermas, Strukturwandel der Öffentlichkeit, Untersuchungen zu einer Kategorie der bürgerlichen Gesellschaft, Berlin-Neuwied 1965[2], p. 28.

16 H. O. Ziegler, op. cit., p. 96.

17 Ibid., p. 95.

18 Cf. ibid.

19 W. Euchner, Naturrecht und Politik bei John Locke, Frankfurt/M. 1969, pp. 198 ff.

20 Ibid., p. 201.

21 J. Habermas, Naturrecht und Revolution, in: idem, Theorie und Praxis, Sozialphilosophische Studien, Berlin-Neuwied 1963, pp. 52 ff., hierzu p. 68.

22 Ibid., p. 73.

23 Zur Struktur der volonté générale cf. I. Fetscher, Rousseaus politische Philosophie, Zur Geschichte des demokratischen Freiheitsbegriffs, Berlin-Neuwied 1960, pp. 111-126.

24 Cf. W. Euchner, op. cit., pp. 222 f.

25 J. Habermas, Naturrecht und Revolution, op. cit., p. 69.

26 H. O. Ziegler, op. cit., p. 97.

27 Ibid., p. 64.

28 H. Kohn, op. cit., p. 9.

29 H. O. Ziegler, op. cit., p. 64. Zur Terminologie: Nation wird in dieser Arbeit im Anschluß an Ziegler nur als politische Herrschaftsform verstanden. Volk, Volkstum oder besser: Nationalität wird begriffen als eine Gruppierung, die eine gewisse Kohäsion aufweist, aber nicht notwendig in einem Nationalstaat organisiert ist. W. Sulzbach, »Zur Definition und Psychologie von ›Nation‹ und Nationalbewußtsein«, in: Politische Vierteljahresschrift, Bd. 3 (1962), H. 2, pp. 139-158, erörtert die terminologische Verwirrung in der Nationalismus-Literatur. Sulzbach konstatiert die Unbrauchbarkeit des Ansatzes, der die Nation aus gemeinsamen Merkmalen in Sprache, Literatur etc. erklärt. Für Sulzbach ist der Staat als Machtgebilde ein konstitutives Element der Nation. Die Genesis der Nation und des Nationalismus interpretiert Sulzbach jedoch völlig subjektivistisch: »Das Ideal der nationalen Souveränität entstand erst in einigen Köpfen. Dann gewann es Anhänger in den Massen. Durch Erziehung und Propaganda wurde es schließlich Allgemeingut.« (p. 154) Zur Kritik an Sulzbachs Nationalismus-Interpretation cf. G. Kress und K. J. Gantzel, »Pseudowissenschaftliches zur Nationalismus-Diskussion«, in: Neue Politische Literatur, Bd. 15 (1970), H. 3, pp. 394-396.

30 Daß der Nationalcharakter ein wissenschaftlich unbrauchbarer Begriff ist, weist Hans D. Werner nach: Klassenstruktur und Nationalcharakter, Eine soziologische Kritik, Tübingen o. J. (1968), besprochen von B. Tibi in: Das Argument, Bd. 12 (1970), H. 56, pp. 58-60.

[31] Cf. Karl W. Deutsch, Nation-Building and National Development: Some Issues for Political Research, in: Karl W. Deutsch und William J. Foltz (eds.), Nation-Building, op. cit., pp. 1-16, bes. pp. 6 f.

[32] Max Weber, Wirtschaft und Gesellschaft, Grundriß der verstehenden Soziologie, Studienausgabe, 2 Bde., Köln-Berlin 1962, Bd. 2, p. 675. Allerdings faßt Weber die Nation rein psychologisch: sie existiere nur im Bewußtsein.

[33] K. Marx / F. Engels, Manifest der Kommunistischen Partei, in: Marx-Engels-Werke, Bd. 4, Berlin 1964³, pp. 466 f.

[34] Cf. H. O. Ziegler, op. cit., p. 69; ferner B. C. Shafer, op. cit., p. 106.

[35] Cf. H. Kohn, op. cit., p. 183; auch K. D. Bracher, Artikel: Nationalstaat, in: Das Fischer-Lexikon, Bd. 2, Staat und Politik, ed. K. D. Bracher und E. Fraenkel, Frankfurt/M. 1962, pp. 198-204, hierzu pp. 198 f.; ferner Hermann Lübbe, Säkularisierung, Geschichte eines ideenpolitischen Begriffs, Freiburg-München 1965.

[36] A. F. Pollard, op. cit., p. 9, sieht in der Reformation den Ansatz zur Auflösung des christlichen Universalismus. Salo Wittmayer Baron, Modern Nationalism and Religion, N. Y.-London 1947, p. 7, meint: »Modern nationalism has displaced religion as the chief factor in human group relationships . . . religion now displaced from its position of primacy, continued to influence profoundly national life both through the various state-controlled, state-subsided or even state-separated churches and through their supranational, nonpolitical ethical teachings.«

[37] Emmanuel Sieyès, Was ist der dritte Stand?, herausgegeben und eingeleitet von Otto Brandt, Bd. 9 der Klassiker der Politik, Berlin 1924, p. 40.

[38] Ibid., pp. 38 f.

[39] K. Marx charakterisiert den (National-)Staat der bürgerlichen Gesellschaft wie folgt: »Die Bourgeoisie ist schon, weil sie eine *Klasse*, nicht mehr ein *Stand* ist, dazu gezwungen, sich national, nicht mehr lokal zu organisieren und ihrem Durchschnittsinteresse eine allgemeine Form zu geben. Durch die Emanzipation des Privateigentums vom Gemeinwesen ist der Staat zu einer besonderen Existenz neben und außer der bürgerlichen Gesellschaft geworden; er ist aber weiter nichts als die Form der Organisation, welche sich die Bourgeois sowohl nach außen als nach innen hin zur gegenseitigen Garantie ihres Eigentums und ihrer Interessen notwendig geben.« Deutsche Ideologie, in: Marx-Engels-Werke, Bd. 3, Berlin 1962³, p. 62.

[40] Das behauptet H. O. Ziegler, op. cit., pp. 96, 104 und passim; grundsätzlich gegen solche Interpretation cf. I. Fetschers Analyse des demokratischen Freiheitsbegriffs Rousseaus: I. Fetscher, op. cit., passim.

[41] Diese undifferenzierte These vertritt u. a. J. L. Talmon, Die Ursprünge der totalitären Demokratie, Köln-Opladen 1961, pp. 34-45.

[42] A. Sorel, zit. nach B. C. Shafer, op. cit., p. 134.

[43] Eva Hoffman-Linke, Zwischen Nationalismus und Demokratie, Gestalten der Französischen Vorrevolution, München-Berlin 1927, p. 3.

[44] Daß Napoleon kein französischer Nationalist war, weist überzeugend nach H. Kohn, »Napoleon and the Age of Nationalism«, in: The Journal of Modern History, Bd. 12 (1950), H. 1, pp. 21-37.

[45] H. O. Ziegler, op. cit., pp. 114 f.

[46] F. Engels, Deutsche Zustände, in: Marx-Engels-Werke, Bd. 2, Berlin 1962⁴, pp. 564-584, hierzu p. 568.

[47] Ibid., p. 569.

[48] C. J. H. Hayes, The Historical Evolution of Modern Nationalism, N. Y. 1950.

[49] Eine umfassende Analyse hierüber gibt Louis L. Snyder, German Nationalism, The Tragedy of a People, Extremism contra Liberalism in Modern German History, Harrisburg 1952. Die Fragestellung wird auch von Helga Grebing diskutiert; cf. H. Grebing, Nationalismus und Demokratie in Deutschland, in: I. Fetscher (ed.), Rechtsradikalismus, Frankfurt/M. 1967[2], pp. 31-66. Weitere Literaturhinweise in den Anmerkungen zu § 6, Abs. a), dieser Arbeit.

[50] Der »aufgeblasene und überschwengliche Nationalhochmut« der Deutschen, die »überall nur das Zusehen und Nachsehen haben«, entspricht nach Marx »einer ganz kleinlichen, krämerhaften und handwerkermäßigen Praxis«. Cf. K. Marx / F. Engels, Deutsche Ideologie, op. cit., pp. 458 f.

[51] Cf. H. O. Ziegler, op. cit., p. 121.

[52] K. O. Freiherr v. Aretin, Über die Notwendigkeit kritischer Distanzierung vom Nationsbegriff in Deutschland nach 1945, in: H. Bolewski (ed.), Nation und Nationalismus, Stuttgart 1967, pp. 26-45, hierzu p. 29. W. Sauer, »Das Problem des deutschen Nationalstaates«, in: Politische Vierteljahresschrift, Bd. 3 (1962), H. 2, pp. 159-186, zeigt, daß der Nationalstaat in den entwickelten europäischen Ländern »einen eindeutig demokratischen Akzent (trägt), der in der deutschen Variante verwischt ist.« (p. 160) Der französische wie auch der englische Nationalstaat kam durch eine bürgerlich-demokratische Revolution zustande; in Deutschland scheiterte die bürgerlich-demokratische Revolution, »daher kam es hier auch nicht zu der europäischen Synthese von Nationalismus und Demokratie«. (p. 161)

[53] Ch. Maurras, zit. nach E. Nolte, Der Faschismus in seiner Epoche, München 1965[2], p. 146; cf. auch William C. Buthman, The Rise of Integral Nationalism in France, with Special Reference to the Ideas and Activities of Charles Maurras, N. Y. 1939; cf. ferner S. Wittmayer Baron, op. cit., pp. 61-68. Allgemein zum integralen Nationalismus cf. E. Lemberg, Geschichte des Nationalismus in Europa, Stuttgart 1950, pp. 267 ff.

[54] E. Nolte, op. cit., p. 105.

[55] Cf. hierzu H. Arendt, Elemente und Ursprünge totaler Herrschaft, Frankfurt/M. 1957[2], pp. 194 ff.

[56] E. Nolte, op. cit., p. 146.

Zu § 2

[1] L. Wirth, »Types of Nationalism«, in: American Journal of Sociology, Bd. 41 (1936), H. 6, pp. 723-737, hat für die Nationalismus-Forschung eine Typologie vorgeschlagen, die vier idealtypische Nationalismen umfaßt; dies sind (1) der Hegemonie-Nationalismus, der nach einer Vereinigung mehrerer Gebiete tendiert, beispielsweise der deutsche und der italienische Nationalismus im 19. Jahrhundert; (2) der partikularistische Nationalismus, der die Trennung eines Gebietes von einem anderen und die Konstituierung einer neuen nationalen Souveränität verlangt wie etwa der irische Nationalismus; (3) der marginale Nationalismus der Grenzvölker; (4) der Nationalismus der Minoritäten. Nach Wirths Typologie wäre der

Nationalismus der Kolonialvölker in seiner ersten Phase als partikularisti-
scher Nationalismus zu definieren. Inhaltlich ist damit über den Nationalismus in der »Dritten Welt« nichts ausgesagt, weshalb wir den typologisie-
renden Ansatz in diesem Paragraphen nicht erörtern. Kritisch zur typologi-
sierenden Methode cf. Karl Theodor Schuon, »Typologie und kritische
Theorie«, in: Das Argument, Bd. 11 (1969), H. 50 (Sonderheft), pp. 93-124.

2 H. Kohn, Die Idee des Nationalismus, Frankfurt/M. 1962², p. 28.

3 Rupert Emerson, From Empire to Nation, The Rise of Self-Assertion of
   Asian and African Peoples, Boston 1964³, p. 206.

4 Eine Text-Dokumentation über die in diesem Abschnitt zu erörternde Problematik findet sich bei I. Fetscher, Der Marxismus und seine Geschichte
   in Dokumenten, Bd. III, Politik, München 1965, Kap.: Die Nation, pp. 91-
   128. Cf. ferner Solomon Frank Bloom, The World of Nations, A Study of
   the National Implications in the Work of Karl Marx, N. Y. 1941
   (Diss. Phil.); Horace B. Davis, Nationalism & Socialism, Marxist and Labor Theories of Nationalism to 1917, N. Y.-London 1967, und dazu
   B. Tibi, »Marxismus und Nationalismusanalyse«, in: Neue Politische Literatur, Bd. 14 (1969), pp. 560-561.

5 Karl Kautsky, Nationalität und Internationalität, Ergänzungshefte zur
   Neuen Zeit, Nr. 1, 18. Jan. 1908, pp. 17 ff., 23 ff., betrachtet den Nationalstaat als »die den modernen Verhältnissen entsprechende Form des Staates«
   (p. 23), den Nationalitätenstaat dagegen als rückständige Staatsform.

6 K. Marx, Brief vom 5. Juli 1870 an Engels, in: Marx-Engels-Werke,
   Bd. 32, Berlin 1965, p. 520. Die Marxschen Stellungnahmen zur polnischen
   Frage sind abgedruckt in: Karl Marx, Manuskripte über die polnische Fra-
   ge (1863-1864), ed. W. Conze, S'-Gravenhage 1961.

7 K. Marx, Rede über Polen, in: Marx-Engels-Werke, Bd. 4, Berlin 1964³,
   pp. 416 f., hierzu p. 416.

8 K. Marx, Rede über die Frage des Freihandels, in: Marx-Engels-Werke,
   Bd. 4, Berlin 1964³, pp. 444-458, hierzu p. 456.

9 K. Marx, Brief vom 20. Juni 1866 an Engels, in: Marx-Engels-Werke,
   Bd. 31, Berlin 1965, pp. 228 f.

10 Cf. H. B. Davis, op. cit., p. 13. Darüber, daß der proletarische Internatio-
   lismus nur unter freien Völkern möglich ist und keinen nationalen Nihilismus impliziert, cf. F. Engels, Das Fest der Nationen in London, in: Marx-
   Engels-Werke, Bd. 2, Berlin 1962, pp. 611-624. Diese Dimension ist von
   der KPF in ihrer Kolonialpolitik völlig übersehen worden; cf. hierzu J. Moneta, Die Kolonialpolitik der französischen KP, Hannover 1968, und dazu
   die Rezension von B. Tibi in: Das Argument, Bd. 11 (1969), H. 53,
   pp. 353-356.

11 Cf. K. Marx, Die englische Regierung und die eingekerkerten Fenier, in:
   Marx-Engels-Werke, Bd. 16, Berlin 1962, pp. 401-406; idem, Entwurf eines Vortrages zur irischen Frage, in: ibid., pp. 445-459; idem, Entwurf einer nicht gehaltenen Rede zur irischen Frage, in: ibid., pp. 439-446. Zur
   irischen Frage cf. die Monographie von Lawrence J. McCaffrey, The Irish
   Question, 1800-1922, Lexington 1968.

12 K. Marx, Brief vom 10. Dez. 1869 an Engels, in: Marx-Engels-Werke,
   Bd. 32, Berlin 1965, pp. 414 ff.

13 F. Engels, Rede über Polen, in: Marx-Engels-Werke, Bd. 4, Berlin 1964³,
   pp. 417 ff., hierzu p. 417.

[14] F. Engels, Eine polnische Proklamation, in: Marx-Engels-Werke, Bd. 18, Berlin 1964², pp. 521-527, hierzu p. 527.

[15] F. Engels, Was hat die Arbeiterklasse mit Polen zu tun? in: Marx-Engels-Werke, Bd. 16, Berlin 1962, pp. 153-163, hierzu p. 157.

[16] Ibid.

[17] Ibid.

[18] F. Engels, Po und Rhein, in: Marx-Engels-Werke, Bd. 13, Berlin 1964², pp. 225-268, hierzu p. 267. Die Unterscheidung zwischen historischen Nationen und geschichtslosen Völkern wird heute vom Strukturalismus, zumal von Claude Lévi-Strauss, Das wilde Denken, Frankfurt/M. 1968, in seiner Kontroverse mit Jean-Paul Sartre, zurückgewiesen mit dem Argument, die Kategorien historisch und geschichtslos entstammten europäischem Denken; Geschichte sei ein europäischer Mythos. Lévi-Strauss' humanistische Intention, das »wilde Denken« zu rehabilitieren, steht aber in Widerspruch zu den Folgen seiner strukturalistischen Methode, die die Geschichte überhaupt eskamotiert. Zur Kritik an der Geschichtsfeindlichkeit der strukturalistischen Schule, insbesondere der Richtung Lévi-Strauss, cf. jetzt Alfred Schmidt, Der strukturalistische Angriff auf die Geschichte, in: A. Schmidt (ed.), Beiträge zur marxistischen Erkenntnistheorie, Frankfurt/M. 1969, pp. 194-265.

[19] O. Bauer, Die Nationalitätenfrage und die Sozialdemokratie, Marx-Studien, Bd. II, ed. M. Adler und R. Hilferding, Wien 1924², § 17, pp. 215 ff. Bauers Bestimmung der Nation als Schicksalsgemeinschaft wird hier ausgeklammert. Die früheste Kritik an Bauers Nationalismus-Theorie stammt von K. Kautsky: Nationalität und Internationalität, op. cit.; cf. Bauers Erwiderung: »Bemerkungen zur Nationalitätenfrage«, in: Die Neue Zeit, Bd. 26, Teil I (1907-1908). H. B. Davis, op. cit., pp. 149-157, untersucht Bauers Theorie sowie die Diskussion, die darüber stattfand, pp. 157-163. Kritisch zu Bauer cf. H. O. Ziegler, Die moderne Nation, Tübingen 1931, pp. 49 ff.; auch Karl W. Deutsch, Nationalism and Social Communication, Cambridge 1966², pp. 19 f.

[20] O. Bauer, Die Nationalitätenfrage, op. cit., p. 263.

[21] Ibid., pp. 304 f., p. 310.

[22] Ibid., p. 319, p. 323 und passim.

[23] K. Kautsky, op. cit.

[24] W. I. Lenin, Sozialismus und Krieg, in: Lenin, Ausgewählte Schriften, ed. H. Weber, München 1963, pp. 322 ff., hierzu p. 346.

[25] W. I. Lenin, Über das Recht der Nationen auf Selbstbestimmung, in: Lenin, Über die nationale und die koloniale nationale Frage, Eine Sammlung ausgewählter Aufsätze und Reden, Berlin 1960, pp. 208 ff., hierzu p. 210; cf. auch p. 214 und passim.

[26] Ibid., p. 214.

[27] Ibid., p. 213.

[28] Ibid., p. 220.

[29] Ibid., p. 230.

[30] Ibid., p. 264. Lenin, ibid., pp. 255 ff., zitiert hier die auch von uns teilweise angeführten Briefe von Marx an Engels in Sachen Irland. Die kleinen Arbeiten von Marx (cf. Anm. 11 oben) kannte Lenin nicht; sie waren damals noch nicht veröffentlicht.

[31] W. I. Lenin, Die Frage des Friedens, in: Lenin, Über die nationale und die

koloniale nationale Frage, op. cit., pp. 287 ff., hierzu pp. 290 ff.; cf. ferner
Lenin, Sozialismus und Krieg, op. cit., pp. 345 f. Zusammenfassend zu
Lenins Position in der nationalen und kolonialen Frage cf. H. B. Davis,
op. cit., pp. 185-210.

32 W. I. Lenin, Über das Recht der Nationen auf Selbstbestimmung, op. cit.,
p. 228; cf. auch p. 227, pp. 277 f.

33 W. I. Lenin, Die sozialistische Revolution und das Selbstbestimmungsrecht
der Nationen, in: Ausgewählte Schriften, op. cit., pp. 380 ff., hierzu p. 386.

34 Ibid., p. 385.

35 So schreibt Rosa Luxemburg, Die russische Revolution, ed. O. Flechtheim,
Frankfurt/M. 1963, p. 60, daß »das formlose ›Selbstbestimmungsrecht der
Nationen‹ nichts als hohle kleinbürgerliche Phraseologie und Humbug ist.«

36 U. a. lehnt Bernstein das Selbstbestimmungsrecht der Nationen mit folgen-
der Argumentation ab: »Wir müssen von der utopischen Idee abkommen,
die dahin geht, die Kolonien zu verkaufen ... Die Kolonien sind da, damit
muß man sich abfinden. Eine gewisse Vormundschaft der Kulturvölker
über Nichtkulturvölker ist eine Notwendigkeit, die auch Sozialisten anerkennen sollten.« E. Bernstein, zit. nach K. Kautsky, Sozialismus und Kolonialpolitik, Berlin 1907, p. 6.

37 Der von den Modernisierungstheoretikern verwandte Ideologiebegriff ist
eine popularisierte Form des durch und seit Karl Mannheim verbreiteten
›totalen Ideologiebegriffs‹. Was Modernisierungstheoretiker unter Ideologie verstehen, dokumentiert ein Zitat von Paul E. Sigmund; Sigmund hält
den Nationalismus der Kolonialvölker für »a sufficently coherent body of
ideas to be called an ideology— the ideology of modernizing nationalism«;
P. E. Sigmund (ed.), The Ideologies of Developing Nations, N. Y. 1967²,
pp. 36 f.; cf. auch David E. Apter, The Politics of Modernization, Chicago
1965, pp. 330 ff., auch pp. 172 ff. Zur Quelle dieses populären Ideologiebegriffs cf. Karl Mannheim, Ideologie und Utopie, Frankfurt/M. 1965⁴,
pp. 49-94, wo Mannheim den ›totalen Ideologiebegriff‹ entfaltet. Zur Ideo-
logie-Problematik cf. Kurt Lenk (ed.), Ideologie, Ideologiekritik und Wissenssoziologie, Problemgeschichtliche Einleitung (Kap. I), Neuwied-Berlin
1964².

38 Eine knappe, kritische Darstellung der Modernisierungstheorie und ihrer
verschiedenen Ansätze gibt Conrad Schuhler, Zur politischen Ökonomie
der Armen Welt, München 1968, pp. 32-44. »Unverkennbar ist, daß eine
historisch-kulturelle Ausformung von ›moderner‹ Gesellschaft als die moderne Gesellschaft schlechthin idealisiert wird ... Einem Modernisierungstheoretiker stellt sich dieses Problem als solches des Übergangs von ›tradi-
tionaler‹ zu ›moderner‹ Gesellschaft.« (p. 33)

39 Entsprechend heißt der Titel eines der einflußreichsten Beiträge der Modernisierungstheorie zur Erforschung der Unterentwickeltheit: The Passing of
Traditional Society, Glencoe/Ill. 1962², von Daniel Lerner. In einer Studie
eines aus prominenten Modernisierungstheoretikern bestehenden Autoren-
kollektivs, zu dem auch D. Lerner gehört, wird die Problematik wie folgt
angegangen: Koloniale, halbkoloniale und postkoloniale Gesellschaften
werden als traditionelle Gesellschaften bestimmt und als solche beschrieben. Durch »the impact of the West« beginnt ein Zerfallsprozeß der traditionellen Gesellschaften, der zu ihrer Modernisierung führt. Der Konflikt
aus dem Widerstand traditioneller Kräfte gegen die Modernisierung und

den Forderungen sozialer Kräfte nach Modernisierung beschleunigt diesen Zerfallsprozeß. Der von den Intellektuellen der Kolonialländer getragene Nationalismus steht im Dienste der Modernisierung. Cf. Max F. Millikan und Donald L. M. Blackmer (eds.), The Emerging Nations, Boston-Toronto 1961. Zur Rolle des Nationalismus cf. ibid., pp. 12 f. Auf die Rolle des Nationalismus im Zerfallsprozeß traditioneller Gesellschaften geht auch der Modernisierungstheoretiker Edward Shils, Political Development in the New States, The Hague 1965, pp. 32 f., ein; Shils sieht einen Dualismus zwischen modernisierendem Nationalismus und Parochialismus.

[40] Cf. Mary Matossian, »Ideologies of Delayed Industrialization: Some Tensions and Ambiguities«, in: Economic Development and Cultural Change, Bd. 6 (1958), H. 3, pp. 217-228. Matossian begreift Nationalismus, Kommunismus und Faschismus als sogenannte Ideologien verspäteter Industrialisierung.

[41] So schreibt K. H. Silvert, The Strategy of the Study of Nationalism, in: idem (ed.), Expectant Peoples, Nationalism and Development, N. Y. 1963, pp. 3-38, hierzu p. 26, daß der Nationalismus in den unterentwickelten Ländern als Norm die primär kohäsiv wirkende Kraft sei. Silvert bezeichnet daher die Existenz des Nationalismus in unterentwickelten Gebieten als »a necessary part of the process of development«. Der von Silvert edierte Sammelband enthält Fallstudien über die Rolle des Nationalismus im Modernisierungsprozeß diverser unterentwickelter Länder wie Bolivien, Indonesien, arabische Länder, etc.

[42] John H. Kautsky, An Essay in the Politics of Development, in: idem (ed.), Political Change in Underdeveloped Countries, Nationalism and Communism, N. Y. 1967[7], pp. 3-119.

[43] Ibid., pp. 33 f. Eine Ausnahme bildet für Kautsky der irische Nationalismus, der dem Nationalismus der Kolonialvölker darin ähnele, daß er sich gegen ein entwickeltes Land, England, richtet. Cf. p. 33; cf. auch § 2 a) dieser Arbeit sowie Anm. 11 oben.

[44] Ibid., p. 35.

[45] Cf. W. Sulzbach, Imperialismus und Nationalbewußtsein, Frankfurt/M. 1959, pp. 108 ff. (zu Sulzbach cf. Anm. 11 zu § 1 dieser Arbeit).

[46] Cf. R. Emerson, op. cit., pp. 85, 95.

[47] John H. Kautsky, op. cit., p. 39; cf. auch R. Emerson, op. cit., p. 85, auch pp. 89 ff.

[48] Cf. John H. Kautsky, op. cit., p. 48. R. Emerson, op. cit., p. 196, schreibt, daß alle Nationalisten der Kolonialländer Intellektuelle sind, »who had been exposed to Western Type of Education and Experience . . . in principle the Nationalists were all men who had become familiar with the west in one or another fashion«. Emerson betont ferner, daß diese Nationalisten hauptsächlich auf Schriften europäischer Denker wie Rousseau, Fichte, Burke, Mazzini etc. zurückgreifen und daß ihre politischen Vorbilder europäische Nationalisten wie Cavour, Garibaldi, Bismarck etc. sind (p. 199). Diese These wird am Beispiel des arabischen Nationalismus im Verlauf unserer Arbeit noch näher erläutert und belegt. Cf. zu dieser Problematik auch C. B. Macpherson, Drei Formen der Demokratie, Frankfurt/M. 1967, p. 38.

[49] John H. Kautsky, op. cit., p. 48.

[50] Ibid., p. 49. Zur Diskussion der Rolle der Kolonialintellektuellen cf. Ed-

ward Shils, The Intellectuals in the Political Development of the New States, in: John H. Kautsky (ed.), op. cit., pp. 195-234. Das Verhältnis von Kolonialintellektuellen und Nationalismus untersucht Klaus Mehnert, The Social and Political Role of the Intelligentsia in the New Countries, in: Kurt London (ed.), New Nations in a Divided World, N. Y. 1963, pp. 121-133. Mehnert schließt sich der These an, daß der Nationalismus die Aspirationen der Kolonialintellektuellen ausdrücke und ein Antikolonialismus sei; cf. pp. 126 ff.

51 Cf. Karl Mannheim, Ideologie und Utopie, op. cit., pp. 134 ff.; hierzu kritisch jetzt A. Neusüss, Utopisches Bewußtsein und freischwebende Intelligenz, Zur Wissenssoziologie Karl Mannheims, Meisenheim am Glan 1968.

52 Jean Ziegler, Politische Soziologie des neuen Afrika, München 1966, pp. 16 f., verweist auf Autoren, die im Anschluß an Pareto sozialen Wandel in unterentwickelten Ländern durch die Zirkulation von Eliten interpretieren. Ziegler hält die Elitetheorie für unbrauchbar; er besteht auf der Klassentheorie, meint aber, daß sie für Afrika neuformuliert werden müsse (cf. pp. 32 ff.). In Afrika läßt sich nach Ziegler die Zugehörigkeit zu einer Klasse nicht durch die Stellung im Produktionsprozeß bestimmen, sondern durch die Verfügung über soziale Gewalt. Diejenige Klasse, die über die Macht, und nicht jene, die über die Produktionsmittel verfüge, sei die herrschende Klasse (cf. pp. 37 ff.). Zu dieser These Zieglers kritisch cf. B. Tibi, »Zum Verhältnis von Militär und kolonialem Nationalismus am Beispiel der arabischen Länder«, in: Sozialistische Politik, Bd. 1 (1969), H. 4, pp. 4-19, hierzu pp. 9 f. T. B. Bottomore schließt sich der Interpretation an, daß in den unterentwickelten Ländern gegenüber der unorganisierten Mehrheit der Bevölkerung abwechselnd fünf Idealtypen von Eliten die Führung im Industrialisierungsprozeß übernähmen. Neben den nationalistischen Führern werden genannt: eine dynastische Elite, der Mittelstand, die revolutionären Intellektuellen und die Kolonialbeamten; cf. T. B. Bottomore, Elite und Gesellschaft, Eine Übersicht über die Entwicklung des Eliteproblems, München 1966, pp. 94-113, bes. p. 97; cf. ferner Harry J. Benda, Non-Western Intelligentsias as Political Elites, in: John H. Kautsky (ed.), op. cit., pp. 235-251.

53 John H. Kautsky, op. cit., pp. 42, 44.

54 Ibid., p. 53.

55 Ibid., p. 39; cf. auch pp. 54 f.

55 Eine so verkürzte Studie zur Industrialisierung eines unterentwickelten Landes, die zwar reichhaltig Material enthält, jedoch kein erfolgversprechendes Entwicklungsmodell entwerfen kann, ist die von Lars Clausen vorgelegte Arbeit: Industrialisierung in Schwarzafrika, Eine soziologische Lotstudie zweier Großbetriebe in Sambia, Bielefeld 1968. Clausen will Industrialisierung nicht mehr rein technisch fassen, sondern— mit Max Weber— als Übergang von »traditionalem« zu »zweckrationalem«, d. h. modernem, »industriell orientiertem« Handeln, wobei auch hier inhaltlich ungeklärt bleibt, auf welchen— rationalen oder irrationalen— Zweck hin das Handeln rational erscheint (cf. pp. 159 ff.). Clausen, dessen Arbeit aufgrund des empirischen Materials den Interpretationsversuch Kautsky stützen könnte, zumal der Ansatz beider Analysen grundsätzlich ähnlich ist, kommt allerdings zu dem Ergebnis, daß in Sambia die »industrielle Orientierung« sich so stark durchsetzte, »daß sogar eine moderne und sonst

sehr starke außerindustrielle (!) Kompensation, der neue Nationalismus, zurücktrat« (p. 160). Zu Clausens Untersuchung cf. die Rezension von B. Tibi in: Das Argument, Bd. 12 (1970), H. 59, pp. 641-643.

[56] Richard F. Behrendt, Soziale Strategie für Entwicklungsländer, Entwurf einer Entwicklungsstrategie, Frankfurt/M. 1965, p. 250.

[57] Ibid., pp. 250 f.

[58] Ibid., p. 251.

[59] Cf. ibid., p. 336.

[60] Cf. ibid., pp. 331-334.

[61] Ibid., p. 336.

[62] Ibid.; cf. auch Anm. 48 oben.

[63] Ibid., p. 338.

[64] Ibid., p. 343.

[65] Ibid., p. 340.

[66] Ibid., p. 361.

[67] Ibid., p. 331.

[68] Ibid., p. 335.

[69] Ibid.

[70] Ibid., p. 371.

[71] Ibid., p. 346.

[72] Ibid., p. 337.

[73] Ibid., pp. 355 f.

[74] Cf. ibid., p. 362.

[75] Ibid.

[76] Ibid., p. 355.

[77] Ibid.

[78] Frantz Fanon, Die Verdammten dieser Erde, Frankfurt/M. 1966, p. 68. Hinweise auf Sekundärliteratur zu Fanon finden sich in Anm. 48 zu § 3 dieser Arbeit.

[79] Ibid., p. 72.

[80] Ibid.

[81] Ibid., p. 86.

[82] Ibid., p. 39.

[83] Ibid., pp. 53 f.

[84] Ibid., p. 72.

[85] Ibid., p. 102.

[86] Ibid., p. 103.

[87] Ibid., p. 102.

[88] Ibid., p. 72.

[89] Ibid., p. 114.

[90] Ibid., p. 160. Beispielhaft hierfür ist u. a. der Versuch des britisch gebilde-ten afrikanischen Gelehrten J. C. de Graft-Johnson, die vorkoloniale afri-kanische Geschichte zu rekonstruieren. Cf. J. C. de Graft-Johnson, African Glory: The Story of Vanished Negro Civilization, N. Y. 1966[2], und hierzu die Rezension von B. Tibi in: Der Politologe, Bd. 8 (1967), H. 24, pp. 44 ff.

[91] Frantz Fanon, op. cit., p. 167.

[92] Ibid., pp. 162 f.

[93] Ibid., p. 161.

[94] Ibid., pp. 170 f. Dieser Exotismus manifestiert sich beispielsweise im Werk des führenden afrikanischen Nationalisten L. S. Senghor. Er lehnt die »eu-

ropäische Vernunft« ab und setzt ihr eine »Neger-Vernunft« entgegen. Die
traditionelle afrikanische Gesellschaft wird im Medium der europäischen
Sprache verherrlicht; cf. L. S. Senghor, Négritude und Humanismus, Düsseldorf-Köln 1967, passim. Aimé Césaire, der wie Senghor die vorkoloniale
Kultur rehabilitieren will, verneint dagegen jede nach rückwärts gerichtete
Utopie: »Es ist uns nicht darum zu tun, eine abgestorbene Gesellschafts-
form wiederzubeleben. Das überlassen wir den Amateuren des Exotismus.«
Cf. Aimé Césaire, Über den Kolonialismus, Berlin 1968, p. 36, und hierzu
die Rezension von B. Tibi in: Das Argument, Bd. 11 (1969), H. 51,
pp. 138 ff.

95 Frantz Fanon, op. cit., p. 172.
96 Ibid., p. 182.
97 Cf. ibid., p. 187.
98 Ibid., pp. 39 f.
99 Ibid., p. 113; cf. auch p. 112
100 Ibid., p. 115.
101 Ibid., p. 157.
102 Ibid., p. 117.
103 Ibid., p. 119.
104 Ibid., p. 117.
105 Cf. L. S. Senghor, op. cit., passim; cf. auch B. Tibi, »Leopold Senghors
    ›Négritude‹«, in: Das Argument, Bd. 9 (1967), H. 45, pp. 422 ff. Weitere
    Literaturhinweise hierzu in Anm. 57 zu § 3 dieser Arbeit.
106 Frantz Fanon, op. cit., pp. 120 f.
107 Ibid., p. 120.
108 Ibid., p. 122.
109 Ibid., p. 123.
110 Ibid., p. 132.
111 Ibid., p. 157.
112 Cf. hierzu § 2 a).
113 Frantz Fanon, op. cit., pp. 188 f.
114 Ibid., p. 189.

Zu § 3

1 K. Marx nahm an, daß die Kolonialländer nach der gewaltsamen Auflösung ihrer Sozialstrukturen unter der Kolonialherrschaft eine kapitalistische, d. h. eine historisch progressivere Entwicklung als bisher nehmen
  würden, so daß er die Kolonisation mit welthistorischen Argumenten rechtfertigte. Cf. K. Marx, Die britische Herrschaft in Indien, in: Marx-Engels-
  Werke, Bd. 9, Berlin 1960, pp. 127 ff. Cf. hierzu auch H. B. Davis, Nationalism and Socialism, N. Y. 1967, pp. 59 ff. Diese These hat sich inzwischen als unhaltbar erwiesen. Daß der Kapitalismus in den Kolonien sich
  noch nicht einmal strikt kapitalistisch, sondern eher raubkapitalistisch
  verhält und die dort angetroffenen Feudalstrukturen in einer modernisierten Form konserviert, zeigen u. a. Aimé Césaire, Über den Kolonialismus,
  Berlin 1968, pp. 24-28, und Jean-Paul Sartre, Kolonialismus und Neokolonialismus, Reinbek 1968, pp. 5 ff.
2 Unser Begriff des sozialen Wandels umfaßt gesamtgesellschaftliche (sozio-

ökonomische, sozialpsychologische, politische, kulturelle) Veränderungen. Behrendts Begriff des Kulturwandels erscheint uns unzulänglich, weil subjektivistisch. Für einen Überblick über die gängigen Theorien des sozialen Wandels cf. die Textauswahl von H. P. Dreitzel (ed.), Sozialer Wandel, Neuwied-Berlin 1967, worin neben den neueren auch ältere Ansätze berücksichtigt werden. Die neuesten amerikanischen Ansätze sind dokumentiert in W. Zapf (ed.), Theorien des sozialen Wandels, Köln-Berlin 1970², und in P. Heintz (ed.), Soziologie der Entwicklungsländer, Köln-Berlin 1962.

[3] Zu diesen zwei Emanzipationsstufen cf. J. Habermas, Erkenntnis und Interesse, Frankfurt/M. 1968, pp. 71.

[4] Zum Begriff der fremden und autochthonen Geschichte cf. den Abschnitt über Frantz Fanon (§ 2 d). Zum Problem der Fremdherrschaft sowie der Selbstregierung als Ausdruck der wiederhergestellten autochthonen Geschichte cf. John Plamenatz, On Alien Rule and Self-Government, London 1960, sowie Rupert Emerson, From Empire to Nation, Boston 1964³ (zuerst Cambridge, Mass., 1960).

[5] Nach dem Völkerrecht sind die konstituierten Nationalstaaten der Kolonialvölker zwar gleichberechtigt, an ihrem kolonialen Status in den internationalen Beziehungen hat sich indes wenig geändert. Daß die Staatsbildung noch keine Emanzipation bedeutet, weist G. L. Matus, Der Status der Nation und das internationale Schichtungssystem, in: P. Heintz (ed.), Soziologie der Entwicklungsländer, op. cit., pp. 45-69, nach. Matus zufolge resultiert der reale Status einer »Nation« in der internationalen Konstellation aus ihrer ökonomischen Stärke und der daraus abgeleiteten Macht.

[6] Fanon schrieb sein Hauptwerk: Die Verdammten dieser Erde, Frankfurt/M. 1966 (Orig. französisch 1961), unter starkem Zeitdruck im Krankheitszustand kurz vor seinem Tod. Als er seinem Verleger das Manuskript schickte, meinte er: »Ich habe den Eindruck, sehr, sehr vehement in meinen Beschreibungen gewesen zu sein. Es kommt daher, daß mir das Vorhaben schrecklich gefährdet erschien.« Zit. nach R. Zahar, Kolonialismus und Entfremdung, Zur politischen Theorie Frantz Fanons, Frankfurt/M. 1969, p. 13. Literaturhinweise zu Fanon finden sich außer in der Bibliographie von R. Zahar in Anm. 48 unten.

[7] Cf. Conrad Schuhler, Zur politischen Ökonomie der Armen Welt, München 1968, pp. 107 f.

[8] Die Begriffe stammen von R. König (ed.), Aspekte der Entwicklungssoziologie, Köln-Opladen 1970, p. 31. Wir halten sie für brauchbar, können jedoch Königs Ausführungen nicht folgen. Es genügt, darauf hinzuweisen, daß Königs Erläuterungen weitgehend – abgesehen von einigen unbedeutenden Abweichungen – auf denen Mühlmanns beruhen, mit dessen Interpretation wir uns im folgenden auseinandersetzen werden.

[9] W. E. Mühlmann (ed.), Chiliasmus und Nativismus, Berlin 1961, p. 383.

[10] Ibid., pp. 385 f.

[11] Ibid., p. 386.

[12] Ibid., p. 287.

[13] W. E. Mühlmann, Rassen, Ethnien, Kulturen, Moderne Ethnologie, Neuwied-Berlin 1964, p. 324.

[14] Ibid., p. 323.

[15] Ibid.

16 W. E. Mühlmann (ed.), Chiliasmus und Nativismus, op. cit., p. 355. Kritisch zu Mühlmann cf. C. Schuhler, op. cit., pp. 109 f.

17 Cf. C. Schuhler, op. cit., pp. 108 f.

18 Cf. R. F. Behrendt, Soziale Strategie für Entwicklungsländer, Frankfurt/M. 1965, pp. 337 ff., und die Ausführungen dazu in § 2 c) oben. Kritisch zu Behrendt C. Schuhler, op. cit., pp. 112 f. In seinem Nachwort zur zweiten Auflage seiner zitierten Arbeit (Frankfurt/M. 1968², pp. 628-654) betont Behrendt erneut seine These von der Untauglichkeit des nationalstaatlichen Rahmens für die Entwicklung ökonomisch schwacher Länder. Dieses Nachwort dokumentiert einen nicht zu übersehenden Qualitätsabfall in Behrendts Argumentation. Seine Auseinandersetzung mit den Rezensenten und der seit 1965 erschienenen Literatur zu dem von ihm bearbeiteten Thema artet in Polemiken und affektierte Formulierungen aus. Z. B. werden Baran »Absurdität«, »Blindheit« und »Oberflächlichkeiten« vorgeworfen. Am peinlichsten sind die Ausführungen über Fanon, den Behrendt nicht recht begriffen zu haben scheint. Abgesehen davon, daß Behrendt vorurteilsbeladen von Fanon stets als »der Mischling« redet, behauptet er, Fanon sei »im Grunde ein Sorel des antikolonialen Anarchismus, ist wie dieser Produzent eines sozialen Mythos« (p. 645 der 2. Auflage). Kenner der Fanonschen Theorie wissen, daß Fanon gerade ein Gegenstück zu Sorel schreiben wollte und auch geschrieben hat, daß seine Gewalttheorie sowohl ihrem Anspruch als auch ihrer Struktur nach zu der Sorels völlig konträr steht, so daß Behrendts Behauptung gegenstandslos ist. Cf. B. Tibi, »Fanons Gewalttheorie und Hegel-Rezeption«, in: Sozialistische Politik, Bd. 1 (1969), H. 2, pp. 84-87; cf. auch meine Ausführungen zur Gewalttheorie Sorels in: Das Argument, Bd. 12 (1970), H. 58, pp. 415-419. Behrendts disqualifizierende Bemerkungen zu Fanon sind umso befremdlicher, als Fanon nicht einen Mythos liefert, sondern wie wir oben (§ 2 d) sahen, eine stringente Analyse der Nationsbildung und des Nationalismus in Kolonialländern, die aussagekräftiger als die Untersuchungen Behrendts ist.

19 Cf. C. Schuler, op. cit., pp. 112 f.

20 Immerhin enthält Behrendts Studie einige wenige brauchbare Ansätze, während Mühlmanns Ausführungen stark an die Kolonialideologie erinnern.

21 C. J. Friedrich, Nation-Building?, in: K. W. Deutsch und W. J. Foltz (eds.), Nation-Building, N. Y. 1963, pp. 27-32, hierzu pp. 31 f.

22 Cf. J. Plamenatz, op. cit., pp. 35 ff., 112 ff.; auch R. Emerson, op. cit.

23 C. B. Macpherson, Drei Formen der Demokratie, Frankfurt/M. 1967, p. 42.

24 Ibid., p. 45.

25 Cf. W. Sulzbach, Imperialismus und Nationalbewußtsein, Frankfurt/M. 1959, pp. 108 ff.

26 K. W. Deutsch, Nationalism and Social Communication, Cambridge, Mass., 1966². Zu den amerikanischen Ansätzen zur Nationsbildungsforschung und der Stellung Deutschs darin cf. den Bericht von S. Rokkan, Die vergleichende Analyse der Staaten- und Nationenbildung: Methoden und Modelle, in: W. Zapf (ed.), op. cit., pp. 228-252.

27 K. W. Deutsch, op. cit., insbes. Kap. 6, pp. 123 ff. Allerdings muß zu Deutsch kritisch angemerkt werden, daß er keine Analyse der Qualität der Herrschaft, in deren Rahmen die Nationsbildung stattfindet, gibt, damit auch den Mißerfolg von Nationsbildungsprozessen auf andere Faktoren als auf den Charakter des je herrschenden Systems zurückführt.

28 Ibid., p. 191.

29 Ibid.

30 Ibid., p. 192.

31 Heribert Adam, Die afrikanische Misere, in: idem, Südafrika, Soziologie einer Rassengesellschaft, Frankfurt/M. 1969, pp. 110 ff., verdeutlicht diesen politischen Zustand und zeigt, daß die afrikanischen Nationalisten in der postkolonialen Phase den Kolonialapparat nicht abgebaut haben, sondern darin die Stellung gegenüber ihrer Bevölkerung übernahmen, die die Kolonialherren zuvor innehatten. Er nennt als Beleg die Relation zwischen dem Durchschnittseinkommen eines ungelernten Arbeiters und eines Beamten in Deutschland: 1 zu 5, und in einigen afrikanischen Staaten: 1 zu 40.

32 So schreibt Rosa Luxemburg, Die russische Revolution, Frankfurt/M. 1963, p. 84: »In Indien ist der Nationalismus ein Ausdruck der aufstrebenden eingeborenen Bourgeoisie, die nach selbständiger Ausbeutung des Landes für eigene Rechnung strebt, statt nur als Objekt für die Aussaugung seitens des englischen Kapitals zu dienen.«

33 Cf. hierzu § 2 d) dieser Arbeit.

34 Die Einstellung, daß die unterentwickelten Länder vor der Alternative »liberale Demokratie« oder »Totalitarismus« stehen, ist in der amerikanischen Literatur weit verbreitet; cf. ad ex. Manfred Halpern, The Politics of Social Change in the Middle East and North Africa, Princeton, N. Y., 1963; cf. dagegen C. B. Macpherson, op. cit., pp. 37 ff.

35 Trotzki war davon überzeugt, daß »bei dem zugespitzten Agrarproblem und bei der Unerträglichkeit der nationalen Unterjochung in den Kolonialländern . . . das junge und verhältnismäßig nicht zahlreiche Proletariat auf der Basis einer national-demokratischen Revolution früher zur Macht kommen (kann) als das Proletariat eines fortgeschrittenen Landes«. L. Trotzki, Die permanente Revolution, Frankfurt/M. 1965² p. 137. An anderer Stelle heißt es: »In bezug auf die Länder mit einer verspäteten bürgerlichen Entwicklung, insbesondere auf die kolonialen und halbkolonialen Länder bedeutet die Theorie der permanenten Revolution, daß die volle und wirkliche Lösung ihrer demokratischen Aufgabe und ihrer nationalen Befreiung nur denkbar ist mittels der Diktatur des Proletariats als des Führers der unterdrückten Nation und vor allem ihrer Bauernmassen.« (p. 158)

36 C. B. Macpherson, op. cit., pp. 44 ff.

37 Cf. J. Habermas, Erkenntnis und Interesse, op. cit., Kap. I, § 3, pp. 59 ff., insbes. pp. 70 ff.

38 Fanons Ansatz läßt sich im Rahmen einer Bonapartismus-Theorie weiterentwickeln. Cf. B. Tibi (ed.), Die arabische Linke, Frankfurt/M. 1969, Kap. III, pp. 87 ff. Régis Debray benutzt für das gleiche Phänomen den Begriff des »demo-bourgeoisen Faschismus«; cf. R. Debray, Probleme der revolutionären Strategie in Lateinamerika, in: G. Feltrinelli (ed.), Lateinamerika – ein zweites Vietnam? Reinbek 1968, pp. 133 ff., hierzu pp. 157 ff.; cf. auch p. 407.

39 Zum Begriff des »bonapartistischen Nationalismus« cf. G. Feltrinelli (ed.), op. cit., p. 406; cf. auch B. Tibi »Zum Verhältnis von Militär und kolonialem Nationalismus am Beispiel der arabischen Länder«, in: Sozialistische Politik, Bd. 1 (1969), H. 4, pp. 4-19.

40 Dies weist K. Steinhaus am Exempel des türkischen Nationalismus nach:

K. Steinhaus, Soziologie der türkischen Revolution, Zum Problem der Entfaltung der bürgerlichen Gesellschaft in sozioökonomisch schwach entwikkelten Ländern, Frankfurt/M. 1969; cf. bes. pp. 170 ff.

⁴¹ Cf. A. F. C. Wallace, Die Revitalisierungsbewegungen, in: P. Heintz (ed.), Soziologie der Entwicklungsländer, op. cit., pp. 431-454, sowie B. Ryan, Die Bedeutung der Revitalisierungsbewegungen für den sozialen Wandel in den Entwicklungsländern, in: R. König (ed.), op. cit., pp. 37-65.

⁴² B. Ryan, op. cit., pp. 55 ff.

⁴³ Ibid., pp. 38 ff.

⁴⁴ Cf. E. J. Hobsbawm, Sozialrebellen, Archaische Sozialbewegungen im 19. und 20. Jahrhundert, Neuwied-Berlin 1962, p. 83.

⁴⁵ Cf. u. a. Ibrahim Abu-Lughod, Arab Rediscovery of Europe, Princeton, N. J., 1963, und Z. H. Nuseibeh, The Ideas of Arab Nationalism, Ithaca 1956, sowie Albert Hourani, Arabic Thought in the Liberal Age, London 1962. Der Aufsatz von U. Simson, »Typische ideologische Reaktionen arabischer Intellektueller auf das Entwicklungsgefälle«, in: R. König (ed.), op. cit., pp. 136-162, zeugt von einem frappierenden Generalisierungsvermögen, dem keine entsprechende Sachkenntnis beigegeben ist. Simson »analysiert« die Reaktionen der arabischen Intellektuellen, ohne einen Untersuchungsgegenstand zu haben, denn er kennt die literarischen Produkte dieser Intellektuellen nicht, die ja für eine solche Analyse herangezogen werden müßten. Er zitiert nur nach teils überholten, teils unzulänglichen journalistischen Sekundärquellen. Simson kennt neben den von uns hier genannten ausgezeichneten Quellen auch nicht die sachkundige Arbeit von H. B. Sharabi, »Die Entstehung einer revolutionären Ideologie in der arabischen Welt«, in: Bustan, Bd. 10 (1969), H. 2/3, pp. 3-11.

⁴⁶ Cf. hierzu u. a. G. Grohs, Stufen afrikanischer Emanzipation, Studien zum Selbstverständnis afrikanischer Eliten, Stuttgart 1967, pp. 183 ff., 196 ff., und E. Geiss, Panafrikanismus, Zur Geschichte der Dekolonisation, Frankfurt/M. 1968, pp. 237 ff.; zu beiden Studien cf. die Rezension von B. Tibi in: Sozialistische Politik, Bd. 1 (1969), H. 4, pp. 129-134.

⁴⁷ W. E. Mühlmann, Rassen, Ethnien, Kulturen, op. cit., p. 323.

⁴⁸ Die bisher beste Analyse über die kulturelle Entfremdung der europäisierten Nationalisten der Kolonialländer gab Frantz Fanon in seinem schon mehrfach zitierten Werk: Die Verdammten dieser Erde, Frankfurt/M. 1966 (Orig. französisch 1961) und in einem früheren Werk: Black Skin – White Masks, The Experience of a Black Man in a White World, N. Y. 1967 Orig. französisch, Paris 1952). Über Fanons Entfremdungstheorie liegt inzwischen eine – allerdings mangelhafte – Monographie vor: Renate Zahar, Kolonialismus und Entfremdung, Zur politischen Theorie Frantz Fanons, op. cit. (1969); cf. meine Kritik daran in: Sozialistische Politik, Bd. 1 (1969), H. 3, pp. 75 f. Zu Fanon cf. ferner G. Grohs, »Frantz Fanon im Theoretiker der afrikanischen Revolution«, in: Kölner Zeitschrift für Soziologie und Sozialpsychologie, Bd. 16 (1964), H. 3, pp. 457-480; B. Tibi, »Fanons Gewalttheorie und Hegel-Rezeption«, op. cit.; und jetzt: P. Geismar, »Frantz Fanon, Evolution of a Revolutionary, A Bibliographical Sketch«, in: Monthly Review, Bd. 21 (1969/70), H. 1, pp. 22-30; P. Worsley, »Revolutionary Theories«, in: Ibid., pp. 30-49.

⁴⁹ C. Zeller, Elfenbeinküste, Ein Entwicklungsland auf dem Wege zur Nation, Freiburg/Br. 1969, p. 22.

[50] C. Zeller, op. cit., pp. 19 ff., teilt den Prozeß der Nationsbildung in Afrika in drei Phasen ein: (1) die des Kolonialismus, in der »die koloniale Grenzziehung« erfolgt. Diese Grenzziehung ist bedeutend deshalb, weil sie den räumlichen Rahmen absteckt, »in dem sich die künftigen Nationalstaaten entwickeln sollen« (p. 19); (2) die Phase der nationalen Bewegungen, die innerhalb der gezogenen Grenzen als antikolonialistische Bewegungen entstehen und sich an diesen Grenzen orientierten (pp. 21 ff.); (3) die Phase der Staatsbildung nach der Dekolonisation, aus der ein juristisches Gebilde hervorgeht, das als selbständiges Subjekt in den internationalen Beziehungen agiert (pp. 23 ff.). Für Zeller ist diese Staatsbildung nicht mit Nationsbildung identisch, denn »staatliche Organisation ist nicht in einer politisch-wirtschaftlich-kulturellen Gemeinschaft strukturell verankert. Er ist, auf eine kurze Formel gebracht, ein Staat ohne Nation«. (p. 24) Zeller betont aber, daß die nationale Homogenisierung in der postkolonialen Phase in diesen Ländern durch eine umfassende Entwicklungspolitik zu erreichen sei. Der Erfolg der postkolonialen Regime ist daher an dem Kriterium der Herstellung einer nationalen Homogenität abzulesen (cf. p. 25).

[51] Cf. Erwin Viefhaus, Die Minderheitsfrage und die Entstehung der Minderheitsverträge auf der Pariser Friedenskonferenz 1919, Eine Studie zur Geschichte des Nationalitätenproblems im 19. und 20. Jahrhundert, Würzburg 1960.

[52] Miroslav Hroch, Die Vorkämpfer der nationalen Bewegung bei den kleinen Völkern Europas, Eine vergleichende Analyse zur gesellschaftlichen Schichtung der patriotischen Bewegungen, Prag 1968, hierzu pp. 16 f.

[53] Cf. etwa H. Kohn, Die Slaven und der Westen, Wien 1956, und Josef Matl, Europa und die Slaven, Wiesbaden 1964, bes. pp. 209 ff.

[54] Cf. E. Viefhaus, op. cit., pp. 2 ff.

[55] Den Vergleich zwischen dem deutschen und slavischen Nationalismus als reaktiven Bewegungen mit dem ebenso reaktiven afrikanischen Nationalismus stellt auch E. Geiss, op. cit., pp. 10 f., an, ohne sich jedoch die verschiedene historische Einbettung genügend zu vergegenwärtigen.

[56] Frantz Fanon, Die Verdammten dieser Erde, op. cit., p. 182; cf. auch § 2 d) dieser Arbeit.

[57] L. S. Senghor, Négritude und Humanismus, Düsseldorf-Köln 1967, p. 56. Cf. zu Senghor Ch. Serauky, »Das philosophisch-literarische System der Négritude bei Senghor«, in: Mitteilungen des Instituts für Orient-Forschung, Bd. 15 (1969), H. 3, pp. 425-439, sowie B. Tibi, »Leopold Senghors ›Négritude‹«, in: Das Argument, Bd. 9 (1967), H. 45, pp. 422-425; cf. auch G. Grohs, op. cit., pp. 183ff., und E. Geiss, op. cit., pp. 237 ff., und in diesem Zusammenhang meine Rezension zu Grohs und Geiss (Anm. 46). Die einzige Monographie in deutscher Sprache über Senghor von Gisela Bonn, Léopold S. Senghor, Wegbereiter der Culture Universelle, Düsseldorf 1968, ist zu journalistisch, darüber hinaus sehr unkritisch, und kann für eine wissenschaftliche Arbeit über Senghor kaum herangezogen werden; cf. meine Kritik dazu in: Das Argument, Bd. 12 (1970), H. 59, pp. 601-603.

[58] L. S. Senghor, op. cit., p. 103.

[59] Ibid.; cf. hierzu B. Tibi, »Leopold Senghors ›Négritude‹«, op. cit. Merkwürdig erscheint in diesem Zusammenhang, daß ein neomarxistischer Autor wie Herbert Marcuse im Widerstand der Kolonialvölker gegen die Technik und in der Apotheose vortechnischer Strukturen ein progressives Werk

sieht. Marcuse stellt sich die Frage: »Wenn die Industrialisierung und die Einführung der Technik in den rückständigen Ländern auf starken Widerstand seitens der einheimischen und traditionellen Lebens- und Arbeitsweise stoßen..., könnte diese vortechnische Tradition selbst zur Quelle von Fortschritt und Industrialisierung werden?« H. Marcuse, Der eindimensionale Mensch, Neuwied-Berlin 1967, p. 67.

60 Cf. M. Gandhi, Freiheit ohne Gewalt, ed. K. Klostermaier, Köln 1968, pp. 40, 43, 176, 195 und passim; cf. hierzu meine Gandhi-Interpretation in: Das Argument, Bd. 12 (1970), H. 59, pp. 629-635.

61 Cf. hierzu G. Grohs, op. cit., pp. 138 ff.

62 Cf. hierzu § 4 und 5, aber auch § 9 dieser Arbeit; Literaturhinweise in Anm. 45 zu diesem § 3.

63 Beispielsweise Phan-chu-Trinh, der von Rousseau und Montesquieu stark beeinflußt war und den frühen vietnamesischen Nationalismus prägte; cf. Jean Chesneaux, Vietnam, Geschichte und Ideologie des Widerstands, Frankfurt/M. 1968, p. 27; cf. auch B. Tibi, »Aspekte der vietnamesischen Emanzipationsbewegung«, in: Neue Politische Literatur, Bd. 15 (1970), H. 3, pp. 396-402.

64 Cf. § 2 d) dieser Arbeit.

65 Cf. § 2 c) dieser Arbeit.

66 C. Schuhler, op. cit., p. 111 f.

67 Ibid., p. 112.

68 Zit. nach Paul Trappe, Die Entwicklungsfunktion des Genossenschaftswesens am Beispiel ostafrikanischer Stämme, Neuwied-Berlin 1966, pp. 345 ff.; cf. auch die Ausführungen Trappes hierzu in: ibid., pp. 344 ff.

69 Doudou Thiam, Die Außenpolitik der afrikanischen Staaten, Ideologische Grundlagen, Wirklichkeit – Zukunftsprobleme, Düsseldorf-Wien 1966, pp. 25 ff., 28 ff., 32 ff. Zur Geschichte des Panafrikanismus cf. E. Geiss, op. cit., dort auch eine umfassende Bibliographie; cf. ferner D. Senghaas, »Politische Innovation, Versuch über den Panafrikanismus«, in: Zeitschrift für Politik, Bd. 12 (1965), pp. 333-355.

Zu § 4

1 Cf. Anm. 2 zu § 3. Untersuchungen über sozialen Wandel im arabischen Orient vom Gesichtspunkt der Modernisierungstheorie aus, die mit dem unzulänglich erklärenden Begriffspaar Traditionalismus-Modernismus operiert, finden sich in Carl Leiden (ed.), The Conflict of Traditionalism and Modernism in the Muslim Middle East, Austin 1966; cf. auch Daniel Lerner, The Passing of Traditional Society, Modernizing the Middle East, Glencoe 1962². Zu diesem und zum folgenden § 5 cf. Fritz Steppat, »Die arabische Welt in der Epoche des Nationalismus«, Nachwort zu Franz Taeschner, Geschichte der arabischen Welt, Stuttgart 1964, pp. 178-236.

2 Cf. R. F. Behrendt, Soziale Strategie für Entwicklungsländer, Frankfurt/M. 1965, bes. Kap. VI, pp. 331 ff.; cf. auch § 2 c) unserer Arbeit sowie unsere Kritik in § 3. Für Behrendts Anschauungen ist die Theorie des »Kulturwandels« verbindlich; cf. z. B. ibid., pp. 110 ff.; hiernach ist Entwicklung »gelenkter Kulturwandel«.

3 Cf. etwa Gustav E. v. Grunebaum, »Das geistige Problem der Verwestli-

<table>
<tr><td>60
—
63</td><td>chung in der Selbstsicht der arabischen Welt«, in: idem, Studien zum Kulturbild und Selbstverständnis des Islam, Zürich 1969, pp. 229 ff.; cf. aber auch v. Grunebaums Aufsatz »Akkulturation als Thema der modernen arabischen Literatur«, in: ibid., pp. 273 ff.</td></tr>
</table>

4 Walther Braune, Die Entwicklung des Nationalismus bei den Arabern, in: R. Hartmann (ed.), BASI, Leipzig 1944, pp. 425 ff., hierzu p. 247 (Hervorhebung von mir).

5 S. D. Goitein, »The Rise of the Near-Eastern Bourgeoisie in the Early Islamic Times«, in: Journal of World History, Hbd. 3 (1957), H. 3, pp. 583-604; dort auch zahlreiche Belege; cf. auch Rudolf Sellheim, »Neue Materialien zur Biographie des Yaqut«, in: R. Sellheim et al., Schriften und Bilder, Drei orientalische Untersuchungen, Wiesbaden 1967, pp. 41-72, der diese Verhältnisse im Rahmen der Biographie des bekannten arabischen Geographen Yaqut, der in dieser Epoche lebte und in die bürgerlichen Handelsgeschäfte integriert war, behandelt.

6 Kurt Steinhaus, Soziologie der türkischen Revolution, Zum Problem der Entfaltung der bürgerlichen Gesellschaft in sozioökonomisch schwach entwickelten Ländern, Frankfurt/M. 1969, p. 19.

7 C. H. Becker, Islamstudien, Vom Werden und Wesen der islamischen Welt, 2 Bde., Hildesheim 1967² (zuerst 1924, 1932), hierzu Bd. 1, p. 247.

8 Ibid.

9 Cf. vor allem Maxime Rodinson, L'Islam et le capitalisme, Paris 1966 (dt. Übers. Frankfurt/M. 1971).

10 K. Steinhaus, op. cit., p. 16; cf. auch Karl A. Wittfogel, Die orientalische Despotie, Köln-Berlin 1962, pp. 224 f., 360 f.

11 K. Steinhaus, op. cit., p. 26.

12 Ibid., p. 24.

13 C. F. Volney, Reise nach Syrien und Ägypten in den Jahren 1783, 1784, 1785 (deutsche Übersetzung), 2 Bde., Jena 1788. Auszüge aus der englischen Übersetzung sind jetzt abgedruckt in Charles Issawi (ed.), The Economic History of the Middle East 1800-1914, Chicago-London 1966, pp. 213-219. Zur Frage der ethnischen Arbeitsteilung im arabischen Orient cf. hierin p. 218.

14 K. Steinhaus, op. cit., p. 20.

15 Ibid., pp. 20 f.

16 Ibid., p. 29.

17 Ibid., p. 30.

18 Zvi Y. Hershlag, Introduction to the Modern Economic History of the Middle East, Leiden 1964, p. 17.

19 Schari'a = lex divina des Islam; cf. hierzu H. A. R. Gibb, Mohammedanism, A Historical Survey, London 1950² (zuerst 1949), pp. 88-106, sowie Majid Khadduri, »The Nature and Sources of the Shari'a«, in: George Washington Law Review, Bd. 22 (1953), pp. 3-23.

20 Zur Doktrin des islamischen Universalismus cf. W. M. Watt, Islam and Integration of Society, London 1961, pp. 273 ff. Watt versteht jedoch unter islamischem Universalismus primär den Anspruch des Islam, im Gegensatz zu anderen Religionen eine universale Religion zu sein; er vernachlässigt die politische, i. e. übernationale Dimension der Herrschaft, die dieser Universalismus in der islamischen Geschichte legitimiert.

21 Die Kalifatsproblematik wird diskutiert in § 8 c) unserer Arbeit. Belege zur

Geschichtsfälschung der Osmanen in der Kalifatsfrage und deren Richtig-
stellung finden sich in der in Anm. 65, aber auch 19 zu § 8 genannten Literatur.

22 C. F. Volney, op. cit. (Anm. 13 oben).

23 C. Brockelmann widmete den zweiten Band seines Werkes: Geschichte der
arabischen Literatur (internationale Zitierweise: GAL), Leiden 1902, sowie einen seiner drei Supplement-Bände: Bd. II, Leiden 1938, dem Thema
»Niedergang der islamischen Literatur«. Wir benutzen hier die zweite, an
die Supplement-Bände angepaßte Auflage der GAL, Bd. II, Leiden 1949²,
sowie die beiden Supplement-Bände II und III, die bei einer Behandlung
dieser Epoche unentbehrlich sind. Während Bd. II und Supplement-Band
II der GAL die Renaissance seit der Napoleon-Expedition nur am Rande
in abschließenden Kapiteln behandeln, ist der Supplement-Band III der
GAL, Leiden 1942, insgesamt der modernen arabischen Literatur gewidmet und enthält reiche Informationen und bibliographische Angaben.

24 C. H. Becker, Islamstudien, op. cit., p. 163.

25 Ibid.

26 Cf. ibid., p. 179.

27 S. J. Shaw, The Financial and Administrative Organization and Development of Ottoman Egypt 1517-1798, Princeton, N. J., 1962, pp. 3 f. Diese
umfangreiche und materialreiche Studie gibt eine detaillierte Darstellung
des osmanischen Ägypten. Cf. ferner H. A. R. Gibb und H. Bowen, Islamic
Society and the West, Teil I, Islamic Society in the 18th Century, 2 Bde.,
London 1950, 1957, zu Ägypten Bd. 2, pp. 59 ff.; diese Studie ist
nicht – wie geplant – fortgesetzt worden, m. W. sind bisher nur die beiden
zitierten Bände erschienen.

28 Ehe die Hohe Pforte militärisch intervenierte, ließ sie sich von Cezzâr Ahmed Pasha, einem ihr damals loyal gegenüberstehenden Mamluken, der den
Osmanen als Statthalter Syriens diente und in Ghaza residierte, einen Bericht über die Lage in Ägypten im 18. Jahrhundert unter den Mamluken an-
fertigen, den Cezzâr Ahmed Pasha 1785 auch einreichte. Dieser Bericht
liegt nur in einer von S. J. Shaw besorgten, eingeleiteten und mit dem türkischen Originaltext herausgegebenen englischen Übersetzung vor; cf. S. J.
Shaw (ed.), Ottoman Egypt in the Eighteenth Century, The Nizâmnâme-
i Misir of Cezzâr Ahmed Pasha, Cambridge, Mass., 1962. Shaw sagt in seiner Einleitung, daß die Osmanen die Mamluken in Ägypten geduldet hätten, wenn diese ihnen die Einkünfte der osmanischen Staatskassen aus dem
reichen Ägypten gesichert hätten. Die militärische Intervention der Osmanen wár allerdings, wie gesagt, erfolglos wegen andersweitiger kriegeri-
scher Inanspruchnahme der osmanischen Truppen, so daß die in Ägypten
eingesetzten Truppen blad abgezogen werden mußten.

29 C. H. Becker, op. cit., p. 200. Dies kann man auch an der Erstarrung des
kulturellen Lebens ablesen. Einen Überblick hierüber vermittelt neben den
entsprechenden Teilen der bereits zitierten GAL-Bände Brockelmanns James Heyworth-Dunne, »Arabic Literature in Egypt in the Eighteenth Century«, in: Bulletin of the School of Oriental Studies, Bd. 9 (1937/39), pp.
675-689.

30 Hans Henle, Der neue Nahe Osten, Hamburg 1966, p. 19. Über europäische Einflüsse auf den Orient seit 1798 informieren – außer die in den folgenden Anmerkungen zitierten Arbeiten – u. a. Walther Braune, Der isla-

mische Orient zwischen Vergangenheit und Zukunft, Bern-München 1960; Bernard Lewis, The Middle East and the West, Bloomington 1965²; Carleton S. Coon, »The Impact of the West on Middle Eastern Social Institutions«, in: Proceedings of the Academy of Political Science, Bd. 24 (1952), H. 4, pp. 443-466; Arnold Toynbee, A Study of History, Vol. VIII, Kap. »The West and the Islamic World«, London 1954, pp. 216 ff.; B. Tibi, Einleitung zu idem (ed.), Die arabische Linke, Frankfurt/M. 1969, pp. 7-41; Ibrahim Abu-Lughod, Arab Rediscovery of Europe, A Study in Cultural Encounters, Princeton, N. J., 1963; und nicht zuletzt Philip K. Hitti, »The Impact of the West on Syria and Lebanon in the Nineteenth Century«, in: Journal of World History, Bd. 2 (1955), H. 3, pp. 608-633.

[31] Albert Hourani, Arabic Thought in the Liberal Age, London 1962, p. 49.

[32] Der Nationalismus ist also ein neues Phänomen im Orient. Es trifft daher nicht zu, wenn R. Hartmann, Islam und Nationalismus, Berlin 1948, schon im ersten Satz schreibt, daß das Verhältnis von Islam und Nationalismus so alt sei wie der Islam selber. Daß der arabische Nationalismus bis auf die frühe Geschichte der Araber zurückgeht, ist eine unhaltbare These, die jedoch selbst von arabischen Wissenschaftlern vertreten wird, etwa von H. Z. Nuseibeh, The Ideas of Arab Nationalism, Ithaca 1956, und H. Saab, The Arab Federalists of Ottoman Empire, Amsterdam 1959.

[33] Im einzelnen zur Expedition Napoleons cf. F. Charles-Roux, Napoleon, Gouverneur d'Egypt, Paris 1946², und neuerdings Georges Spillmann, Napoléon et l'Islam, Paris 1969, hierzu Teil I, bes. pp. 49-149; weiterführende Literatur ist in Spillmanns beigegebener Bibliographie enthalten.

[34] Diese Druckerei wurde in Rom für den Druck religiöser Schriften in arabischer Sprache benutzt, die für die syrischen arabischen Christen bestimmt waren. Die erste arabische Druckerei wurde eigentlich 1702 in Aleppo auf Bestellung des orthodoxen Patriarchen al-Dabbas installiert, blieb aber bedeutungslos. Im Osmanischen Reich herrschte ein generelles Druckverbot für arabische und türkische Bücher, ausgenommen religiöse Schriften; das Verbot wurde 1727 mit der Eröffnung einer Druckerei aufgehoben, die jedoch schon 1742 wieder geschlossen wurde. Erst 1784 wurden wieder nichtreligiöse Schriften gedruckt; diese türkischen Bücher fanden auch eine begrenzte Verbreitung in dem arabischen Teil des Osmanischen Reiches. Politisch weit wichtiger war neben der von Napoleon beschlagnahmten Druckerei des Propagandakollegs in Rom die 1822 auf Malta von protestantischen Missionen errichtete Druckerei, die 1834 mit Genehmigung Muhammad 'Alis nach Syrien, das zu der Zeit unter seiner aufgeklärten Herrschaft stand, transportiert wurde (cf. Anm. 21 zu § 5 unserer Arbeit). Bedeutungsvoller noch als jene sind die mehreren Druckereien, die Muhammad 'Ali aus Europa bezog und die primär moderne, aus europäischen Sprachen übersetzte Bücher druckten; cf. hierzu K. Steinhaus, op. cit., p. 32; ferner Philip K. Hitti, op. cit., passim, sowie J. Heyworth-Dunne, »Printing and Translations under Muhammad 'Ali of Egypt«, in: Journal of the Royal Asiatic Society (1940), pp. 325-349.

[35] Der vollständige Text ist enthalten in Ibrahim Abu-Lughod, Arab Rediscovery of Europe, op. cit., pp. 13-16, wonach hier zitiert wird, hierzu pp. 13 f.; cf. auch Abu-Lughods Anm. 1, p. 13, wo er etwas zur Edition des Flugblattes, das im Original nicht mehr existiert, sagt. Allgemein zum Verhältnis von Untertan und Obrigkeit in der islamischen Geschichte cf. die

Anmerkungen von Fritz Steppat, »Der Muslim und die Obrigkeit«, in: Zeitschrift für Politik, n. F., Bd. 12 (1965), H. 4, pp. 319-332, die die Aufnahme des Flugblattes verstehen helfen.

36 Zur Bedeutung der Expedition cf. u. a. Ibrahim Abu-Lughod, op. cit., passim; A. Hourani, op. cit., pp. 49 ff.; J. M. Ahmed, The Intellectual Origins of Egyptian Nationalism, London 1960, pp. 1-6; F. Charles-Roux, op. cit.; G. Spillmann, op. cit.; W. Braune, op. cit.; M. Rifaat, The Awakening of Modern Egypt, London 1947, pp. 1-15.

37 Cf. hierzu H. Pérès, »L'institut d'Egypt et l'œuvre de Bonaparte jugés par deux historiens arabes contemporains«, in: Arabica, Bd. 4 (1957), pp. 113-130; weiterhin die in der vorangegangenen Anm. 36 genannte Literatur, bes. F. Charles-Roux, op. cit., pp. 154 ff.

38 'Abdarrahman Gabarti, 'Aga'ib al-ather fi at-taragim wal-akhbar, hier zitiert nach K. Stowasser, at-Tahtawi in Paris, Diss. Phil., Münster 1966, o.O. 1968, p. 5. Dieses vierbändige Werk Gabartis ist die wichtigste Historiographie über die Epoche des Übergangs vom osmanisch-mamlukischen zum modernen Ägypten. Eine französische Übersetzung liegt vor unter dem Titel: Merveilles biographiques et historiques ou chroniques du Cheikh Abd El Rahman *El-Djabarti*, Kairo 1888-1896, 9 Bde. Gabarti stand der mit Napoleons Expedition beginnenden Europäisierung insgesamt ablehnend gegenüber. Zum historischen Stellenwert seiner Position cf. W. Braune, Der islamische Orient zwischen Vergangenheit und Zukunft, op. cit., pp. 38 ff. Zur Bedeutung Gabartis cf. David Ayalon, »The Historian Al-Jabarti and his Background«, in: Bulletin of the School of Oriental and African Studies, Bd. 23 (1960), pp. 217-249. Ayalon warnt vor der Benutzung der zitierten französischen Übersetzung, da sie grobe Fehler enthalte.

39 Zit. nach J. M. Ahmed, op. cit., p. 5.

40 Zu Scheich 'Attar cf. J. M. Ahmed, op. cit., pp. 5 f., und J. Schayyal, R. R. Tahtawi, 1801-1873, Kairo 1958, pp. 13-15, sowie C. Brockelmann, GAL, op. cit., Bd. II, pp. 623 f. Tahtawi floh zunächst vor den Franzosen nach Oberägypten, kam später aber zurück und arbeitete mit ihnen zusammen. Unter Muhammad 'Ali kommt ihm besondere Bedeutung zu als Rektor der Azhar-Universität Kairo, worauf wir in Abschnitt c) dieses Paragraphen über Tahtawi noch eingehen werden. Zur Azhar-Universität cf. Walther Braune, »El-Azhar, die älteste Universität der Welt«, in: Der Nahe Osten (1943), pp. 53-56.

41 Nachdem nämlich die britische Flotte die französischen Schiffe, auf denen die Expedition gekommen war, versenkt hatte. Zu den englisch-französischen Auseinandersetzungen in der ägyptischen Frage seinerzeit cf. John Marlowe, Anglo-Egyptian Relations 1800-1953, London 1954, pp. 7 bis 29, bes. pp. 15 ff.

42 Ch. Issawi, Egypt in Revolution, An Economic Survey, London 1963, pp. 18-31; cf. auch P. M. Holt, Egypt and the Fertile Crescent 1516-1922, Ithaca-London 1966, hierzu pp. 176 ff.

43 Die Tatsache, daß Napoleons Expedition sich auf die Entwicklung des Orients fruchtbar auswirkte, ist nicht zu verallgemeinern im Hinblick auf die europäischen Kolonialeroberungen, wenngleich Napoleons koloniale Zielsetzung deutlich genug war, auch wenn französische Kolonialideologen die Expedition als »mission civilisatrice de la France« verbrämen.

44 C. Brockelmann, GAL, Bd. II, p. 622.

45 W. Braune, Der islamische Orient zwischen Vergangenheit und Zukunft, op. cit., p. 41.

46 Ibid., p. 42.

47 Ibid. In der nationalen ägyptischen Geschichtsschreibung wird der progressive Charakter des Muhammad-'Ali-Regimes völlig bestritten, und Muhammad 'Ali wird als Landesfremder (er war Albanier) abgetan. Der progressive ägyptische Historiker 'Ammara hat sich mit dieser vom nationalistischen Standpunkt aus verständlichen, wissenschaftlich jedoch unhaltbaren Interpretation kritisch auseinandergesetzt; cf. Muhammad 'Ammara, al-'Uruba fil 'asr al-hadith (Der Arabismus in der modernen Geschichte), Kairo 1967, pp. 29 ff., bes. 61 ff. Cf. auch die neue, umfassende Untersuchung von A. Abdel-Malek, Idéologie et renaissance nationale, L'Egypt moderne, Paris 1969, die alle relevanten Aspekte des sozialen Wandels in Ägypten seit der Muhammad-'Ali-Ära behandelt. Leider war es nicht mehr möglich, die Ergebnisse dieser Studie in unserer Arbeit im einzelnen zu berücksichtigen; wir begnügen uns im folgenden damit, in den Anmerkungen gelegentlich auf entsprechende Ausführungen Abdel-Maleks hinzuweisen.

48 Amos Perlmutter, »Egypt and the Myth of the New Middle Class: A Comparative Analysis«, in: Comparative Studies in Society and History, Bd. 10 (1967/68), pp. 46-65; hierzu p. 50; cf. auch Anm. 57 unten.

49 Insgesamt zur Muhammad-'Ali-Ära cf. die Monographie von Henry Dodwell, The Founder of Modern Egypt, A Study of Muhammad 'Ali, Cambridge 1931; Arnold Toynbee, op. cit., pp. 239 ff.; sowie M. Rifaat, op. cit., pp. 16 ff.; Helen Anne B. Rivlin, The Agricultural Policy of Muhammad 'Ali in Egypt, Cambridge, Mass., 1961.

50 Hierzu ausführlich Gabriel Baer, The Evolution of Private Landownership in Egypt and the Fertile Crescent, in: Ch. Issawi (ed.), The Economic History of the Middle East 1800-1914, op. cit., pp. 80-90, hierzu bes. p. 80 f.; cf. auch G. Baer, A History of Landownership in Modern Egypt 1800 bis 1950, London 1962, hierzu pp. 1 ff.; Z. Y. Hershlag, op. cit., pp. 78 ff.; H. A. B. Rivlin, op. cit.

51 Zur Industrialisierungspolitik Muhammad 'Alis cf. Z. Y. Hershlag, op. cit., pp. 85 ff.

52 Cf. A. Perlmutter, op. cit., pp. 49 ff., und G. Baer, op. cit., worauf die folgenden Ausführungen basieren.

53 Im einzelnen zur britischen Muhammad-'Ali-Politik cf. J. Marlowe, The Anglo-Egyptian Relations 1800-1953, op. cit., pp. 30-61.

54 Hierzu im einzelnen H. Dodwell, op. cit., pp. 39 ff., 94 ff., 125 ff., 154 ff.

55 Cf. C. H. Becker, England und der vordere Orient, in: idem, Islamstudien, op. cit., Bd. II, hierzu pp. 393 ff. Über die Politik Lord Cromers, der als höchster britischer Kolonialbeamter in Ägypten regierte, schreibt C. H. Becker: »Die orientialische Kultur ist ihm im Grunde *Humbug* . . . Die riesigen Anstrengungen der Ägypter, sich Europa zu assimilieren, ignoriert er. Dafür wird von ihm und seinen Nachfolgern ein erbitterter Kampf gegen die französische Kultur in Ägypten geführt.« (Ibid., p. 399) Zum Charakter der britischen Kolonialpolitik in Ägypten cf. auch A. Perlmutter, op. cit., p. 51. Literaturhinweise zur britischen Kolonisierung Ägyptens finden sich in Anm. 5 zu § 9 unserer Arbeit; außer der dort genannten Literatur cf. auch 'Abd al-Fatah Haikal, Die Auswirkungen der britischen Ko-

lonialpolitik auf die Wirtschaft Ägyptens, in: Walter Markov (ed.), Kolonialismus und Neokolonialismus in Nordafrika und Nahost, Berlin 1964, pp. 226-248.

56 Zur Erziehungspolitik Muhammad 'Alis cf. die umfassende Studie von J. Heyworth-Dunne, An Introduction to the History of Education in Modern Egypt, London 1968[2] (zuerst 1939), pp. 96 ff.

57 Cf. M. 'Ammara, op. cit., pp. 129 ff.

58 Trotz der großen Bedeutung Tahtawis liegt immer noch keine umfassende Monographie über ihn vor. Außer auf die unzulängliche Monographie von G. Schayyal, Rifa'a R. Tahtawi (1801-1873), Kairo 1958, sei auf folgende Buch- und Zeitschriftenliteratur hingewiesen: J. Heyworth-Dunne, »Rifa'a B. R. at-Tahtawi: The Egyptian Revivalist«, in: Bulletin of the School of Oriental Studies, Bd. 9 (1937/39), pp. 961-967, und Bd. 10 (1940/42), pp. 399-415; der erste Teil ist biographisch, der zweite behandelt Tahtawis Werk. Heyworth-Dunne meldet auch Korrekturen an M. Chemouls Artikel über Tahtawi in der Enzyklopädie des Islam an. Cf. ferner Ibrahim Abu-Lughod, Arab Rediscovery of Europe, Princeton, N. J., 1963, passim; Albert Hourani, Arabic Thought in the Liberal Age, op. cit., pp. 68-83; sowie Khaldun S. Husry, Three Reformers, A Study in Modern Arab Political Thought, Beirut 1966, pp. 11-32; ferner W. Braune, »Beiträge zur Geschichte des neuarabischen Schrifttums«, in: Mitteilungen des Seminars für orientalische Sprachen Bd. 36 (1933), H. 2, pp. 117-140.

59 A. Hourani, op. cit., p. 69, und J. M. Ahmed, op. cit., p. 12.

60 Rifa'a R. Tahtawi, Takhlis al-ibriz ila talkhis Paris (Die Läuterung des Goldes bei der zusammenfassenden Darstellung von Paris), Kairo 1834. Inzwischen liegt eine deutsche Übersetzung vor: Karl Stowasser, At-Tahtawi in Paris, Ein Dokument des arabischen Modernismus aus dem frühen 19. Jahrhundert, Diss. Phil., Münster 1966, o. O. 1968, nach der hier zitiert wird. Es handelt sich um eine zuverlässige Übersetzung der ersten Auflage mit unwesentlichen Kürzungen. Die späteren Auflagen sind nicht authentisch. Neben der Einleitung Stowassers cf. die folgende Literatur über Tahtawis Pariser Tagebuch: Wiebke Hermann, »Rifa'a Bey's Beschreibung seiner Reise nach Paris, Ein Werk der Frühzeit des islamischen Modernismus«, in: Wissenschaftliche Zeitschrift der Martin-Luther-Universität Halle, Bd. 12 (1963), H. 3/4, pp. 221-228, eine Analyse des Tagebuches mit langen Zitaten; Khaldun S. Husry, op. cit., pp. 13-22; J. Heyworth Dunne, »Rifa'a B. R. at-Tahtawi: The Egyptian Revivalist«, op. cit., zweiter Teil; I. Abu-Lughod, op. cit., passim; A. Hourani, op. cit., pp. 70 ff.; B. Tibi, »Akkulturationsprozesse im modernen Orient«, in: Neue Politische Literatur, Bd. 15 (1970), pp. 77 ff.

61 Tahtawi in: Stowasser, op. cit., pp. 151 ff., 158 ff., 162 ff.

62 Ibid., p. 66. W. Braune, Der islamische Orient zwischen Vergangenheit und Zukunft, op. cit., p. 43, schreibt: »Das Buch ... hat einmal in der Tat, die Hoffnung des Verfassers erfüllend, alle Völker des Islam aus dem Schlaf der Lässigkeit erweckt.«

63 Tahtawi in: Stowasser, op. cit., p. 69.

64 Ibid., p. 70.

65 Ibid.

66 Ibid., p. 72.

67 Den Wandel in den Vorstellungen arabischer Intellektueller über den We-

sten seit Tahtawi beschreibt H. B. Sharabi, »Die Entstehung einer revolutionären Ideologie in der arabischen Welt«, in: Bustan, Bd. 10 (1969), H. 2/3, pp. 3-11.

68 Tahtawi in: Stowasser, op. cit., p. 65.

69 Zur Tätigkeit der Saint-Simonisten in Ägypten cf. A. Hourani, op. cit., pp. 53 f.; zur »Mission de l'Orient« der Saint-Simonisten cf. G. Solomon-Delatour (ed.), Die Lehre Saint-Simons, Neuwied 1962, hierzu die Einführung, p. 23. Eine detaillierte Untersuchung über die Arbeit der Saint-Simonisten in Ägypten steht noch aus; cf. jetzt die Ausführungen von A. Abdel-Malek, op. cit., pp. 189-198.

70 Cf. hierzu J. Heyworth-Dunne, »Rifa'a B. R. Tahtawi: The Egyptian Revivalist«, op. cit., erster Teil, wo auch über die Stellung Tahtawis in den Auseinandersetzungen Clot Beys mit den Saint-Simonisten berichtet wird.

71 Cf. hierzu I. Abu-Lughod, op. cit., und A. Hourani, op. cit., p. 71.

72 Die Zahl 2000 wird genannt von J. M. Ahmed, op. cit., p. 10, und Khaldun S. Husry, op. cit., p. 12, sie kann hier nicht überprüft werden. Die von J. Heyworth-Dunne, »Printing and Translations under Muhammad 'Ali of Egypt«, op. cit., tabellarisch aufgeführte Zahl der Übersetzungen beträgt nur 243, allerdings sind dies Übersetzungen allein von 1822-1842.

73 Cf. A. Hourani, op. cit., p. 73 f.

74 Ibid., p. 73; cf. auch K. Stowasser, op. cit., p. 25, und B. Tibi, »Akkulturationsprozesse im modernen Orient«, op. cit., p. 78 ff.

75 Zur Schari'a cf. Anm. 19 oben.

76 A. Hourani, op. cit., p. 76; cf. auch die Texte im Anhang bei G. Schayyal, op. cit., pp. 71 ff.

77 Cf. A. Hourani, op. cit., p. 70, auch p. 76.

78 Rifa'a R. Tahtawi, al-Murschid al-amin fi ta'lim al-banat wal banin (Der treue Wegweiser zur Erziehung der Mädchen und Knaben), Kairo 1875. Eine Schulbildung für Mädchen zu verlangen, ist heute im arabischen Orient immer noch ein revolutionäres Postulat, um so mehr war es das zu Tahtawis Zeit.

79 Cf. J. M. Ahmed, op. cit., pp. 13 f., sowie A. Hourani, op. cit., pp. 68 f., und Khaldun S. Husry, op. cit., pp. 29 ff.

80 Cf. hierzu die Texte von Tahtawi in G. Schayyal, op. cit., pp. 57 ff., A. Hourani, op. cit., pp. 71 f., und Khaldun S. Husry, op. cit., pp. 29 ff.

81 Cf. Khaldun S. Husry, op. cit., pp. 29 ff.

82 Cf. J. Heyworth-Dunne, »Rifa'a B. R. Tahtawi: The Egyptian Revivalist«, op. cit., zweiter Teil, hierzu pp. 399 f.

83 Rifa'a R. Tahtawi, Kitab manahig al-albab al-misriyya fi mabahig al-adab al-'asriyya, Nachdruck Kairo 1912; zur Interpretation cf. J. M. Ahmed, op. cit., pp. 13-15, und Khaldun S. Husry, op. cit., pp. 23 ff.

84 K. Stowasser, op. cit., p. 26; cf. auch B. Tibi, op. cit., pp. 78 f.

85 K. Stowasser, op. cit., pp. 26 ff.; cf. ferner J. Heyworth-Dunne, op. cit., zweiter Teil, pp. 406 ff., sowie W. Braune, Der islamische Orient zwischen Vergangenheit und Zukunft, op. cit., pp. 43 f.

86 Cf. Khaldun S. Husry, op. cit., p. 18, der fälschlich behauptete, die Dichotomie von politischer und religiöser Sphäre sei Tahtawi bewußt gewesen.

87 J. Heyworth-Dunne, op. cit., zweiter Teil, p. 406 f., schreibt zutreffend über Tahtawi: »He is the only writer of this period to have produced any-

thing readable.« Tahtawi ist der Begründer des modernen arabischen
Schrifttums, »especially in its technical and educational needs«.

88 Hierzu und zum folgenden cf. R. Hartmann, »Die Wahhabiten«, in: Zeitschrift der Deutschen Morgenländischen Gesellschaft, Bd. 78 (1924), H. 2,
pp. 176-213; cf. ferner W. C. Smith, Der Islam in der Gegenwart, Frank-
furt/M. 1963, pp. 47 ff., sowie M. Rifaat, at-Taugih as-siyasi lil-fikra al-
arabiyya al-haditha (Der politische Trend des modernen arabischen politischen Denkens), Kairo 1964, pp. 11-31.

89 R. Hartmann, op. cit., p. 178.

90 Ibid., p. 177. Auch Hans Bräker betont, daß die Wahhabitenbewegung »jeden fremdartigen Intellektualismus nicht nur in der Philosophie, sondern
auch auch in der Theologie radikal verwarf. Sie beharrte auf dem ursprünglichen Gesetz, dessen Quellen allein der Koran und die reine Sunna sind,
und wollte deshalb die innere Dekadenz des Islams dadurch beseitigen, daß
sie die muslimische Gesellschaft zu ihrer ursprünglichen Reinheit und Ordnung zurückrief.« Hans Bräker, Islam-Sozialismus-Kommunismus, Zur
ideengeschichtlichen Grundlage der Sozialismus- und Kommunismus-Diskussion innerhalb des Islams, Köln 1968, Privatdruck des Bundesinstituts
für Ostwissenschaftliche und internationale Studien, p. 14.

91 Zit. nach R. Hartmann, op. cit., p. 182. Diese Formulierungen richten sich
primär gegen die Osmanen; cf. p. 196.

92 R. Hartmann, op. cit., p. 186.

93 Zum Sieg der Armeen Muhammad 'Alis über die Wahhabiten schreibt R.
Hartmann: »Das Geld und die Treulosigkeit der Ägypter hatten über die
Tapferkeit des Ibn Sa'ud triumphiert.« (Ibid., p. 198) Indes ging es nicht
um »Geld«, »Treulosigkeit« und »Tapferkeit«, sondern der Sieg wurde auf
der Basis einer modern ausgebildeten und ausgerüsteten Armee, also einer
der wahhabitischen überlegenen Armee, errungen. Hartmann schreibt weiter: »In Arabien traten wieder die alten chaotischen Zustände an die Stelle
der nüchternen Ordnung.« (p. 198) Auf die »nüchterne Ordnung« der archaischen Wahhabiten legt Hartmann deshalb so viel Betonung, weil er
meint: »Auch heute kann es nur der schlichte, puritanisch nüchterne Glaube sein, der die unbändigen Araber diszipliniert und sie zu todesmutigen
Glaubenskämpfern macht.« (p. 211) Fünfzehn Jahre später allerdings
spricht Hartmann von dem »reaktionären Puritanismus des... Wahhabismus«; cf. R. Hartmann, »Gegenwartsfragen und -strömungen des Islam«,
in: Koloniale Rundschau, Bd. 33 (1942), H. 2, pp. 57-71, hierzu p. 59. Cf.
auch Anm. 113 unten.

94 Cf. Ch. C. Adams, Islam and Modernism in Egypt, London 1933; cf. ferner
A. Abdel-Malek, op. cit., pp. 371 ff.

95 So z. B. die vorurteilsbeladene Studie von Elie Kedourie, Afghani and 'Abduh, An Essay on Religious Unbelief and Political Activism in Modern Islam, London 1966. Cf. ferner Sylvia Haim (ed.), Arab Nationalism, Berkeley-Los Angelos 1962, Einleitung; aber auch Nikki Keddie (ed.), An Islamic Response to Imperialism, Political and Religious Writing of S. J. D.
»al-Afghani«, Berkeley-Los Angelos 1968, Einleitung.

96 Cf. A. Hourani, op. cit., pp. 114 f.

97 Afghanis Replik auf Renan erschien in der französischen Zeitschrift »Journal des Débats«, Jg. 1883. Eine arabische Übersetzung ist enthalten in:
Afghani, al-A'mal al-kamila (Gesamtwerk; ein Band), ed. M. 'Ammara,

Kairo 1968, 207-210 (unvollständig); eine englische vollständige Übersetzung findet sich in N. Keddie (ed.), op. cit., pp. 181-187.

98 Cf. hierzu im einzelnen § 8 b unserer Arbeit sowie: Afghani, ed. 'Ammara, op. cit., passim.

99 Zum islamischen Universalismus cf. Anm. 20 zu diesem Paragraphen. Die Ablösung des islamischen Universalismus durch den Nationalismus wird behandelt von Hassan Saab, The Arab Federalists of the Ottoman Empire, Amsterdam 1958, pp. 131 ff. Saab zeigt auch, wie die irredentistische Interpretation des islamischen Universalismus: der Panislamismus, dem Nationalismus wich; cf. ibid., pp. 213 ff.

100 W. Braune, op. cit., p. 65.

101 Belege und Literaturhinweise hierzu in § 8 b) unserer Arbeit.

102 'Abduh wurde mit H. Spencer persönlich bekannt über W. S. Blunt, einem englischen Aristokraten, der mit dem Islam sympathisierte. Zum Treffen zwischen 'Abduh und Spencer cf. W. S. Blunt, My Diaries, Being a Personal Narrative of Events 1888-1914, N. Y. 1934[4] (zuerst 1921 in 2 Bänden), pp. 480 f. Cf. auch Charles C. Adams, Islam and Modernism in Egypt, A Study of the Modern Reform Movement Inaugurated by Muhammad 'Abduh, London 1933; ferner Max Horten, »Muhammad Abduh, Sein Leben und seine theologisch-philosophische Gedankenwelt, Eine Studie zu den Reformbestrebungen im modernen Ägypten«, in: Beiträge zur Kenntnis des Orients, Jahrbuch der Deutschen Vorderasiengesellschaft, Bd. 13 (1916), pp. 83-114, und Bd. 14 (1917), pp. 74-128.

103 Im Jahr 1882 mußte 'Abduh für 3 Jahre ins Exil gehen, nachdem die 'Orabi-Revolte, die erste nationale Erhebung in der modernen arabischen Geschichte gescheitert und Ägypten eine britische Kolonie geworden war (cf. hierzu Anm. 4 zu § 9). 'Abduh hat sich später von der 'Orabi-Revolte distanziert; cf. hierzu A. Hourani, op. cit., pp. 159 f. Er ging 1882 zunächst nach Syrien, folgte Afghani dann nach Paris, wo beide die kurzlebige Zeitschrift »al-'Urwa al-wuthqa« herausgaben; cf. die bibliographische Angabe in Anm. 33 zu § 8.

104 Französische Übersetzung: Mohammed Abdou, Rissalat Al Tawhid ou Exposé de la religion musulmane, herausgegeben, eingeleitet und übersetzt von M. Abdel Razik und B. Michel, Paris 1965[2] (zuerst 1925).

105 P. J. Vatikiotis, »Muhammad 'Abduh and the Quest for a Muslim Humanism«, in: Arabica, Bd. 4 (1957) pp. 55-72, hierzu p. 55.

106 Hierzu und zum folgenden cf. Malcolm Kerr, Islamic Reform, The Political and Legal Theories of Muhammad 'Abduh and Raschid Rida, Berkeley-Los Angelos 1966, pp. 103 ff.

107 Hierzu ausführlich Fritz Steppat, »Nationalismus und Islam bei Mustafa Kamil«, in: Die Welt des Islam, n. s., Bd. 4 (1956), pp. 241-341, und § 9 a) unserer Arbeit.

108 'Abduh, zit. nach Muhammad El-Bahay, Muhammad 'Abduh, Eine Untersuchung seiner Erziehungsmethode zum Nationalbewußtsein und zur nationalen Erhebung in Ägypten, Diss. Phil., Hamburg 1936, p. 36. Über 'Abduhs Stellung zum Nationalismus schreibt auch P. J. Vatikiotis, op. cit., p. 63: »Although 'Abdouh begins by rejecting the idea of nationalism, as a counteraction to individual national units in Islam, his own attempt at a ›religious patriotism‹ leads him to a befuddles concept of religious Nationalism.« Cf. ferner J. M. Ahmed, op. cit., pp. 35 ff., 44 ff.

109 W. Braune, op. cit., pp. 132 f. Der Hinweis auf die Ähnlichkeit von 'Ab-
      duhs und Spencers Vorstellungen erfolgt auch nicht zufällig.
110 Ibid., p. 134.
111 R. Hartmann, Islam und Nationalismus, Berlin 1948, p. 25; idem, »Gegen-
      wartsfragen und -strömungen des Islam«, op. cit., pp. 59 f. Hartmann ver-
      weist auf die Bezeichnung »Kulturwahhabismus«, die I. Goldziher für die
      Abduh-Schule nicht von ungefähr prägte.
112 Über Raschid Rida schreibt R. Hartmann, »Gegenwartsfragen und -strö-
      mungen des Islam«, op. cit., p. 62: »Ist M. 'Abduh als Sohn des liberalen
      Zeitalters von einem fortschrittsgläubigen Optimismus erfüllt, so tritt bei
      seinem Schüler im Gegensatz gegen die Zunahme der Säkularisation des
      Denkens ein streng konservativer Zug in den Vordergrund.« Zu Raschid
      Rida cf. Anm. 56 zu § 8 unserer Arbeit; dort auch weiterführende Litera-
      tur; zum modernen Islam cf. ferner A. M. Goichon, »Le Panislamisme
      d'hier et d'aujourd'hui«, in: Afrique et l'Asie (1950), pp. 18-44; Kenneth
      Cragg, »Religious Developments in Islam in the 20th Century«, in: Journal
      of World History, Bd. 3 (1956), H. 2, pp. 504-524.
113 In einer in der NS-Zeit erschienen Publikation von Arthur Rock, Ibn Saud
      gründet das Gottesreich Arabien, Berlin 1935, pp. 9 ff., wird das wahhabi-
      tische Sa'udi-Arabien unter dem Titel »Das Dritte Reich des Islam« wohl-
      wollend abgehandelt.
114 Zu dieser Bewegung cf. folgende Arbeiten: J. Heyworth-Dunne, Religious
      and Political Trends in Modern Egypt, Washington 1950; Zvi Kaplinsky,
      »The Muslim Brotherhood«, in: Middle Eastern Affairs, Bd. 5 (1954), pp.
      377-385; Musa I. Husayni, The Moslem Brethren, Beirut 1956; Christina
      Ph. Harris, Nationalism and Revolution in Egypt, The Role of the Muslim
      Brotherhood, The Hague 1964; und zuletzt die umfassende Studie von Ri-
      chard P. Mitchell, The Society of the Muslim Brothers, London 1969. Spe-
      ziell zur Haltung der Muslim-Bruderschaften gegenüber dem panarabi-
      schen Nationalismus cf. Erwin I. J. Rosenthal, Islam in the Modern Natio-
      nal State, Cambridge 1965, pp. 103-124. Kurioserweise versteht Emanuel
      Sarkisyanz, Rußland und der Messianismus des Orients, Tübingen 1955,
      pp. 281-296, unter islamischem Modernismus rechtsradikale Bewegungen
      wie die Muslim-Bruderschaften und will dazu noch deren Nähe zum ›Bol-
      schewismus‹ nachweisen.
115 Zu Kawakibi ausführlich cf. § 8 c) unserer Arbeit mit Literaturhinweisen
      in Anm. 48, 49, 50 zu § 8.
116 Cf. hierzu § 8 b) und 8 c), auch Anm. 19 zu § 8, wo sich Literaturhinweise
      über die Kalifatsbewegung finden.
117 W. Braune, »Die Entwicklung des Nationalismus bei den Arabern«, op.
      cit., hierzu pp. 431 f.
118 Der islamische Modernismus war für lange Zeit die einzige politische Strö-
      mung, die den arabischen Orient mit dem arabischen Maghrib verband, da-
      durch, daß Ben Badis, der äußerst einflußreiche Vorläufer des algerischen
      Nationalismus, von 'Abduh stark inspiriert war. Zu Ben Badis politischer
      Bedeutung cf. die verstreuten Anmerkungen über ihn in Wolfgang Ohneck,
      Die französische Algerienpolitik von 1919-1939, Köln-Opladen 1967, und
      jetzt die Monographie von Mahmoud Kassem, 'Abdalhamid Ben Badis
      azza'im ar-ruhi li harb at-tahrir ag-gaza' iriyya (Ben Badis, der geistige
      Führer des algerischen Befreiungskrieges), Kairo 1968.

[119] Über das Scheitern des Versuchs, den Islam durch eine reformerisch-moder-nistische Interpretation zu retten, die den Kern des Islam nicht antastet, be-richtet Manfred Halpern, The Politics of Social Change in the Middle East and North Africa, Princeton Uni. Press 1963, pp. 119 ff. Zum Triumph des Säkularismus cf. ibid., pp. 129 ff. Auf diesem Hintergrund muß die Inter-pretation von H. Bräker, wonach der arabische Nationalismus sich inner-halb des Islam entfaltete, für falsch befunden werden; cf. H. Bräker, op. cit., pp. 17 f. – Der Islam ist heute im allgemeinen zu einem Instrument der Staatspropaganda degradiert worden: In Sa'udi-Arabien und in anderen arabischen Feudalstaaten deklarieren sich die Herrschenden als legitime Träger des Islam und installieren Militärpakte zur Eindämmung der sozia-len Bewegung: im Namen des Islam. Dagegen behaupten bonapartistische Herrschaftsregime wie das Nassers, sie und nicht die Feudalstaaten ver-stünden es, den Islam richtig anzuwenden. Für beide Systeme hat der Islam jedoch nur eine stabilisierende Funktion. Zum Islampakt cf. die – aller-dings unkritische – Arbeit von Axel Steden, »Islampakt und Nassers Op-position«, in: Orient, Bd. 7 (1966), H. 3, pp. 79-83. Zum Islam unter Nas-sers Regime cf. Martin Grzeskowiak, »Islam und Sozialismus in der VAR«, in: Mitteilungen des Instituts für Orientforschung, Bd. 14 (1968), H. 1, pp. 28-44.

[120] H. O. Ziegler, Die moderne Nation, Ein Beitrag zur politischen Soziologie, Tübingen 1931, p. 137.

[121] Ibid., p. 138.

Zu § 5

[1] Cf. G. Baer, Land Tenure in Egypt and the Fertile Crescent 1800-1950, in: Charles Issawi (ed.), The Economic History of the Middle East 1800-1914, Chicago-London 1966, pp. 79-90, hierzu p. 82.

[2] Ibid.; cf. auch P. M. Holt, Egypt and the Fertile Crescent 1516-1922, Ithaca-N. Y. 1966, pp. 102 ff.; A. N. Poliak, Feudalism in Egypt, Syria, Palestine, and the Lebanon 1250-1900, London 1939; Abdul Latif Tibawi, A Modern History of Syria including Lebanon and Palestine, London N. Y. 1969.

[3] Cf. § 4 b) unserer Arbeit.

[4] Cf. K. Steinhaus, Soziologie der türkischen Revolution, Frankfurt/M. 1969, pp. 35 f.

[5] Moshe Ma'oz, Ottoman Reform in Syria and Palestine 1840-1861, The Im-pact of the Tanzimat on Politics and Society, London 1968, pp. 4 ff.

[6] Ibid., p. 8; cf. auch Ch. Issawi (ed.), op. cit., pp. 205 f.

[7] Cf. Philip K. Hitti, »The Impact of the West on Syria and Lebanon in the 19th Century«, in: Journal of World History, Bd. 2 (1955), H. 3, pp. 608-633; P. M. Holt, op. cit., pp. 112 ff.; Albert Hourani, Syria and Lebanon, A Po-litical Essay, Beirut-London 1968⁴, darin zur Verwestlichung pp. 59 ff.; cf. ferner Hans Kohn, Nationalismus und Imperialismus im Vorderen Orient, Frankfurt/M. 1931, und idem, Die Europäisierung des Orients, Berlin 1934.

[8] Obgleich es über die arabisch-nationale Bewegung und den arabischen Na-tionalismus inzwischen eine nur noch schwer zu überschauende Literatur

gibt, sind die Primärquellen des arabischen Nationalismus bisher nicht befriedigend erschlossen worden. Es ist auch zu bedauern, daß die Sekundärliteratur hierüber vorwiegend von okzidentzentrischen Historikern und Sozialwissenschaftlern geschrieben wurde. Die von arabischen Autoren in arabischer Sprache verfaßten Schriften sind zumeist journalistisch, oberflächlich und dazu unkritisch, ausgenommen die Arbeiten, die von arabischen Autoren mit einer Ausbildung an westlichen Universitäten stammen. Diese Autoren bevorzugen es in der Regel auch, ihre Studien in europäischen Sprachen zu veröffentlichen; cf. z. B. H. Z. Nuseibeh, The Ideas of Arab Nationalism, Ithaca-N. Y. 1956 (1959²); H. Saab, The Arab Federalists of the Ottoman Empire, Amsterdam 1958; cf. auch die bislang umfassendste Quelle von Albert Hourani, Arabic Thought in the Liberal Age, London 1962. *Die* klassische, von einem arabischen Autor stammende Geschichte der frühen arabischen Nationalbewegung ist bis heute unüberholt: George Antonius, The Arab Awakening, The Story of the Arab National Movement, London 1938² (N. Y. 1965⁴). Gegen diese Quelle hat Sylvia Haim, »›The Arab Awakening‹, A Source for the Historian?«, in: Welt des Islams, n. s., Bd. 2 (1953), pp. 237-250, Bedenken angemeldet, die nicht überzeugend sind. Schon R. Hartmann würdigte Antonius' Studie; er nannte das »äußerst wertvolle Buch von Antonius« »zuverlässig«; cf. R. Hartmann, Arabische Gesellschaften bis 1914, in: idem (ed.), BASI, Leipzig 1944, pp. 439-467, hierzu p. 442. Auch für unsere Arbeit ist Antonius' Studie grundlegend. Als Beispiele für die arabisch-sprachige Sekundärliteratur, die uns für eine wissenschaftliche Arbeit unbrauchbar erscheint, nennen wir: 'Abdalaziz Duri, ag-Guzur at-tarikhiyya lil qaumiyya al-'arabiyya (Die historischen Wurzeln des arabischen Nationalismus), Beirut 1960; 'Abdalhadi Fakiki, asch-Schu'ubiyya wa'l qaumiyya al-'arabiyya (Die Ausländerei und der arabische Nationalismus), Beirut o. J. (um 1962); 'Abdallatif Scharara, ag-Ganib ath-thaqafi min al-quamiyya al-'arabiyya (Die kulturelle Dimension des arabischen Nationalismus), Beirut 1961; und nicht zuletzt Muhammad Magzub, al-Qaumiyya al-'arabiyya (Der arabische Nationalismus), Beirut 1960. Die wenigen wissenschaftlich weiterführenden Untersuchungen in arabischer Sprache über den arabischen Nationalismus verwerten wir im folgenden.

9 Cf. Henry Dodwell, The Founder of Modern Egypt, A Study of Muhammad 'Ali, Cambridge 1931, pp. 41 ff., und G. Antonius, op. cit., pp. 21 ff.

10 Mehmet Şinasi, Studien zur Geschichte der syrischen Politik Mehmed Alis von Ägypten, Diss. Phil., Göttingen 1936, p. 1. Şinasi, der Muhammad 'Alis Syrien-Politik ablehnend gegenübersteht, reduziert die positive Aufnahme der ägyptischen Truppen durch die einheimische Bevölkerung auf »Vorarbeit der Spione« Muhammad 'Alis!

11 Ibid., p. 8.

12 Albert Hourani, Arabic Thought in the Liberal Age, London 1962, pp. 261 f.; cf. auch H. Dodwell, op. cit., pp. 94 ff., 125 ff., 154 ff., sowie G. Antonius, op. cit., pp. 25 ff.

13 M. Şinasi, op. cit., p. 66; cf. auch Moshe Ma'oz, op. cit., pp. 17 ff., und A. L. Tibawi, op. cit., pp. 63 ff.

14 Moshe Ma'oz, op. cit., pp. 12 ff.

15 Ibid., pp. 14 ff., und G. Baer, op. cit., p. 82.

16 Moshe Ma'oz, op. cit., pp. 14 f.

[17] Ibid., p. 12.

[18] Ibid., pp. 15 f.

[19] Ibid., pp. 18 f., und M. Şinasi, op. cit., passim.

[19a] G. Antonius, op. cit., pp. 40 f.

[20] Moshe Ma'oz, op. cit., p. 17, und A. L. Tibawi, British Interests in Palestine 1800-1901, London 1961, pp. 13 ff.

[21] Entgegen der in der Literatur verbreiteten Ansicht war die Druckerei der amerikanischen Missionen auf Malta, die nach der Eroberung Syriens durch Muhammad 'Alis Truppen nach Beirut transferiert wurde, keine arabische Druckerei. Sie wurde erst in den Jahren 1835/36 mit arabischen Typen ausgestattet; cf. hierzu A. L. Tibawi, American Interests in Syria 1800 bis 1901, A Study of Educational, Literary, and Religious Work, London 1966, p. 306.

[22] M. Şinasi, op. cit., p. 65.

[23] Ibid., p. 41.

[24] Moshe Ma'oz, op. cit., p. 19.

[25] Diese generelle Aussage über die missionarische Tätigkeit werden wir im folgenden noch relativieren und differenzieren. Cf. zu dieser Problematik auch B. Tibi, Einleitung zu Muhammad Kischli, Kapitalismus und Linke im Libanon, Frankfurt/M. 1970.

[26] Auch Husri differenziert zwischen dem Stellenwert der einzelnen Missionen; cf. Husri, Bd. VI, pp. 198 ff., sowie unsere Ausführungen in § 8 a).

[27] Jürgen Brandt, Zum Charakter der französischen Mandatspolitik in Syrien nach dem ersten Weltkrieg, in: Walter Markov (ed.), Kolonialismus und Neokolonialismus in Nordafrika und Nahost, Berlin 1964, pp. 197-225, hierzu p. 200. Diese Arbeit ist jedoch nicht immer zuverlässig.

[28] Ibid.; dort auch Literaturhinweise.

[28a] Zur Arbeit der amerikanischen Missionen im Orient cf. besonders A. L. Tibawi, American Interests in Syria 1800-1901, op. cit., und David H. Finnie, Pioneers East, The Early American Experience in the Middle East, Cambridge, Mass., 1967.

[29] Zur Konkurrenz der Missionen untereinander cf. A. L. Tibawi, American Interests in Syria 1800-1901, op. cit., pp. 150 ff., und auch G. Antonius, op. cit., pp. 37 ff.

[30] Hierzu ausführlich Derek Hopwood, The Russian Presence in Syria and Palestine 1843-1914, Church and Politics in the Near East, London 1969, pp. 159 ff. Zur Verflechtung von politischen und kirchlichen Interessen in den russisch-orthodoxen Missionen im Orient cf. Igor Smolitsch, »Zur Geschichte der Beziehungen zwischen der Russischen Kirche und dem orthodoxen Osten, Die russische kirchliche Mission in Jerusalem«, in: Ostkirchliche Studien, Bd. 5 (1956), H. 1, pp. 33-51, Heft 2/3, pp. 89-136.

[31] D. Hopwood, op. cit., p. 80.

[32] A. L. Tibawi, American Interests in Syria 1800-1901, op. cit., p. 307.

[33] Ibid., p. 308.

[34] W. Braune, Die Entwicklung des Nationalismus bei den Arabern, in: R. Hartmann (ed.), BASI, Leipzig 1944, pp. 425-438, hierzu p. 429. Cf. auch W. Braune, »Beiträge zur Geschichte des neuarabischen Schrifttums«, in: Mitteilungen des Seminars für orientalische Sprachen, Bd. 36 (1933), H. 2, pp. 117-140.

35 Zu Nasif Yazigi cf. Hanna Fakhuri, Tarikh al-adab al-'arabi (Geschichte der arabischen Literatur), Beirut 1960³, pp. 941-957; A. Hourani, op. cit., 95 f.; W. Braune, »Beiträge zur Geschichte des neuarabischen Schrifttums«, op. cit., p. 127; und G. Antonius, op. cit., pp. 45 ff.

36 Eine annotierte Bibliographie seiner Schriften findet sich in Hanna Fakhuri, op. cit., pp. 945 ff.

37 A. Hourani, op. cit., p. 95.

38 Zu Faris Schidyaq cf. Hanna Fakhuri, op. cit., pp. 1039-1046, und A. Hourani, op. cit., pp. 97 ff.; cf. ferner Ibrahim Abu-Lughod, Arab Rediscovery of·Eruope, Princeton, N. J., 1963, passim.

39 Faris Schidyaq, Kaschf al-mukhabba' 'an funnun urubba (Die Entdeckung der Künste Europas), Istanbul 1881²; cf. dazu I. Abu-Lughod, op. cit.

40 Faris Schidyaq, as-Saq 'ala as-saq fi ma huwa al-Firyaq, franz. Übers.: La vie et les aventures de Fariac, Paris 1855.

41 A. Hourani, op. cit., p. 98.

42 H. Fakhuri, op. cit., p. 1045.

43 Ibid., p. 1044.

44 A. Hourani, op. cit., p. 98.

45 Zu Butrus Bustani cf. H. Fakhuri, op. cit., pp. 1033-1038; A. Hourani, op. cit., pp. 10 ff.; G. Atnonius, op. cit., pp. 47 ff.

46 Also mehrere Jahrzehnte, bevor Tahtawi seine – allerdings systematischere – Arbeit über Mädchen- und Knabenbildung schrieb; cf. Anm. 78 zu § 4.

46a Cf. Butrus Bustani, Kitab fi al-hai'a al-agitima'iyya wa al-muqabala bain al-'awa'id al-'arabiyya wa al-ifrangiyya (Rede über die Gesellschaft sowie über die Berührungspunkte und Kontraste zwischen den arabischen und europäischen Gewohnheiten), Beirut 1869.

47 A. Hourani, op. cit., pp. 100 f.

48 G. Antonius, op. cit., pp. 51 ff.

49 Hierzu cf. Muhammad Kischli, Kapitalismus und Linke im Libanon, ed. B. Tibi, op. cit., Teil 3, pp. 88 ff., und meine Anmerkungen 10, 12, 13 dort.

50 H. Fahkuri, op. cit., p. 944, und G. Antonius, op. cit., p. 50.

51 Zur Geschichte des Syrian Protestant College cf. A. L. Tibawi, »The Genesis and Early History of the Syrian Protestant College«, in: Middle East Journal, Bd. 21 (1967), H. 1, pp. 1-15, und H. 2, pp. 199-212.

52 Die wichtigsten Passagen dieser Ballade sind abgedruckt in 'Abdarrahman Bazzaz, Hadhihi qaumiyyatuna (Das ist unser Nationalismus), Kairo 1964², pp. 374 f., und in Muhammad 'Ammara, al-'Urubah fil 'asr al-hadith (Der Arabismus im gegenwärtigen Zeitalter), Kairo 1967, pp. 316 ff.

53 Die Übersetzung ist entnommen W. Braune, Der islamische Orient zwischen Vergangenheit und Zukunft, Bern-München 1960, p. 59.

54 Ibid.

55 G. Antonius, op. cit., p. 54.

56 Adib Ishaq, ad-Durar, ed. 'Auni Ishaq, Beirut 1909.

57 Ibid., pp. 200-203; eine englische Übersetzung dieser Stelle findet sich in H. Z. Nuseibeh, op. cit., p. 142.

58 Adib Ishaq, op. cit., p. 194, und H. Z. Nuseibeh, op. cit., p. 144. Adib Ishaq war einer der ersten arabischen westlich gebildeten Intellektuellen, der die voluntative französische Nationsidee adoptierte. Er versteht Nation nicht als Kulturnation im Sinne einer Gemeinschaft, die dieselbe Sprache

spricht, sondern— ähnlich wie Renan— als praktischen Ausdruck der volonté générale: des Willens zum Zusammenleben. Cf. hierzu Nagi'Allusch, »Tatauwurat al-haraka al-'arabiyya mindhu bad' an-nahda« (Die Entwicklung der arabischen Bewegung seit Beginn der Renaissance), in: Dirasat 'Arabiyya, Bd. 2 (1965), H. 1, pp. 57-73, hierzu pp. 61 f.

[59] Cf. H. Z. Nuseibeh, op. cit., p. 144.

[60] Cf. Ernest C. Dawn, »From Ottomanism to Arabism: The Origin of an Ideology«, in: Review of Politics, Bd. 23 (1961), H 3, pp. 378-400, hierzu p. 395, sowie H. Z. Nuseibeh, op. cit., p. 142, Anm. 45.

[61] G. Antonius, op. 79 ff., und A. Hourani, op. cit., p. 274.

[62] Es trifft aufgrund des Quellenmaterials keineswegs zu, wenn C. E. Dawn, op. cit., behauptet, die arabischen Christen seien mit ihrem säkularen Nationalismus kaum einflußreich gewesen, ja hätten am Rande der arabischen Nationalbewegung gestanden. Bis zum Ersten Weltkrieg haben gerade sie den arabischen Nationalismus geprägt und seither in dieser Bewegung nicht unwesentlich gewirkt, wenngleich der libanesische, von Frankreich protegierte antiarabische Nationalismus viele arabische Christen absorbieren konnte.

[63] K. Steinhaus, op. cit., pp. 37 ff.

[64] Ibid., p. 37.

[65] Ibid., p. 38.

[66] Ibid., pp. 38 f.

[67] Cf. E. Be'eri, Army Officers in Arab Politics and Society, London-N. Y. 1970, pp. 286 ff., 300 ff. Getrennt davon muß die erste von Militärs getragene arabische Revolte, der 'Orabi-Aufstand betrachtet werden, da die moderne Armee in Ägypten eine andere Entstehungsgeschichte hat. Zur 'Orabi-Revolte cf. Anm. 4 zu § 9; dort auch Literaturhinweise.

[68] Bernard Lewis, The Middle East and the West, Bloomington 1965², p. 40; cf. auch B. Tibi, »Zum Verhältnis von Militär und kolonialem Nationalismus am Beispiel der arabischen Länder«, in: Sozialistische Politik, Bd. 1 (1969) H. 4, pp. 4-19.

[69] Moshe Ma'oz, op. cit., passim, sowie A. L. Tibawi, A Modern History of Syria including Lebanon and Palestine, op. cit., pp. 94 ff.

[70] Moshe Ma'oz, op. cit., pp. 19 f.

[71] Ibid., pp. 30 ff.

[72] Ibid., pp. 44 ff.

[73] Cf. K. Steinhaus, op. cit., pp. 40 f. Zu Abdülhamid II cf. auch die – allerdings journalistische und stark psychologisierende Biographie: Joan Haslip, Der Sultan, Das Leben Abd ul-Hamids II, München 1968.

[74] Cf. Serif Mardin, The Genesis of Young Ottoman Thought, A Study in the Modernization of Turkish Political Ideas, Princeton, N. J., 1962.

[75] Cf. Feroz Ahmad, The Young Turks, The Committee of Union and Progress in Turkish Politics 1908-1914, London 1969.

[76] Ibid., pp. 47 ff.

[77] R. Hartmann, »Die arabische Frage und das türkische Reich«, in: Beiträge zur Kenntnis des Orients, Jahrbücher der deutschen Vorderasiengesellschaft, Bd. 15 (1918), pp. 1-31, hierzu p. 17.

[78] G. Antonius, op. cit., pp. 101 ff.; cf. auch F. Ahmad, op. cit., passim.

[79] G. Antonius, op. cit., pp. 102 f.

[80] Ibid., pp. 108 f.; cf. auch Z. N. Zeine, The Emergence of Arab National-

ism, With a Background Study of Arab-Turkish Relations in the Near East, Beirut 1966². Obwohl diese Quelle reichhaltig an Material ist, kann sie nur mit Vorbehalten verwertet werden, da der Autor, der den Muslim-Bruderschaften angehört, in seiner Darstellung des arabischen Nationalismus und seines Verhältnisses zum Osmanischen Reich das Material in seinem Sinne zurechtstutzt. Zur Kritik an Z. N. Zeine cf. den Besprechungsaufsatz von W. Scharafaddin in: Dirasat 'Arabiyya, Bd. 6 (1970), H. 7, pp. 113-124.

81 Hierzu ausführlich G. Jäschke, »Der Turanismus der Jungtürken«, in: Die Welt des Islams, Bd. 23 (1941), H. 1/2, pp. 1-55.

82 W. Braune, Der islamische Orient zwischen Vergangenheit und Zukunft, op. cit., p. 140.

83 G. Antonius, op. cit., pp. 107 ff., und Z. N. Zeine, op. cit., pp. 83 ff.

84 G. Antonius, op. cit., pp. 110 ff.

85 Neben dem immer noch nicht überholten Aufsatz von Richard Hartmann, »Arabische Gesellschaften bis 1914«, op. cit., cf. folgende Arbeiten über die arabisch-nationalen Geheimbünde vor dem Ersten Weltkrieg: Muhammad 'Ammara, op. cit., pp. 313 ff., und Muhammad 'Izzat Darwaza, Haul al-haraka al-'arabiyya al-haditha (Über die moderne arabische Bewegung), 6 Bde., Beirut-Sidon 1950 ff., hierzu Bd. I, pp. 22 ff. Die letztgenannte Quelle ist besonders wertvoll, da der Autor seinen Gegenstand aus intimer Erfahrung kennt: er war 1919 Sekretär des »Gam'iyyat al-'arabiyya al-fatat«. Cf. ferner G. Antonius, op. cit., pp. 110 ff.

86 M. 'I. Darwaza, op. cit., pp. 27-32; auch G. Antonius, op. cit., p. 111.

87 R. Hartmann, »Arabische Gesellschaften bis 1914«, op. cit., p. 461. Näheres über Misri bei E. Be'eri, op. cit., pp. 41-48; G. Antonius, op. cit., pp. 118 ff.; cf. auch § 9 a) unserer Arbeit und Anm. 31 dort. Zum »Gam'iyyat al-ahd« cf. M. I. Darwaza, op. cit., 32 f.

88 M. I. Darwaza, der diese Zahl zitiert, op. cit., p. 33, hält es für möglich, daß sie etwas übertrieben ist.

89 Zu Schibli Schumaiyil cf. B. Tibi (ed.), Die arabische Linke, Frankfurt/M. 1969, pp. 16 f.

90 Zu Raschid Rida cf. Anm. 56 zu § 8.

91 Die Osmanische Dezentralistische Partei, die an dem Kongreß maßgeblich beteiligt war, hat die Protokolle des Kongresses in Kairo 1913 in Buchform veröffentlicht. Diese Publikation blieb uns unzugänglich, so daß wir unsere Kenntnisse aus der Sekundärliteratur beziehen mußten; cf. u. a. Sati' Husri, Bd. VI, pp. 225 ff., G. Antonius, op. cit., pp. 114 ff., und M. 'Ammara, op. cit., pp. 323 ff.

92 Khairalla veröffentlichte in Paris u. a.: Les régions Arabes libérées, Paris 1919, und zuvor »La Syrie«, in: Revue du Monde Musulman, Bd. 19 (1912), pp. 1-143.

93 R. Hartmann, »Die arabische Frage und das türkische Reich«, op. cit., pp. 16 f.

94 G. Antonius, op. cit., pp. 98 f. Das gleiche stellt auch R. Hartmann fest; cf. »Arabische Gesellschaften bis 1914«, op. cit., pp. 446 f., sowie andere Arbeiten Hartmanns. Emir Mustafa Schihabi hat in einer Vorlesungsreihe am Institut für Höhere Arabische Studien an der Arabischen Liga den Zweifel an dem Einfluß der Arbeiten Azourys bestätigt und nachgewiesen, daß vor dem Ersten Weltkrieg keiner der in Geheimbünden organisierten arabi-

schen Nationalisten Azourys 1905 in Paris erschienene Schrift »La Réveil de la Nation Arabe« kannte oder besaß. Cf. hierzu Nagi 'Allusch, »Tatauwurat al-haraka al-'arabiyya mindhu bad' an-nahda«, op. cit., p. 62.

95 Zit. nach M. 'Ammara, op. cit., p. 331, Anm. 1.

96 Cf. M. 'Ammara, op. cit., p. 331, Anm. 2.

97 Zit. nach Husri, Bd. VI, pp. 228 f. Am Kongreß nahmen 25 Araber teil, davon 11 Muslime, 14 Christen; cf. M. 'Ammara, op. cit., p. 323.

98 Husri, Bd. VI, p. 229.

99 Ibid.

100 M. 'Ammara, op. cit., p. 325.

101 Ibid.

102 Ibid., pp. 326 f., sowie Husri, Bd. VI, p. 235.

103 M. 'Ammara, op. cit., pp. 327 f.

104 Wörtlich zitiert in M. 'Ammara, op. cit., pp. 328 f., und Husri, Bd. VI, pp. 226 f.

105 M. 'Ammara, op. cit., p. 329.

106 Ibid., pp. 331 f., und Husri, Bd. VI, p. 238.

107 Hellmut Ritter, »Die Abschaffung des Kalifats«, in: Archiv für Politik und Geschichte, Bd. 2 (1924), erster Teil, pp. 343-368, hierzu p. 346.

108 Ibid., p. 351.

109 R. Hartmann, Islam und Nationalismus, Berlin 1948, p. 35; auch idem, »Arabische Gesellschaften bis 1914«, op. cit., p. 460.

110 G. Antonius, op. cit., pp. 115 ff.; der Text des Abkommens ist abgedruckt in M. 'Ammara, op. cit., pp. 334 ff., und Husri, Bd. VI, pp. 240 ff.

111 R. Hartmann, Islam und Nationalismus, op. cit., p. 35.

112 Die Dokumente und Unterlagen der Prozesse sind von den Osmanen bereits 1916 veröffentlicht worden; cf. La vérité sur la Question Syrienne, Constantinopel 1916. Diese Quelle blieb uns verschlossen.

113 R. Hartmann, »Arabische Gesellschaften bis 1914«, op. cit., p. 441; cf. auch H. Ritter, op. cit., p. 346.

114 Cf. C. E. Dawn, »The Rise of Arabism in Syria«, in: The Middle East Journal, Bd. 16 (1962), pp. 145-168, hierzu die Tabellen im Appendix, pp. 166 ff.

115 Cf. Abschnitt a) zu diesem Paragraphen 5.

116 Cf. die vorzügliche Studie von Anis Sayigh, al-Haschimiyyun wal thaura al-'arabiyya al-kubra (Die Haschimiten und die große arabische Revolte), Beirut 1966, worin endlich an Hand wertvoller Materialien die Zusammenhänge der Revolte von 1916 und die Rolle der Haschimiten-Dynastie darin klargestellt werden. Cf. auch die folgende, weniger brillante und etwas populärwissenschaftliche Arbeit von Anis Sayigh, Tatauwur al-mafhum al-qaumi 'ind al-'arab (Die Entwicklung des nationalen Gedankens bei den Arabern), Beirut 1961.

117 Cf. G. Antonius, op. cit., Kap. VII, VIII und IX.

118 Ibid., Kap. XIII, pp. 243 ff.

119 Rudolf Sellheim, Der zweite Bürgerkrieg im Islam 680-692, Das Ende der Mekkanisch-Medinensischen Vorherrschaft, Wiesbaden 1970, p. 30.

120 Cf. C. E. Dawn, »Ideological Influences in the Arab Revolt«, in: James Kritzeck und R. Bayly Winder (eds.), The World of Islam, Studies in Honour of Philip K. Hitti, N. Y. 1960, pp. 233-248, hierzu p. 244; idem, »The Emir of Mecca al Husayn ibn-'Ali and the Origin of the Arab Revolt«, in:

Proceedings of the American Philosophical Society, Bd. 104 (1960), pp. 11-34.

121 G. Antonius, op. cit., p. 281.

122 Cf. M. Kischli, Kapitalismus und Linke im Libanon, ed. B. Tibi, Frankfurt/M. 1970, pp. 99 f.

123 Die Entwicklung der arabischen Gebiete des Osmanischen Reiches seit dem Ersten Weltkrieg ist dokumentiert in der materialreichen, schon etwas älteren Studie von Erich Topf, Die Staatenbildung in den arabischen Teilen der Türkei seit dem Weltkriege nach Entstehung, Bedeutung und Lebensfähigkeit, Hamburg 1929; dort auch Originaldokumente. Cf. ferner Nagi 'Allusch, »al-Haraka al-'arabiyya ba'd al-harb al-'alamiyya al-'ula« (Die arabische Bewegung nach dem Ersten Weltkrieg), in: Dirasat 'Arabiyya, Bd. 2 (1965), H. 3, pp. 54-75; Jürgen Brandt, op. cit., sowie Ann Williams, Britain and France in the Middle East and North Africa 1914-1967, London-N. Y. 1968, und Lothar Rathmann, Araber stehen auf, Berlin 1960, pp. 126 ff.; cf. auch Heinrich Kaesewieter, Syrien und Libanon als A-Mandate, Diss. Iur., Frankfurt/M. 1934, Darmstadt 1935.

124 Anis Sayigh, al-Haschimiyyun wal thaura al-'arabiyya al-kubra, op. cit., passim, sowie Nagi 'Allusch, »al-Thaura al-'arabiyya al-kubra: Muhawalat taqyim« (Die große arabische Revolte: Versuch einer Bewertung), in: Dirasat 'Arabiyya, Bd. 2 (1966), H. 8, pp. 4-12.

125 Anis Sayigh, op. cit., pp. 277 f.; cf. auch R. Hartmann, »Die arabische Frage und das türkische Reich«, op. cit., pp. 24 f.

126 Cf. Hisham B. Sharabi, Governments and Politics in the Middle East in the Twentieth Century, Princeton, N. J., 1962, pp. 27 f.

127 Hans Kohn, Nationalismus und Imperialismus im Vorderen Orient, Frankfurt/M. 1931, pp. 79 f.

128 Cf. Anm. 48 zu § 1 unserer Arbeit.

129 E. Be'eri, op. cit., p. 41.

130 Ibid., p. 42. Zum deutschen kulturellen Einfluß auf das Osmanische Reich cf. Otto Kley, »Der deutsche Bildungseinfluß in der Türkei«, in: Beiträge zur Kenntnis des Orients, Jahrbücher der Deutschen Vorderasiengesellschaft, Bd. 14 (1917), pp. 1-73.

131 E. Be'eri, op. cit., pp. 326 ff., und R. Hartmann, Islam und Nationalismus, op. cit., pp. 37 f.

132 Hierzu ausführlich § 6 a) unserer Arbeit.

133 Cf. B. Tibi, »Zum Verhältnis von Militär und kolonialem Nationalismus am Beispiel der arabischen Länder«, op. cit.; der Coup d'état wurde den arabischen Nationalisten der postkolonialen Ära zur Methode der Machtergreifung; cf. auch H. B. Sharabi, Nationalism and Revolution, Princeton, N. J., 1966, pp. 56 ff. A. S. Morrison, »Arab Nationalism and Islam«, in: The Middle East Journal, Bd. 2 (1948), H. 2, pp. 147-159, erklärt den »totalitären« Charakter des arabischen Nationalismus in seiner späten Phase daraus, daß der Islam als totalitär-theokratisches Dogma in Synthese mit dem Nationalismus gebracht worden sei. Diese Synthese wurde dem Missionar Morrison zufolge dadurch möglich, daß der arabische Nachkriegsnationalismus nicht länger von arabischen Christen getragen werde – eine These, der widersprochen werden muß, weil der fanatische arabische Nationalismus stark säkularistisch ist; auch ist einer seiner intellektuellen Väter: Michel 'Aflaq, ein arabischer Christ.

134 Ch. F. Gallagher, Language, Culture, and Ideology: The Arab World, in: K. H. Silvert (ed.), Expectant Peoples, Nationalism and Development, N. Y. 1963, pp. 199-231, hierzu p. 214.

135 Ibid., p. 215. Dies stellt auch W. Braune fest. Zum Verhältnis der arabischen Nationalisten zum Okzident schreibt er: »Noch leben Menschen, die leidenschaftlich für die Europäisierung gekämpft haben. Aber angesichts der Bedrohung hat sich in den letzten Jahren die Haltung zum Okzident sehr stark in Abwendung und Haß verkehrt. Niemand möchte, niemand kann auf Elemente der Kultur des Okzidents verzichten. Aber eine Entfremdung, die sich bis zum Haß steigert, fragt nach dieser Kultur nur insoweit, als sie eine Werkzeug werden kann zum Kampf gegen den Okzident.« W. Braune, op. cit., p. 160.

136 Die folgenden biographischen Daten sind übernommen von M. A. Khalafallah, »Sati' Husri, Qissat hayatihi« (Sati' Husri, eine Biographie), in: al-Magalla (1969), Februar-Heft, Nr. 146, pp. 24-31, sowie dem anonymen Nachruf auf Husri in: at-Tali'a, Bd. 5 (1969), H. 2, pp. 158-161. Zu Husris Biographie cf. ferner Oriente Moderno, Bd. 36 (1956), p. 204; den Vortext von Ralph Costi (Übers.), »Qu'est-ce que le Nationalisme? par Abou Khaldun Sati Husri«, in: Orient (Paris), Bd. 7 (1959), pp. 215-226, sowie A. Hourani, op. cit., pp. 312 ff.; cf. auch die in den folgenden Anmerkungen 137 und 138 genannte Literatur.

137 L. M. Kenny, »Sati' al-Husri's View on Arab Nationalism«, in: The Middle East Journal, Bd. 17, (1963), pp. 231-256, hierzu p. 232.

138 Cf. Kemal H. Karpat (ed.), Political and Social Thought in the Contemporary Middle East, London 1968, pp. 55 ff. Karpat zeigt auch die Strukturkonvergenz der Theorie Husris und Gök Alps als organische Nationsidee auf. Er bedauert im übrigen, daß in der Literatur Husris Aktivitäten im Osmanischen Reich und seine bildungspolitischen Aufsätze in türkisch-osmanischen Zeitschriften vernachlässigt worden sind. Zu Ziya Gök Alp als Theoretiker des türkischen Nationalismus der Jungtürken und Kemalisten cf. die Textauswahl von Niyazi Berkes, Turkisch Nationalism and Western Civilisation, N. Y. 1959; ferner Uriel Heyd, Foundations of Turkisch Nationalism, The Life and Teachings of Ziya Gökalp, London 1950.

139 Cf. § 7 b) unserer Arbeit.

140 Cf. Husri, Bd. V, engl. Übers. (S. Glazer), The Day of Maysalun, Washington 1966.

141 Cf. M. A. Khalafallah, op. cit., pp. 26 f.

142 Cf. § 6 a) unserer Arbeit.

143 Cf. § 9 b) unserer Arbeit, wo Husris Kontroverse mit Taha Husain referiert wird.

144 Die Kontroverse zwischen Husri und Musa haben wir in dieser Arbeit ausgeklammert. Husris Position ist dokumentiert in: Husri, Bd. XVIII, pp. 387-408. Musa hat u. W. auf diese Kritik nicht geantwortet. Seine Position und ihre Wandlungen sind dokumentiert in seiner Autobiographie: Tarbiyat Salama Musa, Kairo 1947, engl. Übers.: The Education of Salama Musa, ed. und eingel. von L. O. Schuman, Leiden 1961; Sekundärquellen hierzu u. a. Sylvia Haim, »Salama Musa, An Appreciation of his Autobiography«, in: Welt des Islams, n. s., Bd. 2 (1952), pp. 10-24, und B. Tibi (ed.), Die arabische Linke, Frankfurt/M. 1969, pp. 17-21.

145 Gemeint ist das Sykes-Picot-Abkommen; cf. § 5 b) unserer Arbeit.

[146] Husri, op. cit. (Anm. 140), und G. Antonius, Kap. XIV, op. cit., pp. 276 ff.,   108
wo dies im einzelnen behandelt wird.

[147] Cf. Husri, Bd. XX und XXI, wo seine autobiographischen Aufzeichnungen   113
über seine Tätigkeit im Irak enthalten sind.

[148] Cf. O. K. Haddad, Harakat Raschid 'Ali al-Gailani sannat 1941 (Die Ra-
schid-'Ali-Gailani-Bewegung des Jahres 1941), Sidon o. J. (1950),
pp. 83 f.; außer den hierin enthaltenen spärlichen Informationen konnten
wir keine weiterführenden Angaben über diese Partei finden.

[149] Sowohl die haschimitische Führung als auch die des Mufti Amin Husaini
wird im Rahmen einer allgemeinen Analyse der politischen Führung in der
modernen arabischen Geschichte untersucht von Anis Sayigh, Fi mafhum
az-za'ama as-siyasiyya, Min Faisal al-auwal ila Gamal 'Abd an-Nasir
(Über den Begriff der politischen Führung, Von Faisal I zu Gamal Abdel
Nasser), Beirut 1965. Zu den Haschimiten cf. hierin pp. 39 ff., zum Mufti
pp. 61 ff. Über den Mufti Amin Husaini gibt es inzwischen eine Fülle von
Literatur; wir nennen hier nur einige Buchpublikationen: M. P. Waters,
Mufti over the Middle East, London 1942; Maurice Pearlman, Mufti of Je-
rusalem, The Story of Haj Amin el-Huseini, London 1947; Joseph B.
Schechtmann, The Mufti and the Fuehrer, The Rise and Fall of Haj Amin
el-Huseini, N. Y.-London 1965. Über die Beziehungen des Mufti zum
Dritten Reich berichtet aus eigener Erfahrung als Diplomat Fritz Grobba,
Männer und Mächte im Orient, 25 Jahre diplomatischer Tätigkeit im Ori-
ent, Göttingen 1967.

[150] Osman Kamal Haddad, op. cit., passim. Auch F. Grobba, der seinerzeit
mit Haddad verhandelte, berichtet über die Beziehungen in seinen Memoiren, op. cit., pp. 192 ff., 206 ff.

[151] Zum Coup d'état unter Gailani cf. außer der in den vorangegangenen Anmerkungen genannten Literatur Lukasz Hirszowicz, The Third Reich and
the Arab East, London 1966; Heintz Tillmann, Deutschlands Araberpolitik im Zweiten Weltkrieg, Berlin 1965; Majid Khadduri, Independent Iraq,
London 1960².

[152] In seinen Memoiren spricht Husri über den Putsch zurückhaltend; cf. Husri, Bd. XXI, pp. 596 ff. Husri behauptet auch, sich während seiner Jahre im
Irak von der Politik ferngehalten zu haben; cf. ibid., pp. 525 f. Von seiner
Ausweisung und Ausbürgerung nach dem Niedergang der Gailani-Bewe-
gung berichtet Husri, ohne auf dahinterstehende Gründe einzugehen; cf.
ibid., pp. 518 ff.

[153] Über Nationalerziehung bei Husri unterrichtet L. M. Kenny, op. cit.,
pp. 231 ff.

[154] So der Umschlagtext der ständig neu verlegten Bücher Husris, so auch die
Anrede beim Zitieren Husris in arabischen Büchern.

[155] Cf. Schibli 'Aisami, Haul al-wihda al-'arabiyya (Über den Panarabismus),
Damaskus 1957, pp. 4 f.

[156] So Schibli 'Aisami, op. cit., pp. 4 f.

Zu § 6

[1] W. Sulzbach, Imperialismus und Nationalbewußtsein, Frankfurt/M. 1959.

[2] Charles F. Gallagher, Language, Culture, and Ideology, The Arab World,

in: K. H. Silvert (ed.), Expectant Peoples, Nationalism and Development, N. Y. 1963, pp. 199-231.

3 Hans Kohn, Die Idee des Nationalismus, Ursprung und Geschichte bis zur Französischen Revolution, Frankfurt/M. 1962², p. 10.

4 Ibid., p. 238.

5 Helmut Plessner, Die verspätete Nation, Stuttgart 1959, bes. pp. 47 ff.

6 H. Kohn, op. cit., p. 238. H. O. Ziegler, Die moderne Nation, Tübingen 1931, arbeitet diese Differenz auch heraus, verwischt sie jedoch, indem er sie nicht für zentral hält. Die deutsche Nationsidee und die der entwickelten europäischen Länder haben Ziegler zufolge eine strukturelle Gemeinsamkeit, da die prinzipielle Souveränitätserklärung der Nation den Kern beider bildet. »Weder für die Nation der Volksgeisttheorie noch für die der volonté générale gibt es eine sie transzendierende Instanz in der geschichtlich-sozialen Welt. Dadurch erhält die Nation eine ganz prinzipielle Souveränität zugesprochen, und diese Souveränitätserklärung bleibt letztlich die ideelle Grundlage für die Bekleidung mit der politischen Souveränität, die dann in verschiedenen Formen erfolgen kann. Erst hier beginnen die politisch sehr bedeutsamen Differenzen zwischen französisch-demokratischer und deutscher Nationidee.« (p. 223) Bei Ziegler läuft die These darauf hinaus, daß er die deutsche Nationsidee vorzieht, weil sie für ihn »weniger starr und ... undogmatischer« ist (p. 226).

7 Cf. H. Tillmann, Deutschlands Araberpolitik im Zweiten Weltkrieg, Berlin 1965.

8 Husri, Bd. IV, p. 12.

9 Ibid., p. 35.   10 Ibid., p. 3   11 Ibid., p. 64.

12 Cf. z. B. ibid., pp. 87 f. Zu den faschistoiden Gehalten des politischen Denkens von v. Schönerer cf. H. Arendt, Elemente und Ursprünge totaler Herrschaft, Frankfurt/M. 1957, pp. 71 ff.

13 Cf. Hans Kohn, Propheten ihrer Völker, Mill, Michelet, Mazzini, Treitschke, Dostojewski, Studien zum Nationalismus des 19. Jahrhundert, Bern 1948, pp. 55, 60, 93.

14 Robert Ergang, Herder and the Foundations of German Nationalism, N. Y. 1931, pp. 102 ff.

15 Hans Kohn, Die Idee des Nationalismus, op. cit., pp. 415 f. Im allgemeinen zu Herders Nachwirkung cf. Frederick M. Barnard, Zwischen Aufklärung und politischer Romantik, Eine Studie über Herders soziologisch-politisches Denken, Berlin 1964, in Deutschland: pp. 186 ff., außerhalb Deutschlands: pp. 199 ff. Cf. ferner Konrad Bittner, Herders Geschichtsphilosophie und die Slaven, Reichenberg 1929.

16 R. Ergang, op. cit., pp. 249 ff.

17 Hans Kohn, Die Idee des Nationalismus, op. cit., p. 332.

18 J. G. Herder, Auch eine Philosophie der Geschichte zur Bildung der Menschheit, Nachwort von H. G. Gadamer, Frankfurt/M. 1967, bes. pp. 75 ff. und passim. Herder nennt die Philosophie der Aufklärung abfällig »Philosophie von Paris« (p. 83). Er spricht von ihren »französischen Modebüchern« (p. 88) und führt gegen sie an, daß ihre Wirkung geographisch beschränkt sei. »Die sogenannte *Aufklärung* und *Bildung der Welt* hat nur einen *schmalen Streif* des *Erdballs berührt* und *gehalten.*« (p. 110) Cf. auch pp. 126, 134.

19 Cf. R. Ergang, op. cit., p. 101, und K. Kohn, Die Idee des Nationalis-

mus op. cit., p. 422; cf. auch pp. 425 ff.; cf. ferner F. M. Barnard, op. cit.

20 Herder wird hier und im folgenden zitiert nach der von Wilhelm Dobbek besorgten Ausgabe: J. G. Herder, Werke in fünf Bänden, Berlin und Weimar 1964³. Hierzu: Idee zur Philosophie der Geschichte der Menschheit, Bd. 4, pp. 178 ff. und 163 ff., wo Herder seine Bestimmung des Klimas entfaltet. Cf. dazu R. Ergang, op. cit., pp. 89 f., und C. J. H. Hayes, »Contributions of Herder to the Doctrine of Nationalism«, in: American Historical Review, Bd. 32 (1927), H. 4, pp. 719-736, hierzu p. 723. Herder räumt auch ein, daß der Mensch auf seine physische Umwelt einzuwirken vermag, indem er die Zone, in der er existiert, kultiviert. So konnte Europa von einem »feuchten Wald« in »kultivierte Gegenden« verwandelt werden; cf. Bd. 4, op. cit., pp. 168 f.

21 J. G. Herder, op. cit., Bd. 4, p. 159.

22 Ibid., p. 160.

23 Ibid., p. 196.

24 Ibid., p. 156; cf. dazu C. J. H. Hayes, op. cit., p. 723, und R. Ergang, op. cit., pp. 88 f., 99 f., 101.

25 J. G. Herder, op. cit., Bd. 4, p. 238.

26 Ibid., pp. 255 ff.

27 Ibid., p. 197.

28 Ibid., p. 242.

29 Ibid., pp. 246 f. Zu Herders Sprachphilosophie cf. die von Erich Heintel besorgte Auswahl: Herder, Sprachphilosophische Schriften, ed. und eingeleitet von F. Heintel, Hamburg 1964².

30 J. G. Herder, op. cit., Bd. 4, p. 252.

31 J. G. Herder, Sprache als Werkzeug der Literatur einer Nation, Fragment, in: Herder, op. cit., Bd. 2, hierzu p. 68.

33 J. G. Herder, Idee zum ersten patriotischen Institut für den Allgemeingeist Deutschlands, in: Herder, op. cit., Bd. 3, pp. 359 ff., hierzu p. 364.

34 Ibid., p. 365.

35 Dies kann an der Assimilationspolitik des französischen Kolonialismus verdeutlicht werden, die durch die Französierung der autochthonen Eliten der französischen Kolonien den Widerstand gegen die Kolonialmacht brechen wollte. Algerien ist ein gutes Beispiel hierzu. Der Antikolonialismus begann in Algerien als Antiassimilationismus, wie es in der Ben-Badis-Bewegung zu beobachten ist. Eines der wichtigsten Mittel zur Realisierung seiner Bestrebungen war für Ben Badis die Wiederbelebung der arabischen Sprache. Zum Komplex der Assimilation cf. Wolfgang Ohnbeck, Die französische Algerienpolitik von 1919-1939, Köln-Opladen 1967.

36 R. Ergang, op. cit., p. 88. Zum Herderschen Organismus-Begriff cf. F. M. Barnard, op. cit., pp. 43 ff.

37 R. Ergang, op. cit., pp. 239, 240 f.

38 Cf. H. Kohn, Die Idee des Nationalismus, op. cit., pp. 412, 414.

39 Cf. R. Ergang, op. cit., pp. 89 ff., und J. G. Herder, Über das Wort und den Begriff der Humanität, in: Herder, op. cit., Bd. 5, pp. 102 ff., bes. p. 103, und dazu F. M. Barnard, op. cit., pp. 110 ff.

40 R. Ergang, op. cit., pp. 85, 87 und H. Kohn, op. cit., p. 424, sowie C. J. H. Hayes, op. cit., p. 726.

41 C. J. H. Hayes, op. cit., p. 725, H. Kohn, op. cit., p. 423, und R. Ergang, op. cit., passim.

[42] H. D. Werner, Klassenstruktur und Nationalcharakter, Tübingen o.J., und dazu die Rezension von B. Tibi in: Das Argument, Bd. 12 (1970), H. 56, pp. 58 ff. Daß Herders Nationalismus-Analyse spekulativ ist, ist heute augenfällig. Um so merkwürdiger erscheint daher, wenn Eugen Lemberg, Geschichte des Nationalismus in Europa, Stuttgart 1950, pp. 192 ff., die spekulativen Momente bei Herder in noch mystischerer Form vorträgt.

[43] Hans Reiss, Politisches Denken in der deutschen Romantik, Bern 1966, p. 9, schreibt: »In einer Hinsicht steht Herder der Aufklärung nahe; sein Denken ist kosmopolitisch, europäisch. Zwar schafft er die Grundlagen des deutschen Nationalismus, wenn er eine deutsche Nationalliteratur fordert, wenn er die Bedeutung der gemeinschaftlichen Bande einer gemeinsamen Sprache wie auch der Nationalkultur betont, aber in der Politik selbst ist er nie Nationalist.«

[44] Cf. Klaus Epstein, The Genesis of German Conservativism, Princeton, N. J., 1966.

[45] Ibid., pp. 434 ff. Epstein unterscheidet zwischen zwei intellektuellen Strömungen in Deutschland zur Zeit der Französischen Revolution, getragen von den deutschen Jakobinern und den deutschen Patrioten (p. 440). Cf. auch Hans Kohn, »The Eve of German Nationalism«, in: Journal of the History of Ideas, Bd. 12, April-Heft (1951), pp. 256-284, wo Kohn zeigt, daß selbst die deutschen Anhänger der Französischen Revolution mit dem Beginn des Eroberungskrieges zum nationalistischen Lager übergingen.

[46] Cf. Hans Kohn, »Arndt and the Character of German Nationalism«, in: American Historcal Review, Bd. 54 (1949), H. 4, pp. 787-803, hierzu p. 789.

[47] Den Vergleich zwischen dem deutschen und slavischen Konternationalismus und dem Nationalismus in Kolonialländern trifft auch I. Geiss, Der Panafrikanismus, Zur Geschichte der Dekolonisation, Frankfurt/M. 1968, passim.

[48] Hermann Simon, Geschichte der deutschen Nation, Mainz 1968, p. 326.

[49] Zur deutschen Romantik cf. u. a. Hans Kohn, »Romanticism and the Rise of German Nationalism«, in: Review of Politics, Bd. 12 (1950), H. 4, pp. 443-472; Louis L. Synder, German Nationalism, The Tragedy of a People, Extremism contra Liberalism in Modern German History, Harrisburg 1955; Hans Reiss, Politisches Denken in der deutschen Romantik, op. cit.; A. D. Verschoor, Die ältere deutsche Romantik und die Nationsidee, Amsterdam o. J. (1929); Paul Kluckhohn, Die deutsche Romantik, Bielefeld-Leipzig 1924; idem, Persönlichkeit und Gemeinschaft, Studien zur Staatsauffassung der deutschen Romantik, Halle 1925; idem, Das Ideengut der Romantik, Halle 1953[3]; Georg Mehlis, Die deutsche Romantik, München 1922; L. A. Willoughby, The Romantic Movement in Germany, Oxford 1966[2] (zuerst 1930).

[50] Zum Napoleon-Bild deutscher Zeitgenossen cf. Friedrich Stählin, Napoleons Glanz und Fall im deutschen Urteil, Braunschweig 1952.

[51] Marx übertrug stillschweigend die Situation Deutschlands während der Napoleonischen Eroberung und deren welthistorische Bedeutung auf die Kolonialländer, so daß er zu dem Trugschluß gelangte, der Kolonialismus werde in seinen Herrschaftsgebieten zur Überwindung des Feudalismus bzw. vorkapitalistischer Strukturen beitragen; cf. dazu Horace B. Davis, Nationalism and Socialism, N. Y. 1967, und dazu B. Tibi, »Marxismus

und Nationalismus-Analyse«, in: Neue Politische Literatur, Bd. 14 (1969),
H. 4, pp. 560 f., sowie Anm. 1 zu § 3 dieser Arbeit.

52 Hans Reiss, op. cit., p. 16. Diesen Tatbestand stellt auch Otto Wolff für
Gandhis Konservativismus fest, der revolutionäre Züge insofern trägt, als
er sich gegen den Status quo der kolonialen Situation und die Fremdherrschaft wendet. »Es ist sein tiefer Konservativismus, der am Eigenen unbedingt festhält, der nach außen ungeheuer revolutionär wirkt.« O. Wolff,
Mahatma Gandhi, Politik und Gewaltlosigkeit, Göttingen 1963, p. 20.

53 Hans Reiss, op. cit., p. 11 f.

54 Ibid., pp. 15 f. Zum ästhetischen Interesse der deutschen Romantik am Mittelalter im Rahmen einer rückwärts gewandten Utopie cf. A. D. Verschoor,
Die ältere deutsche Romantik, op. cit., pp. 57 ff. Die Tendenz der Sehnsucht nach der Vergangenheit im bürgerlichen Denken hat Marx im Zusammenhang mit der »Entfremdung des Individuums von sich und von
andren« interpretiert, die aus der Entfaltung der Warenproduktion und der
Tauschbeziehungen resultiert. »Auf früheren Stufen der Entwicklung erscheint das einzelne Individuum voller, weil es eben die Fülle seiner Beziehungen noch nicht herausgearbeitet und als von ihm abhängige gesellschaftliche Mächte und Verhältnisse gegenübergestellt hat. So lächerlich es
ist, sich nach jener ursprünglichen Fülle zurückzusehnen, so lächerlich ist
der Glaube bei jener vollen Entleerung stehnbleiben zu müssen. Über den
Gegensatz gegen jene romantische Ansicht ist die bürgerliche nie herausge-
kommen und damit wird jene als berechtigter Gegensatz sie bis an ihr seli-
ges Ende begleiten.« K. Marx, Grundrisse der Kritik der politischen
Ökonomie, Berlin 1953, p. 80.

54a Cf. Rudolf Sellheim, »Prophet, Chalif und Geschichte, Die Muhammed-
Biographie des Ibn Ishaq«, in: Oriens, Bd. 18/19 (1965/66), pp. 33-91.
Sellheim zeigt, wie die Araber während der 'Abbasidenepoche (750-1258),
in der nicht-arabische Muslime im Staatsapparat herrschende Position einnahmen, sich gezwungen sahen, diesen gegenüber, insbesondere den Persern
unter ihnen, eine kulturelle Identität vorzuweisen. Die Perser verunglimpf-
ten die Araber als kulturlose Beduinen, so daß die arabischen 'Abbasiden
Historiker und Philologen engagierten, die die vorislamische und früh-
islamische Kulturgeschichte aufarbeiten sollten.

55 Zum Verhältnis des späten Fichte zur Nation und zum Nationalismus cf.
H. C. Engelbrecht, J. G. Fichte, A Study of his Political Writings with Special Reference to his Nationalism, N. Y. 1933; Hans Kohn, »The Paradox
of Fichte's Nationalism«, in: Journal of History of Ideas, Bd. 10 (1949)
H. 3, pp. 319-343; F. Haymann, Weltbürgertum und Vaterlandsliebe in
der Staatslehre Rousseaus und Fichtes, Berlin 1924; A. D. Verschoor,
op. cit., pp. 116-137; Hans Reiss, op. cit., pp. 18 ff.; J. Binder, »Fichte und
die Nation«, in: Logos, Bd. 10 (1921), H. 3, pp. 275-315; D. Bergner, Neue
Bemerkungen zu J. G. Fichtes Stellungnahme zur nationalen Frage, Berlin
(DDR) 1957; H. Mehnert, Fichte und die Bedeutung der nationalen Frage
in seinem Werk, Diss. Phil., Leipzig 1955.

56 Bernhard Willms, Die totale Freiheit, Fichtes politische Philosophie, Köln-
Opladen 1967, passim. Einen kritischen Überblick über die neuere Fichte-
Literatur, einschließlich der Arbeit von Willms, vermittelt Richard Saage,
»Aspekte der politischen Philosophie Fichtes«, in: Neue Politische Litera-
tur, Bd. 15 (1970), H. 3, pp. 354-376.

57 B. Willms, op. cit., p. 128.

58 Ibid., pp. 138 f.

59 Ibid., p. 144.

60 Cf. ibid., p. 134.

61 Ibid., p. 146. Willms stellt auch fest, daß der beim frühen Fichte so zentrale Begriff der Menschheit allmählich fallengelassen wird. Zunächst konkretisierte sich die Menschheit nach Fichte in der Nation, am Ende jedoch wird der Begriff Menschheit völlig von dem der Deutschheit verdrängt; cf. ibid., p. 151.

62 Cf. die Literaturhinweise in Anm. 55 zu § 4 unserer Arbeit.

63 J. G. Fichte, Reden an die deutsche Nation, ed. F. Medicus, mit einer Einleitung von A. Diemer, Hamburg 1955, p. 26.

64 Ibid., pp. 18 f.

65 Ibid., p. 21.

66 J. Binder, Fichte und die Nation, op. cit.

67 Cf. B. Willms, op. cit., pp. 153 ff., und G. H. Turnbull, The Educational Theory of Fichte, London 1922.

68 Cf. Husri, Bd. XX und XXI, passim. Eine von Husris Vorstellungen über Nationalerziehung inspirierte Arbeit ist die von Yusif Khalil Yusif, al-Qaumiyya al-'arabiyya wa daur at-tarbiya fi tahqiqiha (Zur Rolle der Erziehung bei der Verwirklichung der Ziele des arabischen Nationalismus), Kairo 1967 (zuerst als Diss. Phil. an der Universität Kairo 1965).

69 Dies war im Jahr 1949; cf. P. Seale, The Struggle for Syria, A Study of Post-War Arab Politics 1945-1958, London 1965, p. 77.

70 J. G. Fichte, op. cit., p. 60.

71 Ibid., p. 61.

72 Ibid., p. 62.

73 Ibid., p. 63.

74 Ibid., p. 66.

75 Ibid., p. 68.

76 Ibid., p. 72.

77 Ibid.; cf. auch p. 106 und p. 125.

78 Ibid., p. 107.

79 Ibid., p. 96.

80 Ibid., p. 13.

81 Ibid., p. 242.

82 Ibid., p. 131.

83 Ibid.

84 Ibid., p. 130.

85 Ibid., p. 199.

86 Ibid.

87 Cf. die Textauswahl: E. M. Arndt, Deutsche Volkswerdung, Breslau o. J. (1934), bes. Teil II und III, pp. 46 ff. Zu Arndts Nationalismus cf. H. Kohn, Arndt and the Character of German Nationalism, op. cit. (Anm. 46 oben); Alfred G. Pundt, Arndt and the Nationalist Awakening in Germany, N. Y. 1968² (zuerst 1935).

88 Zit. nach Hermann Simon, Geschichte der deutschen Nation, op. cit., p. 298.

89 H. Simon, op. cit., p. 299.

90 Zit. nach H. Simon, op. cit., pp. 328 f.

91 H. Simon, op. cit., p. 300.
92 Als Beispiel nur zu Fichte und Arndt seien folgende Publikationen nach 1933 genannt: Die Textauswahl von Fichte mit der Überschrift: Fichte Worte über Nation und Menschheit, »Fichtes Kampf um Deutschlands innere und äußere Befreiung«, in: Nationalsozialistische Monatshefte, Bd. 8 (1937), H. 86, pp. 418-425, sowie die Arbeiten von Ernst Bergmann, Fichte und der Nationalsozialismus, Breslau o. J. (1933), und Alfred Baeumler, »Fichte und Wir«, in: Nationalsozialistische Monatshefte, Bd. 8 (1937), H. 87, pp. 482-489. Beide Autoren betrachten das Dritte Reich als Verwirklichung der Ideen Fichtes. Aber schon während des Zweiten Weltkrieges wurde Fichte von einem Exildeutschen gegen die nationalsozialistische Interpretation verteidigt; cf. F. W. Kaufmann, »Fichte and National Socialism«, in: The American Political Science Review, Bd. 36 (1942), H. 3, pp. 460-470. Zu Arndt cf. die von C. Petersen und P. H. Ruth besorgte Textauswahl: E. M. Arndt, Deutsche Volkswerdung, Sein politisches Vermächtnis an die deutsche Gegenwart, Breslau o. J. (1934), sowie die Frankfurter Dissertation von Hans Polog, E. M. Arndts Weg zum Deutschen, Studien zur Entwicklung des frühen Arndt 1769-1812, Leipzig 1936; ferner H.-J. Kuhn, Arndt und Jahn als völkisch-politische Denker, Langensalza 1936.
93 Cf. Walter Euchner, »Demokratietheoretische Aspekte der politischen Ideengeschichte«, in: D. Senghaas und G. Kress (eds.), Politikwissenschaft, Frankfurt/M. 1969, pp. 38 ff., hierzu p. 38.
94 Es wird hier darauf verzichtet, einen Überblick über diese Literatur zu vermitteln, da dies den vorliegenden Rahmen sprengen würde. Es genügt, auf die bereits zitierten englisch-sprachigen Monographien über den deutschen Nationalismus hinzuweisen, die zum größten Teil während des Zweiten Weltkriegs bzw. kurz darauf erschienen sind. Es ist interessant, daß einige dieser Studien in den vergangenen Jahren neu aufgelegt wurden.
95 Cf. § 2 c) unserer Arbeit.
96 Ibn Khaldun, al-Muqaddima, Nachdruck Kairo o. J. Die deutsche, gekürzte Übersetzung besorgte Annemarie Schimmel, Ibn Chaldun, Ausgewählte Abschnitte aus der Muqaddima, Tübingen 1951. Diese deutsche Übersetzung ist allerdings sehr mangelhaft. Weit brauchbarer ist die vollständige englische Übersetzung: The Muqaddimah, an Introduction to History, ed. F. Rosenthal, N. Y. 1958, 3 Bde.
97 F. Rosenthal, Einleitung zu der englischen Muqaddima-Übersetzung, op. cit., p. LXXXVii.
98 Arnold Toynbee, A Study of History, Vol. III, London 1951[6], p. 322.
99 Für einen Überblick über dieses Schrifttum cf. den bibliographischen Anhang von W. Fischel zu der englischen Muqaddima-Übersetzung von F. Rosenthal, op. cit., Vol. III, pp. 485-512.
100 Die Muqaddima wurde 1749 ins Türkische übersetzt und von den Osmanen als Einführung in die Staatskunst hoch anerkannt und stets gewürdigt. Der Orientalist Hammer-Purgstahl, der Anfang des 19. Jahrhunderts im Osmanischen Reich forschte, war erstaunt zu erfahren, in welchem Maße die Muqaddima in der staatlichen Bürokratie verbreitet war und wie häufig sie gelesen wurde, so daß er Ibn Khaldun einen »arabischen Montesquieu« nannte. Die Bedeutung der Muqaddima bei den Osmanen wird auch von

127   Husri in seinem Ibn-Khaldun-Werk behandelt; cf. Husri, Bd. II, pp. 140 f., 615 ff.

130 101 Husri, Bd. II.

102 Eine Zusammenfassung dieser Diskussion findet sich bei Heinrich Simon, Ibn Khalduns Wissenschaft von der menschlichen Kultur, Leipzig 1959 (Berliner Habilitationsschrift), pp. 48 ff.

103 Erwin Rosenthal, Ibn Khalduns Gedanken über den Staat, Berlin 1932.

104 H. Ritter, »Irrational Solidarity Groups, A Socio-Psychological Study in Connection with Ibn Khaldun«, in: Oriens, Bd. 1 (1948).

105 K. Ayad, Die Geschichts- und Gesellschaftslehre Ibn Halduns, Stuttgart 1930.

106 Cf. Heinrich Simon, Ibn Khalduns Wissenschaft von der menschlichen Kultur, op. cit., p. 51.

107 A. v. Kremer, Ibn Haldun und seine Kulturgeschichte der islamischen Reiche, Sitzungsberichte der Akademie der Wissenschaften zu Wien, 1878.

108 T. Khemiri, »Der 'Asabiyya-Begriff in der Muqaddima des Ibn Haldun«, in: Der Islam, Bd. 23 (1936), pp. 163-188.

109 Ibn Khaldun, Muqaddima (arabische Ausgabe), op. cit., p. 129.

110 Ibid.; cf. K. Ayad, op. cit., p. 109.

111 Hierzu cf. Heinrich Simon, op. cit., pp. 110 ff.; cf. ferner Muqaddima, op. cit., p. 44, deutsche Übers., op. cit., p. 21.

112 »Ibn Khaldun knows ideology in the form of religion. A common religious faith would be capable of strengthening the asabijja.« H. Ritter, op. cit., p. 31.

113 Zur Doktrin des islamischen Universalismus cf. W. M. Watt, Islam and Integration of Society, London 1961, pp. 273 ff. Heute wird der islamische Universalismus selbst von führenden Trägern des Islam aufgegeben, die sich der nationalen Strömung angeschlossen haben, um den Islam durch eine Synthese mit dem Nationalismus zu retten. So meint der berühmte syrische Islamgelehrte Muhammad Mubarak, daß der arabische Nationalismus nur eine Form sei, die einen ideologischen Inhalt brauche, und postuliert, daß der Islam dieser Inhalt sein solle; cf. M. Mubarak, al-Umma al-'arabiyya fi ma'rakat tahqiq az-zat (Die arabische Nation im Prozeß der Identitätsfindung), Damaskus 1959, pp. 55 ff. Diese Forderung wäre durchaus im Sinne Ibn Khalduns. Die Nationalisierung des Islam findet sich im übrigen auch bei nahezu allen islamischen Modernisten; cf. hierzu B. Tibi, »Akkulturationsprozesse im modernen Orient«, in: Neue Politische Literatur, Bd. 15 (1970), H. 1, pp. 77-84.

114 A. v. Kremer, op. cit., pp. 10 ff.

115 So läßt sich P. Sorokin verwirren und wundert sich über »the peculair mixture of what we term ›real science‹ and magicoreligious topics and problems«. P. Sorokin, Social and Cultural Dynamics, Vol. II, N. Y. 1937, p. 155.

116 So etwa Husri, Bd. II, p. 39, und 'Ali Wardi, Mantiq Ibn Khaldun (Die Logik Ibn Khalduns), Kairo 1962, pp. 14 f.

117 Heinrich Simon, op. cit., pp. 110 ff.

118 H. A. R. Gibb stellt die umstrittene Behauptung auf, daß Ibn Khalduns Theorie letzten Endes »moral und und religious, not a sociological (one)« ist; Gibb übersieht dabei, welche marginale Bedeutung die Religion in Ibn Khalduns Werk einnimmt. Cf. H. A. R. Gibb, »The Islamic Background

of Ibn Khaldun's Political Theory«, in: Bulletin of the School of Oriental 130
Studies, Bd. 7 (1935), p. 31.
¹¹⁹ Bekanntlich werfen europäische Rassenideologen den »Semiten« vor, nicht 132
in der Lage zu sein, schöpferische Werke hervorzubringen. Der französische Philosoph E. Renan leitete diese Gesinnung ein, als er die These auf-
stellte, die arabischen und jüdischen Philosophen hätten lediglich Kommentare zu Platon und Aristoteles geschrieben, ohne in der Lage zu sein, eigene
Gedanken zu formulieren. Ernst Bloch hat in einer kleinen Schrift diese rassistische These vernichtend kritisiert. Schon eingangs seiner Schrift betont
er: »Alles Gescheite mag schon siebenmal gedacht worden sein. Aber wenn
es wieder gedacht wurde, in anderer Zeit und Lage, war es nicht mehr dasselbe. Nicht nur sein Denker, sondern vor allem das zu Bedenkende hat sich
unterdes geändert. Das Gescheite hat sich daran neu und selber als Neues
zu bewähren. Was besonders folgenreich bei den großen morgenländischen
Denkern der Fall war. Sie haben das griechische Licht zugleich gerettet und
verwandelt.« Ernst Bloch, Avicenna und die Aristotelische Linke, Frank-
furt/M. 1963, p. 9.

Zu § 7

¹ Husri, Bd. III, p. 118. Zu dieser Sage cf. Eckart Paterich, Götter und Hel-
den der Griechen, Frankfurt/M. 1964⁵, pp. 64 f.; zur Interpretation cf.
Ernst Bloch, Das Prinzip Hoffnung, Bd. I., Frankfurt/M. 1967², pp. 387 ff.
² Husri, Bd. III. Wenn im folgenden von Husris erster politischer Schrift die
Rede ist, dann ist dieser Band gemeint; pp. 9-22 stammen aus dem Jahr
1923, pp. 23-50 aus dem Jahr 1928, die restlichen Teile entstanden verstreut
zwischen 1928 und dem Erscheinungsjahr der 1. Auflage, 1944. Die beiden
ersten Texte enthalten den Kern der Theorie Husris, an dem Husri zeitlebens festhielt.
³ Cf. hierzu auch Elias Morkus, Naqd al-fikr al-qaumi (Kritik des nationali-
stischen Denkens), Bd. I: Sati' Husri, Beirut 1966. Morkus zeigt in dieser ersten Husri-Monographie, daß die in der ersten politischen Schrift Husris
(Bd. III) formulierten Ideen in den späteren Werken nur ausgeführt, ergänzt und präzisiert werden.
⁴ Husri, Bd. VI.
⁵ Husri, Bd. III, p. 14 und p. 23; cf. auch Husri, Bd. VI, pp. 14 f.
⁶ Bekanntlich fanden in den fortgeschrittenen westeuropäischen Ländern
schon vor dem 19. Jahrhundert Prozesse der Nationsbildung statt. Hierauf
geht Husri jedoch nicht ein. Ihn interessieren fast ausschließlich die Irre-
denta-Bewegungen, die in Deutschland und Italien im 19. Jahrhundert für
die nationale Einheit kämpften; deren Merkmale überträgt Husri auf die
arabische Irredenta-Bewegung des 20. Jahrhunderts.
⁷ Husri, Bd. III, pp. 14 f.
⁸ Husri, Bd. VI, pp. 19 f.
⁹ Husri, Bd. IV, p. 35.
¹⁰ Ibid., pp. 193 f.
¹¹ Husri, Bd. IV, p. 28.
¹² Ibid., pp. 26 f. Der Aufstieg Japans und sein Sieg über die russische Flotte
1904 spielten bekanntlich eine außerordentlich große Rolle bei der Entste-

hung eines panasiatischen Nationalismus (Asiatismus). Die asiatischen Nationalisten nahmen Japan als Vorbild: bis zum Zweiten Weltkrieg, als Japan den Panasiatismus für seine expansionistischen Ziele mißbrauchte und ihm damit ein Ende bereitete. Auch bei den arabischen Nationalisten ist eine Begeisterung für den Aufstieg der asiatischen Macht Japan nachweisbar, obwohl sie nie jenes Maß erreichte wie in China und Südostasien. Diese Problematik erfordert eine gesonderte Untersuchung, die hier nicht durchgeführt werden kann.

13 Husri, Bd. III, pp. 44 ff., 84 ff.

14 Husri, Bd. IV. Das Skriptum dieser Arbeit stammt aus den Jahren 1944-1947; es wurde jedoch erstmals 1959 veröffentlicht.

15 Zum islamischen Modernismus cf. § 4 d) unserer Arbeit. Wir werden weiter unten, in § 8, ausführlich auf Husris Kritik am Panislamismus eingehen.

16 Husri, Bd. IV, pp. 31 f.

17 Cf. Elias Morkus, op. cit., pp. 559 ff.

18 Husri, Bd. III, p. 21.

19 Ibid., pp. 21 f.

20 Ibid., p. 109. Es versteht sich, daß diese Idee des Nationalcharakters von Herder rezipiert wurde.

21 Ibid., p. 20.

22 Ibid., p. 109.

23 Ibid., p. 32.

24 Ibid., p. 30.

25 Ibid., p. 31.

26 Ibid., p. 32.

27 Husri, Bd. IV, pp. 53 ff.

28 Ibid., p. 35.

29 Ibid., pp. 56 f.

30 Ibid., p. 57.

31 Ibid., p. 60. Husri deutet Fichtes Wende zum Nationalismus und die der meisten deutschen Kosmopoliten nach der Niederlage von Jena 1806 als Erwachen und Besinnung auf den richtigen Weg; cf. Husri, Bd. III, pp. 80 ff.

32 Husri, Bd. IV, p. 69; cf. auch die kenntnisreiche Arbeit von H. Kohn, Die Slaven und der Westen, Die Geschichte des Panslavismus, Wien 1956.

33 Husri, Bd. III, pp. 111 f., 30, 33.

34 Ibid., p. 114.

35 Ibid., pp. 110 f.

36 Ibid., p. 33. In seiner Behandlung dieser Problematik ermittelt Frantz Fanon die Rehabilitierung der vorkolonialen autochthonen Kultur als progressives Werk; cf. Frantz Fanon, Die Verdammten dieser Erde, Frankfurt/M. 1966, p. 161, sowie § 2 d) unserer Arbeit.

37 Zu Mazzinis Nationalismus cf. H. Kohn, Propheten ihrer Völker, Bern 1948, pp. 91-122.

38 Husri, Bd. IV, pp. 39 ff.

39 Husri, Bd. IV, pp. 42 ff., und Bd. III, pp. 25 f., 29, 61, 66.

40 Husri, Bd. III, p. 29.

41 Ibid., pp. 38, 42 f.

42 Ibid., p. 40.

43 Ibid., p. 36.

44 Husri, Bd. IV, pp. 259 f.

45 Ibid., pp. 75 ff., sowie Bd. XII, pp. 151 ff.   136
46 Husri, Bd. IV, p. 106.
47 Ibid., pp. 45 ff.   142
48 Husri, Bd. III, pp. 147 ff., 159 ff.
49 Ibid., p. 57; cf. auch p. 74. Die Übertragung religiöser Begriffe in eine
   »säkularisierte« Sprache des Nationalismus war in der Geschichte des Nationalismus schon seit der Französischen Revolution bekannt; cf.
   B. C. Shafer, Nationalism, Myth and Reality, N. Y. 1955.
50 Husri, Bd. XVIII, p. 45.
51 Ibid., pp. 44-50.
52 E. Renan, Que est-ce qu'une nation?, engl. Übers.: What is a Nation? In:
   Alfred E. Zimmern, Modern Political Doctrines, London 1939, pp. 186-
   205.
53 Ibid., pp. 186 f.
54 Ibid., p. 189.
55 Ibid., p. 190.
56 Ibid., p. 191.
57 Ibid., pp. 194 f.
58 Ibid., p. 195.
59 Ibid., p. 196.
60 Ibid., p. 198.
61 Ibid., p. 199.
62 Ibid., p. 200.
63 Ibid.
64 Ibid., p. 201.
65 Ibid., pp. 201 f.
66 Ibid., pp. 202 f.
67 Ibid., p. 203.
68 Ibid., p. 204.
69 Ibid.
70 Ibid.
71 Husri, Bd. IV, p. 119.
72 Ibid., p. 142.
73 Husri, Bd. IV, pp. 33-81.
74 Ibid., p. 34.
75 Ibid., p. 40.
76 Ibid., p. 59.
77 Ibid., p. 65.
78 Ibid., pp. 65 f.
79 Ibid., pp. 66 f.
80 Cf. Fustel de Coulanges, De la manière d'écrire l'histoire en France et en
   Allemagne depuis 50 ans; La politique d'envahissement: Louvois et M. de
   Bismarck; L'Alsace est-elle allemande ou française? Réponse à M. Mommsen, in: »Questions contemporaines«, Paris 1916.
81 Husri, Bd. IV, pp. 123-132.
82 Ibid., pp. 133 f., sowie Husri, Bd. III, p. 45. Husri meint auch, daß die Bestimmung der nationalen Zugehörigkeit als einer auf Wahl beruhenden Zugehörigkeit die Gleichsetzung von Nationen und politischen Parteien be-
   deute, worin er eine Verfälschung der Nationsidee sieht.
83 Husri, Bd. IV, p. 135.

84 Ibid., pp. 136 f.

85 Ibid., pp. 140 f.

144

86 Cf. Henri Hauser, Le principe des nationalités, ses origines historiques, Paris 1916.

87 Husri, Bd. IV, pp. 147 ff., und Bd. XVI, pp. 295 ff.

88 Cf. § 2 a) unserer Arbeit; ferner H. B. Davis, Nationalism and Socialism, Marxist and Labor Theories of Nationalism to 1917, N. Y. 1967, und dazu B. Tibi, »Marxismus und Nationalismus-Analyse«, in: Neue Politische Literatur, Bd. 14 (1969), H. 4, pp. 560 f., sowie I. Fetscher, Der Marxismus und seine Geschichte in Dokumenten, Bd. III, Politik, München 1965, pp. 91 ff.

89 Husri, Bd. III, pp. 77 f.

90 Ibid., p. 78; cf. dazu I. Fetscher, Rousseaus politische Philosophie, Zur Geschichte des demokratischen Freiheitsbegriffs, Neuwied-Berlin 1960, pp. 63 f. Bekanntlich hat Rousseau Herder stark beeinflußt; cf. hierzu Hans Kohn, Die Idee des Nationalismus, Frankfurt/M. 1962, pp. 332 f. Es ist anzunehmen, daß Husri auf Rousseau durch Herder aufmerksam wurde. Besonders beeinflußt ist Husri von Rousseaus Theorie der Nationalerziehung, wenngleich er nur die deutschen Einflüsse auf sich zugesteht. Zum 150. Todestag von Rousseau 1928 widmete die damals in Baghdad erscheinende Zeitschrift »Magallat at-tarbiya wa't-ta'lim« Rousseau ein Sonderheft, dessen Hauptbeiträge Husri selbst verfaßte. Diese Texte Husris über Rousseau sind wieder abgedruckt in: Husri, Bd. XVIII, pp. 219-282. In ihnen werden auch Rousseaus pädagogische und politische Ideen gewürdigt. Zur Erziehungstheorie Rousseaus cf. I. Fetscher, Rousseaus politische Philosophie, op. cit., pp. 194 ff. Es ist erwähnenswert, daß Rousseaus Gedanken im allgemeinen einen starken Einfluß auf Nationalisten in der »Dritten Welt« haben; cf. hierzu C. B. Macpherson, Drei Formen der Demokratie, Frankfurt/M. 1967, pp. 37 ff.

91 Cf. G. Lukács, Über einige Eigentümlichkeiten der geschichtlichen Entwicklung Deutschlands, in: idem, Die Zerstörung der Vernunft, Neuwied-Berlin 1962, Werke Bd. 9, pp. 37 ff.

92 Husri, Bd. III, pp. 79 f.

93 Ibid., p. 88.

94 Cf. Karl Marx' Kritik am Kosmopolitismus der Freihändler in: K. Marx, Rede über die Frage des Freihandels, in: Marx-Engels-Werke, Bd. 4, Berlin 1964³, pp. 444-458; cf. auch H. B. Davis, op. cit.

95 Husri, Bd. III, p. 89.

96 Ibid., p. 91.

97 Die zwei ersten Teile von Husri, Bd. III (erster Teil pp. 9-22, zweiter Teil pp. 23-50) bestehen aus Zeitschriften-Aufsätzen aus den Jahren 1923 bis 1928; die restlichen Teile des Bandes (pp. 51 ff.) entstanden zwischen 1928 und 1944. Der zitierte Nachtrag muß um 1941/42 geschrieben worden sein, zumal er die Auflösung der Komintern (1941) nennt.

98 Husri, Bd. III, pp. 91 ff.; cf. dazu auch I. Fetscher, Von Marx zur Sowjetideologie, Frankfurt/M. 1965¹¹, pp. 134 ff. Fetscher weist darauf hin, daß zwischen dem Sowjetpatriotismus und dem großrussischen Nationalismus scharf unterschieden werden müsse. Der erste beziehe sich auf »Errungenschaften der Sowjetunion«, der zweite auf die »avantgardistische Rolle« des russischen Volkes in der Oktober-Revolution. Nach Fetscher ist der

großrussische Nationalismus ein integrierter Bestandteil des Sowjetpatrio- 144
tismus. Die Wiederbelebung des Nationalismus unter Stalin beginnt, wie ——
Fetscher ausführt, im Jahr 1932. 146

99 Husri, Bd. III, pp. 91 f.

100 Ibid., p. 93. Husri vertritt die Ansicht, daß ein Sozialist auch ein Nationalist sein könne, da der proletarische Internationalismus nicht zum Wesen
des Sozialismus gehöre.

101 Ibid., p. 94.

102 Husri, Bd. IV.

103 Husri, Bd. XVI, p. 133.

104 Elias Morkus, Naqd al-fikr al-qaumi (Kritik des nationalistischen Denkens), Bd. I: Sati' Husri, Beirut 1966, pp. 223 ff. Morkus behandelt in diesem Band in einem gesonderten Kapitel langatmig und bis in die unwesent-
lichsten Details gehend Husris Marxismus-Kritik und formuliert eine
Antikritik; cf. pp. 227-297. Trotz ihrer vielen Mängel ist Morkus' Schrift
ein bemerkenswerter Beginn der nicht-stalinistischen arabischen marxistischen Kritik am arabischen Nationalismus. Sie erfüllt jedoch keineswegs
die wissenschaftlichen Erfordernisse einer solchen großen Aufgabe. Ubri-
gens ist Morkus der erste nicht antikommunistische Kritiker der arabischen
stalinistischen kommunistischen Parteien; cf. Elias Morkus, Die Lehren der
Erfahrung, in: B. Tibi (ed.), Die arabische Linke, Frankfurt/M. 1969,
pp. 46-67.

105 Nach dem Sturz der Monarchie im Irak am 14. Juli 1958 durch einen Mili-
tärputsch versuchte der Führer des Putsches: 'Abdalkarim Quasim, die diversen politischen Kräfte gegeneinander auszuspielen, um seine eigene
Herrschaft zu konsolidieren (cf. Majid Khadduri, Republican 'Iraq, A Study in 'Iraqi Politics since the Revolution of 1958, London 1969). 1959 gab
Qasim der irakischen kommunistischen Partei freie Hand, so daß diese einen »Säuberungsprozeß« gegen arabische Nationalisten aller Schattierungen einleiten konnte, der zu einem Aufstand der nationalistischen Offiziere
in der irakischen Stadt Mossul führte. Die Offiziere wurden von den arabischen Nationalisten der benachbarten Länder unterstützt; diese kamen in
Scharen nach Mossul und beteiligten sich an dem Kampf gegen die Qasim-
Herrschaft und die Kommunisten, der mit einem blutigen Sieg der Kommunisten endete. Qasim, nunmehr der Opposition der panarabischen Nationalisten entledigt, wandte sich sodann den Kommunisten zu: es gelang ihm,
sie in kurzer Zeit zu entmachten, nachdem sie die Chance der vollen Machtergreifung bewußt nicht genutzt hatten, da die Sowjetunion – deren Linie
die KP des Irak vertrat – gegen die kommunistische Machtergreifung war:
aus Gründen, auf die in diesem Rahmen nicht eingegangen werden kann.
Die panarabischen Nationalisten rächten sich allerdings für ihre Toten aus
der Schlacht von Mossul in brutaler Weise, als am 8. Februar 1963 die
Ba'th-Partei die Macht im Irak ergriff. Die irakischen Kommunisten wurden nach Gelingen dieses Putsches Opfer von abscheulichen öffentlichen
Massakern.

106 Cf. Husri, Bd. IV. Dieser Band besteht aus 262 Seiten, wovon nur pp. 161
bis 194 der Marxismus-Kritik gewidmet sind.

107 Husri, Bd. VIII, p. 78. Dieser Text stammt aus dem Jahre 1950; er wurde
1951 veröffentlicht.

108 Ibid., p. 83.

146
—
151

109 Husri, Bd. IV, pp. 162 f.
110 Ibid., p. 164.
111 Cf. hierzu B. Tibi (ed.), Die arabische Linke, Frankfurt/M., 1969, pp. 21 ff., 43 ff.
112 Husri, Bd. IV, p. 166.
113 Ibid., p. 169.
114 Cf. hierzu I. Fetscher, Der Marxismus und seine Geschichte in Dokumenten, Bd. III, op. cit., pp. 91 ff.
115 Josef Stalin, Marxismus und nationale Frage (1913), Berlin 1952, p. 9.
116 Husri, Bd. IV, p. 181.
117 Cf. die Textsammlung Lenins zu dieser Frage in: W. I. Lenin, Über die nationale und die koloniale nationale Frage, Berlin 1960 (712 S.). Husri kennt jedoch nur Lenins Schrift über das Selbstbestimmungsrecht der Völker.
118 Husri, Bd. IV, pp. 193 f.
119 Kamel Abu-Jaber, »Kleines Glossar zum arabischen Sozialismus«, in: Bustan (Wien), (1969), H. 2/3, pp. 61-65, hierzu p. 65.

Zu § 8

1 Husri, Bd. XIII.
2 Ibid., pp. 37 ff.
3 Ibid., pp. 47 ff.
4 Ibid., pp. 72 ff., bes. 87 ff. Zur Tanzimat-Periode ausführlich cf. die gründliche Arbeit von K. Steinhaus, Soziologie der türkischen Revolution, Zum Problem der Entfaltung der bürgerlichen Gesellschaft in sozioökonomisch schwach entwickelten Gesellschaften, Frankfurt/M. 1969, pp. 26 ff. Zur Wirkung der Tanzimat auf das arabische Kleinasien cf. Moshe Ma'oz, Ottoman Reform in Syria and Palestine 1840-1861, The Impact of the Tanzimat on Politics and Society, London 1968; cf. auch § 5 b) unserer Arbeit.
5 Zum Turanismus cf. Gotthard Jäschke, »Der Turanismus der Jungtürken«, in: Die Welt des Islam, Bd. 23 (1941), H. 1/2, pp. 1-54.
6 Husri, Bd. V. Engl. vollständige Übers.: Sati' al-Husri, The Day of Maysalun, A Page from the Modern History of the Arabs (Tr. Sidney Glazer), Washington 1966.
7 Ibid. (arabische Ausgabe), p. 17.
8 Cf. Husri, Bd. VI, pp. 201 ff.
9 Ibid., p. 192.
10 Ibid.; zur Modernisierung unter Muhammad 'Ali cf. die Ausführungen unter § 4 unserer Arbeit.
11 Ibid., pp. 198 ff., cf. auch § 5 unserer Arbeit.
12 Zu Kawakibi cf. Albert Hourani, Arabic Thought in the Liberal Age, London 1962, pp. 271 ff., und Anm. 48, 49, 50 zu diesem Paragraphen 8.
13 So auf dem Kongreß der arabischen Nationalisten in Paris 1913; cf. § 5 b) unserer Arbeit.
14 Die russisch-orthodoxe Kirche war die erste arabisierte Kirche im modernen Orient. Husri nennt diese Arabisierung »den ersten wirklichen Sieg des arabischen Nationalismus«. Zur russisch-orthodoxen Kirche im Orient cf. Derek Hopwood, The Russian Presence in Syria and Palestine 1843-1914, London 1969, hierzu bes. pp. 159 ff.

[15] Husri, Bd. VI, pp. 200 ff. Zu den amerikanischen protestantischen Missionen im Orient cf. A. L. Tibawi, American Interests in Syria 1800-1901, A Study of Educational, Literary, and Religious Work, London-Oxford 1966, sowie David H. Finnie, Pioneers East, The Early American Experience in the Middle East, Cambridge, Mass., 1967. Insgesamt zur missionarischen Tätigkeit in Großsyrien cf. B. Tibi, Einleitung zu Muhammad Kischli, Kapitalismus und Linke im Libanon, ed. B. Tibi, Frankfurt/M. 1970.

[16] Husri, Bd. VI, pp. 239 ff.; cf. auch § 5 unserer Arbeit.

[17] Husri, Bd. XI, p. 7 (Hervorhebung von Husri).

[18] So etwa Husri, Bd. XIV, XV, XVII (über die arabische Kultur).

[19] Cf. hierzu Gerhard Höpp, Zur Rolle internationaler panislamischer Organisationen in der Befreiungsbewegung der arabischen Völker, in: Werner Loch (ed.), Asien, Afrika, Lateinamerika 1969, Berlin 1969, pp. 159-176; cf. auch Sylvia Haim, »The Abolition of the Caliphate and its Aftermath«, Nachwort zur zweiten Auflage von Sir Th. Arnold, The Caliphate, London 1965², pp. 205-244; Anwar G. Chejne, »Pan-Islamism and the Caliphal Controversy«, in: The Islamic Literature (1955), pp. 679-697. Diese Arbeiten vermitteln einen guten Überblick über die panislamische Bewegung und die von ihr seit der Kalifatsauflösung 1924 durch die kemalistische Revolution in der Türkei geführte Kalifatsdiskussion. Das Werk von Arnold, zu dem Haim das oben angeführte Nachwort schrieb, ist, obwohl erstmals 1925 erschienen und hier in der zweiten Auflage unverändert wieder vorgelegt, immer noch eine brauchbare Quelle zur Kalifatsproblematik seit den Anfängen des Islam. Zur Kalifatsfrage cf. ferner Erwin I. J. Rosenthal, Islam in the Modern National State, Cambridge 1965, pp. 64 ff. Einen Überblick über die Entwicklung des Islam insbesondere seit der Auflösung des osmanischen Kalifats gibt Franz Taeschner, Der Islam im Banne des Nationalismus der Zwischenweltkriegszeit, in: R. Hartmann (ed.), BASI, Leipzig 1944, pp. 484-513. Die Trauer über den Untergang des Osmanischen Reiches hält selbst bei zeitgenössischen arabischen Autoren noch an. So wirft der Panislamist Salah Munadschid, ein Anhänger der Muslim-Bruderschaften, den arabischen Nationalisten vor, daß »jener Aufruf zum Nationalismus zweierlei Folgen gehabt hat: Er hat zunächst das islamische Kalifat der Osmanen zerstört. Später hat er eine allgemeine Entfremdung von religiösen Werten bewirkt. Aber jener Nationalismus hat den Arabern zunächst nicht Unabhängigkeit und nicht die Freiheit beschert. Als die Türken besiegt worden waren und das Reich der Osmanen zerfiel, wurden die arabischen Länder in Mandate, Protektorate und Kolonien verwandelt. Die arabischen Nationalisten aber nannten die osmanischen Türken, die doch ebenso wie sie selbst Muslims waren, fortan ›Kolonialisten‹ genauso, wie es ihnen die Europäer beigebracht hatten«. S. Munadschid, Wohin treibt die arabische Welt? München 1968, p. 19. Zu den Muslim-Bruderschaften cf. die neue Monographie von Richard P. Mitchel, The Society of the Muslim Brothers, London 1969.

[20] Gamaladdin Afghani, al-A'mal al-kamila (Gesamtwerk), ed. Muhammad 'Ammara, Kairo 1968, p. 303. Wir klammern hier Afghanis konservative Vorstellungen zur sozialen Frage aus; cf. hierzu B. Tibi (ed.), Die arabische Linke, Frankfurt/M. 1969, pp. 13 ff., 26.

[21] Gamaladdin Afghani, op. cit., pp. 349 f.; cf. auch p. 304 und p. 310.

[22] Ibid., pp. 305 f.

23 Cf. hierzu die biographischen Daten in der Einleitung von Nikki Keddie zu der von ihr edierten amerikanischen Afghani-Ausgabe: N. Keddie (ed.), An Islamic Response to Imperialism, Political and Religious Writings of Sayyid Jamal ad-Din »al-Afghani«, Berkeley-Los Angelos 1968.

24 Als Afghani erkannte, welche Funktion er und sein Panislamismus für Abdülhamid II hatten, begann sich sein Verhältnis zum Sultan abzukühlen. Beispielsweise wagte er es, während einer Audienz bei Abdülhamid II, dessen Polizeiterror stets neue Opfer fand, mit seinem Rosenkranz zu spielen, um seine Langeweile auszudrücken. Als er später von Hofbeamten daraufhin angesprochen wurde, meinte Afghani: »... Wenn seine Majestät, der Sultan, mit dem Schicksal der Millionen der Umma (= Gemeinschaft bzw. Gemeinde) spielt, wie es ihm beliebt, ohne daß jemand dies zu beanstanden wagt, dann hat Gamaladdin wohl auch das Recht, nach seinem Belieben mit seinem Rosenkranz zu spielen.« Zit. nach M. 'Ammara, Einleitung zur arabischen Afghani-Ausgabe, op. cit., p. 53. Bei einer späteren Audienz bat Afghani den Sultan, ihn von seiner Loyalität zu entbinden. Daß Abdülhamid II es nicht gewagt hat, Afghani hinrichten zu lassen, wie er dies mit seinen Gegnern zu tun pflegte, deutet darauf hin, wie einflußreich Afghani war und wie breit seine Anhängerschaft. Das Gerücht, daß Afghani von Agenten Abdülhamids II vergiftet worden sei, konnte bisher nicht bestätigt werden. Zu Abdülhamid II cf. die populärwissenschaftliche Biographie von Joan Haslip, Der Sultan, das Leben Abd ul-Hamid II, München 1968. Erstaunlicherweise enthält die in Deutschland verbreitete Abhandlung von C. H. Becker über den Panislamismus, die jetzt zum dritten Mal abgedruckt wird, keine Würdigung Afghanis. Cf. C. H. Becker, »Panislamismus«, in: Archiv für Religionswissenschaft, Bd. 7 (1904), pp. 169-192, Nachdruck in: C. H. Becker, Islamstudien, 2 Bde. (zuerst Heidelberg 1924, 1932), Hildesheim 1967², hierzu Bd. II, pp. 231-251. Insgesamt ist dieser sowie andere Aufsätze der Islamstudien Beckers stark überholt.

25 Afghani, arabische Ausgabe, op. cit., p. 345 (Hervorhebung von mir).

26 Ibid., p. 447.

27 Ibid., p. 49.

28 Ibid., pp. 207 ff., engl. Übers. in N. Keddie, op. cit., pp. 181 ff. Cf. Ernst Blochs Kritik an dieser – rassistischen – These in Anm. 119 zu § 6.

29 N. Keddie, op. cit., p. 59.

30 M. 'Ammara, op. cit., pp. 58 ff.

31 Ibid., p. 51.

32 N. Keddie, op. cit., p. 97.

33 Die erschienenen Hefte dieser Zeitschrift befinden sich im Original im Public Record Office, London, F. O. 78/3682. Afghanis Artikel sind enthalten in M. 'Ammara (ed.), op. cit., sowie in mehreren selbständigen arabischen Buchausgaben mit dem gleichnamigen Titel dieser Zeitschrift, die in Kairo bzw. in Beirut erschienen sind. Ein Teil dieser Artikel wurde von M. Colombe ins Französische übertragen und in der Zeitschrift Orient (Paris), Jahrgang 1962 und 1963, in mehreren Nummern veröffentlicht. Die von N. Keddie besorgte amerikanische Afghani-Ausgabe enthält nur einen Artikel aus dieser Zeitschrift; cf. N. Keddie (ed.), op. cit., pp. 175 ff. Wir benutzen hier die folgende Ausgabe: Gamaladdin Afghani und Muhammad 'Abduh, al-'Urwa al-wuthqa (Das unzerbrechliche Band), Kairo 1958.

³⁴ Husri, Bd. IV, p. 221.

³⁵ Ibid., p. 223.

³⁶ Ibid., p. 229.

³⁷ Afghani, arabische Ausgabe, ed. 'Ammara, op. cit., p. 221; bei Husri,
   Bd. IV, p. 235.

³⁸ Cf. Afghani (Übers. Mehdi Hendessi), »Philosophie de l'union nationale
   basée sur la race et l'unité linguistique«, in: Orient (Paris), Bd. 6 (1958),
   pp. 123-128. Dieser Text ist nicht enthalten in der hier benutzten, von
   M. 'Ammara besorgten »Gesamtausgabe« (!) Afghanis in einem Band.

³⁹ Afghani, »Philosophie de l'union nationale...«, op. cit., und Husri,
   Bd. IV, pp. 233 f.

⁴⁰ Husri, op. cit., pp. 237 f.

⁴¹ Ibid., pp. 238 ff.

⁴² Sylvia Haim, »Islam and the Theory of Arab Nationalism«, in: Die Welt
   des Islam, Bd. 4 (1955), H. 2/3, pp. 124-149, hierzu p. 130.

⁴³ Ibid., p. 128.

⁴⁴ Ibid., pp. 130 f.

⁴⁵ Ibid., p. 129.

⁴⁶ Ibid., p. 137; cf. auch p. 146 (Hervorhebung von mir).

⁴⁷ Ibid., p. 139.

⁴⁸ Zu Kawakibi cf. u. a. Sylvia Haim, The Ideas of a Precurser, 'Abd al-
   Rahman al-Kawakibi (1849-1902), in Relation to the Trend of Muslim
   Arab Political Thought, Ph. D. Thesis, Edinburgh 1953; idem, »Alfieri and
   al-Kawakibi«, in: Oriente Moderno, Bd. 34 (1954), pp. 321-334; idem,
   »Blunt and al-Kawakibi«, in: Oriente Moderno, Bd. 35 (1955), pp. 132-
   143. Die Dissertationen von G. Roth, Kawakibi, ein arabischer Nationa-
   list, Diss. Phil., Berlin 1942, und Chr. Kessler, 'Abdurrahman al-Kawaki-
   bis Reform des Islam, Diss. Phil., Berlin 1956. Cf. ferner Norbert Tapiero,
   Les idées réformistes d'al-Kawakibi, Paris 1956, und zuletzt das Kawakibi-
   Kapitel in der Veröffentlichung von Husris Sohn: Khaldun Sati Husry,
   Three Reformers, A Study in Modern Arab Political Thought, Beirut 1966,
   pp. 55-112.

⁴⁹ 'A. Kawakibi, Umm al-qura, Nachdruck, Aleppo 1959; teilweise deutsche
   Übers. in G. Roth, op. cit., pp. 87-110. Umm al-qura (= Mutter der Dörfer) ist einer der Namen Mekkas. Mekka sollte ja nach Kawakibi das Zentrum des plädierten arabischen Kalifats werden. Sylvia Haim stellt in ihrem
   Aufsatz »Blunt and al-Kawakibi«, op. cit., die These auf, daß Kawakibi sich bei seinen in »Umm al-qura« enthaltenen Ideen von W. S. Blunts
   Buch: The Future of Islam, London 1882, habe inspirieren lassen. Bekanntlich war Blunt mit Muhammad 'Abduh persönlich befreundet; er wohnte
   zeitweise in Kairo und arbeitete in der antikolonialistischen Bewegung mit
   (cf. seine Memoiren: W. S. Blunt, My Diaries, Being a Personal Narrative
   of Events 1888-1914, N. Y. 1932⁴). Hiermit erklärt sich Haim, daß Kawakibi Blunts Buch rezipierte, zumal Kawakibi keine europäische Sprache
   kannte und Blunts Buch auch nicht ins Arabische übersetzt worden war.
   Khaldun Sati Husry, op. cit., pp. 94 ff., kritisiert Haims These scharf und
   zeigt mit Belegen aus Blunt, daß Blunt nicht für ein arabisches Kalifat
   plädierte; daß er lediglich referiert, was er auf einer Reise durch die arabische Halbinsel gehört hat. Überzeugend kann Husry auch nachweisen, daß
   Kawakibi »Umm al-qura« in Aleppo, vor seiner Flucht nach Kairo, ge-

schrieben hat, also bevor er in den Kreis Muhammad 'Abduhs kam, in dem
Blunt bekannt war.

50 'A. Kawakibi, Taba'i' al-istibdad, Nachdruck, Aleppo 1957, deutsche
Übersetzung in G. Roth, op. cit., pp. 20-86. In ihrem Aufsatz »Alfieri and
al-Kawakibi« vertritt Sylvia Haim die These, daß »Taba'i' al-istibdad«
(Wesensmerkmale der Tyrannis) stark auf dem Werk des italienischen
Schriftstellers Vittorio Alfieri, Della Tirannade, fußt, das erstmals 1800 erschien, zumal beide Texte teilweise wörtlich übereinstimmen. Alfieris Argumente sind wiederum Voltaire, Rousseau und Montesquieu entlehnt. Kawakibi hat diese Schrift Alfieris wahrscheinlich in der von den Jungosmanen
besorgten türkischen Übersetzung aus dem Jahr 1897, die in Genf erschien,
rezipiert, denn europäische Sprachen kannte er nicht. E. Rossi entdeckte
diese türkische Übersetzung nach einer Anregung von Sylvia Haim in ihrem zitierten Aufsatz; cf. E. Rossis Beitrag in: Oriente Moderno, op. cit.,
im Anschluß an Haims Aufsatz, Husry, op. cit., pp. 72 ff., kritisiert auch
diesen Aufsatz von Sylvia Haim und stellt ihre These in Frage, kann aber
hier – anders als bei seinen Einwänden zu Haims Blunt-Aufsatz – keine
Belege gegen Haims Behauptung vorbringen.

51 Mit solchen Gedanken, so argumentiert Khaldun S. Husry ähnlich seinem
Vater, begründete Kawakibi den Arabismus: »He transforms Arabism into
Arab Nationalism, and with this transformation he establishes himself
clearly as the forerunner of the doctrine of modern Arab Nationalism.«
Op. cit., p. 102. Diese Interpretation ist inadäqat. Kawakibi ist angemessen
vorab als islamischer Revivalist zu betrachten, dessen Revivalismus in eine
Richtung hin zum arabischen Nationalismus wirkte, mit diesem aber noch
nicht identisch ist.

52 S. Haim, »Blunt and al-Kawakibi«, op. cit., p. 136.

53 Ibid., p. 143.

54 'A. Kawakibi, »Taba'i' al-istibdad«, passim, und S. Haim, »Alfieri and al-
Kawakibi«, op. cit.

55 Husri, Bd. IV, pp. 214 f.

56 Husri, Bd. IV, pp. 214 f., sagt zwar, daß Kawakibi ein arabisches Kalifat
anstelle des osmanischen setzte; er hebt dies aber nicht genügend hervor
und neigt dazu, aus Kawakibi einen arabischen Nationalisten im modernen
Sinne zu machen, was durchaus inadäquat ist. Denn für Kawakibi ist der
Islam stets wegweisend gewesen, wie er es für Afghani war, mit dem Unterschied, daß Afghani den Arabern innerhalb des Islam eine Vorrangstellung
einräumt, da diese angeblich die Würdenträger des Islam seien. Was Raschid Rida anbetrifft, der Kawakibis Texte veröffentlichte, so trifft es keineswegs zu, daß er Kawakibis Ideen teilte. Rida war– wie Kawakibi– ein
Schüler Muhammad 'Abduhs; er hielt an der orthodoxen Kalifatsidee fest,
da für ihn der Islam nicht nur eine Religion, sondern immer auch ein Regierungssystem war, und beide Eigenschaften nicht zu trennen sind. Zwar
hielt Rida, wie sein Lehrer 'Abduh, eine Revitalisationsbewegung der Araber für notwendig, aber nur aufgrund seiner Auffassung, daß eine solche
Revitalisierung mit der Restaurierung des Islam identisch sei, da die Araber
als Träger des Islam eine Sonderstellung einnähmen. Der Islam wird bei
Rida niemals – wie bei Kawakibi als nicht beabsichtigte Folge seiner Theorie – dem Arabismus untergeordnet. Ridas Unterstützung der arabischen
Revolte 1916 ist kein Beleg für die Falschheit unserer These. Denn wie wir

gesehen haben (§ 5), wurde die arabische Revolte nicht mit säkular-natio- 61
nalistischen Argumenten von ihrem nominellen Führer: Scherif Husain von
Mekka, legitimiert, sondern mit dem Argument, die Türken seien vom ortho- 163
doxen Islam abgewichen (cf. nochmals C. E. Dawn, Ideological Influences in the Arab Revolt, in: J. Kritzeck und R. Bayly (eds.), The World of
Islam, N. Y. 1960, pp. 233-248). Als Rida aber die nationalistischen Züge
der antiosmanischen Revolte erkannte, wandte er sich von ihr ab und unterstützte die archaische Wahhabiten-Bewegung und deren Träger: die Banu
Sa'ud-Dynastie, nachdem diese sich 1924 der inneren arabischen Halbinsel
bemächtigt und das Gebiet zu einem »islamischen« Staat erklärt hatten (cf.
hierzu A. Hourani, op. cit., p. 231, und die Ausführungen in § 4 unserer
Arbeit). Zu Ridas Ideen über das Kalifat cf. Raschid Rida, al-Khilafa au
al-imama al-'uzma (Das Kalifat oder das große Imamat), Kairo 1923, zuerst als Aufsatzserie in: al-Manar, Bd. 23/24, franz. Übers. Henri Laoust
(ed.), Le Califat dans la doctrine de R. Rida, Beirut 1938. Cf. arabische
Ausgabe, pp. 62 ff., franz. Ausgabe, pp. 105 ff., wo Rida die arabischen
Nationalisten kritisiert und sie abfällig »Mutafarnigin« (Verwestlichte)
nennt. Auszugsweise englische Übersetzung: R. Rida: Islam and the National Idea, in: Sylvia Haim (ed.), Arab Nationalism, Berkeley-Los Angelos
1962, pp. 75-77. Cf. ferner Malcolm Kerr, Islamic Reform, The Political
and Legal Theories of M. 'Abduh and Raschid Rida, Berkeley-Los Angelos
1966, pp. 153 ff., 187 ff. Die Differenz zwischen Rida und Kawakibi
kommt trefflich in einer Formulierung des arabischen Nationalisten Hazem Zaki Nuseibeh, The Ideas of Arab Nationalism, Ithaca-N. Y. 1956,
zum Ausdruck, mit der Nuseibeh von seiner Analyse der Ideen Ridas übergeht zur Behandlung von Kawakibis Ideen: »It is with a sense of relief that
one comes to the works of Abdul Rahman al-Kawakibi . . .« (p. 129) Allerdings verfällt Nuseibeh nicht dem Versuch, Kawakibi als arabischen
Nationalisten zu deuten; vielmehr schätzt er ihn richtig als »islamischen
Revivalisten« ein, dessen Ideen in Richtung des arabischen Nationalismus
wirksam wurden.

57 Husri, Bd. III, pp. 169 ff., 99 f., 104.
58 Ibid., p. 102.
59 Ibid., pp. 100 f.
60 Ibid.
61 Ibid., pp. 103 f.
62 Zit. nach Husri, Bd. III, p. 169. Maraghi war nicht nur einer der militante-
sten Gegner der arabischen nationalen Bewegung, sondern auch einer der
wichtigsten Träger der panislamischen Kalifatsbewegung in Ägypten. Ausführliche Informationen über Maraghis Aktivitäten enthält der Aufsatz
von Elie Kedourie, »Egypt and the Caliphate«, in: Journal of the Royal
Asiatic Society (1963), pp. 208-248. Hierin zeigt Kedourie auch, daß Maraghi von dem ägyptischen König Fuad unterstützt wurde, da dieser Ambitionen hatte, die Kalifenwürde zu übernehmen, die die panislamische Kalifatsbewegung wieder einzuführen anstrebte, nachdem das Kalifat durch die
siegreiche kemalistische Revolution in der Türkei aufgehoben worden war.
Cf. zu Maraghi ferner Marcel Colombe, L'évolution de l'Egypte 1924-
1950, Paris 1951, pp. 171 f.
63 Husri, op. cit., pp. 169 ff.
64 Husri, Bd. IV, pp. 207 f.

65 Husri, Bd. XIII, pp. 42 ff. Nach dem Untergang der 'Abbasidendynastie in Baghdad bedienten sich die in Ägypten herrschenden Mamluken eines der überlebenden 'Abbasiden, um ihn als Nachfolger der 'Abbasiden im Jahr 1261 in Kairo als Kalifen einzusetzen. Dieses Kalifat war freilich nur ein Scheinkalifat, hinter dem die Mamluken weiterherrschten (cf. Th. Arnold, The Caliphate, op. cit., pp. 89 ff.; Richard Hartmann, Zur Vorgeschichte des 'abbasidischen Schein-Chalifats von Cairo, Berlin 1950), bis die Osmanen unter Sultan Selim I Ägypten im Jahr 1517 eroberten. Osmanische »Hof«-Historiker behaupten, daß der letzte 'Abbasidenkalif in Ägypten: Mutawakkil, das Kalifat auf Sultan Selim I übertragen habe. Sir Th. Arnold bestreitet dies allerdings: »... but of alleged transfer of the dignity of the Khalifat there is no contemporary evidence at all« (op. cit., p. 143). C. H. Becker, Islamstudien, op. cit., Bd. II, p. 244, nennt die Behauptung, die Osmanen seien die rechtmäßigen Träger des Kalifats, eine »Anekdote«. Er weist auch auf die »Schmeichler und Hofhistoriker« hin, die den Osmanen »einen wunderbaren arabischen Stammbaum ... aufgetischt« haben, der bis auf den Propheten Muhammad zurückgeht, um so die »Rechtmäßigkeit« ihres Kalifats zu legitimieren.

66 Husri, Bd. XIII, p. 46.

67 al-Islam wa usul al-hukm, Nachdruck, ed. M. Dasuqi, Beirut 1966, erste Auflage Kairo 1925; franz. Übers. von L. Bercher unter dem Titel: »L'Islam et les bases du pouvoir«, in: Revue des Etudes Islamiques, Bd. 7 (1933), pp. 353-391, und Bd. 8 (1934), pp. 163-222. Im folgenden zitieren wir nach der genannten neuen arabischen Edition von M. Dasuqi.

68 'Ali 'Abdarraziq, op. cit., pp. 76 f. Solche Argumente brachte bereits Kawakibi vor; cf. S. Haim, »Alfieri and al-Kawakibi«, op. cit., pp. 324 f.

69 Zum Fetwa der Azhar-Ulema gegen 'Abdarraziq cf. L. Bercher, »De la brochure intitulée ›sentence des grands Uléma‹ (d'al-Azhar) sur le livre ›L'Islam et les bases du pouvoir‹«, in: Revue des Etudes Islamiques, Bd. 9 (1935), pp. 75-86; cf. ferner G. E. v. Grunebaum, »Nationalism and Cultural Trends in the Arab Near East«, in: Studia Islamica, Bd. 14 (1961), pp. 121-153, hierzu p. 132. Kritik an 'Abdarraziq hat auch der Panislamist A. Sanhoury vorgebracht: Le Califat, son évolution vers une Société des Nations Orientales, Paris 1926, pp. 37 ff. Zu Sanhoury kritisch R. Hartmann, »Ein moderner Ägypter über die Chalifatsfrage«, in: Der Islam, Bd. 16 (1927), pp. 274-276; Hartmann weist nach, daß Sanhoury, trotz aller anderslautenden Versicherungen, in seiner Kritik an 'Abdarraziq selbst den Standpunkt der Orthodoxie verlassen hat.

70 'Abdarraziq, op. cit., pp. 71 f. Zu Ibn Khaldun cf. § 6 b) unserer Arbeit und die dort aufgeführte Ibn-Khaldun-Literatur.

71 Ibid., p. 70. Diese Interpretation 'Abdarraziqs stimmt durchaus mit der sunnitischen Überlieferung überein, nach der das Kalifat nur 30 Jahre gedauert hat und sich danach in ein »Mulk« (= Königtum) verwandelte. Schon J. Horovitz schrieb – ohne Kenntnis des Buches von 'Abdarraziq –, daß die modernen islamischen Kreise, die für eine Trennung der geistlichen und weltlichen Macht plädierten, sich auf diese sunnitische Tradition berufen; cf. J. Horovitz, »Neuere Literatur über das Kalifat«, in: Der Islam, Bd. 15 (1926), pp. 79-82, hierzu p. 81.

72 'Abdarraziq, op. cit., p. 73. Dagegen steht Ibn Taimiyyas Interpretation

des Islams; cf. hierzu G. E. v. Grunebaum, »Problems of Muslims Nationalism«, in: R. N. Frye (ed.), Islam and the West, 'S-Gravehage 1957, pp. 7 bis 29, hierzu p. 10. G. E. v. Grunebaum belegt, daß für Ibn Taimiyya die Ausübung der Macht ein Teil der islamischen Religion war. Diese Interpretation Ibn Taimiyyas ist von Raschid Rida und den Wahhabiten übernommen worden.

73 'Abdarraziq, op. cit., p. 73.

74 Ibid., pp. 181 ff., hierzu p. 182.

75 Ibid., p. 184.

76 Ibid., p. 201.

77 Husri, Bd. IV, pp. 242 ff.

78 Ibid., p. 252.

79 G. E. v. Grunebaum, »Nationalism and Cultural Trends in the Arab Near East«, op. cit., p. 126, schreibt: »It's much more difficult to identify the cause of Islam with any of the actually existing Arab States; and where ›Pan-Arabism‹ and Islam may be considered complementary aspects of the same cultural and political manifestation, the local nationalism cannot as readily be reconciled with the Islamic aspiration.« Sowohl dieser Aufsatz als auch der von v. Grunebaum, »Problems of Muslim Nationalism«, op. cit. (Anm. 72 oben), ist wieder abgedruckt in Gustav E. v. Grunebaum, Modern Islam, The Search for Cultural Identity, Berkeley-Los Angelos 1962. Einige der in dieser Aufsatzsammlung enthaltenen Beiträge sind übernommen worden in die deutschsprachige Aufsatzsammlung v. Grunebaums, Studien zum Kulturbild und Selbstverständnis des Islams, Zürich 1969. Beide zitierten Sammelbände von v. Grunebaum vermitteln einen Überblick über den zeitgenössischen Islam, wenngleich die Interpretationen äußerst okzidentzentrisch sind und wir ihnen insgesamt nicht folgen. Weitere Standardwerke über den zeitgenössischen Islam sind: R. N. Frye (ed.), Islam and the West, op. cit.; Erwin I. J. Rosenthal, Islam in the Modern National State, Cambridge 1965; Bernard Lewis, The Middle East and the West, Bloomington 1965²; Richard Hartmann, Islam und Nationalismus, Berlin 1948; und nicht zuletzt die Aufsätze unter Teil III von R. Hartmann (ed.), Beiträge zur Arabistik, Semitistik und Islamwissenschaft, Leipzig 1944, pp. 425-530. Cf. auch die in § 4 unserer Arbeit zitierte Literatur zum modernen Islam.

80 So behauptet Franz Ansprenger, Auflösung der Kolonialreiche, München 1966, p. 133: »Der Panislamismus griff auf die ursprünglichen Werte des Islams zurück und orientierte sich dann noch an ihnen, als er faktisch immer stärker zum bloßen Panarabismus wurde.« Nach Ansprenger habe »der erste Weltkrieg … den Panislamismus erneut (politisiert) und wandelte ihn zum Panarabismus« (p. 134). Insgesamt sind Ansprengers drei Seiten füllende Ausführungen über den Panislamismus als überregionale, antikolonialistische Bewegung vage. Dies gilt auch für das Kapital über die »Eindämmung des arabischen Nationalismus«, pp. 74 ff., wo der ägyptische— regionale— Nationalismus mit dem panarabischen Nationalismus vermengt wird. Cf. meine Rezension zu F. Ansprenger, op. cit., in: Berliner Zeitschrift für Politologie, Bd. 9 (1968), H. 4, pp. 79-81.

81 So etwa von Elie Salem, »Nationalism and Islam«, in: Muslim World, Bd. 52 (1962), pp. 277-287. Salem behauptet: »Arab Nationalism … was the synthesis between universal Pan-Islamism and the local nationa-

lism . . .« (p. 277, passim). Die Belege, die Salem dazu gibt, sind fast alle irrelevant, da sie von marginalen Autoren stammen.

Zu § 9

1 Negib Azoury, Le réveil de la Nation Arabe dans l'Asie Turque, Paris 1905.

2 Zu Muhammad 'Alis Syrien-Politik cf. Mehmet Şinasi, Studien zur Geschichte der syrischen Politik Mehmed Alis von Ägypten, Diss. Phil., Göttingen 1936, parallel zu George Antonius, The Arab Awakening, London 1938², Kap. II, sowie die Ausführungen unter § 5 unserer Arbeit.

3 Cf. Henry Dodwell, The Founder of Modern Egypt, A Study of Muhammad 'Ali, Cambridge 1931, sowie § 4 unserer Arbeit.

4 Zur 'Orabi-Revolte cf. Lothar Rathmann, Neue Aspekte des 'Arabi-Aufstandes 1879 bis 1882 in Ägypten, Berlin 1968; Ibrahim Abu-Lughod, »The Transformation of Egyptian Elite: Prelude to the 'Urabi Revolte«, in: Middle East Journal, Bd. 21 (1967), pp. 325-344; Robert Tignor, »Some Material for a History of the 'Arabi Revolution«, in: Middle East Journal, Bd. 16 (1962), pp. 239-248; sowie Bassam Tibi, »Zum Verhältnis von Militär und kolonialem Nationalismus am Beispiel der arabischen Länder«, in: Sozialistische Politik, Bd. 1 (1969), H. 4, pp. 4-19. Die 'Orabi-Revolte war zugleich gegen die herrschende landesfremde Feudalkaste und die kolonialistische Hegemonie Englands in Ägypten gerichtet. Sie dokumentiert den Beginn der Partizipation des mittleren Offizierskorps in der nationalen progressiven Bewegung: 'Orabi war ein Oberst. Der Ägypter Muhammad Rifaat reproduziert die Kolonialpropaganda, wenn er sagt, die 'Orabi-Revolte sei die Ursache für die britische Okkupation Ägyptens gewesen, ohne zu begreifen, daß die Briten sie als gelegenen Vorwand nahmen; cf. M. Rifaat, The Awakening of Modern Egypt, London 1947, pp. 172 f.

5 Zur britischen Kolonialherrschaft in Ägypten cf. Theodor Rothstein, Die Engländer in Ägypten, Ergänzungshefte zur Neuen Zeit, Nr. 10, Stuttgart 1911; John Marlowe, Anglo-Egyptian Relations 1800-1953, London 1954, hierzu pp. 112 ff.; Robert L. Tignor, Modernization and British Colonial Rule in Egypt 1882-1914, Princeton, N. J., 1966; und zuletzt Afaf Lutfi-Sayyid, Egypt and Cromer, A Study in Anglo-Egyptian Relations, N. Y. 1968.

6 Zu den Beziehungen zwischen den panarabischen Nationalisten und England cf. G. Antonius, op. cit., Kap. VII und IX.

7 Fritz Steppat, »Nationalismus und Islam bei Mustafa Kamil, Ein Beitrag zur Ideengeschichte des ägyptischen Nationalismus«, in: Welt des Islam, n. s., Bd. 4 (1956), pp. 241-341, hierzu p. 258.

8 Walther Braune, Die Entwicklung des Nationalismus bei den Arabern, in: R. Hartmann (ed.), BASI, Leipzig 1944, pp. 425-438, hierzu p. 434. Die Wandlungen der ägyptischen Haltung gegenüber dem Panarabismus werden detailliert untersucht von Anwar G. Chejne, »Egyptian Attitudes towards Pan-Arabism«, in: Middle East Journal, Bd. 11 (1957), pp. 253-267; cf. auch Marcel Colombe, L'évolution de l'Egypt 1924-1950, Paris 1951, hierzu pp. 160 ff.

9 Cf. Nadav Safran, Egypt in Search of Political Community, An Analysis of the Intellectual and Political Evolution of Egypt 1804-1952, Cambrid-

ge, Mass., 1961, pp. 62 ff., und Jamal M. Ahmad, The Intellectual Origins
of Egyptian Nationalism, London 1960.

[10] Cf. Albert Houranis Vorwort zu. J. M. Ahmad, op. cit., p. X.

[11] F. Steppat, op. cit., p. 267.

[12] Ibid., p. 266.

[13] Ibid., pp. 269 ff.

[14] Ibid., pp. 268, 271, 334 ff.

[15] Ibid., p. 277.

[16] Ibid., pp. 258 ff.

[17] Ibid., p. 282.

[18] Ibid., p. 288.

[19] Ibid., p. 289.

[20] Ibid., pp. 287 f.

[21] Ibid., p. 284.

[22] Ibid., pp. 300 ff. Wenn von Kamil als europäisiertem liberalen Nationalisten gesprochen wird, dann muß zugleich im Anschluß an F. Steppat, op. cit., pp. 334 ff., betont werden, daß sich neben liberalen Momenten in Kamils Denken auch solche des integralen Nationalismus finden.

[23] F. Steppat, op. cit., pp. 304 ff. Kamil, der vor seiner Desillusionierung noch meinte: »Ohne Europa könnte Ägypten nicht existieren« (ibid., p. 305), sagte danach: »Bis heute hat uns unser Glaube verführt, das Ziel der Zivilisation Europas sei die wirkliche Gleichheit und die echte Gerechtigkeit ..., aber wir sind betrogen ... worden« (ibid., p. 306). Zur Entstehung der Entente cordiale cf. Erhard Richter, Lord Cormer, Ägypten und die Entstehung der französisch-englischen Entente von 1904, Diss. Phil. Leipzig 1931. Zu Mustafa Kamil cf. Nadaf Safran, op. cit., pp. 85-90; Albert Hourani, Arabic Thought in the Liberal Age, London 1962, pp. 199 ff., und Lothar Rathmann, »Mustafa Kamil, Politisches Denken und Handeln eines ägyptischen Patrioten«, in: Zeitschrift für Geschichtswissenschaft, Bd. 9 (1961), Sonderband, pp. 102-122. Rathmann stützt sich weitgehend auf Steppat, erschließt aber auch neues Material und ordnet Kamil in die gesamte ägyptische Nationalbewegung ein.

[24] Cf. hierzu L. Rathmann, op. cit., p. 121 f.

[25] Ibid., p. 120.

[26] N. Safran, op. cit., p. 85.

[27] Ibid., pp. 90-97; zu Lutfi Saiyid cf. auch J. M. Ahmad, op. cit., pp. 85-112, und A. Hourani, op. cit., pp. 170-182.

[28] N. Safran, op. cit., pp. 92 f.

[29] Zur Krise des ägyptischen Liberalismus cf. N. Safran, op. cit., pp. 181 ff., bes. pp. 187 ff. Safran zeigt auch, wie die liberal-demokratisch orientierte ägyptische bürgerliche Intelligenz ihren Platz den archaisch-konservativen Kräften überlassen mußte; cf. pp. 209 ff. Auch innerhalb des ägyptischen Bürgertums vollzog sich eine Wende vom demokratischen Liberalismus zum archaischen islamischen Denken, die an einem individuellen Exempel demonstriert werden kann: an dem umfangreichen Werk von Muhammad Husain Haikal. Die Entwicklung Haikals hat Baber Johansen, Muhammad Husain Haikal, Europa und der Orient im Weltbild eines ägyptischen Liberalen, Beirut-Wiesbaden 1967, vorzüglich nachgezeichnet. Haikal war eines der führenden Mitglieder der Liberal-Konstitutionellen Partei (LKP) und Schüler von Ahmad Lutfi Saiyid.

30 Je mehr der Liberalismus der bürgerlichen, verwestlichten Intelligenz an Einfluß verlor, desto stärker konnte sich die fundamentalistische islamische Strömung durchsetzen. Dies belegt auch die Tatsache, daß der Kern der sich 1929 konstituierenden Muslim-Bruderschaften in Ägypten war, wo diese Organisation bis zum Coup d'état der »Freien Offiziere« beträchtlich erstarkte. Diese historischen Zusammenhänge werden untersucht in Christina P. Harris, Nationalism and Revolution in Egypt, The Role of the Muslim-Brotherhood, The Hague-London 1964, hierzu pp. 111-142; cf. auch pp. 143 ff. Cf. ferner Erwin I. J. Rosenthal, Islam in the Modern National State, Cambridge 1965, pp. 103 ff., wo die Kritik der Muslim-Bruderschaften an allen Schattierungen des Nationalismus referiert wird.

31 Neben den verstreuten Hinweisen auf die Rolle Misris in der frühen pan-arabisch-nationalen Bewegung bei G. Antonius, op. cit., cf. Richard Hartmann, »Arabische Gesellschaften bis 1914«, in: idem (ed.), BASI, Leipzig 1944, pp. 439-467, hierzu pp. 461 f. Ausführlicher hierüber Majid Khadduri, »'Aziz 'Ali Misri and the Arab Nationalist Movement«, in: St. Antony's Papers (1960), pp. 140-163, und neuerlich die zwar materialreiche, aber einseitige Arbeit von Eliezer Be'eri, Army Officers in Arab Politics and Society, N. Y.-London 1970, pp. 41-48, 78 f., wo auch Misris Einfluß auf die »Freien Offiziere« erörtert wird. Es sei angemerkt, daß es schon vor den »Freien Offizieren« in Ägypten Ansätze zum Panarabismus gab, die jedoch nicht einflußreich waren; cf. hierzu Anwar G. Chejne, op. cit., pp. 257 ff. Chejne zeigt, daß erst mit den »Freien Offizieren« der Panarabismus in Ägypten Fuß fassen konnte; cf. ibid., pp. 262 ff.

32 Über diese Kontakte berichtet einer der »Freien Offiziere«: Anwar el-Sadat, Geheimtagebuch der ägyptischen Revolution, Düsseldorf-Köln 1957. Zum Bund der »Freien Offiziere« cf. Jean Ziegler, Politische Soziologie des neuen Afrika, München 1966, pp. 216 ff. Der Bund bestand bei seiner informellen Gründung 1938 aus nur drei Mitgliedern: Nasser, Sadat und Mohieddin; cf. hierzu el-Sadat, op. cit., pp. 26 ff., und in einem breiteren Zusammenhang Lothar Rathmann, »Über die Rolle der Armee in der ägyptischen Revolution«, in: Zeitschrift für Militärgeschichte, Bd. 7 (1968), H. 2, pp. 167-182, hierzu pp. 172 ff., sowie E. Be'eri, op. cit., pp. 76 ff. Ein Portrait des Führers der »Freien Offiziere«: Nasser, und einen Überblick über seine politischen Ideen gibt Fritz Steppat, »Gamal 'Abdannasir«, in: Die geistig politischen Profile der Gegenwart in Asien, ed. R. Kerschagl, im Auftrag der österreichischen UNESCO-Kommission, Wien 1964, pp. 32-50; cf. auch idem, »Nassers Revolution«, in: Europa-Archiv, Bd. 17 (1962), H. 5, pp. 163-173.

33 Cf. hierzu § 5 unserer Arbeit. Es ist wichtig zu wissen, daß die irakischen Offiziere, die diesen Coup d'état ausführten, Freunde Misris aus der Zeit des Geheimbundes »al-'Ahd« waren.

34 El-Sadat, op. cit., pp. 56 f. Wie die arabischen frankophilen und anglophilen Nationalisten der frühen Phase der arabischen Nationalbewegung nicht zwischen den emanzipativen Gehalten der französischen und englischen Kultur und England bzw. Frankreich als Kolonialmacht zu differenzieren vermochten, so konnten die arabischen germanophilen Nationalisten nicht begreifen, daß das offizielle Deutschland ebenso wie Frankreich und England Kolonialinteressen hatte und schon seit Bismarck eine Kolonialpolitik

betrieb. Cf. hierzu Hans-Ulrich Wehler, Bismarck und der deutsche Imperialismus, Köln 1969, pp. 227 ff., sowie Lothar Rathmann, Zur Ägyptenpolitik des deutschen Imperialismus vor dem Ersten Weltkrieg, in: Walter Markov (ed.), Geschichte und Geschichtsbild Afrikas, Berlin 1960, pp. 73-99; idem; »Zur Legende vom ›antikolonialen‹ Charakter der Baghdadbahnpolitik in der wilhelminischen Ära«, in: Zeitschrift für Geschichtswissenschaft, Bd. 9 (1961), Sonderband, pp. 246-270. Die Arbeit Wehlers ist der Rathmanns überlegen: sie hat den Vorzug, sachlich und ohne Polemik, dazu gut fundiert zu sein, während Rathmann streckenweise nicht mehr zwischen Analyse und Propaganda unterscheiden kann.

[35] El-Sadat, op. cit., p. 57.

[36] G. A. Nasser, Philosophie der Revolution, deutsche Ausgabe, Kairo o. J., pp. 68 ff.

[37] Zit. nach Husri, Bd. VIII, p. 7.

[38] Husri, op. cit., p. 7. Husri nennt diese Verfassung auch »einen großen Schritt nach vorn, wenn nicht gar einen bezaubernden Sprung in Richtung Arabismus«; op. cit., p. 12.

[39] Ibid., p. 11.

[40] Ibid., p. 8.

[41] Cf. § 4 c) unserer Arbeit.

[42] Cf. hierzu A. Hourani, op. cit., pp. 95 ff., und die Ausführungen in § 5 unserer Arbeit.

[42a] Cf. James Heyworth-Dunne, »Printing and Translations under Muhammad 'Ali of Egypt, The Foundation of Modern Arabic«, in: Journal of the Royal Asiatic Society (1940), pp. 325-349, sowie Walther Braune, »Beiträge zur Geschichte des neuarabischen Schrifttums«, in: Mitteilungen des Seminars für Orientalische Sprachen, Bd. 36 (1933), pp. 117-140.

[43] Husri, Bd. VIII, p. 15.

[44] Cf. ibid., pp. 17 ff.

[45] Ibid., pp. 19 f.

[46] Ibid., p. 21, und Husri, Bd. XI, p. 81.

[47] Husri, Bd. III, p. 143. Zur Bedeutung Ägyptens in Husris Konzeption cf. auch A. G. Chejne, op. cit., p. 257.

[48] Zu M. 'Orabi cf. Anm. 4 oben.

[49] Zu Muhammad Farid cf. die jetzt zugänglich gemachten nützlichen Materialien in: al-Katib, Bd. 9 (1969), H. 104/Nov., und H. 105/Dez.

[50] Husri, Bd. IV, p. 209.

[51] Ibid., p. 211. Bekanntlich hat Sultan Abdülhamid II mit Hilfe Englands die Absetzung des Khediven Isma'il erwirkt, weil dieser auf die Forderungen der 'Orabi-Revolte einging; cf. hierzu L. Rathmann, »Über die Rolle der Armee in der ägyptischen Revolution«, op. cit., p. 168.

[52] Zu Lutfi Saiyid cf. die in Anm. 27 oben genannte Literatur.

[53] A. Lutfi Saiyid in: al-Musawwar vom 5. Mai 1950, hier zitiert nach Husri, Bd. VIII, pp. 103 f.

[54] Husri, Bd. VIII, p. 110.

[55] Zu Taha Husain cf. A. Hourani, op. cit., pp. 324-340, sowie N. Safran, op. cit., pp. 129-131, und vor allem die umfassende Monographie von Pierre Cachia, Taha Husayn, His Place in the Egyptian Literary Renaissance, London 1956. Husain hatte auf das kulturelle Leben in Ägypten einen immensen Einfluß, der an seine Machtposition gekoppelt war: er bekleidete

das Amt des Dekans der Philosophischen Fakultät der Kairoer Universität
sowie das Amt des Erziehungsministers.

[56] »ad-Doctor Taha Husain jatahaddath 'an al-'urubah« (Dr. Taha Husain
spricht über den Arabismus), in: al-Makschuf (Beirut), H. 175 (1938), hier
zit. nach Husri, Bd. III, p. 119.

[57] Taha Husain in: al-Hilal, Jg. 1939, hier zitiert nach Husri, Bd. III,
pp. 136 f.

[58] Husri, op. cit., p. 125.

[59] Ibid., p. 139.

[60] Taha Husain, Mustaqbal ath-thaqafa fi misr, Kairo 1938, engl. Übers.
(von S. Glazer): The Future of Culture in Egypt, Washington 1950. Im folgenden zitieren wir nach dem arabischen Original.

[61] A. Hourani, op. cit., p. 327.

[62] Taha Husain, op. cit., p. 28 f. Kurioserweise wurden Ähnlichkeiten mit Europäern schon vor Taha Husain von dem völlig anders orientierten Tahtawi erörtert, allerdings nicht nur zwischen Ägyptern und Europäern, sondern zwischen den Arabern schlechthin und den Franzosen; cf. Karl Stowasser, At-Tahtawi in Paris, Diss. Phil., Münster 1966, o. O. 1968,
pp. 304 ff. So schreibt Tahtawi: »Nach reiflicher Überlegung über die Sitten und die politischen Verhältnisse der Franzosen will mir scheinen, daß
sie den Arabern ähnlicher sind als den Türken und andern Rassen ...«
(p. 304).

[63] Taha Husain, op. cit., p. 18. Solche Einstellung ist nicht nur Husain
eigentümlich; sie war unter der europäisierten bürgerlichen Intelligenz
Ägyptens üblich: diese wollte europäischer als die Europäer sein.

[64] Ibid., p. 16.

[65] Ibid., pp. 281, 292, etc.

[66] Husri, Bd. XVIII, p. 383 f.

[67] Ibid., p. 352.

[68] Husri, Bd. VIII, p. 25.

[69] Ibid., pp. 35 ff.

[70] Ibid., pp. 41 ff.

[71] Ibid., pp. 42, 66 ff.; cf. auch § 7 b) unserer Arbeit.

[72] Ibid., p. 66.

[73] Ibid., p. 64.

[74] Ibid., pp. 65 f. Im Falle der Ägypter kommen nach Husri außer der arabischen noch vier weitere Zugehörigkeiten in Frage: (1) die afrikanische, (2)
die zum Mittelmeerraum, (3) die pharaonische, (4) die islamische. Diese
vier Möglichkeiten einer Zugehörigkeit erörtert Husri in seiner Diskussion
mit einer Reihe ägyptischer Publizisten, die die Frage gestellt haben, zu
welchem Kreis die Ägypter gehören (cf. Husri, Bd. XI, pp. 77-138). Die
Zugehörigkeit zu Afrika weist Husri zurück, weil die Zugehörigkeit zu einem Kontinent keine politische sei (pp. 91, 93, 95). Die Zugehörigkeit zum
Mittelmeer-Kulturkreis ist für Husri eine Legende des französischen Kolonialsystems, das seine Hegemonie unter dem ideologischen Vorwand einer
solchen – nicht existenten – Kultur zu etablieren versuchte (pp. 96, 99).
Die Zugehörigkeit der Ägypter zur pharaonischen Kultur erkennt Husri
nicht an, weil die pharaonische Kultur eine Angelegenheit der klassischen
Geschichte sei und von den Pharaonen nur mehr die Pyramiden und andere
Monumente zeugten, während die ägyptische Kultur ausgesprochen ara-

bisch sei (pp. 113 f., cf. auch Husri, Bd. VIII, p. 90). Und schließlich ist Ägypten für Husri kein islamisches Land, da in Ägypten nicht nur Muslime leben, sondern (ca. zwei Millionen) Christen, die ebenso Ägypter seien – ein gewichtiges Argument, wenn man davon absieht, daß die Religion für Husri kein politisches Band ist (cf. Husri, Bd. XI, pp. 100, 107). Es bleibt also nur die arabische, nach Husri die einzig haltbare Kulturzugehörigkeit (pp. 108, 110). Insgesamt war die Frage, ob Ägypten arabisch sei, ein zentrales Problem für panarabische Autoren, die einmal gegen die ägyptischen Nationalisten auftraten und zum anderen gegen die pansyrischen Nationalisten, die die Ägypter abfällig als Nachfolger der Pharaonen einstuften. Von den verstreuten vielen Arbeiten hierüber sei die einflußreiche Studie des panarabischen Historikers Muhammad 'Izzat Darwaza genannt: 'Urubat misr fil-qadim wal-hadith au qabl al-islam wa ba'dahu (Das Arabertum Ägyptens in Vergangenheit und Gegenwart, oder: Vor dem Islam und danach), Beirut 1963[2]; cf. auch Anis Sayigh, al-Fikra al-'arabiyya fi misr (Der arabische Gedanke in Ägypten), Beirut 1959, sowie das entsprechende Kapitel in 'Abdarrahman Bazzaz, Hadhihi qaumiyyatuna (Das ist unser Nationalismus), Kairo 1964[2], pp. 397 ff.

[75] B. Johansen, op. cit., p. 63; cf. auch pp. 69 f.

[76] Zit. nach B. Johansen, op. cit., p. 70.

[77] Zur Wafd-Partei cf. die Monographie von Zaheer M. Quraishi, Liberal Nationalism in Egypt: Rise and Fall of the Wafd-Party, Delhi 1967, sowie Ernst Klingmüller, Geschichte der Wafd-Partei im Rahmen der gesamt-politischen Lage Ägyptens, Diss. Phil., Berlin 1937; Marcel Colombe, L'évolution de l'Égypt 1924-1950, op. cit., pp. 53 ff., und Jacob M. Landau, Parliaments and Parties in Egypt, Tel-Aviv 1953, pp. 148 ff.

[78] Cf. hierzu B. Tibi (ed.), Die arabische Linke, Frankfurt/M. 1969, pp. 31 ff.; dort auch Literaturhinweise und Bibliographie im Anhang; cf. auch das Nachwort der vorliegenden Arbeit.

Zu § 10

[1] Nach dem von der Syrischen Sozialnationalistischen Partei vorbereiteten und mißlungenen Staatsstreich 1961 im Libanon war die Verbreitung des Schrifttums der Partei im Libanon bis Mitte 1969 streng untersagt. Lange zuvor schon waren die Schriften von Sa'ada und SSNP-Anhängern in anderen arabischen Ländern verboten worden. Da auch die deutschen öffentlichen Bibliotheken, die nur in seltenen Fällen moderne arabische politische Literatur beschaffen, keine Originalschriften von Sa'ada und Vertretern des syrischen Nationalismus besitzen, mußten wir uns hier auf folgende zugängliche Literatur beschränken: drei längere Textauszüge aus den Schriften Sa'adas in englischer Übersetzung in: K. H. Karpat (ed.), Political and Social Thought in the Contemporary Middle East, London 1968, pp. 72 ff., 87 ff., 95 ff. Einen Überblick über das Schrifttum der Parteianhänger vermittelt die annotierte Bibliographie von F. I. Qubain, Inside the Arab Mind, Arbington 1960, pp. 45-48; cf. auch die Bibliographie von Labib Z. Yamak, The Syrian Social Nationalist Party, An Ideological Analysis, Cambridge, Mass., 1969[2] (zuerst 1966), pp. 149 ff. Auf diese letztgenannte Quelle stützen wir uns auch in den folgenden Ausführungen. Es

handelt sich um die Dissertation eines ehemaligen Mitgliedes der SSNP, der eine intime Kenntnis des Parteischrifttums aufweist. Ferner stützen wir uns auf das Kapitel über die SSNP in der informativen Studie von Patrick Seale, The Struggle for Syria, London 1965, pp. 64-72, sowie auf J. Sawaya, The Genesis of the Syrian Social Nationalist Party, in: K. H. Karpat (ed.), op. cit., pp. 98 ff., und K. Jumblat, Spiritual Materiality is a False Theory . . ., in: ibid., pp. 102 ff.

2 Erwähnenswert ist, daß der französische Jesuitenpater Henri Lammens in seiner Schrift: La Syrie, Beirut 1921, Syrien zu einer selbständigen, weder arabischen noch islamischen Nation erklärt. Lammens ist bekannt für seine christlich motivierte antiarabische und antiislamische Attitüde. Die gleiche Behauptung findet sich in der kurzen Geschichte Syriens, die der amerikanisierte libanesische Historiker Philip K. Hitti vorgelegt hat: Suriyya wa's-suriyyun min nafidhat at-tarikh (Syrien und die Syrer aus dem Blickwinkel der Geschichte), N. Y. 1926. Beide Arbeiten dürften Sa'ada bekannt gewesen sein, wenngleich Yamak, op. cit., p. 54, dies für unwahrscheinlich hält. Sa'adas Idee einer »syrischen Nation« scheint uns eine Synthese aus Lammens Vorstellungen und denen des deutschen bzw. italienischen völkischen Nationalismus zu sein.

3 Yamak, op. cit., p. 56 f.; P. Seale, op. cit., p. 68; cf. auch Albert Hourani, Arabic Thought in the Liberal Age, London 1962, p. 317 f.

4 Cf. die in Anm. 1 oben zitierten Bibliographien bei Yamak und Quabain.

5 Die Abweichung der zweiten Auflage von der ersten weist Husri, Bd. IX, pp. 115 ff., an Hand einer Gegenüberstellung beider Texte überzeugend nach.

6 Yamak, op. cit., p. 67; P. Seale, op. cit., p. 70.

7 Yamak, op. cit., pp. 72 ff., 146.

8 Ibid., p. 68 ff.

9 A. Hourani, op. cit., p. 318; P. Seale, op. cit., p. 72.

10 Cf. hierzu Fahim I. Qubain, Crisis in Lebanon, Washington 1961; Mohammed Shafi Agwani (ed.), The Lebanese Crisis 1958, A Documentary Study, London 1965.

11 Cf. z. B. die Artikelserie des führendsten SSNP-Mitgliedes Asad Aschqar unter dem Pseudonym Sab' Bulos Humaidan in der großen libanesischen Tageszeitung »an-Nahar«; diese Artikel liegen jetzt auch in Buchform vor: Asad Aschqar, Nazarat fi tarikhuna wa auda'una al-hadira, Min mafahim al-insan ag-gadid (Blicke auf unsere zeitgenössische Geschichte und unsere gegenwärtigen Verhältnisse, Von den Begriffen des neuen Menschen), Beirut o. J. (um 1969); Henri Hamati, Gamahir wa kawarith (Massen und Katastrophen), Beirut 1968. Cf. auch die Ausgaben der zur neuen SSNP gehörenden Zeitschrift »Fikr« (Beirut). Kritisch zu den neuen Publikationen und Aktivitäten der SSNP äußert sich 'Afif Farrag, »al-Qaumiyyun al-igtima 'iyyun wal hugum 'ala al-marxiyya« (Die Sozialnationalisten und der Angriff auf den Marxismus), in: al-Hurria, Bd. 10 (1969), Nr. 466, pp. 12-13, und Nr. 467, pp. 12-14; idem: »al-Qaumiyyun as-suriyyun fi tab'a munaqqaha« (Die syrischen Nationalisten in einer verbesserten Neuauflage), in: al-Hurria, Bd. 10 (1969), Nr. 480, pp. 10-11, und Nr. 482, pp. 10-11; cf. auch Zahi Scharfan, »Abna' al-hayat wa schagarat al-fikr al-yabisa« (Die Söhne des Lebens und der vertrocknete Baum des Denkens), in: Dirasat 'Arabiyya, Bd. 6 (1970), H. 3, pp. 114-128; der Titel des Aufsatzes parodiert die politisch romantischen Begriffe der SSNP.

¹² Cf. Yamak, op. cit., p. 59; P. Seale, op. cit., p. 69.

¹³ Yamak, op. cit., p. 59, schreibt: »While the SSNP was decidedly a dictatorial organization with strong fascistic tendencies, there was apparently no tangible evidence to prove its subservience to Germany and Italy.« Cf. auch P. Seale, op. cit., p. 69.

¹⁴ Yamak, op. cit., p. 76.

¹⁵ Ibid., p. 77.

¹⁶ Sa'ada, zit. nach Yamak, op. cit., p. 79.

¹⁷ Nach Yamak, op. cit., p. 79 f.

¹⁸ Nach Yamak, op. cit., p. 80.

¹⁹ Zit. nach H. B. Sharabi, »Die Entstehung einer revolutionären Ideologie in der arabischen Welt«, in: Bustan, Bd. 10 (1969), H. 2/3, pp. 3-11, hierzu p. 8.

²⁰ H. B. Sharabi, op. cit., p. 7, weist auf den großen Einfluß der irredentistischen Bewegung in Italien auf Sa'ada hin; cf. auch Anm. 2 oben.

²¹ Cf. Antun Sa'ada, »The Teaching Book of the Syrian Social Nationalist Party«, in: K. H. Karpat (ed.), op. cit., pp. 95 ff.; Yamak, op. cit., pp. 82 ff.; Husri, Bd. IX, pp. 104 ff.; P. Seale, op. cit., pp. 65 ff.

²² Cf. Antun Sa'ada, »The Principles of Syrian Nationalism and its Party«, in: K. H. Karpat, op. cit., pp. 88 ff.; Yamak, op. cit., pp. 89 ff.; Husri, Bd. IX, pp. 106 ff.; P. Seale, op. cit., pp. 65 ff.

²³ Zu dieser Problematik cf. Muhammad Kischli, Kapitalismus und Linke im Libanon, ed. B. Tibi, Frankfurt/M. 1970, pp. 88 ff., sowie die Einleitung des Herausgebers darin, pp. 5 ff. Cf. auch Wilhelm Kewenig, Die Koexistenz der Religionsgemeinschaften im Libanon, Berlin 1965. Speziell zur Ideologie des frankophonen, partikularistischen libanesischen Nationalismus, wie sie von der semifaschistischen Parteiorganisation »Phalanges Libanaises« verfochten wird, cf. den Text des Partei-Ideologen und -Organisators Pierre Gemayel, »Lebanese Nationalism and its Foundation: The Phalangist Viewpoint«, in: K. H. Karpat (ed.), op. cit., pp. 107 ff. Auch mit der »Phalanges Libanaises« hat Husri sich auseinandergesetzt; cf. Husri, Bd. IX, pp. 34-68, wo er auf die Kritik des Zentralorgans der Partei: »al-A'mal« (Beirut), antwortet. In »al-A'mal« erschien in den Ausgaben vom 23., 24., 25., 26., 30. August und 2. September des Jahrgangs 1951 eine Artikelserie unter dem Titel: »al-Wahda al-'arabiyya bainana wa bain faila-sufiha Sati' al-Husri« (Der Panarabismus aus unserer Sicht und aus der Sicht seines Philosophen Sati' Husri); aus Umfangsgründen gehen wir in unserer Arbeit auf diese Kontroverse nicht ein.

²⁴ Übers. aus dem Arabischen; Zitat bei Husri, Bd. XII, p. 23, engl. Übers. bei Yamak, op. cit., p. 111.

²⁵ P. Seale, op. cit., p. 67.

²⁶ Husri, Bd. IX, p. 70.

²⁷ Husri, Bd. IX, p. 70 ff.; Yamak, op. cit., passim.

²⁸ Husri, Bd. IX, p. 70.

²⁹ Ibid., p. 74 ff.

³⁰ Ibid., pp. 71 ff.

³¹ Ibid., pp. 89 ff.

³² Ibid., pp. 136 ff.

³³ Ibid., pp. 79 ff., 97 ff., etc.

³⁴ Ibid., p. 71.

186	35 Ibid., p. 73.
——	36 Ibid.
191	37 Ibid., p. 72.
	38 Ibid., pp. 74 f.
	39 Husri, Bd. IX.
	40 Husri, Bd. XII.
	41 Nach Husri, Bd. XII, p. 34.
	42 Nach Husri, Bd. XII, p. 37.
	43 Husri, Bd. XII, p. 30.
	44 Ibid., pp. 13 ff.
	45 Sami Khuri, ar-Rad 'ala Sati' al-Husri (Replik auf Sati' Husri), Beirut o. J.

Zum Nachwort

1 Zur Ba'th-Partei cf. die Monographie von Kamel Abu-Jaber, The Arab Ba'th Socialist Party, History, Ideology, and Organization, Syracuse-N. Y. 1966, und B. Tibi (ed.), Die arabische Linke, Frankfurt/M. 1969, pp. 26 ff. In beiden Publikationen finden sich Hinweise über weiterführende Literatur.

2 Eric Rouleau, »The Syrian Enigma, What is the Baath?« in: New Left Review (1967), H. 45, pp. 53-65, hierzu p. 57.

3 Ibid.

4 Ibid., p. 56.

5 Zur Geschichte Syriens nach Erlangung der Unabhängigkeit 1945 cf. die Monographie von Gordon H. Torrey, Syrian Politics and the Military, Columbos-Ohio 1964, die, wenngleich brauchbar, eine Reihe von Fehlern und Ungenauigkeiten enthält, auf die Fritz Steppat in seiner Rezension in: Oriens, Bd. 18/19 (1965/66), hingewiesen hat. Vorzuziehen ist die Monographie von Patrick Seale, The Struggle for Syria, A Study of Post-War Arab Politics, London 1965; cf. jetzt auch Abdul Latif Tibawi, A Modern History of Syria, London-N. Y. 1969.

6 Diese These Fanons wird diskutiert in B. Tibi, »Zum Verhältnis von Militär und kolonialem Nationalismus am Beispiel der arabischen Länder«, in: Sozialistische Politik, Bd. 1 (1969), H. 4, pp. 4-19; cf. auch § 2 d) unserer Arbeit.

7 Diese Differenz zwischen Husri und 'Aflaq wird von Muhammad Kischli herausgearbeitet: »al-Ideologiyya wa ag-gamahir fi ath-thaura al-'arabiyya« (Die Ideologie und die Massen in der arabischen Revolution), in: Mawaqif, Bd. 1 (1969), H. 6, pp. 60-71, bes. pp. 69 f.

8 Michel 'Aflaq, Fi sabil al-ba'th (Für die Wiedergeburt), Beirut 1963³, p. 48.

9 Ibid., p. 85.

10 Ibid., p. 26.

11 Ibid., p. 224. Von 'Aflaq liegen in englischer Übersetzung u. a. folgende Arbeiten vor: M.'Aflaq, »The Socialist Ideology of the Ba'th«, in: K. H. Karpat (ed.), The Political and Social Thought in the Contemporary Middle East, London 1968, pp. 185-197; idem: Nationalism and Revolution, in: S. Haim (ed.), Arab Nationalism, Berkeley-Los Angelos 1962, pp. 242-250. Zur Interpretation der Ideen 'Aflaqs im Rahmen der Darstellung der Ba'th-Partei cf. B. Tibi (ed.), Die arabische Linke, op. cit.,

pp. 26 ff.; K. Abu-Jaber, op. cit.; L. Binder, The Ideological Revolution in 191
the Middle East, N. Y. 1964, pp. 154-197; Gordon H. Torrey, »The Ba'th- —
Ideology and Practice«, in: The Middle East Journal, Bd. 23 (1969), H. 4, 194
pp. 445-470.

12 Zur Diskussion des bonapartistischen Nationalismus des Kleinbürgertums
cf. B. Tibi (ed.), Die arabische Linke, op. cit., pp. 69 ff., 87 ff.; idem: »Zum
Verhältnis von Militär und kolonialem Nationalismus am Beispiel der arabischen Länder«, op. cit.; idem: »Die Krise des Burgibismus, Entstehung
und Verfall des ›konstitutionellen Sozialismus‹ in Tunesien«, in: Das Argument, Bd. 12 (1970), H. 59, pp. 530-555.

13 Husri, Bd. XIX, p. 241.

14 Husri, Bd. XIX, passim.

15 M. Kerr, The Arab Cold War 1958-1967, London-N. Y. 1967²; cf. auch
Fritz Steppat, »Die arabischen Staaten zwischen Ost und West«, in: Wilhelm Cornides (ed.), Die internationale Politik, München 1961, pp. 671-
752.

16 Zur Ideologiekritik der nasseristischen Variante des »arabischen Sozialismus« cf. meine in Anm. 12 oben angeführten Arbeiten sowie B. Tibi, »Der
arabische Sozialismus«, in: Iring Fetscher (ed.), Der Sozialismus, München
1968, pp. 378-387; cf. auch die Dokumentation von S. Hanna und
G. Gardner (eds.), Arab Socialism, A Documentary Survey, Leiden 1969.
Die Arbeit von W. Ule, Der arabische Sozialismus, Opladen 1969, ist dil-
letantisch und unbrauchbar.

17 Zur organisatorischen Struktur der Ba'th-Partei cf. K. Abu-Jaber, op. cit.,
passim, bes. das Organisationsschema auf p. 145.

18 Cf. den bibliographischen Anhang bei K. Abu-Jaber, op. cit., pp. 208 ff.

19 Nidal al-ba'th (Der Kampf der Ba'th), 7 Bde., Beirut 1963-1965.

20 Alhakam Darwaza und Hamid Gabburi, Ma' al-qaumiyya al-'arabiyya
(Mit dem arabischen Nationalismus), 4. erweiterte Auflage, Beirut 1960.
Alhakam Darwaza ist der Sohn des Historikers 'Izzat Darwaza, eines der
führendsten Mitglieder der frühen arabischen Nationalbewegung; über 'Izzat Darwaza cf. Anm. 85 zu § 5 unserer Arbeit.

21 Cf. John P. Halstead, Rebirth of a Nation: The Origins and the Rise of Moroccan Nationalism 1912-1944, Cambridge, Mass., 1967; Douglas E. Ash-
ford, Political Change in Morocco, Princeton, N. J., 1961, und jetzt den Li-
teraturbericht von John Damis, »Developments in Morocco under French
Protectorate 1925-1943«, in: Middle East Journal, Bd. 24 (1970), H. 1, pp.
74-86; cf. auch B. Tibi (ed.), Mehdi Ben Barka, Revolutionäre Alternative,
München 1969.

22 Cf. Th. Oppermann, Die algerische Frage, Stuttgart 1959; Wolfgang Ohn-
eck, Die französische Algerienpolitik 1919-1939, Köln-Opladen 1967;
David C. Gordon, The Passing of French Algeria, London 1965; Frantz
Fanon, Aspekte der algerischen Revolution, Frankfurt/M. 1969.

23 W. Ruf, Der Burgibismus und die Außenpolitik des unabhängigen Tunesien; Bielefeld 1969; C. H. Moore, Tunisia Since Independence, Los Ange-
los-Berkeley 1965; D. L. Ling, Tunisia, From Protectorate to Republic,
Bloomington 1967; zum Maghrib im allgemeinen cf. Roger Le Tourneau,
Evolution politique de l'Afrique du Nord Musulmane 1920-1961, Paris
1962.

24 Cf. Anm. 22 oben.

195 ²⁵ Dieses Gründungsdokument ist abgedruckt in: al-Hurria (Beirut), Bd. 7
——— (1966), Nr. 305, pp. 16-17, wonach wir hier zitieren.
197 ²⁶ Jacin Hafez, Zu einigen kleinbürgerlichen Begriffen über die nationale Frage, in B. Tibi (ed.), Die arabische Linke, op. cit., pp. 72 ff., hierzu pp. 74 f.
²⁷ Ibid., pp. 84 f.
²⁸ Gruppe »Perspectives«, Allgemeine Charakteristika der gegenwärtigen
Entwicklungsphase Tunesiens, in B. Tibi (ed.), op. cit., pp. 90 ff., hierzu pp.
70 f. Aus diesen Belegen wird deutlich, daß die Zielsetzung einer arabischen
Einheit nicht eine kleinbürgerliche Ideologie sein muß, sondern durchaus
im Rahmen einer fortschrittlichen Strategie stehen kann. Zum Verhältnis
von Panarabismus und arabischer Arbeiterbewegung cf. die Monographie
von Willard A. Beling, Pan-Arabism and Labor, Cambridge, Mass., 1960.
²⁹ Elias Morkus, Naqd al-fiqr al-qaumi (Kritik des nationalistischen Denkens), Bd. I: Sati' Husri, Beirut 1966, p. 578.
³⁰ Dieser Prozeß ist vorläufig dokumentiert in B. Tibi (ed.), Die arabische
Linke, op. cit., passim.
³¹ Kritisch zum Nasserismus cf. A. Abdel-Malek, Egypte, Société militaire,
Paris 1962, englische, erweiterte Übersetzung N. Y. 1968; H. Riad,
L'Egypte Nasserienne, Paris 1964; und jetzt M. Husein, La lutte des classes
en Egypte 1945-1968, Paris 1969.
³² Cf. Muhsin Ibrahim (ed.), Limadha munazzamat al-ischtirakiyyin al-lubnaniyyin? (Warum Organisation Libanesischer Sozialisten?), Beirut 1970,
passim.

Bibliographie

Zur besseren Übersicht ist die Bibliographie in folgende sechs Schwerpunkte untergliedert:

I Allgemeine Literatur und Monographien über den Nationalismus in Westeuropa sowie allgemein-theoretische Werke
II Literatur zum deutschen, panslavischen und irischen Nationalismus und zu dem jeweiligen historischen Kontext
III Literatur zum Nationalismus in der »Dritten Welt« (ausgenommen der arabische Orient) einschließlich Monographien
IV Sati' Husris Werke einschließlich Übersetzungen in europäische Sprachen und Sekundärliteratur
V Arabische Primärliteratur
VI Literatur zum arabischen Nationalismus, zum modernen Islam und zur modernen Geschichte des arabischen Orient

I *Allgemeine Literatur und Monographien über den Nationalismus in Westeuropa sowie allgemein-theoretische Werke*

Arendt, Hannah, Elemente und Ursprünge totaler Herrschaft, Frankfurt/M. 1957[2].

Baron, Salo Wittmayer, Modern Nationalism and Religion, N. Y. 1947.

Bauer, Otto, Die Nationalitätenfrage und die Sozialdemokratie, Marx-Studien, eds. M. Adler und R. Hilferding, Bd. II, Wien 1924[2].

Bloom, Solomon Frank, The World of Nations, A Study of the National Implications in the Work of Karl Marx, N. Y. 1941 (Diss. Phil.).

Bracher, Karl D., »Der Nationalstaat«, in: Staat und Politik, Das Fischer Lexikon, eds. K. Bracher und E. Fraenkel, Frankfurt/M. 1962, pp. 198-204.

Buthmann, William C., The Rise of Integral Nationalism in France with Special Reference to the Ideas and Activities of Ch. Maurras, N. Y. 1939 (Diss. Phil.).

Chadwick, H. Munro, Nationalities of Europe and Growth of National Ideologies, Cambridge 1966[2].

Davis, Horace B., Nationalism & Socialism, Marxist and Labor Theories of Nationalism to 1917, N. Y. und London 1967.

Deutsch, Karl W., An Interedesciplinary Bibliography on Nationalism 1935 bis 1953, Cambridge 1956.
- (ed.), Nation-Building, N. Y. 1963.
- Nationalism and Social Communication, An Inquiry into the Foundations Nationality, Cambridge, Mass., 1966².
Dreitzel, Hans Peter (ed.), Sozialer Wandel, Neuwied 1967.
Engels, Friedrich, »Das Fest der Nationen in London«, in: Marx-Engels-Werke, Bd. 2, Berlin 1962, pp. 611-624.
- »Über den Verfall des Feudalismus und das Aufkommen der Bourgeoisie«, in: Marx-Engels-Werke, Bd. 21, Berlin 1962, pp. 392 ff.
- »Po und Rhein«, in: Marx-Engels-Werke, Bd. 13, Berlin 1964², pp. 225 bis 268.
Euchner, Walter, Naturrecht und Politik bei John Locke, Frankfurt/M. 1969.
Fetscher, Iring, Rousseaus politische Philosophie, Zur Geschichte des demokratischen Freiheitsbegriffs, Neuwied-Berlin 1960.
- Der Marxismus und seine Geschichte in Dokumenten, Bd. III, Politik, München 1965, Kap. »Die Nation«, pp. 91-128.
- Von Marx zur Sowjetideologie, Frankfurt/M. 1965¹¹.
- Karl Marx und der Marxismus, München 1967.
- et al., Rechtsradikalismus, Frankfurt/M. 1967².
Habermas, Jürgen, »Naturrecht und Revolution«, in: J. Habermas, Theorie und Praxis, Sozialphilosophische Studien, Neuwied-Berlin 1963, pp. 52 ff.
- Strukturwandel der Öffentlichkeit, Untersuchungen zu einer Kategorie der bürgerlichen Gesellschaft, Neuwied-Berlin 1965².
- Erkenntnis und Interesse, Frankfurt/M. 1968.
Hoffmann-Linke, Eva, Zwischen Nationalismus und Demokratie, Gestalten der französischen Vorrevolution, Beiheft 9 der Historischen Zeitschrift, München-Berlin 1927.
Kautsky, Karl, Sozialismus und Kolonialpolitik, Berlin 1907.
- Nationalität und Internationalität, Ergänzungshefte zur Neuen Zeit, H. 1, 18. Januar 1908 (Stuttgart).
Kohn, Hans, Propheten ihrer Völker, Mill, Michelet, Mazzini, Treitschke, Dostojewski, Studien zum Nationalismus des 19. Jahrhunderts, Bern 1948.
- »Napoleon and the Age of Nationalism«, in: The Journal of Modern History, Bd. 22 (1950), H. 1, pp. 21-37.
- Die Idee des Nationalismus, Ursprung und Geschichte bis zur Französischen Revolution, Frankfurt/M. 1962².
- The Age of Nationalism, The First Era of Global History, N. Y. 1962.
- Von Machiavelli zu Nehru, Zur Problemgeschichte des Nationalismus, Freiburg/Br. 1964.
Lemberg, Eugen, Geschichte des Nationalismus in Europa, Stuttgart 1950.
- »Nationalismus: Definition, Tendenzen, Theorien«, in: Moderne Welt, Bd. 8 (1967), pp. 317-333.
Lenk, Kurt (ed.), Ideologie, Ideologiekritik und Wissenssoziologie, Neuwied-Berlin 1964².
Lévi-Strauss, Claude, Das wilde Denken, Frankfurt/M. 1968.
Lübbe, Hermann, Säkularisierung, Geschichte eines ideenpolitischen Begriffs, Freiburg-München 1965.
Mannheim, Karl, Ideologie und Utopie, Frankfurt/M. 1965⁴.

Marcuse, Herbert, Der eindimensionale Mensch, Studien zur Ideologie der fortgeschrittenen Industriegesellschaft, Neuwied-Berlin 1967.

Marx, Karl, »Rede über die Frage des Freihandels«, in: Marx-Engels-Werke, Bd. 4, Berlin 1964[3], pp. 444-458.

– und Friedrich Engels, Die Deutsche Ideologie, Marx-Engels-Werke, Bd. 3, Berlin 1962[3].

– und Friedrich Engels, »Manifest der kommunistischen Partei«, in: Marx-Engels-Werke, Bd. 4, Berlin 1964[3], pp. 459-493.

Nolte, Ernst, Der Faschismus in seiner Epoche, München 1965[2].

Neusüss, Arnhelm, Utopisches Bewußtsein und freischwebende Intelligenz, Zur Wissenssoziologie Karl Mannheims, Meisenheim am Glan 1968.

Pinson, Koppel S., A. Bibliographical Introduction on Nationalism, N. Y. 1935.

Pollard, A. F., Factors in Modern History, London 1907.

Salomon-Delatour, G. (ed.), Die Lehre Saint-Simons, Berlin-Neuwied 1962.

Schmidt, Alfred, »Der strukturalistische Angriff auf die Geschichte«, in: A. Schmidt (ed.), Beiträge zur marxistischen Erkenntnistheorie, Frankfurt/M. 1969, pp. 194-265.

Schoun, Karl Theodor, »Typologie und kritische Theorie«, in: Das Argument, Bd. 11 (1969), H. 50 (Sonderband), pp. 93-124.

Shafer, Boyd C., Nationalism: Myth and Reality, N. Y. 1955.

Sieyès, Emmanuel, Was ist der dritte Stand? ed. Otto Brandt, Berlin 1924. Neue Ausgabe mit neuer Übersetzung: Rolf Hellmut Foerster (ed.), E. Sieyès, Abhandlung über die Privilegien, Was ist der dritte Stand? Frankfurt/M. 1968.

Snyder, Louis L., The Meaning of Nationalism, New Brunswick 1954.

Sulzbach, Walter, »Zur Definition und Psychologie von ›Nation‹ und Nationalbewußtsein«, in: Politische Vierteljahresschrift, Bd. 3 (1962), H. 2, pp. 139-158.

Tibi, Bassam, »Marxismus und Nationalismusanalyse«, in: Neue Politische Literatur, Bd. 14 (1969), pp. 560-561.

Viefhaus, Erwin, Die Minderheitsfrage und die Entstehung der Minderheitsschutzverträge auf der Pariser Friedenskonferenz 1919, Eine Studie zur Geschichte des Nationalitätenproblems im 19. und 20. Jahrhundert, Würzburg 1960.

Vogt, Hannah (ed.), Nationalismus gestern und heute, Opladen 1967.

Werner, Hans Detlef, Klassenstruktur und Nationalcharakter, Tübingen o. J.

Wirt, Louis, »Types of Nationalism«, in: American Journal of Sociology, Bd. 41 (1936), H. 6, pp. 723-737.

Zapf, Wolfgang (ed.), Theorien des sozialen Wandels, Köln-Berlin 1970[2].

Ziegler, Heinz O., Die moderne Nation, Tübingen 1931.

II Literatur zum deutschen, panslavischen und irischen Nationalismus und zu dem jeweiligen historischen Kontext

Anderson, Eugene Newton, Nationalism and the Cultural Crisis in Prussia, 1806-1815, N. Y. 1939.

v. Aretin, Karl O. Frh., »Über die Notwendigkeit kritischer Distanzierung vom Nationbegriff in Deutschland nach 1945«, in: H. Bolewski (ed.), Nation und Nationalismus, Stuttgart 1967, pp. 26-45.

Arndt, Ernst Moritz, Deutsche Volkswerdung, Sein politisches Vermächtnis an die deutsche Gegenwart, Kernstellen aus seinen Schriften und Briefen, herausgegeben von Carl Petersen und Paul H. Ruth, Breslau o. J. (1934).

Baeumler, Alfred, »Fichte und Wir«, in: Nationalsozialistische Monatshefte, Bd. 8 (1937), H. 87, pp. 482-489.

Barnard, Frederick, Zwischen Aufklärung und politischer Romantik, Eine Studie über Herders soziologisch-politisches Denken, Berlin 1964.

Bergmann, Ernst, Fichte und der Nationalsozialismus, Breslau o. J. (1933).

Bergner, Dieter, Neue Bemerkungen zu J. G. Fichte, Fichtes Stellungsnahme zur nationalen Frage, Berlin (DDR) 1957.

Binder, Julius, »Fichte und die Nation«, in: Logos, Bd. 10 (1921), H. 3, pp. 275-315.

Bittner, Konrad, Herders Geschichtsphilosophie und die Slaven, Reichenberg 1929.

Engelbrecht, H. C., Johann Gottlieb Fichte, A Study of his Political Writings with Special Reference to his Nationalism, N. Y. 1933.

Engels, Friedrich, »Deutsche Zustände«, in: Marx-Engels-Werke, Bd. 2, Berlin 1962⁴, pp. 564-584.

— »Was hat die Arbeiterklasse mit Polen zu tun?« In: Marx-Engels-Werke, Bd. 16, Berlin 1962, pp. 153-163.

— »Eine polnische Proklamation«, in: Marx-Engels-Werke, Bd. 18, Berlin 1964², pp. 521-527.

Epstein, Klaus, The Genesis of German Conservatism, Princeton, N. J., 1966.

Ergang, Robert R., Herder and the Foundation of German Nationalism, N. Y. 1931.

Fichte, Joh. G., Reden an die deutsche Nation, Hamburg 1955.

— »Fichte-Worte über Nation und Menschheit, Fichtes Kampf um Deutschlands innere und äußere Befreiung«, (Auszüge) in: Nationalsozialistische Monatshefte, Bd. 8 (1937), H. 86, pp. 418-425.

Grebing, Helga, »Nationalismus und Demokratie in Deutschland«, in: I. Fetscher (ed.), Rechtsradikalismus, Frankfurt/M. 1967², pp. 31-66.

Hayes, C. J. H., »Contributions of Herder to the Doctrine of Nationalism«, in: American Historical Review, Bd. 32 (1927), H. 4, pp. 719-736.

Haymann, Franz, Weltbürgertum und Vaterlandsliebe in der Staatslehre Rousseaus und Fichtes, Berlin 1924.

Herder, Johann Gottfried, Sprachphilosophische Schriften, ed. und eingeleitet von Erich Heintel, Hamburg 1964².

— Werke in fünf Bänden, Ausgewählt, eingeleitet und herausgegeben von Wilhelm Dobbek, Berlin-Weimar 1964³.

— Auch eine Philosophie der Geschichte zur Bildung der Menschheit, Mit einem Nachwort von H. G. Gadamer, Frankfurt/M. 1967.

Hroch, Miroslav, Die Vorkämpfer der nationalen Bewegung bei den kleinen Völkern Europas, Eine vergleichende Analyse zur gesellschaftlichen Schichtung der patriotischen Bewegungen, Prag 1968.

Kaufmann, F. W., »Fichte and National Socialism«, in: The American Political Science Review, Bd. 36 (1942), H. 3, pp. 460-470.

Kluckhohn, Paul, Die deutsche Romantik, Bielefeld und Leipzig 1924.

— Persönlichkeit und Gemeinschaft, Studien zur Staatsauffassung der deutschen Romantik, Halle 1925.

— Das Ideengut der deutschen Romantik, Tübingen 1953³.

Kohn, Hans, »Arndt and the Character of German Nationalism«, in: American Historical Review, Bd. 54 (1949), H. 4, pp. 783-803.

– »The Paradox of Fichte's Nationalism«, in: Journal of the History of Ideas, Bd. 10 (1949), H. 3, pp. 319-343.

– »Romanticism and the Rise of German Nationalism«, in: The Review of Politics, Bd. 12 (1950), H. 4, pp. 443-472.

– »The Eve of German Nationalism«, in: Journal of the History of Ideas, Bd. 12 (1951), pp. 256-284.

– Die Slaven und der Westen, Die Geschichte des Panslavismus, Wien-München 1956.

– Prelude to Nation-States, The French and German Experience, 1789-1815, New Jersey 1967.

Kuhn, H. J., Arndt und Jahn als völkisch-politische Denker, Langensalza 1936.

Marx, Karl, Manuskripte über die polnische Frage, ed. Werner Conze, 'S-Gravenhage 1961.

– und Friedrich Engels, »Reden über Polen«, in: Marx-Engels-Werke, Bd. 4, Berlin 1964[3], pp. 416-418.

– »Entwurf eines Vertrages zur irischen Frage, gehalten im Deutschen Bildungsverein für Arbeiter in London am 16. Dez. 1867«, in: Marx-Engels-Werke, Bd. 16, Berlin 1962, pp. 445-459.

– »Entwurf einer nicht gehaltenen Rede zur irischen Frage«, in: Marx-Engels-Werke, Bd. 16, Berlin 1962, pp. 439-446.

– »Die englische Regierung und die eingekerkerten Fenier«, in: Marx-Engels-Werke, Bd. 16, Berlin 1962, pp. 401-406.

Matl, Josef, Europa und die Slaven, Wiesbaden 1964.

McCaffrey, Lawrence J., The Irish Question, 1800-1922, Lexington 1968.

Mehlis, Georg, Die deutsche Romantik, München 1922.

Mehnert, Helmut, J. G. Fichte und die Bedeutung der nationalen Frage in seinem Werk, Leipzig 1955 (Diss. Phil.).

Pinson, Koppel S., Pietism as a Factor in the Rise of German Nationalism, N. Y. 1934.

Plessner, Helmuth, Die verspätete Nation, Über die politische Verführbarkeit bürgerlichen Geistes, Stuttgart 1959.

Polog, Hans, E. M. Arndts Weg zum Deutschen, Studien zur Entwicklung des frühen Arndt 1769-1812, Leipzig 1936 (zuerst als Frankfurter Dissertation).

Pundt, Alfred G., Arndt and the Nationalist Awakening in Germany, N. Y. 1968[2] (zuerst 1935).

Reiss, Hans, Politisches Denken in der deutschen Romantik, Bern 1966.

Saage, Richard, »Aspekte der politischen Philosophie Fichtes«, in: Neue Politische Literatur, Bd. 15 (1970), H. 3, pp. 354-376.

Sauer, Wolfgang, »Das Problem des deutschen Nationalstaates«, in: Politische Vierteljahresschrift, Bd. 3 (1962), H. 2, pp. 159-186.

Simon, Hermann, Geschichte der deutschen Nation, Mainz 1968.

Snyder, Louis L., German Nationalism, The Tragedy of a People, Extremism Contra Liberalism in Modern German History, Harrisburg 1952.

Stählin, Friedrich, Napoleons Glanz und Fall im deutschen Urteil, Braunschweig 1952.

Turnbull, G. H., The Educational Theory of J. G. Fichte, A Critical Account, together with Translations, London 1926.

Verschoor, A. D., Die ältere deutsche Romantik und die Nationalidee, Amsterdam o. J. (1929).

Willms, Bernard, Die totale Freiheit, Fichtes politische Philosophie, Köln-Opladen 1967.

Willoughby, L. A., The Romantic Movement in Germany, N. Y. 1966² (zuerst 1930).

III *Literatur zum Nationalismus in der »Dritten Welt«*
   (ausgenommen der arabische Orient) einschließlich Monographien

Adam, Heribert, »Die afrikanische Misere«, in: idem, Südafrika, Soziologie einer Rassengesellschaft, Frankfurt/M. 1969, pp. 110-119.

Apter, David, The Politics of Modernization, Chicago 1965.

Behrendt, Richard F., Soziale Strategie für Entwicklungsländer, Frankfurt/M. 1965 (1968², mit einem umfangreichen Nachwort).

Bottomore, T. B., Elite und Gesellschaft, Eine Übersicht über die Entwicklung des Eliteproblems, München 1966, pp. 94-113.

Césaire, Aimé, Über den Kolonialismus, Berlin 1968.

Clausen, Lars, Industrialisierung in Schwarzafrika, Bielefeld 1968.

DeGraft-Johnson, J. C., African Glory, The Story of Vanished Negro Civilizations, N. Y. 1966².

Emerson, Rupert, From Empire to Nation, The Rise of Self-Assertion of Asian and African Peoples, Boston 1964³.

Fanon, Frantz, Die Verdammten dieser Erde, Frankfurt/M. 1966.

– Black Skins, White Masks, N. Y. 1967.

– Aspekte der algerischen Revolution, Frankfurt/M. 1969.

Feltrinelli, Giangiacomo (ed.), Lateinamerika, ein zweites Vietnam? Reinbek b. Hamburg 1968.

Gandhi, Mahatma, Freiheit ohne Gewalt, ed. und eingeleitet von K. Klostermeier, Köln 1968.

– Sarvodaya (Wohlfahrt für alle), ed. B. Kumarappa, Bellnhausen o. J.

Geismar, Peter, »Frantz Fanon, Evolution of a Revolutionary, A Biographical Sketch«, in: Monthly Review, Bd. 21 (1969/70), H. 1, pp. 22-30.

Geiss, Imanuel, Panafrikanismus, Zur Geschichte der Dekolonisation, Frankfurt/M. 1968.

Grohs, Gerhard, »Frantz Fanon, ein Theoretiker der afrikanischen Revolution«, in: Kölner Zeitschrift für Soziologie und Sozialpsychologie, Bd. 16 (1964) H. 3, pp. 457-480.

– Stufen afrikanischer Emanzipation, Studien zum Selbstverständnis westafrikanischer Eliten, Stuttgart 1967.

Heintz, Peter (ed.), Soziologie der Entwicklungsländer, Eine systematische Anthologie, Köln-Berlin 1962.

Kautsky, John H. (ed.), Political Change in Underdeveloped Countries, Nationalism and Communism, N. Y. 1967⁷.

König, René (ed.), Aspekte der Entwicklungssoziologie, Sonderheft 13 der Kölner Zeitschrift für Soziologie und Sozialpsychologie, Köln-Opladen 1970.

Lenin, W. I., Über die nationale und die koloniale nationale Frage, Eine Sammlung ausgewählter Aufsätze und Reden, Berlin 1960.

– Ausgewählte Schriften, ed. und eingeleitet von H. Weber, München 1963.

Luxemburg, Rosa, Die russische Revolution, ed. Ossip K. Flechtheim, Frankfurt/M. 1963.

Macpherson, C. B., Drei Formen der Demokratie, Frankfurt/M. 1967.

Matossian, Mary, »Ideologies of Delayed Industrialization, Some Tensions and Ambiguities«, in: Economic Development and Cultural Change, Bd. 6 (1958), H. 3, pp. 217-228.

Matus, Gustavo Lagos, »Der Status der Nation und das internationale Schichtungssystem«, in: Peter Heintz (ed.), Soziologie der Entwicklungsländer, Köln-Berlin 1962, pp. 45-69.

Mehnert, Klaus, »The Social and Political Role of the Intelligentsia in the New Countries«, in: Kurt London (ed.), New Nations in a Divided World, N. Y. 1963, pp. 121-133.

Millikan, M. F. und D. Blackmer (eds.), The Emerging Nations, Boston-Toronto 1961.

Moneta, Jakob, Die Kolonialpolitik der französischen KP, Hannover 1968.

Mühlmann, Wilhelm E., Rassen, Ethnien, Kulturen, Moderne Ethnologie, Neuwied-Berlin 1964.

– (ed.), Chiliasmus und Nativismus, Studien zur Psychologie, Soziologie und historischen Kasuistik der Umsturzbewegungen, Berlin 1961.

Plamenatz, John, On Alien Rule and Self-Government, London 1960.

Sartre, Jean-Paul, Kolonialismus und Neo-Kolonialismus, Reinbek 1968.

Schuhler, Conrad, Zur politischen Ökonomie der Armen Welt, München 1968.

Senghaas, Dieter, »Politische Innovation, Versuch über den Panafrikanismus«, in: Zeitschrift für Politik, n. F., Bd. 12 (1965), H. 4, pp. 333-355.

Senghor, Léopold S., Négritude und Humanismus, ed. J. Jahn, Düsseldorf-Köln 1967.

Serauky, Christa, »Das philosophisch-literarische System der Négritude bei Senghor«, in: Mitteilungen des Instituts für Orient-Forschung, Bd. 15 (1969), H. 3, pp. 425-439.

Shils, Edward, Political Development in the New States, The Hague 1965.

Sigmund, Paul E. (ed.), The Ideologies of the Developing Nations, N. Y. 1967[2].

Silvert, K. H. (ed.), Expectant Peoples, Nationalism and Development, N. Y. 1963.

Sulzbach, Walter, Imperialismus und Nationalbewußtsein, Frankfurt/M. 1959.

Thiam, Doudou, Die Außenpolitik der afrikanischen Staaten, Ideologische Grundlagen, Wirklichkeit – Zukunftsperspektiven, Düsseldorf-Wien 1966.

Tibi, Bassam, »Leopold Senghors ›Négritude‹«, in: Das Argument, Bd. 9 (1967), H. 45, pp. 422-425.

– »Fanons Gewalttheorie und Hegel-Rezeption«, in: Sozialistische Politik, Bd. 1 (1969), H. 2, pp. 84-87.

– »Aspekte der vietnamesischen Emanzipationsbewegung«, in: Neue Politische Literatur, Bd. 15 (1970), H. 3, pp. 396-402.

– »Kolonialherrschaft, Antikolonialismus und Dekolonialisation, Das afrikanische Exempel«, in: Neue Politische Literatur, Bd. 15 (1970), H. 4, pp. 507-532.

Trappe, Paul, Die Entwicklungsfunktion des Genossenschaftswesens am Beispiel ostafrikanischer Stämme, Neuwied-Berlin 1966.

Trotzki, Leo, Die permanente Revolution, Frankfurt/M. 1965².

Wallace, Anthony F. C., »Die Revitalisierungsbewegungen«, in: P. Heintz (ed.), Soziologie der Entwicklungsländer, Köln-Berlin 1962, pp. 431-454.

Wittfogel, Karl A., Die orientalische Despotie, Eine vergleichende Untersuchung totaler Macht, Köln-Berlin 1962.

Wolff, Otto, Mahatma Gandhi, Politik und Gewaltlosigkeit, Göttingen 1963.

Worsley, Peter, »Frantz Fanon, Evolution of a Revolutionary, Revolutionary Theories«, in: Monthly Review, Bd. 21 (1969/70), H. 1, pp. 30-49.

Zeller, Claus, Elfenbeinküste, Ein Entwicklungsland auf dem Wege zur Nation, Rombach/Br. 1969.

Ziegler, Jean, Politische Soziologie des neuen Afrika, München 1966.

IV Sati' Husris Werke einschließlich Übersetzungen in europäische Sprachen und Sekundärliteratur

Die folgende Bibliographie enthält nur die politischen Schriften Sati' Husris, nicht aber seine archäologischen, didaktischen und sonstigen Arbeiten. Eine umfassende Husri-Bibliographie findet sich in

'Awwad, Korkis, Mi'gam al-mu'allifin al-'iraqiyyin 1800-1969 (Handbuch der irakischen Schriftsteller 1800-1969), Baghdad 1969, 2 Bde., hierzu Bd. II, pp. 16-19, wo 47 Titel von Husri aufgeführt sind.

a) Sati' Husris Schriften
(Die römische Ziffer kennzeichnet die jeweilige Zitierweise in den Anmerkungen unserer Arbeit)

I. Ara' wa ahadith fi t-tarbiya wa't-ta'lim (Meinungen und Gespräche über Erziehung und Bildung), Kairo 1944 (Zeitschriftenaufsätze aus den Jahren 1928-1938)

II. Dirasat 'an muqaddimat Ibn Khaldun (Studien über Ibn Khalduns Prolegomena), Kairo 1961² (zuerst 1943/44, 2 Bde.), 655 S.

III. Ara' wa ahadith fi l-wataniyya wa' l-qaumiyya (Meinungen und Gespräche über den Patrioismus und den Nationalismus), Beirut 1961⁴ (Zeitschriftenaufsätze aus den Jahren 1928-1939; in Buchform: 1944), 173 S.

IV. Ma hiya al-qaumiyya? Abhath wa dirasat ala dau' al-ahdath wa'n-nazariyyat (Was ist Nationalismus? Forschungen und Studien im Lichte der Ereignisse und Theorien), Beirut 1963³ (Skriptum der zwischen 1944 und 1947 am Institut für Höhere Arabische Studien an der Arabischen Liga gehaltenen Vorlesungen; 1. Auflage 1959), 262 S.

V. Yaum maisalun (Der Tag von Maisalun), Beirut o. J.² (geschrieben 1945; 1. Auflage 1947), 443 S.

VI. Muhadarat fi nuschu' al-fikra al-qaumiyya (Vorlesungen über die Entstehung der nationalen Idee), Beirut 1964⁵ (Vorträge, gehalten 1948 vor der Geographischen Gesellschaft in Kairo; erste Veröffentlichung 1951), 276 S.

VII. Safahat mina al-madi al-qarib (Blätter aus der nahen Vergangenheit), Beirut 1948.

VIII. Ara' wa ahadith fi l-qaumiyya al-'arabiyya (Meinungen und Gesprä-

274

che über den arabischen Nationalismus), Beirut 1964⁴ (1. Auflage 1951), 150 S.

IX. al-'Uruba bain du'atiha wa mu'aridiha (Der Arabismus zwischen seinen Anhängern und Gegnern), Beirut 1961⁴ (1. Auflage 1952), 175 S.

X. Ara' wa ahadith fi t-tarikh wa'l-igtima' (Meinungen über Geschichte und Soziologie), Beirut 1960².

XI. al-'Uruba auwalan! (Zuerst der Arabismus!), Beirut 1965⁵ (1. Auflage 1955), 192 S.

XII. Difa' 'an al-'uruba (Verteidigung des Arabismus), Beirut 1961³ (1. Auflage 1956), 191 S.

XIII. al-Bilad al-'arabiyya wa'd-daula l-'osmaniyya (Die arabischen Länder und der osmanische Staat), Beirut 1965³ (1. Auflage 1957), 287 S.

XIV. al-Lugha wa'l-adab wa 'alaqatuhuma bi'l-qaumiyya (Sprache und Literatur und ihre Beziehung zum Nationalismus), Beirut 1966² (1. Auflage 1958), 255 S.

XV. Haul al-wihda ath-thaqafiyya al-'arabiyya (Über die kulturelle arabische Einheit), Beirut 1959, 134 S.

XVI. Haul al-qaumiyya al-'arabiyya (Über den arabischen Nationalismus), Beirut 1961 (geschrieben zwischen 1959 und 1961), 392 S.

XVII. Thaqafatuna fi gami'at ad-duwal al-'arabiyya (Unsere Kultur in der Arabischen Liga), Beirut 1962, 176 S.

XVIII. Ahadith fi t-tarbiya wa'l-igtima' (Gespräche über Pädagogik und Soziologie), Beirut 1962, 414 S.

XIX. al-Iqlimiyya, gudhuriha wa budhuriha (Der Regionalismus, seine Wurzeln und Kerne), Beirut 1964² (1. Auflage 1963), 255 S.

XX. Mudhakkarati fi l-iraq (Meine Memoiren aus dem Irak), Bd. I: aus den Jahren 1921-1927, Beirut 1967, 627 S.

XXI. Mudhakkarati fi l-iraq (Meine Memoiren aus dem Irak), Bd. II: aus den Jahren 1927-1941, Beirut 1968, 629 S.

b) Übersetzungen aus Sati' Husris Schriften in europäische Sprachen

Husri, Sati', »Qu'est-ce que le nationalisme?« (Übers. Ralph Costi), in: Orient, Bd. 7 (1959), pp. 215-226.
- »Muslim Unity and Arab Unity«, in: Sylvia Haim (ed.), Arab Nationalism, Berkeley-Los Angelos 1962, pp. 147-154.
- »Primauté de l'arabisme«, in: A. Abdel-Malek (ed.), Anthologie de la littérature arabe contemporaine, Paris 1965, pp. 154-156.
- The Day of Maysalun (Übers. S. Glazer), Washington 1966.
- »The Historical Factor in the Formation of Nationalism«, in: K. H. Karpat (ed.), Political and Social Thought in the Contemporary Middle East, London 1968, pp. 56-58.

c) Sekundärliteratur über Sati' Husri

Anonym, »Sati' Husri, al-mufakkir al-munadil« (Sati' Husri, der kämpfende Denker), in: al-Tali'a, Bd. 5 (1969), H. 2, pp. 158-161.

Ahmad, 'Abdalkarim, »Sati' Husri«, in: al-Katib, Bd. 9 (1969), H. 95, pp. 11-18.

Hourani, Albert, Arabic Thought in the Liberal Age, 1798-1939, London 1962, pp. 311-316.

Kenny, L. M., »Sati' al-Husri's Views on Arab Nationalism«, in: The Middle East Journal, Bd. 17 (1963), H. 3, pp. 231-256.

Khalafalla, Muhammad Ahmad, »Sati' Husri: Qissat hayatihi« (Sati' Husri, eine Biographie), in: al-Magalla (1969), H. 146, pp. 24-31.

Khuhaila, 'Abbada, »Sati' Husri: al-Fikra wa t-tarikh« (Sati' Husri: Die Idee und die Geschichte), in: al-Fikr al-Mu'asir (1969), H. 48, pp. 20-26.

Morkus, Elias, Naqd al-fikr al-qaumi (Kritik des nationalistischen Denkens), Bd. 1: Sati' Husri, Beirut 1966.

V *Arabische Primärliteratur*

Im folgenden nennen wir nur die wichtigsten arabischen Primärquellen einschließlich Übersetzungen in europäische Sprachen, die wir verwertet haben, und verzichten auf eine umfassende Bestandsaufnahme, da diese von anderen Autoren bereits gegeben worden ist; cf. inter al. die in Teil VI unserer Bibliographie genannten Arbeiten von F. Qubain, A. Hourani und N. Safran. Darüber hinaus liegen in europäischen Sprachen vier Anthologien vor, in denen je eine repräsentative Auswahl des modernen arabischen politischen Schrifttums neben umfassenden Literaturhinweisen und einleitenden Texten enthalten ist. Dies sind

Abdel-Malek, Anouar (ed.), Anthologie de la littérature arabe contemporaine, Paris 1965.

Haim, Sylvia (ed.), Arab Nationalism, An Anthology, Berkeley-Los Angeles 1962.

Karpat, K. H. (ed.), The Political and Social Thought in the Contemporary Middle East, London 1968.

Tibi, Bassam (ed.), Die arabische Linke, Frankfurt/M. 1969.

'Abdarraziq, 'Ali, al-Islam wa usul al-hukm (Der Islam und die Grundlagen der Herrschaft), Kairo 1925, Nachdruck Beirut 1966;

– franz. Übers.: 'Abdarraziq, 'Ali, »L'Islam et les bases du pouvoir« (Übers. L. Bercher), in: Revue des Etudes Islamiques, Bd. 7 (1933), pp. 353-391, und Bd. 8 (1934), pp. 163-222.

'Abduh, Muhammad, Risalat at-tauhid (Abhandlung über die Einheitslehre Gottes), Kairo 1942[6];

– franz. Übers.: Abdou, Mohammed, Rissalat al tawhid ou exposé de la religion musulmane, ed., übers. und mit einer Einleitung versehen von B. Michel und M. Abdel Raziq, Paris 1965[2] (zuerst 1925).

– Textauszüge in franz. Übers. in: A. Abdel-Malek (ed.), Anthologie de la littératur arabe contemporaine, Paris 1965, pp. 54 ff., 57 ff., 75 ff., 79 ff.

Afghani, Gamaladdin, und Muhammad 'Abduh, al-'Urwa al-wuthqa, ed. S. Bustani (Das unzerbrechliche Band), Kairo 1958[2] (zuerst als Artikel in der gleichnamigen Zeitschrift 1884 in Paris erschienen; seither mehrere Buchausgaben).

Afghani, Gamaladdin, »Philosophie de l'union nationale basée sur la race et l'unité linguistique« (Übers. M. Hedessi), in: Orient, Bd. 6 (1958), pp. 123 bis 128.

- al-A'mal al-kamilah (Gesamtwerk in einem Band), ed. Muhammad 'Ammara, Kairo 1968.
- Eine Textauswahl in englischer Sprache besorgte Keddie, Nikki R. (ed.), An Islamic Response to Imperialism, Political and Religious Writings of Sayyid Jamal ad-Din »al-Afghani«, Berkeley-Los Angelos 1968.

'Aflaq, Michel, Fi sabil al-ba'th (Für die Ba'th), Beirut 1963[3];
- engl. Übersetzungen: 'Aflaq, Michel, »Nationalism and Revolution«, in: Sylvia Haim (ed.), Arab Nationalism, An Anthology, Berkeley-Los Angelos 1962, pp. 242-250; und
- 'Aflaq, Michel, »The Socialist Ideology of the Ba'th«, in: K. H. Karpat (ed.), The Political and Social Thought in the Contemporary Middle East, London 1968, pp. 185-197.

Bustani, Butrus, Khitab fi al-hai'a al-igtima'iyya wa al-muqabala bain al-'awa-id al-'arabiyya wa al-ifrangiyya (Rede über die Gesellschaft sowie über die Berührungspunkte und Kontraste zwischen den arabischen und europäischen Gewohnheiten), Beirut 1869.

Gemayil, Pierre, »Lebanese Nationalism and its Foundations: The Phalangist Viewpoint«, in: K. H. Karpat (ed.), The Political and Social Thought in the Contemporary Middle East, London 1968, pp. 107-114.

Ishaq, Adib, ad-Durar (Die Perlen), Beirut 1909.

Kawakibi, 'Abdarrahman, Umm al-qura (Mutter der Dörfer), Nachdruck Aleppo 1959;
- unvollständige deutsche Übers. in: Gerhard Rott, Kawakibi, ein arabischer Nationalist, Berlin 1942 (Diss. Phil.; Manuskript), pp. 87-110;
- Auszug in engl. Übers. in: Sylvia Haim (ed.), Arab Nationalism, An Anthology, Berkeley-Los Angelos 1962, pp. 78-80;
- Taba'i' al-istibdad (Wesensmerkmale der Tyrannei), Nachdruck Aleppo 1957;
- unvollständige deutsche Übers. in: Gerhard Rott, Kawakibi, ein arabischer Nationalist, Berlin 1942 (Diss. Phil.; Manuskript), pp. 20-86;
- Auszüge in franz. Übers. in: A. Abdel-Malek (ed.), Anthologie de la littérature arabe contemporaine, Paris 1965, pp. 66 ff.

Musa, Salama Tarbiyat Salama Musa, Kairo 1947, engl. Übers.: The Education of Salama Musa, ed. L. O. Schuman, Leiden 1961.

Rida, Raschid, al-Khilafa au al-imama al-'uzma (Das Kalifat oder das große Imamat), Kairo 1923, zuerst als Aufsatzserie in: al-Manar, Bd. 23 und 24;
- franz. Übers.: Henri Laoust (ed.), Le Califat dans la doctrine de R. Rida, Beirut 1938.
- »Islam and the National Idea«, in: Sylvia Haim (ed.), Arab Nationalism, An Anthology, Berkeley-Los Angelos 1962, pp. 75-77.

Sa'ada, Antun: cf. die Bibliographie in L. Z. Yamak, op. cit., Teil VI unserer Bibliographie, sowie folgende englische Übersetzungen:
- »Genuine and False Arabism«, in: K. H. Karpat (ed.), Political and Social Thought in the Contemporary Middle East, London 1968, pp. 72-79;
- »The Principles of Syrian Nationalism and its Party«, in: K. H. Karpat (ed.), op. cit., pp. 87-94;
- »The Teaching Book of the Syrian Social Nationalist Party«, in: K. H. Karpat (ed.), op. cit., pp. 95-98.

Schidyaq, Faris, Kaschf al-mukhabba' 'an funun urubba (Die Entdeckung der Künste Europas), Istanbul 1881.
– as-Saq 'ala as-saq fi ma huwa al-Firyaq, franz. Übers.: La vie et les aventures de Fariac, Paris 1855.
Tahtawi, Rifa'a Rafi', Takhlis al-ibriz ila talkhis Paris (Die Läuterung des Goldes bei der zusammenfassenden Darstellung von Paris), Kairo 1834;
– deutsche, unwesentlich gekürzte Übers. in: Karl Stowasser, At-Tahtawi in Paris, Ein Dokument des arabischen Modernismus aus dem frühen 19. Jahrhundert, übers., eingeleitet und erläutert, o. O. 1968 (Diss. Phil. Universität Münster 1966).
– al-Murschid al-amin fi ta'lim al-banat wa'l-banin (Der treue Wegweiser für die Erziehung der Mädchen und Knaben), Kairo 1875.
– Kitab manhig al-albab al-misriyya fi mabahig al-adab al-'asriyya (Das Buch der Wege des ägyptischen Denkens zu den Freuden der modernen Literatur), Kairo 1912[2].

Zum ägyptischen Nationalismus und zu seinen Theoretikern: Mustafa Kamil, Ahmad Lutfi Saiyid, M. H. Haikal, Taha Husain etc., cf. die Bibliographie von N. Safran sowie die Arbeiten von Steppat, Cachia, Johansen und Hourani, aufgeführt in Teil VI unserer Bibliographie; cf. ferner die Übersetzungen in: A. Abdel-Malek (ed.), op. cit.

VI *Literatur zum arabischen Nationalismus, zum modernen Islam und zur modernen Geschichte des arabischen Orient*

Abdel-Malek, Anouar, Égypte, Société militaire, Paris 1962, engl., erweiterte Übers. N. Y. 1968.
– Idéologie et renaissance nationale, L'Égypte moderne, Paris 1969.
Abu-Lughod, Ibrahim, Arab Rediscovery of Europe, A Study in Cultural Encounters, Princeton, N. J., 1963.
– »The Transformation of the Egyptian Élite: Prelude to the 'Urabi-Revolt«, in: Middle East Journal, Bd. 21 (1967), H. 3, pp. 325-344.
Abu-Jaber, Kamel, The Ba'th Socialist Party, History, Ideology, and Organization, Syracuse-N. Y. 1966.
Adams, Charles C., Islam and Modernism in Egypt, A Study of the Modern Reform Movement Inaugurated by Muhammad 'Abduh, London 1933.
Ahmad, Feroz, The Young Turks, The Committee of Union and Progress in Turkisch Politics 1908-1914, London 1969.
Ahmed, Jamal M., The Intellectual Origins of Egyptian Nationalism, London 1960.
Amin, Osman, »The Modernist Movement in Egypt«, in: R. N. Frye (ed.), Islam and the West, 'S-Gravenhage 1957, pp. 165-178.
'Ammara, Muhammad, al-'Uruba fi l-'asr al-hadith (Der Arabismus im gegenwärtigen Zeitalter), Kairo 1967.
Antonius, George, The Arab Awakening, The Story of the Arab National Movement, London 1938 (N. Y. 1965[4]).
Arnold, Sir Thomas W., The Caliphate, Mit einem Nachwort von Sylvia Haim, London 1965[2] (zuerst 1924).
Ayalon, David, »The Historian Al-Jabarti and his Background«, in: Bulletin

of the School of Oriental and African Studies, Bd. 23 (1960), pp. 217-249.

Azoury, Negib, Le réveil de la Nation Arabe dans l'Asie Turque, Paris 1905.

Baer, Gabriel, A History of Landownership in Modern Egypt 1800-1950, London 1962.

Bazzaz, 'Abdarrahman, »Islam and Arab Nationalism« (Übers. Sylvia Haim), in: Welt des Islams, Bd. 3 (1954), pp. 201-218.

— Hadhihi qaumiyyatuna (Das ist unser Nationalismus), Kairo 1964².

Becker, Carl Heinrich, Islamstudien, Vom Werden und Wesen der islamischen Welt, 2 Bde., Hildesheim 1967² (zuerst 1924, 1932).

Be'eri, Eliezer, Army Officers in Arab Politics and Society, London-N. Y. 1970.

Beling, Willard A., Pan-Arabism and Labor, Cambridge, Mass., 1960.

Bercher, L., »De la brochure intitulée ›sentence des grands Uléma‹ (d'al-Azhar) sur le livre ›L'Islam et les bases du pouvoir‹«, in: Revue des Études Islamiques, Bd. 9 (1935), pp. 75-86.

Blunt, Wilfrid Scawen, My Diaries, Being a Personal Narrative of Events 1888-1914, N. Y. 1932⁴ (zuerst 1921 in 2 Bänden).

— The Future of Islam, London 1882.

Bräker, Hans, Islam — Sozialismus — Kommunismus, Zur ideengeschichtlichen Grundlage der Sozialismus- und Kommunismus-Diskussion innerhalb des Islams, Köln 1968, Privatdruck des Bundesinstituts für ostwissenschaftliche und internationale Studien.

Brandt, Jürgen, »Zum Charakter der französischen Mandatspolitik in Syrien nach dem ersten Weltkrieg«, in: Walter Markov (ed.), Kolonialismus und Neokolonialismus in Nordafrika und Nahost, Berlin 1964, pp. 197-225.

Braune, Walther, »Beiträge zur Geschichte des neuarabischen Schrifttums«, in: Mitteilungen des Seminars für orientalische Sprachen, Bd. 36 (1933), H. 2, pp. 117-140.

— »El-Azhar, die älteste Universität der Welt«, in: Der Nahe Osten (1943), pp. 53-56.

— »Die Entwicklung des Nationalismus bei den Arabern«, in: R. Hartmann (ed.) BASI, Leipzig 1944, pp. 425-438.

— Der islamische Orient zwischen Vergangenheit und Zukunft, Bern-München 1960.

Brockelmann, Carl, Geschichte der arabischen Literatur, Bd. II, 2., an die Supplement-Bände angepaßte Auflage, Leiden 1949², sowie Supplement-Band II, Leiden 1938, und Supplement-Band III, Leiden 1942 (Zitierweise GAL).

Cachia, Pierre, Taha Husayn, His Place in the Egyptian Literary Renaissance, London 1956 (zuerst Ph. D. thesis an der Universität Edinburgh 1951).

Charles-Roux, François, Bonaparte, Gouverneur d'Égypte, Paris 1946².

Chejne, Anwar G., »Pan-Islamism and the Caliphal Controversy«, in: The Islamic Literature (1955), pp. 679-697.

— »Some Aspects of Islamic Nationalism«, in: The Islamic Literatur (1956), pp. 435-445.

— »Egyptian Attitudes towards Panarabism«, in: The Middle East Journal, Bd. 11 (1957), pp. 253-268.

— »The Use of History by Modern Arab Writers«, in: The Middle East Journal, Bd. 14 (1960), H. 4, pp. 382-397.

Colombe, Marcel, L'évolution de l'Égypte, 1924-1950, Paris 1951.

Coon, Carleton S., »The Impact of the West on Middle Eastern Social Institutions«, in: Proceedings of the Academy of Political Science, Bd. 24 (1952), H. 4, pp. 443-466.

Cragg, Kenneth, »Religious Developments in Islam in the 20th Century«, in: Journal of World History, Bd. 3 (1956), H. 2), pp. 504-524.

Dawn, C. Ernest, »From Ottomanism to Arabism: The Origin of an Ideology«, in: The Review of Politics, Bd. 23 (1961), H. 3, pp. 378-400.

– »Ideological Influences in the Arab Revolt, in: James Kritzeck und R. Bayly Winder (eds.), The World of Islam, Studies in Honour of Philip K. Hitti, N. Y. 1960, pp. 233-248.

– »The Rise of Arabism in Syria«, in: The Middle East Journal, Bd. 16 (1962), pp. 145-168.

Dodwell, Henry, The Founder of Modern Egypt, A Study of Muhammad 'Ali, Cambridge 1931.

Duri, 'Abdalaziz, ag-Guzur at-tarikhiyya li'l-qaumiyya al-'arabiyya (Die historischen Wurzeln des arabischen Nationalismus), Beirut 1960.

El-Bahay, Muhammed, Muhammad 'Abduh, Eine Untersuchung seiner Erziehungsmethode zum Nationalbewußtsein und zur nationalen Erhebung in Ägypten, Hamburg 1936 (Diss. Phil.).

Fakiki, 'Abdalhadi, asch-Schu'ubiyya wa'l-qaumiyya al-'arabiyya (Die Ausländerei und der arabische Nationalismus), Beirut o. J. (um 1962).

Finnie, David H., Pioneers East, The Early American Experience in the Middle East, Cambridge, Mass., 1967.

Frye, Richard N. (ed.), Islam and the West, 'S-Gravenhage 1957.

Gallagher, Charles F., »Language, Culture, and Ideology: The Arab World«, in: K. H. Silvert (ed.), Expectant Peoples, Nationalism and Development, N. Y. 1963, pp. 199-231.

Gibb, H. A. R., und H. Bowen, Islamic Society and the West, A Study of the Impact of Western Civilization on Moslem Culture in the Near East, 2 Bde., London 1950, 1957.

Gibb, H. A. R., Modern Trends in Islam, Chicago 1947.

– Mohammedanism, A Historical Survey, London 1950² (zuerst 1949).

Goichon, A. M., »Le Panislamisme d'hier et d'aujourd'hui«, in: Afrique et l'Asie (1950), pp. 18-44.

Goitein, S. D. »The Rise of the Near-Eastern Bourgeoisie in the Early Islamic Times«, in: Journal of World History, Bd. 3 (1957), H. 3, pp. 583-604.

v. Grunebaum, Gustav E., »The Problem of Muslim Nationlism«, in: Richard N. Frye (ed.), Islam and the West, 'S-Gravenhage 1957, pp. 7-29, und in: idem, Modern Islam, op. cit., pp. 205-218.

– »Das geistige Problem der Verwestlichung in der Selbstsicht der arabischen Welt«, in: Saeculum, Bd. 10 (1959), pp. 289-326, und in: idem, Studien zum Kulturbild, op. cit., pp. 229-272; engl. in: idem, Modern Islam, op. cit., pp. 128-179.

– »Nationalism and Cultural Trends in the Arab Near East«, in: Studia Islamica, Bd. 14 (1961), pp. 121-153, und in: idem, Modern Islam, op. cit., pp. 219-247.

– Modern Islam, The Search for Cultural Identity, Berkeley-Los Angelos 1962.

– Studien zum Kulturbild und Selbstverständnis des Islams, Zürich 1969.

Grzeskowiak, Martin, »Islam und Sozialismus in der VAR«, in: Mitteilungen des Instituts for Orient-Forschung, Bd. 14 (1968), H. 1, pp. 28-44.

Haim, Sylvia, »Salama Musa, An Appreciation of his Autobiography«, in: Welt des Islam, n. s., Bd. 2 (1953), pp. 10-24.

— »›The Arab Awakening‹, A Source for the Historian?«, in: Welt des Islam, n. s., Bd. 2 (1952/53), pp. 237-250.

— »Alfieri and al-Kawakibi«, in: Oriente Moderno, Bd. 34 (1954), H. 7, pp. 321-334.

— »Blunt and al-Kawakibi«, in: Oriente Moderno, Bd. 35 (1955), H. 3, pp. 132-143.

— »Islam and the Theory of Arab Nationalism«, in: Die Welt des Islam, n. s., Bd. 4 (1955), pp. 124-149.

— »The Abolition of the Caliphate and its Aftermath«, Nachwort zu Sir Thomas Arnold, The Caliphate, London 1965², pp. 205-244.

Haikal, 'Abd al-Fatah, »Die Auswirkungen der britischen Kolonialpolitik auf die Wirtschaft Ägyptens«, in: Walter Markov (ed.), Kolonialismus und Neokolonialismus in Nordafrika und Nahost, Berlin 1964, pp. 226-248.

Halpern, Manfred, »Middle Eastern Studies, A Review of the State of the Field with a Few Examples«, in: World Politics, Bd. 15 (1962), H. 1, pp. 108-122.

— The Politics of Social Change in the Middle East and North Africa, Princeton, N. J., 1963.

Hamui, Mamun, Die Geschichte der arabischen Nationalbewegung bis zum Ende des Ersten Weltkrieges, Diss. Phil., Jena 1943.

Hanna, Sami, und Georg Gardner (eds.), Arab Socialism, A Documentary Survey, Leiden 1969.

Harris, Christina Phelps, Nationalism and Revolution in Egypt, The Role of the Muslim brotherhood, The Hague 1964.

Hartmann, Richard, »Die arabische Frage und das türkische Reich«, in: Beiträge zur Kenntnis des Orients, Jahrbücher der Deutschen Vorderasiengesellschaft, Bd. 15 (1918), pp. 1-31.

— »Die Wahhabiten«, in: Zeitschrift der Deutschen Morgenländischen Gesellschaft, Bd. 78 (1924), H. 2, pp. 176-213.

— »Ein moderner Ägypter über die Chalifatsfrage«, in: Der Islam, Bd. 16 (1927), pp. 274-276.

— »Gegenwartsfragen und -strömungen des Islam«, in: Koloniale Rundschau, Bd. 33 (1942), H. 2, pp. 57-71.

— (ed.), Beiträge zur Arabistik, Semistik und Islamwissenschaft, Leipzig 1944 (Zitierweise BASI).

— »Arabische Gesellschaften bis 1914«, in: idem (ed.), BASI, pp. 439-467.

— Islam und Nationalismus, Abhandlungen der Deutschen Akademie der Wissenschaften zu Berlin, Jg. 1945/46, Philosophisch-historische Klasse, Nr. 5, Berlin 1948.

Haslip, Joan, Der Sultan, Das Leben Abd ul-Hamids II, München 1968.

Henle, Hans, Der neue Nahe Osten, Hamburg 1966.

Herrmann, Wiebke, »Rifa'a Bey's Beschreibung seiner Reise nach Paris, Ein Werk der Frühzeit des islamischen Modernismus«, in: Wissenschaftliche Zeitschrift der Martin-Luther-Universität Halle, Bd. 12 (1963), H. 3/4, pp. 221-228.

Hershlag, Zvi Y., Introduction to the Modern Economic History of the Middle East, Leiden 1964.

Heyworth-Dunne, James, »Arabic Literature in Egypt in the Eighteenth

Century«, in: Bulletin of the School of Oriental Studies, Bd. 9 (1937/39), pp. 675-689.

– »Rifa'a B. R. at-Tahtawi: The Egyptian Revivalist«, in: Bulletin of the School of Oriental Studies, Bd. 9 (1937/39), pp. 961-967, und Bd. 10 (1940/42), pp. 399-415.

– »Printing and Translations under Muhammad 'Ali of Egypt, The Foundation of Modern Arabic«, in: Journal of the Royal Asiatic Society (1940), pp. 325-349.

– Religious and Political Trends in Modern Egypt, Washington 1950.

– An Introduction to the History of Education in Modern Egypt, London 1968[2] (zuerst 1939).

Hitti, Philip K., »The Impact of the West on Syria and Lebanon in the Nineteenth Century«, in: Journal of World History, Bd. 2 (1955), H. 3, pp. 608-633.

Höpp, Gerhard, »Zur Rolle internationaler panislamischer Organisationen in der Befreiungsbewegung der arabischen Völker«, in: Werner Loch (ed.), Asien, Afrika, Lateinamerika 1969, Berlin 1969, pp. 159-176.

Holt, P. M., Egypt and the Fertile Crescent 1516-1922, Ithaca-N. Y. 1966.

Hopwood, Derek, The Russian Presence in Syria and Palestine 1843-1914, Church and Politics in the Near East, Oxford-London 1969.

Horovitz, Josef, »Neuere Schriften über das Kalifat«, in: Der Islam, Bd. 15 (1926), pp. 79-82.

Horten, Max, »Muhammad Abduh, Sein Leben und seine theologisch-philosophische Gedankenwelt, Eine Studie zu den Reformbestrebungen im modernen Ägypten«, in: Beiträge zur Kenntnis des Orients, Jahrbuch der Deutschen Vorderasiengesellschaft, Bd. 13 (1916), pp. 83-114, und Bd. 14 (1917), pp. 74-128.

Hourani, Albert, Arabic Thought in the Liberal Age, 1798-1939, London 1962.

Husaini, Ishak Musa, The Moslem Brethren, The Greatest of Modern Islamic Movements, Beirut 1956.

Husein, Mahmoud, La lutte des classes en Égypte 1945-1968, Paris 1969.

Husry, Khaldun S., Three Reformers, A Study in Modern Arab Political Thought, Beirut 1966.

Kaplinsky, Zvi, »The Muslim Brotherhood«, in: Middle Eastern Affairs, Bd. 5 (1954) H. 12, pp. 377-385.

Issawi, Charles, Egypt in Revolution, An Economic Survey, London 1963.

– (ed.), The Economic History of the Middle East 1800-1914, Chicago-London 1966.

Jäschke, Gotthard, »Der Turanismus der Jungtürken«, in: Die Welt des Islams, Bd. 23 (1941), H. 1/2, pp. 1-55.

Johansen, Baber, Muhammad Husain Haikal, Europa und der Orient im Weltbild eines ägyptischen Liberalen, Beirut-Wiesbaden 1967.

Kaesewieter, Heinrich, Syrien und Libanon als A-Mandate, Darmstadt 1935 (Diss. Iur., Frankfurt 1934).

Kedouri, Elie, Afghani and 'Abduh, An Essay on Religious Unbelief and Political Activism in Modern Islam, London 1966.

– »Egypt and the Caliphate 1915-1946«, in: Journal of the Royal Asiatic Society (1963), pp. 208-248.

Kendall, Patricia L., »Der ambivalente Charakter des Nationalismus bei

ägyptischen Akademikern«, in: P. Heintz (ed.), Soziologie der Entwicklungsländer, Köln-Berlin 1962, pp. 490-504.

Kerr, Malcolm, Islamic Reform, The Political and Legal Theories of Muham-
mad 'Abduh and Rashid Rida, Berkeley-Los Angelos 1966 (zuerst 1958 als
Diss. Phil. an der John-Hopkins-University; überarbeitet).
- The Arab Cold War, N. Y.-London 1967².

Kessler, Christel, 'Abdurrahman al-Kawakibis Reform des Islam, Berlin 1956
(Diss. Phil. an der FU; Manuskript).

Khadduri, Majid, Independent 'Iraq, London 1960².
- Republican 'Iraq, A Study in 'Iraqi Politics Since the Revolution of 1958,
London 1969.

Kley, Otto, »Der deutsche Bildungseinfluß in der Türkei«, in: Beiträge zur
Kenntnis des Orients, Jahrbücher der Deutschen Vorderasiengesellschaft,
Bd. 14 (1917), pp. 1-73.

Klingmüller, Ernst, Geschichte der Wafd-Partei im Rahmen der gesamt-
politischen Lage Ägyptens, Berlin 1937 (Diss. Phil.).

Kohn, Hans, Nationalismus und Imperialismus im Vorderen Orient, Frank-
furt/M. 1931.
- Die Europäisierung des Orients, Berlin 1934.

Kuzbari, Raschad, Die Politik Englands und Frankreichs in Syrien. Auslands-
wissenschaftliche Dissertation. Berlin 1943.

Leiden, Carl (ed.), The Conflict of Traditionalism and Modernism in the
Muslim Middle East, Austin 1966.

Lerner, Daniel, The Passing of Traditional Society, Modernizing the Middle
East, Glencoe 1962².

Lewis, Bernard, The Middle East and the West, Bloomington 1965².

Magzub, Muhammad, al-Qaumiyya al-'arabiyya (Der arabische Nationalismus), Beirut 1960.

Ma'oz, Moshe, Ottoman Reform in Syria and Palestine 1840-1861, The Impact
of the Tanzimat on Politics and Society, London 1968.

Mardin, Şerif, The Genesis of Young Ottoman Thought, A Study in Modernization of Turkish Political Ideas, Princeton, N. J., 1962.

Marlowe, John, The Anglo-Egyptian Relations 1800-1953, London 1954.
- Arab Nationalism and British Imperialism, A Study in Power Politics,
London 1961.

Mitchel, Richard P., The Society of the Muslim Brothers, London 1969.

Morrison, A. S., »Arab Nationalism and Islam«, in: The Middle East Journal,
Bd. 2 (1948), H. 2, pp. 147-159.

Nuseibeh, Hazem Zaki, The Ideas of Arab Nationalism, Ithaca-N. Y. 1959²
(zuerst 1956).

Ohneck, Wolfgang, Die französische Algerienpolitik von 1919-1939, Köln-
Opladen 1967.

Pérès, Henri, »L'Institut d'Égypte et l'œuvre de Bonaparte jugés par deux
historiens arabes contemporains«, in: Arabica, Bd. 4 (1957), pp. 113-130.

Perlmutter, Amos, »Egypt and the Myth of the New Middle Class: A Comparative Analysis«, in: Comparative Studies in Society and History, Bd. 10
(1967/68), pp. 46-65.

Poliak, A. N., Feudalism in Egypt, Syria, Palestine, and the Lebanon, 1250
to 1900, London 1939.

Qubain, Fahim, Inside the Arab Mind, Bibliographic Survey of Literature in

Arabic, Arlington 1960.

Quraishi, Zaheer Masood, Liberal Nationalism in Egypt, Rise and Fall of the Wafd Party, Delhi 1967.

Rathmann, Lothar, Araber stehen auf, Über den Befreiungskampf der arabischen Völker bis zum Ausbruch des zweiten Weltkrieges, Berlin 1960.

- »Zur Ägyptenpolitik des deutschen Imperialismus vor dem Ersten Weltkrieg«, in: Walter Markov (ed.), Geschichte und Geschichtsbild Afrikas, Berlin 1960, pp. 73-99.

- »Mustafa Kamil, Politisches Denken und Handeln eines ägyptischen Patrioten«, in: Zeitschrift für Geschichtswissenschaft, Bd. 9 (1961), Sonderheft, pp. 102-122.

- »Zur Legende vom ›antikolonialen‹ Charakter der Baghdadbahnpolitik in der wilhelminischen Ära«, in: Zeitschrift für Geschichtswissenschaft, Bd. 9 (1961), Sonderheft, pp. 246-270.

- »Über die Rolle der Armee in der ägyptischen Revolution«, in: Zeitschrift für Militärgeschichte, Bd. 7 (1968), H. 2, pp. 167-182.

- Neue Aspekte des 'Arabi-Aufstandes 1879 bis 1882 in Ägypten. Sitzungsberichte der deutschen Akademie der Wissenschaften zu Berlin, Klasse Philosophie, Geschichte etc., Nr. 10, Berlin 1968.

Riad, Hassan, L'Égypte nasserienne, Paris. 1964.

Richter, Erhard, Lord Cromer, Ägypten und die Entstehung der französisch-englischen Entente von 1904, Leipzig 1931 (Diss. Phil.).

Rifaat, Muhammad, The Awakening of Modern Egypt, London 1947.

- at-Taugih as-siyasi li'l-fikrah al-'arabiyya al-haditha (Der politische Trend des modernen arabischen Denkens), Kairo 1964.

Rivlin, Helen Anne B., The Agricultural Policy of Muhammad 'Ali in Egypt, Cambridge, Mass., 1961.

Rosenthal, Erwin I. J., Islam in the Modern National State, Cambridge 1965.

Rossi, Ettore, »Una traduzione turca dell'opera »Della Tirannide« di V. Alfieri probabilmente conosciuta da al-Kawakibi«, in: Oriente Moderno, Bd. 34 (1954), H. 7, pp. 335-337.

Rothstein, Theodor, Die Engländer in Ägypten, Ergänzungshefte zur Neuen Zeit, Nr. 10, Stuttgart 1911.

Rouleau, Eric, »The Syrian Enigma, What is the Baath?«, in: New Left Review (1967), H. 45, pp. 53-65.

Ruf, Werner, Der Burgibismus und die Außenpolitik des unabhängigen Tunesien, Bielefeld 1969.

Saab, Hassan, The Arab Federalists of the Ottoman Empire, Amsterdam 1958.

Safran, Nadav, Egypt in Search of Political Community, An Analysis of the Intellectual and Political Evolution of Egypt 1804-1952, Cambridge, Mass., 1961.

Salem, Elie, »Nationalism and Islam«, in: Muslim World, Bd. 52 (1962), pp. 277-287.

Sarkisyanz, Emanuel, Rußland und der Messianismus des Orients, Sendungsbewußtsein und politischer Chiliasmus des Ostens, Tübingen 1955.

Scharara, 'Abdallatif, ag-Ganib ath-thaqafi min al-qaumiyya al-'arabiyya (Die kulturelle Dimension des arabischen Nationalismus), Beirut 1961.

Schayyal, Gamaladdin, Rifa'a R. Tahtawi (1801-1873), Kairo 1958.

Schechtman, Joseph B., The Mufti and the Fuehrer, The Rise and Fall of Haj Amin el-Husseini, N. Y.-London 1965.

Seale, Patrick, The Struggle for Syria, A Study of Post-War Arab Politics 1945-1958, London 1965.

Sellheim, Rudolf, »Prophet, Chalif und Geschichte, Die Muhammed-Biographie des Ibn Ishaq«, in: Oriens, Bd. 18/19 (1965/66), pp. 33-91.

– »Neue Materialien zur Biographie des Yaqut«, in: R. Sellheim et al., Schriften und Bilder, Drei orientalische Untersuchungen, Wiesbaden 1967, pp. 41-72.

– Der zweite Bürgerkrieg im Islam (680-692), Wiesbaden 1970.

Sharabi, Hisham B., Governments and Politics of the Middle East in the Twentieth Century, Princeton, N. J., 1962.

– Nationalism and Revolution in the Arab World, Princeton, N. J., 1966.

– »Die Entstehung einer revolutionären Ideologie in der arabischen Welt«, in: Bustan, Bd. 10 (1969), H. 2/3, pp. 3-11.

Shaw, Stanford J., The Financial and Administrative Organization and Development of Ottoman Egypt 1517-1798, Princeton, N. J., 1962.

– (ed.), Ottoman Egypt in the Eighteenth Century, The Nizâmnâme-i Misr of Cezzâr Ahmed Pasha, Cambridge, Mass., 1962.

Şinasi, Mehmet, Studien zur Geschichte der syrischen Politik Mehmed Alis von Ägypten, Göttingen 1936 (Diss. Phil.).

Smith, W. C., Der Islam in der Gegenwart, Frankfurt/M. 1963.

Smolitsch, Igor, »Zur Geschichte der Beziehungen zwischen der Russischen Kirche und dem orthodoxen Osten, Die russische kirchliche Mission in Jerusalem«, in: Ostkirchliche Studien, Bd. 5 (1956), H. 1, pp. 33-51, H.2/3, pp. 89-136.

Spillmann, Georges, Napoléon et l'Islam, Paris 1969.

Steden, Axel, »Islampakt und Nassers Opposition«, in: Orient, Bd. 7 (1966), H. 3, pp. 79-83.

Steinhaus, Kurt, Soziologie der türkischen Revolution, Zum Problem der Entfaltung der bürgerlichen Gesellschaft in sozioökonomisch schwach entwickelten Ländern, Frankfurt/M. 1969.

Steppat, Fritz, »Nationalismus und Islam bei Mustafa Kamil, Ein Beitrag zur Ideengeschichte der ägyptischen Nationalbewegung«, in: Die Welt des Islam, n. s., Bd. 4 (1956), pp. 241-341.

– »Die arabischen Staaten zwischen Ost und West«, in: Wilhelm Cornides (ed.), Die Internationale Politik, München 1961, pp. 671-752.

– »Nassers Revolution«, in: Europa-Archiv, Bd. 17 (1962), H. 5, pp. 163 bis 173.

– »Die arabische Welt in der Epoche des Nationalismus«, Nachwort zu Franz Taeschner, Geschichte der arabischen Welt, Stuttgart 1964, pp. 178-236.

– »Gamal 'Abdannasir«, in: R. Kerschagl (ed., im Auftrag der österreichischen UNESCO), Die geistig-politischen Profile der Gegenwart in Asien, Wien 1964, pp. 32-50.

– »Der Muslim und die Obrigkeit«, in: Zeitschrift für Politik, n. F., Bd. 12 (1965), H. 4), pp. 319-332.

Taeschner, Franz, »Der Islam im Banne des Nationalismus der Zwischenweltkriegszeit«, in: BASI, ed. R. Hartmann, Leipzig 1944, pp. 484-513.

Tapiero, Norbert, Les idées réformistes d'al-Kawakibi 1849-1902, Contribution à l'étude de l'Islam moderne, Paris 1956.

Tibawi, Abdul Latif, British Interests in Palestine 1800-1901, A Study of Religious and Educational Enterprise, London-Oxford 1961.

- American Interests in Syria 1800-1901, A Study of Educational, Literary, and Religious Work, Oxford-London 1966.
- »The Genesis and Early History of the Syrian Protestant College«, in: The Middle East Journal, Bd. 21 (1967), H. 1, pp. 1-15, und Bd. 21 (1967), H. 2, pp. 199-212.
- A Modern History of Syria including Lebanon and Palestine, London-N. Y. 1969.

Tibi, Bassam, »Der arabische Sozialismus«, in: I. Fetscher (ed.), Der Sozialismus, München 1968, pp. 378-387.
- »Zum Verhältnis von Militär und kolonialem Nationalismus am Beispiel der arabischen Länder«, in: Sozialistische Politik, Bd. 1 (1969), H. 4, pp. 4-19.
- »Skizze einer Geschichte des Sozialismus in den arabischen Ländern«, in: B. Tibi (ed.), Die arabische Linke, Frankfurt/M. 1969, pp. 7-41.
- (ed.), Mehdi Ben Barka, Revolutionäre Alternative, München 1969.
- »Akkulturationsprozesse im modernen Orient«, in: Neue Politische Literatur, Bd. 15 (1970), H. 1, pp. 77-84.
- »Die Krise des Burgibismus, Entstehung und Verfall des ›konstitutionellen Sozialismus‹ in Tunesien, in: Das Argument, Bd. 12 (1970), H. 59, pp. 530 bis 555.
- (ed.), Muhammad Kischli, Kapitalismus und Linke im Libanon, Frankfurt/M. 1970.

Tignor, Robert L., Modernization and British Colonial Rule in Egypt 1882 bis 1914, Princeton, N. J., 1966.

Tillmann, Heinz, Deutschlands Araberpolitik im zweiten Weltkrieg, Berlin 1965.

Topf, Erich, Die Staatenbildung in den arabischen Teilen der Türkei seit dem Weltkriege nach Entstehung, Bedeutung und Lebensfähigkeit, Hamburg 1929.

Toynbee, Arnold, A Study of History, Vol. VIII, London 1954, Kapitel »The Modern West and the Islamic World«, pp. 216 ff.

Vatikiotis, P. J., »Muhammad 'Abduh and the Quest for a Muslim Humanism«, in: Arabica, Bd. 4 (1957), pp. 55-72.

Volney, C. F., Reise nach Syrien und Ägypten in den Jahren 1783, 1784, 1785, 2 Bde., Jena 1788.

Watt, W. M., Islam and Integration of Society, London 1961.

Williams, Ann, Britain and France in the Middle East and North Africa 1914 to 1967, N. Y. 1968.

Yamak, Labib Zuwiyya, The Syrian Social Nationalist Party, An Ideological Analysis, Cambridge, Mass., 1969[2] (zuerst 1966).

Yusif, Yusif Khalil, al-Qaumiyya al-'arabiyya wa daur at-tarbiya fi tahquiqiha (Zur Rolle der Erziehung bei der Verwirklichung der Ziele des arabischen Nationalismus), Kairo 1967 (zuerst 1965 als Diss. Phil. an der Universität Kairo).

Zeine, Z. N., The Emergence of Arab Nationalism, With a Background Study of Arab-Turkish Relations in the Near East, Beirut 1966[2].

Ergänzungsbibliographie (siebziger und achtziger Jahre)

Diese Bibliographie ist in drei Teile untergliedert:
1. Der islamische Staat als Gottesreich: Politische Ideen im Islam *(Umma, Kalifat, Dar al-harb, Dar al-Islam)*
2. Krise des modernen Islams: Islam, Panarabismus und Nationalstaat
3. Zeitgenössische Revitalisierung des islamischen Begriffs des Politischen
Diese Bibliographie ist für Leser ohne Arabisch-Kenntnisse. Daher wurde keine arabischsprachige Literatur aufgenommen.

Abkürzungen:

MEJ: Middle East Journal
IJMES: International Journal of Middle East Studies
Für weitere Literaturhinweise cf. die gegliederten Bibliographien zu meinen beiden folgenden Büchern:
B. Tibi, Krise des modernen Islams, München 1981
Ders., Der Islam und das Problem der kulturellen Bewältigung sozialen Wandels, Frankfurt/M. 1985

1. Der islamische Staat als Gottesreich:
Politische Ideen im Islam (Umma, Kalifat, Dar al-harb, Dar al-Islam)

Ahmad, Muhammad Aziz, The Nature of Islamic Political Theory, Karachi 1975
al-Azmeh, Aziz, Ibn Khaldun in Modern Scholarship: A Study in Orientalism, London 1981
Baali, Fuad/Wardi, Ali, Ibn Khaldun and Islamic Thought-Styles: A Social Perspective, Boston 1981
Bouman, Johan, Gott und Mensch im Koran: Eine Strukturform religiöser Anthropologie anhand des Beispiels Allah und Muhammad, Darmstadt 1977
Bukhsh, Salahuddin Khuda/Margolieuth, D. S., The Renaissance of Islam, (Nachdruck der Ausgabe von 1937) New York 1974
Butterworth, Charles E., »Rhetoric and Islamic Political Philosophy«, in: IJMES, Bd. 4 (1972), H. 2, pp. 187-198
– Ders., »The Study of Arabic Philosophy Today«, in: Middle East Studies Association Bulletin, Bd. 27 (1983), H. 1 und H. 2, pp. 8-24 und pp. 161-177

Cragg, Kenneth/Speight, R. Marston (eds.), Islam from Within: Anthology of a Religion, Belmont 1980

Donohue, John J./Esposito, John L. (eds), Islam in Transition: Muslim Perspectives, New York – Oxford 1982

Enayat, Hamid, Modern Islamic Political Thought, Austin 1982

Endress, Gerhard, Einführung in die islamische Geschichte, München 1982

Fakhry, Majid, A History of Islamic Philosophy, London 1983²

Fitzgerald, Michael/Khoury, Adel Th./Wanzura, Werner (eds.), Mensch, Welt, Staat im Islam, Graz–Wien–Köln 1977.

Gellner, Ernest, Leben im Islam – Religion als Gesellschaftsordnung (Übers. von: Muslim Society, 1981), Stuttgart 1985

Gilsenan, Michael, Saint and Sufi in Modern Egypt: An Essay in the Sociology of Religion, Oxford 1973

– Ders., Recognizing Islam: Religion and Society in the Modern Arab World, New York 1982

Graham, William A., Divine Word and Prophetic Word in Early Islam: A Reconsideration of the Sources with Special Reference to the Divine Saying or Hadith Qudsi, The Hague – Paris 1977

v. Grunebaum, Gustave Edmund, Islam and Medieval Hellenism: Social and Cultural Perspectives, London 1976

Haddad, Yvonne Y., »The Qur'anic Justification for an Islamic Revolution: The View of Sayyid Qutb«, in: MEJ, Bd. 37 (1983), H. 1, pp. 14-29

Hanifi, M. Jamil, Islam and the Transformation of Culture, New York 1974

Hassan, Farooq, The Concept of State and Law in Islam, Washington 1981

Hodgson, Marshall G. S., The Venture of Islam: Conscience and History in a World Civilization – Bd. 1: The Classical Age of Islam, Bd. 11: The Expansion of Islam in the Middle Period, Bd. 111: The Gunpower Empires and Modern Times, Chicago – London 1974

Hourani, George F., Essays on Islamic Philosophy and Science, Albany – New York 1975

Ismael, Tareq Y./Ismael, Jacqueline S., Government and Politics in Islam, London 1985

Keddie, Nikki R., Sayyid Jamal Ad-Din »Al-Afghani«: A Political Biography, Berkeley – Los Angeles 1972

Lambton, Ann K. S., State and Government in Medieval Islam, Oxford – New York 1981

Leaman, Oliver, An Introduction to Medieval Islamic Philosophy, Cambridge 1985

Lewis, Bernard (ed. u. Übers.), Islam: From the Prophet Muhammad to the Capture of Constantinople, London 1976

Mahdi, Muhsin S., Political Philosophy in Islam, in: Lerner, Ralph/Mahdi, Muhsin S. (eds.), Medieval Political Philosophy, Ithaca – New York 1963, pp. 22-186

– Ders., Islamic Theology and Philosophy, in: Encyclopedia Britannica 1974, Bd. 9, pp. 1012-1025

– Ders., The Political Orientation of Islamic Philosophy, Washington 1982

Morewedge, Parviz (ed.), Islamic Philosophy and Mysticism, Delmar – New York 1981

Mottahadeh, Roy P., Loyality and Leadership in an Early Islamic Society, Princeton 1980

Naqvi, A., »Laws of War in Islam«, in: Islamic Studies, Bd. 13 (1974), H. 1, pp. 25-43

Nicholson, R. A., Studies in Islamic Mysticism (Nachdruck der Ausgabe von 1921), New York 1979

Paret, Rudi, Mohammed und der Koran, Stuttgart, 1980[5]

Peters, Rudolph, Islam and Colonialism: The Doctrine of Jihad in Modern History, The Hague – New York – Paris 1979

Rahman, Fazlur, Islam, London – Chicago 1979[2]

Rosenthal, Franz, The Classical Heritage in Islam, London 1975

Rodinson, Maxime, Die Faszination des Islams, München 1985 (Orig. 1980)

– Ders., Islam und Kapitalismus. Einleitung von Bassam Tibi, Frankfurt/M. 1986[2] (Orig. 1966)

Rottholz, Walter, »Grenzen und Möglichkeiten einer politischen Ideologie des Islams«, in: Der Staat (Berlin), Bd. 22 (1983), H. 2, pp. 213-230

Sachedina, Abdulaziz Abdulhussein, Islamic Messianism: The Idea of the Mahdi in Twelver Shi'ism, Albany 1981

Said, Edward W., Orientalism, Cambridge 1978 (dt. Übers. Orientalismus, Frankfurt/M. 1981)

Savory, R. M. (ed.), Introduction to the Islamic Civilization, Cambridge 1976

Schacht, Joseph/Bosworth, C. E. (eds.), The Legacy of Islam, Oxford 1974[2]

Schacht, Joseph, An Introduction to Islamic Law, Oxford 1979[5]

Semaan, Khalil I. (ed.), Islam and the Medieval West – Aspects of Intercultural Relations, New York 1980

Shari'ati, Ali, Marxism and Other Western Fallacies: An Islamic Critique, Berkeley 1980

Sharif, M. M., A History of Muslim Philosophy, Bd. 1 (pp. 1-788) und Bd. 11 (pp. 789-1792), Wiesbaden 1963 und 1966

Steinbach, U., »Die Menschenrechte im Verständnis des Islam«, in: Verfassung und Recht in Übersee, Bd. 8 (1975), H. 1, pp. 47-59

Stern, S. M./Hourani, Albert/Brown, Vivian (eds.), Islamic Philosophy and the Classical Tradition, Columbia 1972

Tabataba'i, Muhammad Husayn, Shi'ite Islam (ed. u. übers. von S. H. Nasr), London 1975

Tibi, Bassam, »Religionsstiftung, Islam und Psychoanalyse«, in: Psyche – Zeitschrift für Psychoanalyse und ihre Anwendungen, Bd. 33 (1979), pp. 773-783

– Ders., »Der Islam als Gegenstand der Forschung«, in: Neue Politische Literatur, Bd. 27 (1982), H. 2, pp. 70-83

– Ders., »Topik, islamisches Recht und Weltfrieden«, in: Orient, Bd. 23 (1982), H. 1, pp. 93-105

– Ders., »Orient und Okzident. Feindschaft oder interkulturelle Kommunikation? Anmerkungen zur Orientalismus-Debatte«, in: Neue Politische Literatur, Bd. 29 (1984), pp. 267-286

– Ders., Der Islam und das Problem der kulturellen Bewältigung sozialen Wandels, Frankfurt/M. 1985

– Ders., Politisches Denken im mittelalterlichen Islam. Zwischen Philosophie (Falsafa) und Religio-Jurisprudenz (Fiqh), in: Iring Fetscher/Herfried Münkler (eds.), Pipers Handbuch der politischen Ideen, Bd. 2 (Mittelalter), München 1987

Watt, W. Montgomery, Islamic Political Thought. The Basic Concepts, Edinburgh 1968

- Ders., The Formative Period of Islamic Thought, Edinburgh 1973
- Ders., The Majesty that was Islam, New York 1974
Watt, W. Montgomery/Welch, Alford T., Der Islam I, Stuttgart 1980
Watt, W. Montgomery/Marmura, M., Der Islam II, Stuttgart 1985
Welch, Alford T./Cachia, Pierre (eds.), Islam: Past Influence and Present Challenge, Albany 1979

2. Krise des modernen Islams:
Islam, Panarabismus und Nationalstaat

Abdel-Malek, Anouar, Nation and Revolution (Social Dialectics 2), Albany – New York 1981

Ajami, Fouad, The Arab Predicament. Arab Political Thought and Practice Since 1967, Cambridge – New York 1981

Amin, Samir, The Arab Nation: Nationalism and Class Struggles, London – New York 1979

Amuzegar, Jahangir, »Ideology and Economic Growth in the Middle East«, in: MEJ, Bd. 28 (1974), H. 1, pp. 1-9

Antoun, Richard T., »The Islamic Court, the Islamic Judge, and the Accomodation of Traditions; A Jordanian Case Study«, in: IJMES, Bd. 12 (1980), H. 4, pp. 455-467

Arjomand, Said Amir (ed.), From Nationalism to Revolutionary Islam, Albany – New York 1984

Aruri, Naseer H., »Nationalism and Religion in the Arab World: Allies or Enemies«, in: Muslim World, Bd. 67 (1977), H. 4, pp. 266-279

Azzam, S. (ed.), Islam and Contemporary Society, London 1982

Babikian, N. Salem, »A Partial Reconstruction of M. 'Aflaq's Thought: The Role of Islam in the Formulation of Arab Nationalism«, in: Muslim World, Bd. 67 (1977), H. 4, pp. 280-294

Bashmeel, Mohammed Ahmed, Nationalism in Islam: A Book Reveals the Slippery Sides of Political Hypocrisy in Today's Problems, Lahore 1975

Berry, Christopher J., »Nations and Norms«, in: Review of Politics, Bd. 43 (1981), H. 1, pp. 75-78

Bezirgan, Najm A., »Islam and Arab Nationalism«, in: Middle East Review, Bd. 11 (1978), H. 2, pp. 38-44

Blaut, J. M., »Nationalism as an Autonomous Force«, in: Science and Society, Bd. 46 (1982), H. 1, pp. 1-23

Bligh, Alexander, »The Saudi Religious Elite (Ulama) as Participant in the Political System of the Kingdom«, in: IJMES, Bd. 17 (1985), H. 1, pp. 37-50

Büttner, Friedemann (ed.), Reform und Revolution in der islamischen Welt, München 1971

- Ders., Die Krise der islamischen Ordnung. Studien zur Zerstörung des Ordnungsverständnisses im Osmanischen Reich (1800-1926), Diss. phil. München 1979

- Ders., Der Islam und die Entfaltung der arabischen politischen Ideen, in: K. Kaiser/U. Steinbach (eds.), Deutsch-Arabische Beziehungen, München 1981, pp. 27-43

Cleveland, William L., The Making of an Arab Nationalist. Ottomanism and Arabism in the Life and Thought of Sati al-Husri, Princeton 1971

– Ders., »Sources of Arab Nationalism«, in: Middle East Review, Bd. 11 (1979), H. 3, pp. 25-33

Coury, Ralph M., »Who ›Invented‹ Egyptian Arab Nationalism?«, Teile I und II, in: IJMES, Bd. 14 (1982), H. 2, pp. 249-281 und H. 3, pp. 459-479

Dawisha, Adeed (ed.), Islam in Foreign Policy, Cambridge 1983

Dawn, Ernest C., From Ottomanism to Arabism: Essays on the Origin of Arab Nationalism, Urbana – Chicago – London 1973

Esposito, John L. (ed.), Islam and Development: Religion and Sociological Change, Syracuse – New York 1980

– Ders., Islam and Politics, Syracuse – New York 1984

Flores, Alexander, Nationalismus und Sozialismus im arabischen Osten: Kommunistische Partei und arabische Nationalbewegung in Palästina, 1919-1948, Münster 1980

Gellner, Ernest, »Nationalism«, in: Theory and Society, Bd. 10 (1981) H. 6, pp. 753-776

– Ders., Islamic Dilemmas – Reformers, Nationalists, and Industrialization, Berlin – New York – Amsterdam 1985

Gershoni, Israel, The Emergence of Pan-Arabism in Egypt, Tel-Aviv 1981

Ghaussy, A. Ghanie, Das Wirtschaftsdenken im Islam. Von der orthodoxen Lehre bis zu den heutigen Ordnungsvorstellungen, Bern – Suttgart 1986

Goode, Stephen, The Prophet and the Revolutionary: Arab Socialism in the Modern Middle East, New York 1975

Gstrein, Heinz, Marx oder Mohammed: Arabischer Sozialismus und islamische Erneuerung, Freiburg – Würzburg 1980

Gurny, Ruth, »Eine Typologie nationalistischer Ideologien«, in: Schweizerische Zeitschrift für Soziologie, Bd. 5 (1979), H. 1, pp. 35-52

Habib, John S., Ibn Sa'ud's Warriors of Islam: The Ikhwan of Najd and Their Role in the Creation of the Sa'udi Kingdom, Leiden 1978

Haddad, William W./Ochsenwald, William, Nationalism in a Non-National State: The Dissolution of the Ottoman Empire, Columbus/Ohio 1977

Haddad, Yvonne Yazbeck, Contemporary Islam and the Challenge of History, Albany – New York 1981

Haim, Sylvia G. (ed.), Arab Nationalism. An Anthology, Berkeley 1976²

Hanf, Theodor, Arabismus und Islamismus. Der säkularistische arabische Nationalismus vor der Herausforderung des islamischen Revivalismus, in: Heinrich A. Winkler (ed.), Nationalismus in der Welt von heute, Göttingen 1982, pp. 157-176

Heper, Metin/Israeli, Ralph (eds.), Islam and Politics in the Modern Middle East, London – Sidney 1984

Hudson, Michael C., Arab Politics: The Search for Legitimacy, New Haven – London 1979²

Humphreys, R. Stephen, »Islam and Political Values in Saudi Arabia, Egypt and Syria«, in: MEJ, Bd. 33 (1979), H. 1, pp. 1-19

Joffé, E. G. H., »Arab Nationalism and Palestine«, in: Journal of Peace Research, Bd. 20 (1983), H. 2, pp. 157-170

Jorgensen-Dahl, A., »Forces of Fragmentation in the International System: The Case of Ethnonationalism«, in: Orbis, Bd. 19 (1975), H. 2, pp. 652-674

Kamenka, Eugene (ed.), Nationalism: The Nature and Evolution of an Idea, London 1976

Kedourie, Elie, Islam in the Modern World and Other Studies, London 1980

Kewenig, Wilhelm, Die Koexistenz der Religionsgemeinschaften im Libanon, Berlin 1965

Khan, Rais A., »Religion, Race and Arab Nationalism«, in: International Journal, Bd. 34 (1979), H. 3, pp. 353-368

Laroui, Abdallah, La crise des intellectuels arabes: Traditionalisme ou historicisme?, Paris 1974

Leiden, Carl, »Arab Nationalism Today«, in: Middle East Review, Bd. 11 (1978), H. 2, pp. 45-51

Lippman, Thomas W., Islam: Politics and Religion in the Muslim World, New York 1982

Merkl, Peter H./Smart, Ninian (eds.), Religion and Politics in the Modern World, New York 1983

Nagel, Joane, »The Ethnic Revolution: The Emergence of Ethnic Nationalism in Modern States«, in: Sociology and Social Research, Bd. 68 (1984), H. 4, pp. 417-434

Nahas, Maridi, »State-Systems and Revolutionary Challenge: Nasser, Khomeini and the Middle East«, in: IJMES, Bd. 17 (1985), H. 4, pp. 507-527

Nasr, Seyyed Hossein, Islam and the Plight of Modern Man, London 1976

Nicosia, Francis, »Arab Nationalism and National Socialist Germany 1933-1939: Ideological and Strategic Incompatibility«, in: IJMES, Bd. 12 (1980), H. 3, pp. 351-372

Nienhaus, Volker, »Islamische Ökonomik – Entwicklungen, Inhalte und Probleme«, in: Zeitschrift für Wirtschaftspolitik, Bd. 30 (1981), H. 3, pp. 245-300

– Ders., »Die ›islamische Wirtschaftslehre‹ – Politik zwischen Pragmatismus und Utopie«, in: Orient, Bd. 22 (1981), H. 1, pp. 50-68

– Ders., Islam und moderne Wirtschaft: Einführung in Positionen, Probleme und Perspektiven, Graz – Köln 1982

al-Nowaihi, M., »Problems of Modernization in Islam«, in: Muslim World, Bd. 65 (1975), H. 3, pp. 174-185

Ochsenwald, William L., »Arab Muslims and the Palestine Problem«, in: Muslim World, Bd. 66 (1976), H. 4, pp. 287-296

Orrige, A.W., »Uneven Development and Nationalism (1.)«, in: Political Studies, Bd. 29 (1981), H. 1, pp. 1-15

– Ders., »Uneven Development and Nationalism (2.)«, in: Political Studies, Bd. 29 (1981), H. 2, pp. 181-190

Piscatori, James P. (ed.), Islam in the Political Process, New York – Cambridge 1983

Quandt, William B. / Jabber, Fuad / Lesch, Ann Mosely, The Politics of Palestinian Nationalism, Berkeley – London 1973

Rahman, Fazlur, Islam and Modernity: Transformation of an Intellectual Tradition, Chicago – London 1982

Reiser, Steward, »Pan-Arabism Revisited«, in: MEJ, Bd. 37 (1983), H. 2, pp. 218-233

Rodinson, Maxime, Marxisme et le monde musulman, Paris 1972

– Ders., Marxism and the Muslim World, London 1979 (Es handelt sich um eine Auswahl aus der umfangreichen französischen Ausgabe der entsprechenden Aufsatzsammlung)

Salzmann, Phillip Carl, «Islam and Authority in Tribal Iran: A Comparative Comment«, in: Muslim World, Bd. 65 (1975), H. 3, pp. 186-195

Sardar, Zianddin, The Future of Muslim Civilization, London 1979

Schulz, Ann, Local Politics and Nation-States: Case Studies in Politics and Polity (Türkei, Iran, Ägypten), Santa Barbara 1979

Seton-Watson, Hugh, Nations and States: An Enquiry into the Origins of Nations and the Politics of Nationalism, Boulder/Col. 1977

Smith, Anthony D., Theories of Nationalism, London 1971

– Ders., »The Diffusion of Nationalism: Some Historical and Sociological Perspectives«, in: British Journal of Sociology, Bd. 29 (1978), H. 2, pp. 234-248

– Ders. (ed.), Nationalist Movements, London 1976

– Ders., Nationalism in the Twentieth Century, Oxford 1979

– Ders., »Ethnic Identity and World Order«, in: Millennium, Bd. 12 (1983), H. 2, pp. 149-161

Smith, Charles D., Islam and the Search for Social Order in Modern Egypt: A Biography of Mohammad Husayn Haykal, Albany – New York 1983

Snyder, Louis L., »Nationalism and the Flawed Concept of Ethnicity«, in: Canadian Revue of Studies in Nationalism, Bd. 10 (1983), H. 2, pp. 253-265

Stokes, Gale, »The Underdeveloped Theory of Nationalism«, in: World Politics, Bd. 31 (1978), H. 1, pp. 150 ff.

Tibawi, A. L., Islamic Education: It's Traditions and Modernization into the Arab National Systems, London 1972

Tibi, Bassam, »Islam und sozialer Wandel im modernen Orient«, in: Archiv für Rechts- und Sozialphilosophie, Bd. 65 (1979), H. 4, pp. 483-502

– Ders., »Islam and Secularization. Religion and the Functional Differentiation of the Social System«, in: Archiv für Rechts- und Sozialphilosophie, Bd. 66 (1980), H. 2, pp. 207-222

– Ders., Die Krise des modernen Islams. Eine vorindustrielle Kultur im wissenschaftlich-technischen Zeitalter, München 1981

– Ders., »Islam and Modern European Ideologies«, in: IJMES, Bd. 18 (1986), H. 1, pp. 15-29

– Ders., A Typology of Arab Political Systems. With Special Reference to Islam and Government as Exemplified in Arab Monarchies Legitimised by Islam, in: Samih Farsoun (ed.), Arab Society, Continuity and Change, London 1985, pp. 48-64

Turner, Bryan S., Weber and Islam, London 1974

– Ders., Marx and the End of Orientalism, London 1978

Vatikiotis, P. J. (ed.), Revolution in the Middle East – and Other Case Studies, London 1972

Voll, John Obert, Islam, Continuity and Change in the Modern World, Boulder/Col. 1982

Warburg, Gabriel, Islam, Nationalism and Communism in a Traditional Society: The Case of Sudan, London 1978

Warburg, Gabriel R. / Kupferschmidt, Uri M. (eds.), Islam, Nationalism, and Radicalism in Egypt and the Sudan, New York 1983

Wilson, Keith M. (ed.), Imperialism and Nationalism in the Middle East: The Anglo-Egyptian Experience 1882-1982, Bronx (N.Y.) – London 1983

Wessler, Wolf, »Nationalismus und ungleiche Entwicklung. Die Probleme der vernachlässigten Regionen«, in: Neue Politik (Hamburg), Bd. 26 (1981), H. 6, pp. 56-65

Woodward, Peter, Condominium and Sudanese Nationalism, Totowa 1979

3. Zeitgenössische Revitalisierung
des islamischen Begriffs des Politischen

Abrahamian, Ervand, Iran Between Two Revolutions, Princeton 1982

Ajami, Fouad, »Zwischen Tradition und Revolution oder gibt es eine ›arabische Erneuerung‹?«, in: Der Monat (Weinheim), Bd. 25 (1982), H. 285, pp. 16-32

Akhavi, Sharough, Religion and Politics in Contemporary Iran: Clergy-State Relations in the Pahlavi Period, Albany 1980

Ansari, Hamied N., »The Islamic Militants in Egyptian Politics«, in: IJMES, Bd. 16 (1984), H. 1, pp. 123-144

– Ders., »Sectarian Conflict in Egypt and the Political Expediency of Religion«, in: MEJ, Bd. 38 (1984), H. 3, pp. 397-418

Ayoob, Mohammed (ed.), The Politics of Islamic Reassertion, New York 1981

Ayubi, N. M., »The Politics of Militant Islamic Movements in the Middle East«, in: Journal of International Affairs, Bd. 36 (1983), H. 2, pp. 271-283

Berger, Morroe, Islam in Egypt Today: Social and Political Aspects of Popular Religion, Cambridge 1970

Bonine, Michael E. / Keddie, Nikki R. (eds.), Modern Iran: The Dialectics of Continuity and Change, Albany – New York 1981

Büren, Rainer, »Islamische Revitalisierung als Chance westlicher Sicherheitspolitik«, in: Beiträge zur Konfliktforschung, Bd. 10 (1980), H. 2, pp. 65-85

Cudsi, Alex / Dessouki, Ali E. Hillal, Islam and Power in the Contemporary Muslim World, Baltimore 1981

Curtis, Michael (ed.), Religion and Politics in the Middle East, Boulder/Col. 1981

Dekmejian, R. Hrair, »The Anatomy of Islamic Revival: Legitimacy, Crisis, Ethnic Conflict and the Search for Islamic Alternatives«, in: MEJ, Bd. 34 (1980), H. 1, pp. 1-12

– Ders., »Das Wiedererwachen des Islams. Die Frage der Legitimität, der ethnische Konflikt und die Suche nach islamischen Alternativen«, in: Politische Studien, Bd. 31 (1980), Sonderh. 3, pp. 13-25

Dessouki, Ali E. Hillal, Islamic Resurgence in the Arab World, New York 1982

Esposito, John L. (ed.), Voices of Resurgent Islam, New York – Oxford 1983

Ferdows, Amir H., »Khomaini and Fadayan's Society and Politics«, in: IJMES, Bd. 15 (1983), H. 2, pp. 241-257

Fischer, Michael M. J., Iran: From Religious Dispute to Revolution, Cambridge/Mass. 1980

Floor, Willem M., »The Revolutionary Character of the Iranian Ulama: Wishful Thinking or Reality?«, in: IJMES, Bd. 12 (1980), H. 4, pp. 501-524

Gardezi, Hassan N., »The Resurgence of Islam, Islamic Ideology and Encounters with Imperialism«, in: Journal of Contemporary Asia, Bd. 12 (1982), H. 4, pp. 451-463

Hottinger, Arnold, »Islamische Revolution? Die Muslims im Konflikt mit der westlichen Moderne«, in: Merkur, Bd. 33 (1979), H. 3, pp. 203-216

Imam, Zafar, »Islamic Resurgence Movement Today«, in: Political Science Review, Bd. 19 (1980), H. 4, pp. 384-400

Jansen, Godfrey H., Militant Islam, London 1979

Keddie, Nikki R. (ed.), Religion and Politics in Iran: Shi'ism From Quietism to Revolution, New Haven – London 1983

Kedourie, Elie / Haim, Sylvia G. (eds.), Towards a Modern Iran – Studies in Thought, Politics and Society, London 1980

Mortimer, Edward, Faith and Power, the Politics of Islam, New York 1982

Steinbach, Udo, »›Re-Islamisierung‹ – Fortschritt ins goldene Zeitalter?«, in: Orient, Bd. 21 (1980), H. 3, pp. 331-344

Steppat, Fritz, »Der Rückhalt im Eigenen: Motive und Möglichkeiten islamischer Politik«, in: Materialien zur politischen Bildung, Bd. 8 (1980), H. 2, pp. 23-30

Tibi, Bassam, »Die Folgen der Re-Islamisierung für die Weltpolitik und Weltwirtschaft«, in: Gegenwartskunde, Bd. 30 (1981), H. 2, pp. 187-196

– Ders., »Die Aktualität des Islams als politische Ideologie, als Wirtschaftslehre und als Ordnungssystem«, in: Vorgänge (Frankfurt/M.), Bd. 21 (1982), H. 2, pp. 55-63

– Ders., »Die gegenwärtige politische Revitalisierung des Islams: Eine religionssoziologische Deutung«, in: Schweizerische Zeitschrift für Soziologie, Bd. 9 (1983), H. 3, pp. 657-676

– Ders., »The Renewed Role of Islam in the Political and Social Development of the Middle East«, in: MEJ, Bd. 37 (1983), H. 1, pp. 3-13

– Ders., »The Iranian Revolution and the Arabs: The Quest for Islamic Identity and the Search for an Islamic System of Government«, in: Arab Studies Quarterly, Bd. 8 (1986), H. 1, pp. 29-44

Vatikiotis, P. J., »The Rise of Clerisocracy«, in: Encounter, Bd. 58 (1982), H. 3, pp. 68-78

Wenner, Manfred W. / Aly, Abd al-Moneim S., »Modern Islamic Reform Movements: The Muslim Brotherhood in Contemporary Egypt«, in: MEJ, Bd. 36 (1982), H. 2, pp. 336-361

Namen- und Sachregister*

---

* Dieses Register wurde von Bassam Tibi und Dietmar Lück erstellt.
Es bezieht sich nur auf den Haupttext; die neue Einleitung konnte aus technischen Gründen nicht berücksichtigt werden.